CHARLOTTE McGREGOR

**EIN PUB
FÜR KIRKBY**

ROMAN

WILHELM HEYNE VERLAG
MÜNCHEN

Sollte diese Publikation Links auf Webseiten Dritter enthalten, so übernehmen wir für deren Inhalte keine Haftung, da wir uns diese nicht zu eigen machen, sondern lediglich auf deren Stand zum Zeitpunkt der Erstveröffentlichung verweisen.

Dieses Buch ist auch als E-Book erhältlich.

Penguin Random House Verlagsgruppe FSC® N001967

Originalausgabe 08/2021
Copyright © 2021 by Charlotte McGregor.
Dieses Werk wurde vermittelt durch die
literarische Agentur Michael Gaeb
Copyright © 2021 dieser Ausgabe
by Wilhelm Heyne Verlag, München,
in der Penguin Random House Verlagsgruppe GmbH,
Neumarkter Str. 28, 81673 München
Redaktion: Julia Funcke
Printed in Germany
Umschlaggestaltung: ZERO Werbeagentur, München,
unter Verwendung von © FinePic®, München
Satz: KompetenzCenter, Mönchengladbach
Druck und Bindung: GGP Media GmbH, Pößneck
ISBN: 978-3-453-42484-5

www.heyne.de

Für Laura
»Ein Hauch von Schokolade«

INHALT

Ein Königreich für einen Schokoriegel 9

Zwei Stunden Honeymoon 19

Und dann kam Polly 40

Freischwimmer 65

Singen und Trinken 86

Die Weisheit der Pelikane 105

Etappensiege 130

Vier Jahreszeiten in drei Minuten 148

Keine halben Sachen 171

Löwenherzen 193

Winkekatzen und… 209

Prophezeiungen 236

Von Sandwichkindern und Reisevögeln 258

Frühlingsgefühle 285

Nessie im Klee 304

Disteln am Gaumen 331

Familienbande *353*

Klare An- und Aus- und Absagen *375*

Eskalationsstufen *403*

Bis in die Knochen *432*

Die Austern sind perfekt *446*

Figurenregister *455*

Schokosünde *461*

Kulinarische Abenteuer in Schottland *463*

Danke *467*

Grandioser erster Eindruck *473*

EIN KÖNIGREICH FÜR EINEN SCHOKORIEGEL

»STIMMT WAS NICHT MIT DEN AUSTERN?«

Isla Fraser hob den Blick und starrte in ein Paar gelangweilt dreinschauender blauer Augen. Die gehörten einer Kellnerin, deren ganze Körpersprache von Lustlosigkeit zeugte. Isla merkte, wie sie noch wütender wurde. Würde jemand aus ihrer Servicecrew in einem derartigen Tonfall mit den Gästen sprechen, könnte er sich umgehend einen neuen Job suchen.

Dabei war die Frage durchaus berechtigt. Die Trilogie aus frischen, geräucherten und gratinierten Austern stand seit etwa zehn Minuten unberührt vor ihr. Doch dass sie keinen Bissen herunterbrachte, lag nicht an der Qualität der Vorspeise, die sie ja noch gar nicht beurteilen konnte, sondern an der Tatsache, dass sie Rodney Swinton am anderen Ende des Gastraums erspäht hatte. Ihre persönliche Nemesis war in Begleitung zweier Frauen und eines Mannes hier, und zwar offensichtlich mit der gleichen Mission wie sie selbst: das brandneue Restaurant *Oyster Club* zu testen, das seit seiner Eröffnung vor drei Wochen für Furore sorgte. Dafür war Isla heute Morgen – an ihrem freien Tag – knappe drei Stunden durch den schottischen

Regen nach Perth gefahren. Sie war gespannt darauf gewesen, was Dave Hutton in seinem neuesten Laden zu bieten hatte. Doch bei Rodneys Anblick war ihr spontan der Appetit vergangen.

Swinton hatte letzten Juni in Fort Augustus, am Südzipfel des Loch Ness, unter riesigem medialem Tamtam ein Bistro eröffnet, dessen exotischer Küchenzauber die Foodblogger auf Instagram derart begeisterte, dass sie ihm fast von Tag eins an einen wahren Sternenregen prophezeit hatten. Die Tester des Guide Michelin waren allerdings anderer Meinung und hatten diesen Kochlöffel-Hipster ignoriert.

Sie selbst jedoch leider auch. Islas eigenes Restaurant *The Scottish Thistle* lag nur etwa fünfundzwanzig Meilen von Fort Augustus entfernt im beschaulichen Kirkby und war bereits vor zwei Jahren mit einem Stern ausgezeichnet worden. Isla war sich so sicher gewesen, dass sie es zu einem zweiten bringen würde, hatte monatelang ihr Konzept verfeinert und ihre Küchenmannschaft zu noch besserer Leistung motiviert. Doch offensichtlich war es nicht genug gewesen. Das war streng genommen kein Beinbruch, denn ihr Restaurant lief trotzdem grandios, aber ihr Ehrgeiz hatte einen Knacks bekommen. Einen massiven. Und sie konnte nicht verstehen, warum die immer einflussreicher werdenden Influencer so auf das artifizielle Getöse von Rodney und dessen substanzlose Showeffekte abfuhren, bei denen vergoldete Steaks nur die Spitze des geschmacklosen Eisbergs darstellten. Sie selbst setzte vorwiegend auf regionale und saisonale Produkte in überraschenden Kombinationen, was in den vergleichsweise kargen schottischen Highlands eine echte Herausforderung war. Aus diesem Grund war sie heute nach Perth gefahren, um sich von den Austern inspirieren zu lassen.

Sie blickte von der Kellnerin, die immer noch auf ihre Antwort wartete, zu ihrem unberührten Teller und schüttelte den Kopf. »Die Rechnung, bitte«, verlangte sie knapp.

»Aber Sie haben doch das ganze Menü bestellt«, erwiderte die Kellnerin irritiert.

»Und jetzt möchte ich bezahlen und nicht diskutieren.« Isla zog ihr Portemonnaie aus der Handtasche und zählte innerlich langsam bis drei. Falls noch eine Replik käme, würde sie unangemessen reagieren. Und auch wenn die junge Frau keine Serviceleuchte war und dringend eine intensive Schulung brauchte, konnte sie nichts für Islas miese Laune. Die hatte sie allein Rodney Swinton zu verdanken. Sie wusste, dass sie darüberstehen sollte, und an einem guten Tag wäre das auch so. Nur war heute kein guter Tag, und sie stand kurz vor der Explosion.

»Das macht dann fünfzig Pfund für das Mittagsmenü.«

Isla zog wortlos einen Geldschein hervor und legte ihn neben den Teller. Dann stand sie auf, schnappte sich Jacke und Handtasche und verließ grußlos das Restaurant.

Zweieinhalb Stunden später war der akute Ärger verraucht und etwas Schlimmerem gewichen: Scham wegen ihres dämlichen und vollkommen unprofessionellen Auftritts! Ob sie in einem anderen Restaurant etwas aß oder nicht, änderte schließlich nichts an der Konkurrenzsituation mit

Rodney Swinton. Nun wusste sie immer noch nicht, ob die Austern im *Oyster Club* so sagenhaft lecker schmeckten, wie alle raunten, und außerdem schob sie inzwischen einen mörderischen Kohldampf. Mist, Mist, Mist!

Verzweifelte Situationen erfordern beherzte Reaktionen, dachte Isla und hielt in Inverness an einer großen Tankstelle. Während sie ihren uralten, verbeulten grünen Mini volltankte, malte sie sich bereits aus, wie gleich der zuckersüße Schmelz von Schokolade und Karamell ihre Sinne betäuben und ihr seelisches Gleichgewicht wiederherstellen würde.

Seit sie ein kleines Mädchen gewesen war, hatte sie eine unstillbare Leidenschaft für billige Industrieschokolade, die sie aus professionellen Gründen natürlich vehement hätte ablehnen müssen. Niemals würde sie offiziell und außerhalb ihrer Familie zugeben, dass ihr persönliches Schokoladen-Highlight nicht etwa die handgeschöpfte dunkle Bioschokolade mit fünfundachtzig Prozent Kakaoanteil war, die sie ab und zu für ihre Desserts verwendete, sondern ein Karamell-Schokoriegel von Cadbury. Wenn das herauskäme, würde sie auf einem kulinarischen Scheiterhaufen aus Spott und Entsetzen als bigotte Küchenhexe verbrannt werden, da war sie sich ganz sicher. Ihre Mitarbeiter wären schockiert und würden sie nicht mehr ernst nehmen, und ihre Konkurrenz würde sich hämisch die Hände reiben.

Zehn Jahre lang war sie durch die ganze Welt gereist und hatte bei den unterschiedlichsten Meisterköchen ihr Handwerk und größten Respekt vor möglichst naturbelassenen Zutaten gelernt. Ihre eigene Philosophie verbat ihr den Einsatz von Konservierungsstoffen und Geschmacksverstärkern, und dennoch hatte nichts ihre Liebe zu »böser« Schokolade schmälern können. Eine Liebe, die heimlich ausgelebt werden musste und doch voll ungezügelter Leidenschaft war – fast wie eine verbotene Affäre.

Während sich der Tank des Minis füllte, dachte sie an die Schokoriegel, die neben der Kasse auf sie warteten, und sehnte sich wie eine Drogenabhängige den Zuckerrausch herbei, der sie gleich fluten würde. Als sie den Tank verschloss, nahm sie aus den Augenwinkeln wahr, wie ein monströser, hochglänzend schwarzer Pick-up-Truck auf den Parkplatz fuhr und der Fahrer gleich darauf in das Tankstellengebäude federte. Tatsächlich, der Typ ging nicht einfach, seine Schritte hatten etwas nervtötend Gutgelaunt-Dynamisches an sich. »Ich komm gleich wieder, Polly«, hörte sie den Mann rufen, als jämmerliches Geheul aus dem schwarzen Riesenfahrzeug tönte. Isla verdrehte die Augen und beschloss, keinen weiteren Gedanken mehr an heulende Autos und federnde Dynamiker zu verschwenden. Jetzt zählte nur noch Schokolade!

• • •

An sich war dieser Stopp vollkommen sinnlos, dachte Jon Grant, als er das Verkaufsgebäude der großen Tankstelle betrat. Sein Tank war noch gut gefüllt, und er brauchte weder Zigaretten noch eine der vielen Zeitschriften und Zeitungen, die einen Großteil des Warenangebots ausmachten. Neben den unterschiedlichen Sorten von Treibstoff für Fahrzeuge und Fahrer. Ihm ging es nie in den Kopf, dass ausgerechnet Tankstellen so gern hochprozentigen Alkohol verkauften. Das war doch eigentlich total widersinnig, oder?

Genau wie seine Impulskäufe der vergangenen Wochen! Er kratzte sich den Kopf, während er mit leerem Blick das Cover eines »Happy-Country-Life«-Magazins anstarrte. Hätte man ihm letztes Jahr prophezeit, dass er aufs Land ziehen und seinen Lebenstraum verwirklichen würde, hätte er nur freudlos gelacht. Zusammen mit seinem älteren Bruder Robert hatte er damals noch die Londoner Niederlassung der Werbeagentur geleitet, die seine Eltern vor über dreißig Jahren gegründet hatten. Er war smart gewesen, erfolgreich, wohlhabend – und komplett ausgebrannt. Dann hatte er seinen Job an den Nagel gehängt und war nach Edinburgh zurückgekehrt, wo er entweder frustriert in der kleinen Wohnung saß, die er auf die Schnelle gemietet hatte, oder sich von seinen Eltern und seiner jüngeren Schwester Carla »ablenken« ließ.

Diese Ablenkung hatte vor allem so ausgesehen, dass sie ihn zu irgendwelchen Events und Partys überredeten, auf die er keine Lust hatte, oder zu Familien-Sonntagsbrunchs einluden, wo dann doch wieder vorwiegend über Kunden der Agentur und deren Events und Partys gesprochen wurde. Sämtliche Familienmitglieder waren Werber mit Leib und Seele – inklusive der Partner seiner Geschwister. Der Ehemann seines Bruders leitete die Filmabteilung in London, der Freund seiner Schwester – Kreativdirektorin der Hauptniederlassung in Edinburgh –

galt als bester Texter unter der Sonne. Er selbst war jahrelang mit Emma, der Londoner Art-Direktorin, zusammen gewesen, aber diese Beziehung war am Ende genauso ausgefranst wie seine Leidenschaft für Werbung. Wenn er ehrlich sein wollte, war beides auch nie besonders ausgeprägt gewesen. Doch hatte es in seinem Leben schlicht nie eine andere Option gegeben. Ein Grant, der etwas anderes machte als Werbung? Ausgeschlossen!

Allerdings hatte dieser Zwang wohl nur in seinem Kopf existiert, wie er zugeben musste. Seine Eltern hätten ihn sicher auch bei jeder anderen Berufswahl unterstützt. Aber irgendwie hatte sich die Frage nie gestellt. Da ihm jede künstlerische oder kreative Ader fehlte, hatte er Psychologie mit den Schwerpunkten Marketing und Wirtschaft studiert und war wie von selbst in den Job des Strategen hineingerutscht. Oder, wie er selbst es nannte: in den Job des Chef-Manipulators! Es war tatsächlich lächerlich einfach, Menschen mit einigen gezielten Triggerwörtern und geschickt eingesetzten Narrativen zu Kunden zu machen. Ein paar Jahre lang hatte es ihm auch Spaß gemacht, Kampagnen immer weiter zu verfeinern, aber zuletzt war er sich nur noch wie ein verlogener Rattenfänger vorgekommen, der sich endlos weit von seinen Träumen und Wertvorstellungen entfernt hatte.

Auch die »Auszeit« in Edinburgh hatte nicht den gewünschten Effekt für sein Seelenheil gehabt – doch dann hatte ihn vor fünf Wochen sein alter College-Kumpel Collum McDonald angerufen. Sie hatten ewig nichts mehr voneinander gehört, und Jon war mehr als überrascht gewesen, dass Collum, mit dem er die BWL-Kurse an der Uni absolviert hatte, nicht etwa Controller in einem Großkonzern war, sondern seit einigen Jahren Bürgermeister in einem winzigen Nest in den Highlands. Aber Collum hatte derart von dem Örtchen Kirkby geschwärmt, dass sich in Jon eine alte, verschüttete Sehnsucht gemeldet hatte – eine Sehnsucht nach Überschaubarkeit, nach guter Luft, nach freundlichen Menschen und einem vermeintlich ehrlicheren, einfacheren Leben. Als Collum schließlich den alten, leer stehenden Dorf-Pub erwähnte, den er gerne zu neuem Leben erwecken wollte, war es um Jon geschehen gewesen. Schon als Kind hatte er den Traum gehabt, Kneipenwirt zu werden. Diese Fantasie hatte immer für größte Lacherfolge gesorgt, wenn er sie ausgesprochen hatte – nicht nur bei seiner Familie, auch bei seinen Mitschülern und später den Kommilitonen –, doch ganz vergessen hatte er den Wunsch nie.

Als Collum einen lächerlich niedrigen Preis für die Immobilie aufrief, die zwar dringend aufgemöbelt werden müsse, deren Bausubstanz aber top sei, hatte Jon nicht lang gezögert. Ohne sich selbst ein Bild von *The Scary Hound* zu machen und nur aufgrund einer Handvoll Fotos und Collums Wort darauf, dass er es nicht bereuen würde, hatte er das Gebäude gekauft. Seit einer Woche war er also offiziell Eigentümer eines Highland-Pubs. Nach der Unterschrift beim Notar hatte er zwei weitere irrationale Impulskäufe getätigt: den glänzenden schwarzen Pick-up und Polly, seine neue Gefährtin, die es offensichtlich blöd fand, allein im Auto auf ihn zu warten.

Er schüttelte den Kopf und riss sich entschlossen von den Zeitschriften los. Es hatte keinen Sinn. Er hatte sich für dieses neue Leben entschieden und würde sich furchtlos allen Herausforderungen stellen. Ein Blick auf die Uhr verriet ihm, dass er in einer Stunde mit Collum verabredet war, und er schätzte, dass er nur noch dreißig Minuten Fahrt vor sich hatte. Zeit genug also, sich noch einen Kaffee und etwas Nervennahrung zu gönnen. Er ging in Richtung Kasse, um sich mit Schokolade einzudecken. Vor dem Süßkramregal stand bereits eine rothaarige Frau und scannte mit gerunzelter Stirn die Auswahl. Gleichzeitig griffen sie beide zum letzten Cadbury-Karamell-Riegel.

»Das ist jetzt nicht Ihr Ernst«, herrschte sie ihn in einem Tonfall an, der halb entsetzt, halb empört klang.

»Doch, ich liebe Karamell«, entgegnete er mit einem Lächeln und hielt sein Ende des Riegels fest.

»Aber das geht nicht!«, beharrte sie und zog fester, offensichtlich unwillig, auf ihre Beute zu verzichten.

»Warum?«

»Was warum?« Sie sah ihn irritiert an, und in ihren blaugrauen Augen funkelte etwas Wildes, Unbeherrschtes.

»Warum geht es nicht? Es ist doch sehr gut möglich, dass zwei Menschen eine vergleichbare Begeisterung für Karamell-Schokoriegel an den Tag legen. Wir sind der beste Beweis dafür.« Er sprach ruhig und sachlich mit ihr, genau wie er es jahrelang mit schwierigen Kunden und temperamentvollen Kollegen getan hatte, aber insgeheim fand er diesen kleinen Zusammenstoß recht amüsant. Er schätzte die Frau auf Anfang dreißig. Optisch erinnerte sie ihn an die junge Katharine Hepburn: schmal, fast hager, und burschikos, doch mit einem sehr ausdrucksstarken Gesicht, auf dem sich in rascher Folge reichlich Emotionen spiegelten. Irritiertes Stirnrunzeln wurde von ungläubig aufgerissenen Augen abgelöst, gefolgt von einer wütend aufgeworfenen Zornesfalte und gleich darauf von einem entschlossenen Zug um die wohlgeformten Lippen.

»Sparen Sie sich die Wortklauberei!«, rief sie und zerrte noch einmal kräftig. »Suchen Sie sich einen anderen Schokoriegel. Denn wenn ich den hier jetzt nicht auf der Stelle bekomme, dann passiert ein Unglück!«

Jon musste lachen und war kurz geneigt, das lustige Spiel auf die Spitze zu treiben. Doch der verzweifelt-flehende Unterton in ihrer markigen Drohung war ihm nicht entgangen. »Ein Unglück kann und will ich natürlich nicht riskieren«, sagte er und ließ den Riegel los. »Guten Appetit!«

Sie brummte etwas Unverständliches, aus dem nur ein extrem wohlwollendes Ohr ein »Danke« hätte heraushören können, griff sich wahllos eine Handvoll weiterer Schokoriegel und bezahlte dann rasch und ohne ihn noch einmal anzusehen. Wenig später beobachtete Jon, wie sie mit einem schrottreifen dunkelgrünen Mini davonbrauste. Grinsend kaufte er sich eine Tafel Karamell-Schokolade, die sie offensichtlich übersehen hatte, und ging zu seinem Wagen, mit einem Mal deutlich entspannter und fröhlicher. Warum auch immer – aber jetzt fühlte er sich bereit für das Abenteuer seines neuen Lebensabschnitts.

ZWEI STUNDEN HONEYMOON

SO EIN SCHOKORIEGEL WIRKTE MANCHMAL Wunder. Mit dem vielen Zucker in ihrem Blut hob sich Islas Stimmung deutlich, und kaum war sie zu Hause angekommen, traute sich auch die Sonne zwischen den dunklen Wolken hervor und lockte sie in ihren heiß geliebten Kräutergarten. Jetzt im März gab es noch nichts zu ernten, aber angesichts der ersten zarten Triebe an ihren Küchenpflanzen und der kecken Krokusse, die sich ihre Frühlingsgefühle auch von Stürmen und Regengüssen nicht verderben ließen, kam Isla wieder zur Ruhe. Langsam fiel alle Spannung von ihr ab, und eine Grundzufriedenheit stellte sich ein, die sie immer dann fühlte, wenn sie entweder am Herd stand oder mit den Händen im Dreck wühlte.

»Schon zurück von deinem Ausflug?«

Isla erhob sich lächelnd und schüttelte Erde von ihren Fingern. Ihr gegenüber stand Colleen, die Verlobte ihres älteren Bruders Alex, und musterte sie mehr als erfreut. Isla wusste, warum. Colleen war absolut kaffeesüchtig, und das Gebräu, das die Maschine im brüderlichen Bed & Breakfast ausspuckte, fand ihre zukünftige Schwägerin genauso indiskutabel wie Isla selbst. Sie antwortete deshalb nicht direkt, sondern fragte ihrerseits: »Lust auf einen

Cappuccino?« Ohne auf eine Bestätigung zu warten, ging sie voran in ihre Restaurantküche, schaltete die chromglänzende italienische Espressomaschine an und wusch sich die Hände. Während sich die Maschine aufheizte und dabei lustige blubbernde und zischende Geräusche von sich gab, arrangierte sie auf einem Teller einige Shortbread-Kekse in Distelform, die ihre Cousine Kristie exklusiv für das Restaurant buk, und mahlte dann die Kaffeebohnen.

»Ich liebe diesen Duft«, schwärmte Colleen und schloss verzückt die Augen.

»Du bist wirklich ein Junkie«, lachte Isla. »Und du solltest Alex endlich dazu überreden, eine vernünftige Kaffeemaschine anzuschaffen.«

»Aber dann hätte ich keinen Grund mehr, regelmäßig bei dir vorbeizuschauen«, widersprach Colleen. »Zumal wir im Rathaus ja auch einen ziemlich ordentlichen Vollautomaten haben. Nein, das ist schon okay so. Stell dir mal vor, wenn im Bed & Breakfast auch noch der Kaffee top wäre, dann hätten die Gäste ja gar nichts mehr zu meckern.« Sie grinste.

»Ich mag deinen völlig verdrehten Sinn für Humor«, entgegnete Isla und begann die Milch aufzuschäumen, während der Kaffee heiß zischend in die Tassen floss. »Wollen wir die fünf Minuten Sonne nutzen und wieder in den Garten gehen?«

Colleen nickte nur, schnappte sich den Kekstelller und verschwand nach draußen. Als Isla ihr wenig später mit den beiden Kaffeetassen folgte, hatte sie es sich bereits auf der geschützten Bank bequem gemacht und ließ sich die Sonne ins Gesicht scheinen. Konnte es etwas Besseres geben als die warme Frühlingssonne und den besten Cappuccino jenseits von Italien?

Kurz darauf jedoch brachte ein tiefes, sonores Rumpeln die beiden Frauen dazu, aufzuspringen und Richtung Straße zu schauen. Isla nahm gerade noch wahr, wie ein großer, schwarz glänzender Pick-up langsam die Dorfstraße entlangfuhr. Gleich darauf war er aus ihrem Sichtfeld verschwunden. Der monströse Wagen kam ihr vage bekannt vor.

»Was macht der denn hier?«, rief sie und starrte auf das Stück Fahrbahn, das sie von ihrem Garten aus einsehen konnte.

»Kennst du den Fahrer etwa?«, fragte Colleen verwundert.

»Ich hab ihn vor ungefähr einer Stunde an einer Tankstelle in Inverness getroffen«, sagte Isla und verschwieg wohlweislich den Schokoriegel-Zwischenfall. »Also, falls er es war. Aber wie viele schwarze Angeber-Trucks wird es hier in der Gegend schon geben?« Sie schüttelte den Kopf. »Ich frag mich, was der hier will.«

»Das könnte der neue Pub-Besitzer sein«, mutmaßte Colleen aufgeregt. »Collum hat letzten Freitag erzählt, dass er heute kommt.« Colleen arbeitete seit ein paar Wochen als Event-Koordinatorin im Rathaus von Kirkby. »Doof, dass ich heute meinen freien Tag habe.«

»Wie ein Wirt wirkte der Typ eigentlich nicht«, murmelte Isla stirnrunzelnd.

»Wie wirkt denn ein Wirt?«, konterte Colleen mit einem Grinsen. »Falls es da überhaupt irgendwelche Standards gibt.«

Isla verdrehte die Augen. »Ja, ja, schon gut. Natürlich ist das ein blödes Vorurteil, aber …«, sie zögerte. »Jedenfalls sehen Wirte in der Regel nicht so … ähm … yuppiemäßig aus.« Um ein Haar hätte sie »heiß« gesagt und fragte sich, wie diese völlig absurde Bezeichnung für den Schokoriegeldieb in ihre Gehirnwindungen gekommen sein mochte. Also, den Beinahe-Schokoriegeldieb, denn er hatte ihr die Beute ja letztlich überlassen. Und sie dabei ausgelacht. Eindeutig hatte er sich über sie lustig gemacht. Wenn sie länger darüber nachdachte, fand sie ihn gar nicht mehr heiß, sondern einfach nur unverschämt. Sie konnte ihn nicht leiden. Punkt. »Er federt!«, platzte es noch aus ihr hervor, ehe sie sich die Hand vor den Mund schlagen konnte.

Colleen kicherte. »Ein federnder Yuppie also?« Sie schien das Ganze wirklich unglaublich witzig zu finden.

»Na, du weißt schon, so ein Typ, der nicht normal geht, sondern betont dynamisch, schwungvoll und gut gelaunt dahinfedert«, versuchte sie sich an einer Erklärung, merkte aber selbst, wie seltsam sie sich anhörte. »Ich kann es nicht besser beschreiben, aber es macht mich schon aggressiv, allein seinen Gang zu sehen.« Sie verschränkte genervt die Arme vor der Brust und fühlte sich auf unangenehme Art ertappt.

»Du bist echt der Knaller«, behauptete Colleen und grinste immer noch. »Ich weiß ja, dass die Reizschwelle bei etlichen Mitgliedern der Familie Fraser sehr niedrig liegt, aber dass dich schon die Gangart eines Mannes wild macht ...«

»Er macht mich nicht wild, er macht mich ... Ach, vergiss es!«

Colleen hatte nun tatsächlich den Nerv, ihren Kopf in den Nacken zu werfen und schallend zu lachen. Es dauerte ein Weilchen, bis sie sich so weit wieder gefangen hatte, dass sie sprechen konnte. Dann sagte sie: »Ich glaube schon jetzt, dass Mr. Feder-Yuppie eine echte Bereicherung für Kirkby sein wird, und ich kann es kaum erwarten, ihn endlich kennenzulernen.«

»Ich hatte mir für den Pub halt etwas anderes vorgestellt. Dad wird ihn hassen«, brummte Isla düster.

»Euer Vater hasst ihn ja jetzt schon aus Prinzip. Weil der neue Pub-Besitzer ein Freund von Collum ist. Weil die Kneipe nach etlichen Jahren wiedereröffnet wird. Weil sich Dinge in Kirkby ändern. Euer Dad ist einfach ein schrulliger Kauz, der immer erst motzt, dann aber doch einlenkt.«

»Du hast Marlin Fraser noch nicht in Hochform erlebt«, sagte Isla und war froh, dass sie von ihren Vorbehalten abgekommen und stattdessen auf sicheres Terrain gewechselt waren. »Du kennst ihn doch erst ... wie lange? Seit fünf Monaten?«

»Zeit genug, ihn zu durchschauen«, behauptete Colleen schulterzuckend.

»Dann wärst du die Erste ...«

»Ich wette mit dir, dass er ziemlich schnell begreift, wie gut ein Pub für Kirkby ist.«

Isla winkte ab. »Spielt ja auch keine Rolle, was Dad denkt. Ich bin grundsätzlich sehr dafür. Wenn wir hier eine Kneipe haben, dann muss ich nicht ständig Tagestouristen abwimmeln, die bei mir nach Fish and Chips fragen. Ich bin mir aber nicht sicher, ob Mr. Feder-Yuppie der richtige Mann für diese Herausforderung ist. Falls er überhaupt der neue Pub-Besitzer ist und wir nicht bescheuert über irgendwelche Dinge spekulieren, nur weil vor zehn Minuten ein schwarzes Riesenauto die Dorfstraße entlanggefahren ist. Vermutlich ist er nur auf der Durchreise.« Isla spürte ihren Worten nach. Klang total einleuchtend. Fast glaubte sie es selbst.

»Oder aber wir werden hier demnächst reichlich Spaß haben«, zerstörte Colleen vergnügt das kleine bisschen Seelenfrieden, das sich Isla gerade zusammengereimt hatte. Dann stand sie auf. »Danke für den Kaffee. Mir ist gerade eingefallen, dass ich noch was erledigen wollte.« Mit blitzenden Augen umarmte sie Isla, schwang sich unternehmungslustig auf ihr Fahrrad und war kurz darauf verschwunden – zweifellos, um der Sache mit dem ominösen Pub-Besitzer auf den Grund zu gehen.

Die dunkle Wolke, die sich wenig später wieder vor die Sonne schob, war aber bestimmt nur eine typische Kapriole des schottischen Wetters und kein düsteres Omen. Oder?

• • •

Es war ein gutes, fast erhebendes Gefühl, von Inverness aus dem Westufer des Loch Ness in Richtung Süden zu folgen, dann bei Drumnadrochit rechts abzubiegen und noch ein paar Meilen auf einer schmalen Straße durch die Landschaft zu fahren. Durch sehr viel Landschaft. Eine Landschaft, die ab sofort Jons neue Heimat sein würde. Sein Weg führte ihn auf einer kurvigen, hügeligen Strecke durch ein Waldstück. Nach einer weiteren lang gezogenen Rechtskurve erspähte er eine Kirchturmspitze, und hinter einer sanften Kuppe lag Kirkby in seiner ganzen Pracht vor ihm. Knapp sechshundert Einwohner, so groß – oder vielmehr klein – war sein neuer Lebensmittelpunkt. Langsam fuhr er am Ortsschild vorbei, passierte erst den Zufahrtsweg zum ortseigenen Sternerestaurant *The Scottish Thistle*, von dem Collum ihm so vorgeschwärmt hatte, und anschließend die Abzweigung zum luxuriösen Bed & Breakfast *The Cosy Thistle*. Zu diesen beiden Einrichtungen sollte sein Pub nach Collums Willen künftig eine günstige Alternative bieten.

Wenig später hatte Jon den Dorfplatz erreicht, der im Wesentlichen von drei Gebäuden dominiert wurde: der Kirche, dem Rathaus und einem großen Gebäude, dessen vernagelte Fenster einen eher abweisenden Eindruck vermittelten. Er parkte seinen Wagen vor dem schmuck renovierten Rathaus und stieg aus, was zu einer weiteren Runde empörten Geheuls von Polly führte. Irgendwie hatte er sich die neue Frau in seinem Leben etwas gechillter und weniger fordernd vorgestellt. Resigniert ging er um das Fahrzeug herum, öffnete die Beifahrertür und half dem schwarzmähnigen, langbeinigen, aber ziemlich tollpatschigen Geschöpf beim Aussteigen.

»Ich glaub's nicht!«, hörte er gleich darauf die vertraute

Stimme seines alten Uni-Freundes Collum, der aus seinem Rathaus gekommen war und nun von einem Lachanfall geschüttelt wurde.

»Was glaubst du nicht?«, wollte Jon wissen und hob leicht befremdet eine Braue. Seine Irritation galt gleichermaßen Collums etwas überraschender Begrüßung und Polly, die sich ungeniert direkt neben seinem Pick-up erleichterte.

»Dass du mit so einem Gefährt hier ankommst«, japste Collum, von einer weiteren Lachsalve gebeutelt, und fuchtelte in Richtung Auto und Polly.

»Stimmt mit meinem Auto was nicht? Oder meinst du meine Gefährt*in*?« Er sah zu Polly, die den um Fassung ringenden Bürgermeister mit ihren großen braunen Augen fixierte. Anscheinend war sie sich noch nicht sicher, was sie von ihm halten sollte.

»Deine ›Gefährtin‹ ist zauberhaft«, prustete Collum. »Wenn auch nicht ganz stubenrein.« Er deutete auf die unübersehbare Pfütze, die gerade zwischen den Pflastersteinen versickerte. Wo war der Regen, wenn man ihn brauchte?

»Streng genommen ist das hier ja auch keine Stube«, entgegnete Jon, musste schließlich aber selbst lachen. Es war eine wirklich absurde Situation. Er räusperte sich und sagte dann förmlich: »Darf ich vorstellen? Polly, das ist Collum, der Bürgermeister von Kirkby. Collum, das ist Polly, meine ... ähm ...«

»Gefährtin, ich weiß«, unterbrach ihn Collum und deutete eine Verbeugung an. Er hielt Polly seine Rechte hin und freute sich, als sie einschlug. »Sehr angenehm, Polly.« Anschließend breitete er die Arme aus, zog Jon in eine etwas ungelenke Männerumarmung und klopfte ihm auf den Rücken. »Schön, dass du hier bist!«

»Danke, ich freu mich auch.« Jon sah sich um. An einem Fenster des Rathauses erspähte er dunkle Dauerwellenlöckchen, und auch bei zwei anderen Häusern bewegten sich Gestalten hinter den Gardinen. Offensichtlich hatte sein Auftritt nicht nur für Erheiterung beim Bürgermeister, sondern auch für Aufmerksamkeit bei den Dorfbewohnern gesorgt.

»Kann ich dir einen Kaffee im Rathaus anbieten, oder willst du gleich dein neues Reich inspizieren?«, wollte Collum wissen.

»Allein die Tatsache, dass man zum Kaffeetrinken ins Rathaus muss, beantwortet deine Frage schon«, grinste Jon. »Wird Zeit, dass Kirkby wieder einen Pub bekommt!« In seinem Bauch kribbelte es vor Unternehmungsgeist, Vorfreude und Nervosität. Fast als wäre er frisch verliebt oder kurz vorm Traualtar. Gleich würde er seine Braut also zum ersten Mal sehen.

»Meine Rede«, sagte Collum und ging voraus.

Bis zum Pub waren es zwar nur wenige Meter über den Marktplatz, und es waren keine anderen Menschen auf der Straße, doch Jon fühlte sich beobachtet.

»Kann es sein, dass der halbe Ort auf der Lauer liegt und uns ausspäht?«, fragte er halb scherzend, halb im Ernst.

»Klar, was denkst du denn? Sie wissen, dass der neue

Pub-Besitzer heute kommt – und dein Auftritt war ja nun nicht gerade dezent.« Collum deutete über seine Schulter auf den schwarzen Pick-up.

»Was hast du nur mit meinem Wagen? In derart unwirtlichen Gegenden braucht man doch ein angemessenes Fortbewegungsmittel. Ich hab Allradantrieb und so viel Ladekapazität, dass ich Lebensmittel und Getränke transportieren kann. Außerdem war es ein Schnäppchen.«

»Ja, weil kein Mensch mehr so eine spritfressende Dreckschleuder haben möchte«, stellte Collum mit einem gutmütigen Augenzwinkern fest. »Kann es sein, dass du heute zum allerersten Mal in deinem schon fortgeschrittenen Leben in den Highlands bist?« Jon antwortete nicht, sondern nickte nur leicht. Was bitte sollte diese Unterstellung? Doch Collum fuhr fort: »Wir mögen zwar Hinterwäldler sein, aber unsere Straßen sind geteert, und die Lieferservices der Brauereien und Destillerien trauen sich sogar bis zu uns. Aber vielleicht kannst du ja mal eine Schafherde transportieren. Oder ein paar Rinder …«

Jon beschloss, den Spott zu ignorieren. Er hatte sich innerhalb weniger Tage zu mehr verrückten Handlungen hinreißen lassen als in seinem ganzen sechsunddreißigjährigen Leben davor. Himmel, er hatte praktisch fast seine kompletten Ersparnisse für den Pub und dieses Auto ausgegeben – da sollte er sich doch ein wenig darüber freuen dürfen, oder?

Collum reichte ihm einen Bund altertümlicher Schlüssel und trat einen Schritt zur Seite. »Willkommen zu Hause!«

Jons Anspannung wuchs. Von außen machte *The Scary Hound* seinem Namen wirklich alle Ehre. Auch Polly schien nervös zu werden, jedenfalls presste sie sich eng an ihn und zitterte leicht. Jon steckte einen Schlüssel ins Schloss, drehte ihn, und mit einem erfreulich satten Klacken öffnete sich die massive Holztür. Er holte tief Luft und betrat den schummrigen Schankraum, an dessen anderem Ende er einen langen Tresen erkennen konnte. Etliche Tische und Stühle standen, vergleichsweise unkonventionell aufgetürmt, in einer Ecke. »Gibt's hier Strom?«, fragte er.

»Auch fließend kaltes und warmes Wasser«, entgegnete Collum amüsiert und betätigte den Lichtschalter.

Alte Deckenlampen erwachten zum Leben und tauchten den großen Raum in ein warmes Licht. Staubflocken tanzten, aufgewirbelt von dem plötzlichen Luftzug, und unter dem Möbelturm in der Ecke huschte ein Schatten in die Dunkelheit. Polly gab ein aufgeregtes Japsen von sich und drückte sich bebend an Jon.

»Hier hausen doch nicht etwa Ratten?«, fragte Jon leicht angewidert. Er hatte keine Angst vor den Nagern, aber sie würden zweifellos ein Problem darstellen.

»Das wäre dann eine ziemliche Riesenratte«, befand Collum. »Und das wollen wir wirklich nicht hoffen.«

Im nächsten Moment bewegte sich der Schatten erneut unter dem Haufen aus Tischen und Stühlen, und Polly stürzte sich mit einem markerschütternden Laut in seine Richtung. Was dann folgte, war eine Kakofonie aus Jaulen, Fauchen und polternden Möbelstücken.

»Polly! Komm sofort hierher!«, rief Jon, doch die Hündin dachte nicht im Traum daran, auf ihn zu hören. Voller Begeisterung versuchte sie, den Schatten zu fangen, der sich mit einem eleganten Satz auf einen wackeligen Tisch rettete – und sich bei näherer Betrachtung als Katze entpuppte. Als gigantische, grau getigerte Riesenkatze, um genau zu sein.

»Ach, das ist nur Elvis«, sagte Collum, als sei dies eine schlüssige Erklärung.

»Da bin ich ja erleichtert«, gab Jon trocken zurück. Langsam wunderte er sich über gar nichts mehr. »Und was macht Elvis in meinem Pub?«

»Spuken?«, schlug Collum lachend vor.

»Aufgeräumt hat er jedenfalls nicht.« Jon schüttelte grinsend den Kopf.

»Hier bist du also, du böser Junge!« Eine hübsche, blond gelockte Frau war eingetreten, und Jon fragte sich verwirrt, wem ihr Ausruf galt. Collum womöglich?

»Hallo, Anna«, begrüßte der die Frau vergnügt. Offensichtlich fühlte er sich nicht angesprochen. »Darf ich dir den neuen Pub-Betreiber von Kirkby vorstellen? Anna, das ist Jon Grant. Jon, das ist Annabel Campbell, unsere Dorfärztin.«

Die blonde Frau streckte Jon eine Hand entgegen und lächelte ihn strahlend an. »Wie schön, ich freu mich sehr.«

»Ich mich auch, Dr. Campbell.« Er schüttelte ihr die Hand und wunderte sich über den erstaunlich kräftigen Händedruck der zarten Ärztin.

»Anna, bitte«, lachte sie. »Auf Förmlichkeiten legt hier

in Kirkby keiner Wert. Außerdem bin ich auch erst seit ein paar Wochen hier, und Neuankömmlinge müssen doch zusammenhalten, oder?«

Jon lächelte nur, aber Anna schien auch keine Antwort zu erwarten. Stattdessen ließ sie ihren Blick durch den Raum wandern, runzelte die Stirn, als er die Riesenkatze streifte, und lächelte verzückt, als er schließlich an Polly hängen blieb. »Wer ist denn das Zauberhaftes?«, fragte sie mit einer Stimme, die plötzlich mindestens eine Oktave höher klang. Sie hockte sich hin und streckte erneut die Hand aus.

Mehr Aufforderung brauchte Polly nicht. Sie gab ihr Versteck unter dem Tisch auf, ließ noch einen Stuhl zur Seite rumpeln und rannte zu der Ärztin.

»Das ist Polly«, sagte Jon.

»Du bist ja eine Schönheit«, lobte Anna. »Hat dich der böse Kater erschreckt?«

»Mau!«, kam es indigniert von dem Angesprochenen. Mit einem großen Satz verließ er seinen Zufluchtsort und stolzierte mit hoch aufgerichtetem buschigem Schwanz und einem reichlich misstrauischen Blick in Richtung Anna und Polly. Etwa einen Meter vor den beiden setzte er sich und musterte sie durchdringend.

»Das ist mein Kater Elvis«, erklärte Anna, an Jon gewandt. »Er interpretiert die Bezeichnung ›Hauskatze‹ recht frei, stattdessen ist er gerne und viel unterwegs.« Sie seufzte leicht und schüttelte den Kopf.

»Und wie kommt er in den Pub?«

»Keine Ahnung. Ich schätze mal, dass er ein Fenster

gefunden hat, das nicht richtig verschlossen war, oder eine nicht abgesperrte Tür. Er ist ziemlich geschickt. Und du musst dich nicht sorgen, er ist freundlich zu allen Menschen und den meisten Tieren. Mit Hunden hat es noch nie ein Problem gegeben. Ist Polly ein Neufundländer?«, wollte sie dann noch wissen, während sie liebevoll das glänzende schwarze Fell kraulte.

»Ähm, ja. Und ich nehme an, dass sie noch eher unerfahren ist, was Katzen betrifft. Aber die Rasse gilt ja als sehr umgänglich. Hab ich jedenfalls gelesen.«

»Wie alt ist sie?«

»Knapp vier Monate, aber ich hab sie erst seit einer Woche. Es war eine etwas ... ähm ... spontane Entscheidung. Ich dachte, dass es schön wäre, hier in der Einsamkeit einen Hund zu haben.« Warum nur kam er sich gerade so unsagbar dämlich vor? »Die Frau des Autohändlers züchtet Neufundländer, und Polly war der letzte Welpe aus dem Wurf. Niemand hat sich für sie interessiert und ...« Warum erzählte er diese bescheuerte Geschichte?

»Das erklärt wirklich einiges«, schaltete sich nun auch Collum wieder ins Gespräch ein und schien schon wieder mit einer Lachattacke zu kämpfen. Glücklicherweise behielt er so seine zweifellos eindrucksvolle These darüber, was genau das erklärte, für sich.

»Na ja, so einsam ist es hier auch wieder nicht«, beteuerte Anna und ließ ein glockenhelles Lachen folgen. Offensichtlich fand sie die Situation auch ungeheuer witzig. »Aber tierische Freunde sind gut für die Seele, und ich bin mir sicher, dass Polly dich sehr glücklich machen wird.«

»Wenn ich herausgefunden habe, wie man mit Hunden richtig umgeht, bestimmt«, murmelte Jon. Die Entscheidung, sich Polly anzuschaffen, war tatsächlich völlig spontan gewesen. Als er sein neues Auto abgeholt hatte, war ihm die imposante Neufundländer-Hündin des Händlers aufgefallen. Er konnte sich nicht mehr so recht erinnern, wie es dann weitergegangen war. Auf jeden Fall war er anderthalb Stunden später mit seinem Wagen, einem großen Sack Futter und Polly losgefahren – und einer Liste von Dingen, die er unbedingt noch für das Tier besorgen musste. Irgendwie war er sich übertölpelt vorgekommen und hatte den Eindruck nicht loswerden können, dass das Autohändlerpaar verdammt erleichtert gewirkt hatte, als nicht nur der große Pick-up, sondern auch der tapsige Welpe aus ihrer beider Leben verschwunden war. Jon hatte jedoch beschlossen, nicht weiter darüber nachzudenken. Auch weil er kaum dazu gekommen war, denn Polly forderte seine volle Aufmerksamkeit. Das junge Tier war unglaublich anhänglich und verspielt, hatte sonst aber nur Unsinn im Kopf und nagte mit seinen nadelspitzen Milchzähnchen wirklich alles an. Was die Stubenreinheit betraf, hatten die Züchter auch schamlos übertrieben ... Sein von außen glänzender Neuwagen war innen jedenfalls schon recht rustikal.

»Das wird schon«, behauptete Anna fröhlich. »Und wenn nicht ... es soll hier im Ort einen Hundeflüsterer geben. Colleen hat so was erzählt.« Sie sah fragend zu Collum.

»Ja, der alte Fraser hat ein Händchen für Hunde – sagt

man«, erklärte Collum, an Jon gewandt. »Allerdings kann er mich nicht leiden und dich damit zwangsläufig ebenfalls nicht.« Er zuckte die Schultern, anscheinend nicht sonderlich betroffen wegen dieser Abneigung.

»Was hab ich ihm getan?«

»Nichts. Aber du bist ein Freund von mir, und das bedeutet in Marlin Frasers Weltbild schon mal Sippenhaft. Außerdem hast du den Pub gekauft, und er weiß nicht, was du daraus machen wirst. Und alles, was er nicht kontrollieren kann, ist potenziell eine Bedrohung und wird mit Verachtung bestraft, bis er zu einer anderen Einschätzung der Lage kommt. Aber mach dir keine Sorgen, das ist normal.«

»Wenn du das sagst ...«, entgegnete Jon gedehnt. Kirkby war offenbar nicht das einfachste Pflaster. Andererseits kam er eigentlich mit allen Menschen gut klar und war in der Agentur als Problemlöser und »Feuerlöscher« bei besonders schwierigen Fällen eingesetzt worden. Er würde mit den störrischen Einwohnern schon zurechtkommen.

»Ach, Marlin ist eigentlich ganz süß«, meinte Anna. »Letzte Woche war er bei mir in der Praxis. Nicht weil ihm was fehlte, sondern um sich zu vergewissern, dass ich eine echte Ärztin bin, falls er doch mal krank werden sollte. Erst war er knurrig, aber schließlich ganz zahm.« Sie lachte erneut und stand dann auf, was Polly dazu brachte, protestierend nach ihrem Hosenbein zu schnappen.

»Polly!«, rief Jon tadelnd, und die Hündin sah ihn verwundert an. »Das darfst du nicht!« Sie wuffte und machte übermütig einen Satz in Richtung Elvis, der die ganze Zeit in majestätischer Pose dagesessen und misstrauisch beobachtet hatte, wie sich sein Frauchen mit dem jungen Hund abgab. Statt zu fliehen, blieb er stehen und plusterte fauchend sein Fell auf, sodass er noch größer wirkte als zuvor. Das schien auch Polly zu beeindrucken, die abrupt stoppte und leise fiepend zwischen dem Kater und Jon hin- und herschaute.

»Tja, Prinzessin, das hast du dir selbst eingebrockt«, sagte Jon mitleidslos. »Ich sehe nur zwei Optionen: Geordneter Rückzug, oder du freundest dich mit ihm an.«

»Sei lieb zu ihr, Elvis«, bat Anna den Kater mit deutlich mehr Mitgefühl. »Polly hat hier noch keine Freunde.« Dann blickte sie auf die Uhr. »Oh weh, schon so spät. Ich fürchte, ich muss los. Das Projekt ›Hund und Katz‹ müssen wir wohl verschieben.« Sie sah bedauernd zu den Männern und den Tieren, dann stieß sie einen kleinen Pfiff aus, und der Kater lief ihr wie ein Hund hinterher, als sie den staubigen Gastraum verließ. Im Türrahmen drehte sie sich noch einmal um und winkte Jon und Collum zum Abschied.

»Ich schätze, du musst dich nicht mit Marlin Fraser gut stellen, wenn du Erziehungstipps für deine Polly brauchst«, bemerkte Collum amüsiert. »Wende dich einfach an Frau Doktor Campbell.« Er zwinkerte seinem Freund zweideutig zu. »Sie ist übrigens Single«, fügte er noch hinzu.

Jon schüttelte grinsend den Kopf. Er war noch nicht mal eine Stunde in Kirkby, und schon sollte er verkuppelt werden. Die Ärztin war zweifellos eine sehr attraktive und nette Frau, doch nichts für ihn. Da hatte die rothaarige Kratzbürste vorhin an der Tankstelle mehr Interesse ausgelöst. Aber wenn Anna ihm beibringen konnte, wie er Polly dazu brachte, ihm auf ein simples Pfeifsignal hin zu folgen, dann wäre das garantiert ein weiteres Treffen wert. »Gut zu wissen, aber momentan bin ich mit der vierbeinigen Frau in meinem Leben wirklich gut ausgelastet – und wie es aussieht, auch mit dieser Bruchbude hier.«

»Bruchbude?«, rief Collum mit gespielter Empörung. »Das ein Juwel. Da muss man nur mal gründlich sauber machen, dann sieht alles aus wie neu.«

»Mhmm. Dann lass uns mal ein wenig unter die Staubschicht schauen, und vor allem interessieren mich die beiden oberen Etagen.«

»Ja, lass uns hochgehen. Im ersten Stock gibt es fünf Fremdenzimmer, die womöglich ein bisschen mehr Zuwendung brauchen als die Kneipe, und oben unterm Dach hat der frühere Besitzer in zwei Zimmern gewohnt. Du kannst aber alles ausbauen, sodass du eine richtig schöne große Wohnung hast. Ein Garten gehört übrigens auch dazu, was sicher ideal ist für deine junge Dame.« Collum sah zu Polly, die gerade hingebungsvoll an einem Stuhlbein nagte. »Hat sie einen Biber im Stammbaum?«

»Wahrscheinlich«, erwiderte Jon. Das Stuhlbein war definitiv nicht seine größte Sorge. Er schätzte, dass eine Menge Zeit und Geld für die Renovierung draufgehen würden, bevor er seinen Pub eröffnen konnte. »Auf jeden Fall muss ich die Kneipe umbenennen. *The Scary Hound* hört sich in meinen Ohren nach selbsterfüllender Prophezeiung an. Ich möchte nicht, dass Polly zum unheimlichen Hund wird!« Er straffte die Schultern und sagte dann entschlossen: »Lass uns nach oben gehen! Komm, Prinzessin, schauen wir uns dein neues Reich an.«

Eine Stunde später sah Jon deutlich klarer – und war reichlich ernüchtert. »Wow, das war vermutlich der kürzeste Honeymoon der Geschichte«, sagte er zu Collum, als sie das Haus verließen und er die Tür hinter sich absperrte. Es war vollkommen ausgeschlossen, dass er, wie geplant, während der Renovierungsphase hier leben konnte. Sowohl die Gästezimmer als auch die kleine Wohnung unterm Dach waren völlig unbewohnbar und verlangten nach einer intensiven Generalüberholung.

»Honeymoon?«, fragte Collum leicht verwirrt.

»Als wir vorhin zum Pub gelaufen sind, habe ich mich gefühlt wie ein Bräutigam, der gleich seine Braut sieht«, erklärte Jon seinem alten Kumpel.

»Verstehe. Aber die Braut war vorher weder bei der Kosmetikerin, noch hat sie sich die Mühe gemacht, ein hübsches Hochzeitskleid zu tragen«, spann Collum die etwas schräge Analogie weiter.

»So ungefähr.« Jon seufzte. Irgendwie war ihm während der letzten Monate sein klarer Verstand abhandengekommen, sonst hätte er sich wohl auf keinen Teil dieses Irrsinns eingelassen. Weder darauf, unbesehen ein heruntergekommenes Haus im Nirgendwo zu kaufen, noch auf das überdimensionierte Auto und schon gar nicht auf Polly. Er schloss kurz die Augen. Ja, das war alles ziemlich überwältigend, und ja, er fühlte sich auch vollkommen überfordert. Aber gleichzeitig machte sich eine unglaubliche Vorfreude in ihm breit. Das war das bislang größte Abenteuer seines Lebens, und er würde jede verdammte Minute davon genießen. »Aber das macht nichts. Vielleicht ist es sogar viel spaßiger, wenn ich der Braut bei ihrem Schönheitsprogramm helfe?«

»Möglich. So als Grundlage einer glücklichen Ehe.« Collum klopfte ihm auf die Schultern. »Ich maile dir nachher eine Liste mit Handwerkern aus dem Ort und der Region, die dir beim Aufhübschen helfen können.«

»Danke. Jetzt brauch ich nur noch ein Ausweichquartier.«

»Du kannst gerne bei mir pennen«, bot Collum an, doch er klang nicht übermäßig enthusiastisch. Sein Stirnrunzeln und ein Seitenblick auf Polly zeigten Jon den Grund für die etwas gezwungene Gastfreundschaft. »Oder ...« Collums Gesicht erhellte sich merklich, als er eine Frau entdeckte, die vom Rathaus her zu ihnen geschlendert kam. »Oder wir fragen Colleen.«

»Wir fragen Colleen was?«, wollte die Frau mit den kastanienbraunen Haaren und dem amerikanischen Akzent wissen, die Collums letzten Satz noch gehört hatte.

»Ob ihr derzeit ein Cottage frei habt, in dem Jon und Polly unterschlüpfen können, bis zumindest die Wirtswohnung so weit renoviert ist, dass sie dort einziehen können.«

»Das sollte kein Problem sein«, sagte Colleen und musterte Jon mit einem neugierigen Lächeln. »Für federnde Yuppies haben wir immer ein Plätzchen frei.«

»Bitte?«, fragten Jon und Collum gleichzeitig.

»Ach nichts«, winkte Colleen ab und reichte Jon die Hand. »Herzlich willkommen in Kirkby!«

UND DANN KAM POLLY

ES SCHIEN TATSÄCHLICH DIE SONNE. Schon seit dem frühen Morgen, und Isla juckte es in den Fingern, ein paar Stunden in ihrem Garten zu wühlen. Stattdessen stand sie am geöffneten Fenster in der Küche und ging die Bestellungen für ihren Lieferanten durch. Die Specials für die nächsten drei Wochen standen zwar eigentlich schon fest, aber sie hatte Lust, noch etwas Neues einzubauen. Das hatte rein gar nichts mit den Postings von Rodney Swinton zu tun, der seit gestern in mehreren Instagram-Beiträgen von seinem tollen Restaurantbesuch im *Oyster Club* schwärmte. Angeblich war er wahnsinnig inspiriert, und das würde sich auch umgehend auf seiner eigenen Speisekarte widerspiegeln. Dämlicher Angeber, dachte sie verärgert.

Ihr Blick fiel wieder auf den Garten. Seit gestern zeigten sich noch mehr frische grüne Triebe, und Isla konnte es kaum erwarten, endlich wieder ihre eigenen Kräuter ernten zu können. In den geschützten Beeten an der Mauer gediehen auch sensible und exotischere Pflänzchen, die es im rauen schottischen Klima normalerweise schwer hatten. Sie setzte zwar weitgehend auf lokale und regionale Spezialitäten, aber wenn in ihrem Garten Thaibasilikum, Chilis und Zitronengras wuchsen, dann konnte sie diese Kräuter und Gewürze ja auch einsetzen. Sie liebte die asiatische Küche und war kurz nach Weihnachten fünf Wochen lang in Thailand und Vietnam unterwegs gewesen. Ihrer Meinung nach vertrugen sich asiatische Aromen ganz hervorragend mit den eher erdigen schottischen Zutaten. Doch bis sie frisches Grünzeug aus dem eigenen Garten nutzen konnte, würde es noch ein wenig dauern. Sie seufzte und wandte sich wieder dem Tablet zu, auf dem sie ihre Orderliste bearbeitete. In spätestens einer halben Stunde musste sie die Bestellung abschicken, damit sie die Ware morgen pünktlich geliefert bekäme.

Plötzlich nahm sie aus den Augenwinkeln eine Bewegung in ihrem Garten wahr. Sie richtete sich auf, und dann traf sie fast der Schlag. In ihrem Exotenbeet stand ein etwa kniehoher schwarzer Hund und buddelte in abartiger Geschwindigkeit ein Loch. Isla stieß einen fassungslosen Schrei aus, der den Hund jedoch nur kurz innehalten ließ. Kopfüber tauchte das Tier nun in die frische Kuhle hinein und fing an, sich zu wälzen. Außer sich vor Entsetzen griff Isla nach dem nächstbesten Gegenstand und warf ihn nach dem schwarzen Biest. Es war eine alberne Funko-Pop-Puppe, die ihr Jungkoch ihr vor ein paar Monaten geschenkt hatte. Der Name der Figur – ein rothaariger, leicht geschürzter Kerl mit einer Tabasco-Flasche in der Hand – lautete »Zorn with hot sauce«, und wie sich herausstellte, eignete sie sich erstklassig als Wurfgeschoss. Sie traf das Biest irgendwo am Bauch, und es japste erschrocken auf und sprang zurück auf alle viere.

Dann schnappte es sich die Puppe und begann seelenruhig darauf herumzukauen.

Das durfte ja wohl nicht wahr sein! Wutentbrannt stürzte Isla in den Garten und rannte wild gestikulierend und üble Flüche ausstoßend auf das Tier zu. Der Hund – bei näherer Betrachtung stellte sie fest, dass er noch ziemlich jung war – schien das aber besonders witzig zu finden. Er legte den Kopf schräg und wedelte heftig mit dem Schwanz. »Verschwinde sofort aus meinem Garten!«, rief Isla, während sie näher kam.

Der Hund ließ sich begeistert auf die Vorderbeine fallen und streckte das Hinterteil in die Luft, der puschelige Schwanz rotierte wie ein Propeller – die klassische Aufforderung zum Spielen. Isla hätte fast gelacht, weil es tatsächlich ziemlich drollig aussah, doch dann dachte sie wieder an ihr ruiniertes Beet. »Du sollst verschwinden, habe ich gesagt«, grollte sie und wollte nach der Puppe greifen. Aber der Hund schnappte sich blitzschnell seine Beute und flitzte aus dem Garten. Isla folgte ihm dicht auf den Fersen.

Die wilde Hatz endete abrupt vor einem der Cottages, die zum Bed & Breakfast gehörten. Na toll, dann war der Besitzer des Tieres auch noch ein Gast ihres Bruders – und womöglich ein potenzieller Besucher ihres Restaurants. Vermutlich sollte sie dringend ihr Temperament zügeln. Doch noch ehe sie sich auch nur einen halbwegs verbindlichen Satz zurechtlegen konnte, öffnete sich die Tür des Cottages, und heraus trat Mister Feder-Yuppie! Was zur Hölle?

»Sie?«, platzte es aus ihr heraus. In ihrem Kopf ratterte

es wie verrückt. War der Typ am Ende ein Gast? Colleen hatte gestern nicht mehr Bescheid gegeben, sodass Isla angenommen hatte, der Mann mit dem aufreizenden Gang und dem grässlichen Auto sei tatsächlich nur auf der Durchreise gewesen und nicht etwa der neue Wirt des Pubs. Genau genommen hatte sie bis eben überhaupt keinen weiteren Gedanken mehr an ihn verschwendet.

»Ich«, entgegnete er trocken und lächelte sie an. »Schön, Sie wiederzusehen. Ich hoffe, der Karamell-Riegel hat das drohende Unglück abgewendet.«

Welches Unglück? Wovon sprach der Kerl bloß? Sie sah ihn verständnislos an.

»Nun, Sie sagten, es würde ein Unglück geben, wenn ich Ihnen die Schokolade nicht überlasse«, half er ihr auf die Sprünge.

Isla merkte, wie sie rot wurde. »Ich habe nicht die leiseste Ahnung, wovon Sie sprechen«, behauptete sie. Es war schließlich nicht besonders nett, sie auf ihren ziemlich peinlichen Auftritt in der Tankstelle hinzuweisen. Außerdem ging es jetzt um etwas ganz anderes, nämlich um den Akt der Zerstörung in ihrem Garten. »Aber wenn wir schon von Unglücken reden: Ist das Ihr Hund?« Sie deutete auf das wuschelige schwarze Tier, das sich neben den Mann gesetzt hatte und auf ihrem Küchenmaskottchen herumkaute.

Ein Schatten huschte über sein Gesicht. »Ich fürchte ja. Hat Polly etwas angestellt?« Er betrachtete den Hund. »Polly, du bist ja total verdreckt. Was hast du gemacht? Und was hast du da für ein Spielzeug?« Er rang dem Welpen die Figur ab, die nun nicht nur voller Sabber, sondern auch von etlichen Bissspuren verunziert war. »Ich hoffe, das ist kein Familienerbstück«, sagte er halb amüsiert, halb bedauernd.

»Ehe ich darauf antworte, muss ich wissen, wer Sie sind«, entgegnete sie und hätte sich am liebsten direkt auf die Zunge gebissen, denn dieser Satz klang viel blöder, als sie es gemeint hatte. Aber sie könnte einen Gast ihres Bruders und potenziellen Restaurantbesucher nicht anbrüllen, auch wenn sie im Augenblick nichts lieber getan hätte. Oh Gott, was, wenn er ein Gastrotester war?

Prompt wurde aus seinem Lächeln ein extrem breites Grinsen. »Das müssen Sie mir ein bisschen genauer erklären. Inwieweit hat Ihre Antwort etwas mit meiner Identität zu tun? Das impliziert ja, dass es mehrere Wahrheiten geben könnte.«

Ein Klugscheißer war er also auch noch! »Nein, es gibt nur eine Wahrheit, aber bei der Präsentation kommen mehrere Eskalationsstufen infrage«, fauchte sie. Jetzt war es ihr auch egal, dass er ein zahlender Gast ihres Bruders war und ein möglicher Restauranttester – es ging schließlich wirklich nur um eine Tatsache, und die wollte sie auch nicht länger schönreden. »Ihr Hund hat vorhin das Exotenbeet in meinem Küchengarten verwüstet, und um ihn zu verscheuchen, habe ich die Puppe nach ihm geworfen. Die natürlich kein Erbstück ist, sondern nur ... Ach, vergessen Sie's!« Sie riss ihm die Figur aus der Hand.

»Also, nicht dass ich es gutheiße, wenn fremde Menschen meinen Hund mit Gegenständen bewerfen, aber es tut mir aufrichtig leid, dass Polly Ihr Beet zerstört hat. Ich werde selbstverständlich für den Schaden aufkommen. Ich bin übrigens Jon Grant. Und mit wem habe ich das Vergnügen?«

»Isla. Isla Fraser«, entgegnete sie knapp. Sollte ihr der Name Jon Grant irgendetwas sagen?

Er schien jedenfalls zu wissen, wer sie war, denn seine Miene hellte sich noch weiter auf. Wenn er nicht aufpasste, würde er bald zu leuchten anfangen. Seine dunkelbraunen Augen strahlten mit der Sonne um die Wette und funkelten vergnügt. »Isla Fraser? Dann sind Sie die Besitzerin von *The Scottish Thistle*?«, rief er höchst erfreut. »Das ist ja toll! Ich habe gerade den Pub gekauft. Dann sind wir ja praktisch Kollegen.«

Kollegen? Tickte er noch richtig? Wie konnte er ihr Sternerestaurant mit einem Dorfpub gleichsetzen? Sie schüttelte ungläubig den Kopf, verkniff es sich aber, diesen Gedanken auszusprechen. »Wie auch immer«, brummte sie. Dann zuckte sie zusammen und sah panisch auf ihre Uhr. Gerade war ihr die Bestellung wieder eingefallen. »Verdammt, wenn ich nicht innerhalb der nächsten fünf Minuten meine Bestellung abschicke, kann ich meinen Gästen morgen auch nur Fish and Chips und Haggis vorsetzen.« Ohne eine Antwort abzuwarten, rannte sie zurück zu ihrem Restaurant.

• • •

Jon blieb kopfschüttelnd in der Tür seines Cottages stehen und schaute der rothaarigen Furie hinterher. Das war ja nicht ganz so super gelaufen. Er hatte vorhin mit einigen der Handwerker telefoniert, die ihm Collum gestern empfohlen hatte. Polly musste die offene Terrassentür ausgenutzt haben, um auf eine kleine Erkundungstour zu gehen. Ihm war gar nicht aufgefallen, dass sein Hund verschwunden war, bis er, alarmiert durch das aufgeregte Geschrei von Isla Fraser, ans Fenster getreten war und den jungen Neufundländer in vollem Galopp auf sein Cottage hatte zurennen sehen – dicht gefolgt von der Sterneköchin.

»Was hast du dir denn da für eine Schote geleistet?«, schimpfte er leise mit dem Tier, das aber kein bisschen schuldbewusst wirkte, sondern einfach nur unglaublich niedlich war. Er setzte sich auf die Stufe vor der Tür, und Polly kletterte auf seinen Schoß und rieb ihre erdverkrustete Schnauze an seinem Bauch. Dann drehte sie sich zweimal um die eigene Achse und rollte sich zufrieden zusammen. »Lange wird das nicht mehr klappen, Schätzchen«, sagte und kraulte ihr den weichen Kopf. Mit ihren knapp vier Monaten wog sie schon fast zwanzig Kilo und war gar nicht mal mehr so handlich. Ausgewachsen würde sie es bestimmt locker auf fünfundfünfzig Kilo bringen – das hatte ihm zumindest der Tierarzt in Edinburgh prophezeit, bei dem er kurz vor seiner Abreise noch mit Polly gewesen war.

Vielleicht sollte er langsam mal anfangen, sie an ein sozialverträgliches Verhalten zu gewöhnen? Daran, dass es nicht okay war, einfach abzuhauen und die Gärten anderer Menschen umzugraben? Dass es ebenso wenig okay war, fremdes Mobiliar anzuknabbern – auch kein eigenes und auch keine Ledersitze im Auto? Dass es zwar aktuell noch niedlich war, aber sicher bald sehr unpraktisch sein würde, dass sie am liebsten auf seinem Schoß saß? Dass sie sich komplett rasseuntypisch verhielt, wenn sie nachts in seinem Bett schlief? Laut Tierarzt sollte ihr das viel zu warm sein, aber Polly sah das anders. Jon seufzte. Ein Problem nach dem anderen. Es stand nicht zu befürchten, dass irgendeine Frau in nächster Zeit Pollys Platz im Bett einnehmen wollte, und wichtiger als die Erziehung dieses Hundes war die Renovierung seines Pubs.

Colleen hatte ihn gestern wirklich sehr herzlich im Bed & Breakfast willkommen geheißen, und Alex Fraser, ihr Verlobter und der Besitzer von *The Cosy Thistle*, hatte ihm einen guten Preis für die Dauermiete des Cottages gemacht. Aber die Zeit war begrenzt. Er konnte maximal fünf Wochen bleiben, denn danach begann allmählich die Saison, und alle Häuschen waren ausgebucht. In spätestens fünf Wochen also sollte zumindest seine Wohnung so weit hergerichtet sein, dass er darin leben konnte. Idealerweise wäre der Rest dann auch schon fertig.

Jon musste zugeben, dass er etwas blauäugig an die ganze Geschichte herangegangen war. Vor seinem inneren Auge hatten sich zwar problemlos Bilder davon eingestellt, wie er hinter dem polierten Tresen stand und für seine zahlreichen Besucher Bier zapfte oder Whisky eingoss. Ja, er hatte sich sogar ausgemalt, wie er in der Küche höchstpersönlich Fischfilets briet und Pommes frittierte. Den Weg dorthin hatte er allerdings großzügig ignoriert.

Aber war das in der Werbeagentur nicht auch sein Job gewesen? Visionär zu sein? Für Kunden Szenarien zu entwerfen, die erst nach vielen Zwischenschritten Realität wurden? Er hatte eine absolut präzise Vorstellung davon, wie die Eröffnungsparty ablaufen sollte, und spürte regelrecht, wie es sich anfühlen würde, seine Übernachtungsgäste zum Frühstück zu begrüßen. Nur hatte er nicht die leiseste Ahnung, wie aus der Bruchbude, die er gestern gesehen hatte, ein einladender Pub mit Fremdenzimmern und einer gemütlichen Wohnung für ihn werden sollte.

Für morgen Vormittag hatte er einen Termin mit einem Bauunternehmer aus dem Nachbarort vereinbart, der auf die Sanierung der historischen Gebäude in der Region spezialisiert war, aber bis dahin brauchte er eine Strategie. Und einen neuen Namen. *The Scary Hound* war endgültig Geschichte. Jon nahm die schlafende Polly auf den Arm, stand auf und betrat das Cottage. Dort legte er das flauschige schwarze Riesenknäuel auf das bislang weitgehend ignorierte Hundebett und öffnete sein Laptop. Kurz überlegte er, ob er seine Schwester Carla anrufen sollte. Sie war spitzenmäßig darin, sich irgendwelche Produktnamen auszudenken, und hätte bestimmt ruckzuck eine Handvoll cooler Vorschläge für ihn. Doch er verwarf den Gedanken sofort wieder. Seine Familie hatte sich nämlich kaum eingekriegt vor Lachen, als er von seinen neuen Plänen erzählt hatte. Ein Pub in den Highlands überstieg die Vorstellungskraft der kreativen Familie Grant. Nun ja, er würde es ihnen schon zeigen.

Als er klein gewesen war, hatte er mal ein Buch gelesen,

in dem ein Pub mit dem Namen *The Fierce Badger* vorkam. Ein grimmiger Dachs war ihm damals als das ultimative coole Wappentier für eine Kneipe erschienen, und in der Rückschau war es wohl diese Geschichte, die die Saat für seinen heimlichen Berufswunsch gelegt hatte. Er grinste. Ein Tier würde es wohl werden, aber weder ein Gruselköter noch ein schlecht gelaunter Dachs. Es sollte positiv und einladend klingen, aber auch abgedreht genug, dass die Leute darüber sprachen.

Jon grübelte ein Weilchen über betrunkene Einhörner und verrückte Eichhörnchen nach, bis ihn wie aus dem Nichts ein Geistesblitz traf: Der perfekte Name für seinen Pub hatte sich in seinem Kopf eingenistet! Wie so oft bewahrheitete sich auch in diesem Fall die alte Weisheit, dass selbst der längste und schwierigste Weg mit einem ersten Schritt beginnt. Der Name war gefunden, und erfreulicherweise hatte er auch gleich ein paar Ideen für die optische Umsetzung im Gepäck. Jon klickte die Website mit dem »Kneipennamen-Generator« weg. Die hatte er nicht gebraucht. Stattdessen suchte er nun nach einem Schildermaler in der Umgebung, denn ein standesgemäßes Signet musste sein. Und je eher er das Design dazu hatte, desto schneller konnte er auch mit der Website und dem Social-Media-Auftritt beginnen. Der Werbeprofi in ihm meldete sich ebenfalls zu Wort und flüsterte ihm ein, den neuen Namen auch gleich als Marke zu sichern. Man könne schließlich nie wissen …

Tatsächlich gab es in Inverness einen Schildermaler, der sich am Telefon sogar zu einem spontanen Treffen in einer Stunde überreden ließ. Das passte insofern gut, als Jon ohnehin noch ein paar Dinge in der Stadt besorgen wollte – für den nächsten und den übernächsten Schritt auf seinem Weg zum Highland-Kneipenglück.

»So, Madame, jetzt müssen wir uns nur noch bei Ms. Fraser entschuldigen!«, kündigte Jon, an seinen Hund gewandt, am nächsten Tag an. Er hatte gerade drei Stunden mit dem Bauunternehmer verbracht. Gemeinsam waren sie durch das ganze Haus gegangen und hatten festgelegt, was alles gerichtet werden musste. Robert »Bob« Robertson war so gründlich, wie Collum ihn beschrieben hatte, und Jon fühlte sich nun ziemlich zuversichtlich, dass sein Gemäuer tatsächlich zu retten war und einem erfolgreichen Gastbetrieb nichts im Wege stand. Auch der Zeitplan schien zu klappen – was an ein mittleres Wunder grenzte. Das war ihm erst so richtig bewusst geworden, als Bob die unterschiedlichsten Aufgaben aufgezählt hatte, die erledigt werden mussten und für die er kurzfristig Handwerker aller Branchen organisieren konnte. Manchmal ist Ignoranz auch ein Vorteil, dachte Jon und beschloss, einfach mit dem Flow zu gehen.

Der hatte schon gestern in Inverness begonnen, der Termin mit Killian Craigsmuir war nämlich extrem produktiv verlaufen. Der junge Schildermaler, der die Werkstatt erst vor Kurzem von seinem Onkel übernommen hatte, hatte Jon verschiedenste Muster seiner Arbeit gezeigt. Darunter waren traditionelle Schilder, wie sie schon seit Jahrhunderten für britische Gasthäuser verwendet wurden, und ganz moderne. Jon fand sie alle ziemlich cool. Obwohl er grundsätzlich ein großer Freund zeitgemäßer Gestaltung war, hatte er sich letztlich für ein handbemaltes Metallschild im altehrwürdigen Stil entschieden statt für die LED-beleuchtete Plexiglas-Variante, die ebenfalls in der engeren Auswahl gewesen war. Mit schneller, sicherer Hand hatte Killian ein paar erste Skizzen angefertigt, und gemeinsam hatten sie sich auf ein Farbschema auf Basis der Grün- und Blautöne des historischen Grant-Jagd-Tartans festgelegt.

Dass es nun eine Farbskala gab, hatte vorhin auch die Besprechung mit Bob beschleunigt, denn so musste sich Jon keine Gedanken mehr über Grund- und Akzentfarben machen. Kurz entschlossen hatte er nach dem Termin mit Killian auch noch den Traditionsladen *Highland House of Fraser* aufgesucht, um Vorhänge und Bettwäsche für die Gästezimmer zu bestellen und für sich selbst einen neuen Kilt in diesem Muster machen zu lassen. Einen Kilt besaß er natürlich schon, aber der war in den klassischen Grant-Farben, Rot mit ein wenig Petrol, gehalten. Auch schön, aber für seinen neuen Pub nicht mehr hundertprozentig stilecht. Für Polly hatte er noch ein Halsband aus dem gleichen Stoff bestellt, das ihr aber erst passen würde, sobald sie ausgewachsen war. Für den Moment hatte er ihr ein kariertes Halstuch umgebunden und sie noch schnell gebürstet, damit sie etwas manierlicher aussah, wenn sie gleich bei Isla um Verzeihung bitten würden. Er klopfte kurz auf die lila-goldene Schachtel, die unter seinem Arm klemmte und die hoffentlich als Versöhnungsgeste durchgehen würde. Mit Polly an der Leine – nicht, dass sie wieder auf dumme Gedanken kam – machte er sich auf den Weg zu *The Scottish Thistle*.

Das Restaurant wirkte kaum größer als die Cottages und schien ebenso alt und verwittert zu sein. Doch Colleen hatte ihm bereits verraten, dass es erst wenige Jahre alt war, wenn auch im traditionellen Stil errichtet, damit es perfekt ins Ortsbild passte. Die Tür war verschlossen – kein Wunder, denn der Abendbetrieb begann erst gegen sechs, und jetzt war es gerade kurz nach zwei.

Jon klopfte, doch nichts rührte sich. Er war kein Profi, hielt es aber für sehr unwahrscheinlich, dass in der Küche eines Sternerestaurants um diese Zeit noch niemand arbeitete. Also wanderte er mit Polly langsam um das Haus herum, auf der Suche nach dem Hintereingang. Die Hündin zog prompt kräftig an der Leine und wedelte begeistert mit dem Schwanz, offensichtlich kannte sie den Weg. Und tatsächlich: Sie lotste ihn durch einen Torbogen, der zu einem sehr aufgeräumten und gut organisierten Garten führte – und, wie es schien, zur Küche. Die hintere Fassade des Hauses war ebenfalls mit den grauen Granitsteinen gestaltet, wirkte aber deutlich moderner. Durch das große Fenster konnte er drei Leute in Kochkleidung sehen. Bingo!

• • •

Isla liebte es, wenn die Mitglieder ihrer Küchenmannschaft wie gut geölte Zahnräder in einer Maschine ineinandergriffen. Glücklicherweise hatte die Bestellung gestern noch geklappt, und heute Morgen hatte ihr Lieferant alle gewünschten Zutaten in bester Qualität vorbeigebracht. Ihr Souschef Nick hatte bereits eine Gemüsebrühe angesetzt, die als Basis für mehrere Soßen dienen würde, und machte sich jetzt an die Vorarbeiten für ihre Variante des klassischen Shepherd's Pie. Ihr Jungkoch Tom und die derzeitige Praktikantin Grace waren seit zwei Stunden damit beschäftigt, das Dessert vorzubereiten – eine Schokoladenmousse mit einer überraschenden Füllung aus kandierten Veilchen auf einem Bett aus salzig frittierten Distelblütenblättern. Die Veilchen stammten vorwiegend aus dem Garten von Islas Tante Heather. Im letzten Frühling hatten sie zusammen drei Tage lang die Blüten kandiert. Nun ging es langsam den letzten Vorräten an den Kragen, aber Isla hoffte, dass es in diesem Jahr wieder eine gute Ernte geben würde. Auch die Disteln hatte sie während des ganzen Sommers für die unterschiedlichsten Verwendungsarten präpariert, schließlich musste sie ja dem Namen ihres Restaurants Rechnung tragen.

Sie stand in ihrem großen Vorratskeller und machte sich Notizen. Danach wollte sie nebenan im Weinkeller noch rasch die aktuelle Lieferung prüfen, doch fröhliches Stimmengewirr und ein Geräusch, das sich fast wie Hundegebell anhörte, ließen sie irritiert innehalten. Gute Stimmung im Team war ihr wichtig, aber Hunde in ihrer Küche gingen gar nicht! Und wo ein Hund war, konnte der dazugehörige Hundebesitzer nicht weit sein. All ihre Freunde und Familienmitglieder wussten, dass Isla, die ansonsten alle Tiere von Herzen liebte – auch Hunde! –, in ihrer Küche keinen Spaß verstand. Augenblicklich kam ihr wieder dieser Jon Grant mit seinem schwarzen Höllenhundewelpen in den Sinn, und sie hastete die Treppe hoch. Tatsächlich. Da waren die beiden!

Allerdings standen sie nicht in der Küche, sondern im Garten und schäkerten durch das geöffnete Fenster mit der Küchencrew. Offenbar war Polly auf die Gartenbank gesprungen, hatte ihre Pfoten auf das Fensterbrett gelegt und schnupperte nun interessiert. Vielleicht hatte sie aber auch nur ihren Spielkameraden von gestern entdeckt, den ziemlich mitgenommenen »Zorn with hot sauce«, der gewaschen und desinfiziert wieder an seinem angestammten Platz thronte. Tom hatte heute Morgen einen formidablen Lachanfall bekommen, als sie ihm von dem gestrigen Abenteuer berichtet hatte. Und jetzt war die Übeltäterin schon wieder da, mit ihrem Herrchen. Hatte der Mann denn nichts Besseres zu tun? Oder wollte er sich am Ende etwas Salz oder Zucker borgen?

»Kann ich etwas für Sie tun, Mr. Grant?«, fragte sie streng, als sie sich dem Fenster näherte. Dabei schob sie die Schale mit den kandierten Veilchen ein Stück beiseite, denn Polly kam ihr mit zuckender Schnauze verdächtig nahe. Der Hund hatte heute ein blau-grün gemustertes Tartan-Halstuch um und sah ausgesprochen niedlich aus, musste Isla insgeheim zugeben, doch dann verdrängte sie den Gedanken sofort wieder. Sie wollte sich weder von putzigen Tieren noch von deren Besitzern einwickeln lassen, selbst wenn die einen ähnlich unwiderstehlichen Hundeblick aufgesetzt hatten. Hatte sie gerade »unwiderstehlich« in Bezug auf Mister Feder-Yuppie gedacht? Vermutlich sollte sie dringend mal ihren Kopf untersuchen lassen.

»Polly und ich wollten uns für gestern entschuldigen«, antwortete Jon und zeigte ein ziemlich überzeugend wirkendes zerknirschtes Lächeln.

»Und deswegen halten Sie meine Mitarbeiter von der Arbeit ab und lassen es zu, dass Ihre Bestie auf meine Arbeitsfläche haart und sabbert?« Gott, was war nur mit ihr los? Sie hörte sich an wie eine fiese Oberzicke. Aber der Typ regte sie auf, schon seit sie gesehen hatte, wie er vorgestern in die Tankstelle gelaufen war. Gefedert war! Gut gelaunt gefedert war!

»Hauptsächlich wollte ich mich erkundigen, welche Pflanzen ich ersetzen muss. Ich habe ja keine Ahnung, was Polly gestern genau angestellt hat«, entgegnete er, immer noch lächelnd und anscheinend immun gegen ihre Kratzbürstigkeit.

»Das Basilikum habe ich gestern schon neu angesät«, sagte sie und deutete vage auf eine flache Schale, die am anderen Ende des Fensters stand. »Und das Zitronengras hat überlebt.«

»Wow, Basilikum und Zitronengras in Schottland?« Er klang aufrichtig beeindruckt.

»Isla hat ein magisches Händchen mit Pflanzen«, warf Nick ein. »Sie hat sogar ein Zitronenbäumchen, das regelmäßig Früchte trägt.«

»Ernsthaft? Das finde ich toll. Ich habe von Grünzeug überhaupt keine Ahnung. Bei mir geht alles ein.«

»Mir scheint, Sie haben überhaupt wenig Ahnung von irgendwas«, versetzte sie ungnädig. »Mit der Hundeerziehung ist es ja wohl auch nicht allzu weit her.« Sie linste in Richtung Polly, die nun allen Ernstes versuchte, durch das Fenster zu klettern.

Jon zog seinen Hund zurück, der frustriert jaulte. »Was Hunde und Pflanzen betrifft, haben Sie zweifellos recht«, gab er mit einem Seufzen zu, das in Islas Ohren viel zu übertrieben klang. »Noch ein Punkt, für den ich um Verzeihung bitten müsste. Vielleicht sollte ich eine Büßerliste anlegen, mit all meinen Vergehen?«

Isla war sich nicht sicher, ob er es ernst meinte oder sie veräppelte, aber wenn das unterdrückte Kichern von Tom und Grace ein Indiz war, dann traf wohl Letzteres zu. »Okay, Mr. Grant, Entschuldigung angenommen. Können wir sonst noch etwas für Sie tun? Wir sind nämlich ziemlich beschäftigt.«

»Wird das eine Schokomousse mit kandierten Veilchen?«, fragte er, statt ihr zu antworten.

»Genau, das ist unser berühmtes Hausdessert«, sagte Tom stolz.

»Echt? Cool.« Jon kratzte sich am Kopf, offensichtlich ratlos. »Es ist nur so, dass ich das Rezept letzte Woche in einer Kochshow gesehen habe.«

»Was? Mein Rezept? In wessen Kochshow?« Isla wurde eiskalt. Ihr Dessert war in der gesamten britischen Gastroszene bekannt. Keiner ihrer Kollegen – die eingeschlossen, die im Fernsehen auftraten – würde ihre Kreationen nachkochen, ohne sie vorher zu fragen. Weder in seinem

Restaurant noch in einer Kochshow! Das war ein ungeschriebener Ehrenkodex. Ihr fiel nur einer ein, dem sie das zutraute...

»Bei Rodney Swinton«, kam es prompt von Jon. »Ich liebe seine Show! In meiner ehemaligen Agentur haben wir vor zwei Jahren ein PR-Konzept für ihn erarbeitet, und soweit ich weiß, betreut ihn das Social-Media-Team nach wie vor. Er ist so innovativ und kreativ und hat immer die tollsten Ideen«, schwärmte er. »Alles, was ich übers Kochen weiß, habe ich durch seine Sendung gelernt. Sein neues Restaurant ist doch hier ganz in der Nähe, oder?« Dieser plappernde Narr war offenbar blind für das stumme Entsetzen, das sich auf der anderen Seite des Küchenfensters ausbreitete.

In Islas Ohren klingelte es schrill. Rodney Swinton hatte ihr Rezept geklaut! Das war eine Grenzüberschreitung, die unverzeihlich war.

»...sein Rezept für Fish and Chips habe ich schon ein paarmal probeweise nachgekocht und werde es auch in meinem Pub servieren«, sprach Jon enthusiastisch weiter.

»Raus!«, sagte Isla in drohendem Tonfall.

»Was?« Nun klang Jon wirklich verwirrt. »Was hab ich denn jetzt schon wieder falsch gemacht?«

Isla schüttelte nur den Kopf. Natürlich war Jon Grant hier nicht das eigentliche Problem, aber er war der Überbringer der schlechten Nachricht. Ach was, der katastrophalen Nachricht. Der offenen Kriegserklärung! Doch das konnte und wollte sie ihm jetzt nicht auseinandersetzen, und da auch ihre Küchenmannschaft in schockiertes

Schweigen verfallen war, hatte Jon keine Erklärung zu erwarten.

»Ähm, ja. Also gut«, stammelte er. »Was auch immer das jetzt war, es tut mir leid.« Er hob Polly von der Bank, auf der offensichtlich noch etwas lag. »Das hatte ich als Wiedergutmachung dabei.« Er schob eine Familienpackung Cadbury-Karamell-Schokoriegel über das Fensterbrett. »Um weitere Unglücke abzuwenden«, fügte er noch hinzu.

Isla hätte nicht gedacht, dass ihr Entsetzen noch wachsen könnte, doch Jon Grant schaffte es mit schlafwandlerischer Sicherheit, sie komplett aus der Fassung zu bringen. Nicht nur war alles an ihm fleischgewordene Provokation für sie, nicht nur hatte sein Hund ihr Beet ruiniert, nicht nur war er ein glühender Rodney-Swinton-Fan – nein, das alles reichte noch nicht, er musste sie nun auch noch vor versammelter Mannschaft brüskieren! Sie sagte keinen Ton, sondern starrte ihn nur an und hoffte, dass ihr Blick alles ausdrückte, wofür ihr im Moment die Worte fehlten.

»Okay, dann geh ich mal.« Die Message war wohl angekommen. »Man sieht sich.« Er hob die Hand zum Gruß und verließ dann mit Polly ihr Grundstück.

»Was genau ist hier gerade passiert?«, fragte Grace nach einer gefühlten Ewigkeit zaghaft.

»Rodney Swinton ist ein widerlicher Schmierenkomödiant und unser Todfeind«, fasste Tom den Sachverhalt ziemlich präzise zusammen und fügte gleich noch eine Warnung hinzu: »Und solltest du Fan seiner Kochshow sein, dann behalte das bitte um jeden Preis für dich, denn sonst kannst du dir garantiert einen neuen Praktikumsplatz suchen. Auf der Stelle.«

»Oh.« Grace schluckte. »Keine Sorge, bin ich nicht.«

»Gut«, knurrte Isla, deren Lebensgeister langsam wieder erwachten.

»Was machen wir jetzt mit dem Dessert?«, wollte Tom mit einem bedauernden Blick auf all die vorbereiteten Zutaten wissen.

»Wir haben keine Zeit, für heute etwas anderes zu machen«, entschied Isla. »Also gibt es die Mousse heute ein letztes Mal.«

»Reg dich nicht auf, Chefin«, versuchte Nick es mit Beschwichtigung. »Eigentlich ist es doch ein Kompliment, wenn man kopiert wird.«

Sie funkelte ihren Souschef mit eisigem Blick an. »Sagst du das auch noch, wenn die ersten Gäste oder, noch schlimmer, die ersten Instagram-Foodblogger behaupten, wir hätten das Rezept von Rodney geklaut, weil sie es in seiner Show gesehen haben? Ich würde wetten, dass er auf eine Quellenangabe verzichtet hat. Woher weiß er überhaupt davon? Er war nie zum Essen hier.« Sie trommelte mit den Fingern auf der Arbeitsplatte herum, und in ihrem Kopf rotierten die Gedanken. Ob sie wohl eine Chance mit einer einstweiligen Verfügung oder so hatte? Sie kannte sich mit Rechtsgrundlagen nicht wirklich aus, aber sie würde sich deswegen beraten lassen. Die Familie ihrer Tante Heather bestand zum großen Teil aus Juristen, da würde schon einer wissen, was zu tun war. Sie ahnte aber, dass es sicher nicht einfach werden und am Ende auch noch eine mediale Schlammschlacht nach sich ziehen würde. Was keinesfalls wünschenswert war.

»Er braucht nicht hier gewesen zu sein.« Nick sprach ganz ruhig. »Das Dessert wurde doch schon in etlichen Magazinen beschrieben und ist in unzähligen Foodblogs verewigt. Mach dich einfach locker und nimm es nicht persönlich, Isla, die halbe Welt weiß, dass das Rezept von dir ist und nicht von Rodney. Wenn er meint, sich mit fremden Federn schmücken zu müssen, dann ist das sein Problem und nicht deines.«

Vermutlich hatte er recht. Vermutlich reagierte sie gerade vollkommen übertrieben, aber sie konnte nicht aus ihrer Haut. »Ihr kommt hier erst mal allein klar, oder? Ich muss ein paar Telefonate führen. Und diesen Mist hier will ich nicht in meiner Küche haben!« Sie schnappte sich mit spitzen Fingern die Schokoriegelpackung und lief, ohne auf eine Antwort zu warten, die Treppe zu ihrer Wohnung hinauf.

Dort warf sie sich in ihren heiß geliebten Ohrensessel, der in dem kleinen Erker stand, und vergrub ihr Gesicht in den Händen. Wann genau hatte dieser Kontrollverlust begonnen? Warum war sie zurzeit so unglaublich dünnhäutig und unsouverän? Sie hätte die Schuld gern dem Neuankömmling Jon in seine schicken, nagelneuen und zweifellos sündteuren Boots geschoben – warum waren ihr die überhaupt aufgefallen? –, aber sie musste zugeben, dass es schon vorher angefangen hatte. Ziemlich exakt vor einem Dreivierteljahr, als Rodney sein albernes Bistro eröffnet hatte, und zwar gefühlt in ihrem Vorgarten. Das hatte sie persönlich genommen, und zweifellos war es auch persönlich gemeint gewesen. Am zweitliebsten wäre es ihr, wenn sie ihre gemeinsame Vergangenheit einfach vergessen könnte, doch das war ebenso unwahrscheinlich wie ihre liebste Variante: dass sie diese Vergangenheit mit einer Zeitreise ändern könnte.

Vor dreizehn Jahren, als sie mit gerade achtzehn ihr erstes Praktikum in London gemacht hatte, war sie Rodney zum ersten Mal begegnet. Er hatte als Jungkoch in dem Laden gearbeitet und war ihr als Betreuer zugeteilt worden. Er war witzig, charmant – und eine Zeit lang hatte sie ihn unwiderstehlich gefunden. Sie hatten eine kurze Affäre gehabt, die dann aber recht schnell abkühlte, als sie merkte, dass hinter seinen großen Gesten in der Küche erschreckend wenig echtes Talent steckte. Rodney war schon damals ein Blender gewesen, der es aber regelmäßig schaffte, Menschen für sich einzunehmen und andere für sich arbeiten zu lassen. Er hatte früh kapiert, dass Isla ein Rohdiamant war. Sie hatte gerade ihren Highschool-Abschluss in der Tasche gehabt und noch keinerlei formale Ausbildung genossen. Alles, was sie übers Kochen wusste, hatte sie von ihrer Tante Alice, aus Büchern und zahllosen Kochshows gelernt. Aber sie war unglaublich fantasievoll und kreativ und liebte es, mit den unterschiedlichsten Zutaten und Gewürzen zu experimentieren. Der Chefkoch in diesem Londoner Restaurant hatte seinen Mitarbeitern recht freie Hand gelassen, was sicher auch daran lag, dass er keinen allzu hohen Standard pflegen musste. Für Isla war das ein echter Glücksfall gewesen, weil sie sich zum ersten Mal in einem professionellen Umfeld kulinarisch hatte austoben können.

Rodney hatte sich zunächst als ihr Mentor aufgespielt und es immer so dargestellt, als würde sie lediglich seinen Anweisungen folgen und seine Visionen umsetzen. Isla war das zunächst gar nicht aufgefallen, doch dann hatte sie ihn zur Rede gestellt – ein Fehler. Er war nicht nur uneinsichtig gewesen, sondern hatte sie höhnisch beschimpft und sogar die Dreistigkeit besessen, ihr zu unterstellen, sie bilde sich das alles nur ein. Einen Brainfuck vom Feinsten würde man das heute nennen, aber damals hatte sie diesen Begriff nicht gekannt. Ihr war allerdings recht schnell klar geworden, dass es sich um eine besonders fiese Form der Manipulation handelte. Der Schock über diese Erkenntnis hatte glücklicherweise nicht lange gewährt, und sie hatte begonnen, sich zu wehren.

Rodney hatte versucht, sie vor den Kollegen schlechtzumachen, sie als frustrierte Zicke bezeichnet, die sich an ihm rächen wolle, weil er sie verlassen habe. In der männerdominierten Küchenszene hatte er mit dieser Taktik zunächst sogar Erfolg gehabt, und Isla war mehr als einmal kurz davor gewesen, das Handtuch zu werfen. Und doch war ihr Kampfgeist erwacht. Sie hatte den Chefkoch so lange bekniet, bis er sie in einem anderen Team, an einer anderen Station einsetzte, und schon bald hatten sich erste Erfolge gezeigt. Nachdem sie mit Rodney vorwiegend an Vorspeisen und Salaten gearbeitet hatte, teilte sie ihre Zeit jetzt zwischen der Dessertstation und den

Suppen und Soßen auf. Und während Rodneys Team an Glanz verlor, waren die Suppen und Nachspeisen immer ungewöhnlicher geraten. Als Rodney dann von einem Kollegen bei einem Sabotage-Akt an der Dessert-Linie erwischt wurde, waren seine Stunden in diesem Restaurant gezählt gewesen. Er hatte fristlos und ohne Arbeitszeugnis gehen müssen, während Isla kurz darauf mit großen Schritten die Karriereleiter erklommen hatte.

Sie hätte den Zwischenfall vergessen können, doch Rodney sah in ihr seit diesem Moment offensichtlich eine Feindin fürs Leben. Fünf Jahre später hatten sich ihre Wege erneut gekreuzt, diesmal in einem hochexklusiven Restaurant in Singapur. Wieder hatte er mit Manipulation und Sabotage versucht, ihren großartigen Ruf zu beschädigen, wieder hatte er damit Pech gehabt: Er bekam einen Dämpfer und sie eine Beförderung. Wieder hatte sie alles vergessen wollen, und wieder wuchs seitdem sein Groll gegen sie.

Nein, es war kein Zufall gewesen, dass sich Rodney Swinton ausgerechnet im malerischen Fort Augustus ganz in der Nähe niedergelassen hatte. Es war eine Kriegserklärung, die ihr allein galt. Da war sich Isla sicher, egal, für wie paranoid ihre Mitarbeiter, Freunde und ihre Familie diese Einstellung auch hielten. »Nimm es nicht persönlich«, hatte Nick gesagt, doch genau das war es. Verdammt persönlich. Nur war ihr immer noch nicht klar, welches Ziel er genau verfolgte. Sie wusste lediglich, dass seine Zermürbungstaktik langsam Erfolge zeitigte.

Frustriert und innerlich total erschöpft, öffnete Isla den

Pappkarton mit den Schokoriegeln. Den ersten stopfte sie sich in den Mund, ohne groß darüber nachzudenken, beim zweiten entfalteten der viele Zucker und die cremige Süße ihre Magie. Sie lehnte sich mit geschlossenen Augen zurück. Sie würde eine Lösung für das Problem finden, würde kämpfen wie eine Löwin, und sie würde wieder triumphieren! Ganz sicher.

FREISCHWIMMER

JON HATTE KEINE AHNUNG, WARUM ISLA so wütend auf ihn reagierte. Er war aber auch nicht der Typ Mann, der so ein Verhalten persönlich nahm. Das hatte er sich schon im Psychologiestudium abgewöhnt, spätestens aber in seinen Jahren bei der Agentur. Aggressives und abweisendes Verhalten von Menschen hatte meist ganz eigene Gründe, und oft genug war der Empfänger der Feindseligkeiten nicht deren Auslöser, sondern nur der Blitzableiter oder ein unbeteiligtes Opfer. Das jedenfalls redete er sich seit einigen Tagen – durchaus erfolgreich – ein. Die Vorstellung nämlich, dass Isla Fraser tatsächlich ihn auf dem Kieker haben könnte, war fürchterlich, denn er fand sie ausgesprochen anziehend.

Was das nächste Mysterium darstellte. Nicht dass er bislang auf einen besonderen Typus festgelegt gewesen wäre, doch seine bisherigen Partnerinnen und Affären waren alle entspannte und sehr weibliche Frauen gewesen. Zwei Attribute, die auf Isla ganz und gar nicht zutrafen. Sie war keineswegs unattraktiv, ganz und gar nicht, aber alles an ihr wirkte kantig, angespannt und energiegeladen, wo andere Frauen weich, kurvig und anschmiegsam waren. Optisch und charakterlich. Und er fragte sich ernsthaft, warum er so viel Zeit darauf verwendete, darüber nachzudenken.

Er hatte schließlich Wichtigeres zu tun. Bob Robertson, oder »Bob der Baumeister«, wie ihn viele nannten, hatte Wort gehalten und bereits am nächsten Tag einen Trupp Männer als Abrisskommando vorbeigeschickt. Zwei Tage lang hatten die Jungs die alten Sanitäranlagen und die Küche demontiert und den Krempel zusammen mit den gammeligen Möbeln aus den Gästezimmern abtransportiert. Nun waren die Wände dran. Zentimeterdicke Schichten von Tapeten wurden abgekratzt, hässliche Fliesen abgeschlagen und Holzverkleidungen repariert. Zwei Männer aus dem Ort, die hobbymäßig alte Möbel aufpolierten, hatten die Tische und Stühle aus dem Gastraum in ihre Werkstattscheune mitgenommen, um sie aufzuarbeiten. Jon hatte ursprünglich neues Mobiliar anschaffen wollen, doch Bob hatte ihm versichert, das sei unnötig. Die massiven Tische und Stühle waren zwar schon über hundert Jahre alt, aber vermutlich würden sie locker noch mal so viele Jahre durchhalten.

Inzwischen war er froh darüber, denn die Kosten für fünf neue Badezimmer – nein, sechs, weil er in seiner Wohnung ja auch komfortabel duschen wollte –, die Sanitäranlagen der Kneipe und die neue Gastroküche waren höher als gedacht. Wobei, wem machte er etwas vor? Gedacht oder geplant hatte er ja gar nichts, also brauchte er sich über die Kosten weder zu wundern noch zu beklagen. Zumal er ohnehin mehr als faire Angebote bekam. Collum war bestens vernetzt und ein Fuchs, der in praktisch allen

Branchen Leute kannte, die ihm offenbar einen Gefallen schuldeten oder sich irgendwelche Vergünstigungen davon erhofften, Jon einen guten Preis zu machen. Aber auch darüber wollte er nicht nachdenken, sondern freute sich schlicht darüber.

Den heutigen Samstag hatte er zunächst damit verbracht, die vernagelten Fenster seines Schankraums freizulegen, eine Aufgabe, die er sich selbst einigermaßen zutraute. Bobs Jungs hatten am Wochenende frei, und ein wenig Eigeninitiative konnte wohl kaum schaden, zumal er sonst nichts zu tun hatte. Klar, er könnte mit Polly eine ausgedehnte Wanderung machen und die Gegend kennenlernen, aber der Tierarzt in Edinburgh hatte ihm eingeschärft, dass Polly noch ein Baby sei und nicht überfordert werden dürfe. Lange Märsche waren also noch tabu, damit sich Knochen, Muskeln und Sehnen in Ruhe entwickeln konnten, was für eine so große und schwere Rasse wie Neufundländer wohl superwichtig war. Er fand es nur schade, dass niemand Polly diese Info gesteckt hatte. Der Hund schien unermüdliche Energiereserven zu haben und nur Flausen im Kopf. Sie hatte ihm voller Begeisterung bei seiner Arbeit »assistiert«, was vorwiegend darin bestanden hatte, dass sie jedes einzelne Brett, das er entfernte, mit ihren spitzen Zähnchen attackierte. Das wiederum hatte für ihn bedeutet, dass er auch noch alle Nägel aus den Brettern herausziehen musste, damit sie sich nicht verletzte. Effizient ging anders ...

Als er am frühen Samstagabend schließlich fertig war und als Ergebnis seiner stundenlangen Bemühungen ein großes, staubiges Einweckglas voller rostiger Nägel, einen Haufen angenagter Bretter, Kratzer und Wasserblasen an seinen Händen und schmerzende Schultern vorweisen konnte, sehnte er sich vor allem nach einem heißen Bad oder wenigstens einer ausgedehnten Dusche. Doch Polly war abenteuerlustig, und so brachen sie tatsächlich noch zu einer etwas größeren Runde auf. Sie kamen an den weitläufigen Koppeln vorbei, die zum großen Reitstall von Kirkby gehörten. Den Stall betrieb Rupert Fraser, der jüngere Bruder des ominösen Marlin Fraser. Den hatte Jon offiziell immer noch nicht getroffen, sondern war von ihm nur von Weitem beäugt worden. Polly war begeistert von den Pferden, die glücklicherweise cool und hundeerfahren genug waren, um sich von ihren Avancen nicht aus der Ruhe bringen zu lassen.

Schließlich erreichten sie einen kleinen See, der zweifellos auf irgendeinen klangvollen Namen hörte – Loch Irgendwas –, und Polly stutzte für einen kurzen Moment, ehe sie sich dem großen, glänzenden Unbekannten näherte. Zaghaft zunächst, doch kurz vor dem Ufer wirkte sie plötzlich wie elektrisiert und stürzte sich mit einem beherzten Satz auf die spiegelglatte Wasseroberfläche. Da war wohl eine machtvolle genetische Programmierung angelaufen und hatte Pollys inneren Wasserhund auf den Plan gerufen. Wie von Sinnen tobte sie im See herum, sprang, schwamm und steckte sogar ein paarmal den Kopf unter Wasser, als wolle sie auch noch tauchen. Jon war fasziniert und lachte über ihre Kapriolen, bis er bemerkte, dass ihre Bewegungen immer langsamer wurden und sie erschöpft wirkte. Sie war inzwischen ziemlich weit draußen, etwa zehn Meter vom Ufer entfernt, schätzte er, und schien nicht mehr zu wissen, was sie tun sollte. Konnte ein Hund eigentlich ertrinken?

Jon wollte diese verstörende Idee lieber nicht austesten, und so zog er nur schnell seine Schuhe und die Jacke aus und sprang, ansonsten voll bekleidet, ins eiskalte Wasser. Im ersten Moment blieb ihm in der Kälte die Luft weg, aber dann hörte er einen verzweifelten Laut von Polly und schwamm, ohne weiter nachzudenken, in ihre Richtung. Sie sah aus, als könnte sie sich kaum noch über Wasser halten. Jon erwischte sie am Halsband, legte sich selbst auf den Rücken und drückte den total apathischen Hund an seine Brust. Wie eine Ottermama mit ihrem Jungtier schwamm er zurück zum Ufer. Er spürte keine Kälte mehr, sondern war nur unendlich erleichtert, dass Polly noch lebte. An Land angekommen, legte er das nasse Bündel kurz auf den Boden und zog sich, so schnell es irgendwie ging, seine Boots an. Polly war so erschöpft, dass sie sich nicht einmal schütteln konnte, von Laufen ganz zu schweigen. Er hob sie hoch und wickelte seine Jacke um sie, damit sie nicht noch mehr fror.

»Oh Gott, ist etwas passiert?«, rief in diesem Moment eine bekannte Stimme, und einen Augenblick später stand Alice Fraser vor ihm. Alice war die Frau von Rupert und die gute Seele von *The Cosy Thistle*. Jon war zwar Selbstversorger und frühstückte nicht mit den anderen Gästen in Harriswood House, dem Haupthaus des Bed & Breakfast, doch natürlich war er Alice schon einige Male über den Weg gelaufen und hatte sich nett mit ihr unterhalten. Offenbar war sie gerade auf dem Heimweg und hatte das Spektakel am Weiher mitbekommen.

»Polly wäre um ein Haar ertrunken«, erklärte er.

»Das arme Schätzchen«, sagte Alice schockiert, schaltete dann aber gleich auf Pragmatismus-Modus um. »Wenn du noch länger hier herumstehst, holst du dir den Tod. Es sind höchstens sieben Grad hier draußen. Los!« Sie zog das weiche Lambswoolplaid herunter, das sie über ihrem Mantel trug, und legte es Jon um die Schultern. Dann scheuchte sie ihn in Richtung seines Cottages.

Auf dem Weg dorthin kehrten Pollys Lebensgeister zurück. Sie wand sich in seinen Armen und leckte ihm das Kinn. »Schön, dass es dir besser geht, Prinzessin«, keuchte er. Zwanzig Kilo nassen Hund zu tragen war verdammt anstrengend.

»Sie will sich bedanken, weil du sie gerettet hast«, behauptete Alice mit einem warmherzigen Lächeln.

»Dabei steht doch im Internet, dass Neufundländer Menschen vorm Ertrinken retten und nicht umgekehrt«, entgegnete Jon mit einem schwachen Grinsen. Der Hund hatte sich ganz offensichtlich nie die Mühe gemacht, sich über seinen Rassestandard zu informieren. Kein Wunder, dass die Züchterin Polly hatte loswerden wollen …

»Das wird sie schon tun, wenn sie erwachsen ist. Aber jetzt müssen wir erst einmal dafür sorgen, dass ihr beide wieder warm und trocken werdet. Hast du genügend Handtücher im Cottage? Du musst sie gründlich abrubbeln und dann vielleicht in eine warme Decke wickeln, damit sie sich nicht erkältet. Und danach gehörst du schleunigst unter die heiße Dusche«, ratterte Alice ihre Anweisungen herunter. »Wenn du willst, mach ich rasch Feuer in deinem Kamin, und dann hol ich was von meinem Shepherd's Pie. Du brauchst jetzt etwas Kräftiges im Magen.«

Jon hatte nach dem Marsch mit dem nassen Schwergewicht in seinen Armen keine Energie mehr für Widerspruch, deshalb ließ er zu, dass Alice das Zepter übernahm. Während er Polly so gut es ging abtrocknete und sie zugedeckt auf ihr weiches Hundekissen legte, entzündete Alice mit geübten Handgriffen ein Kaminfeuer und scheuchte ihn dann in sein Badezimmer. Erst als er unter dem heißen, prasselnden Wasserstrahl der Dusche stand, merkte er, wie sehr ihm Anstrengung, Kälte und Angst noch in den Knochen steckten. Das eben hätte verdammt schiefgehen können.

Als er zwanzig Minuten später, nur mit einem Handtuch um die Hüften, in den Wohnraum trat, war von Polly keine Spur zu sehen. Hatte Alice sie am Ende mitgenommen? Doch als er ins Schlafzimmer ging, um sich rasch etwas anzuziehen, stellte er fest, dass sein verrücktes Hundemädchen lang ausgestreckt und tief schlafend auf seinem Bett lag. Den Spuren nach zu urteilen, hatte sie sich erst gründlich gewälzt und dann auch noch die Kissen nach ihren Komfortansprüchen umarrangiert. Er schüttelte den Kopf, aber ehe er sie vom Bett scheuchen oder sich wenigstens anziehen konnte, klopfte es an der Tür. Einen Augenblick später stand Alice, die auf ein Signal seinerseits gar nicht erst gewartet hatte, wieder im Cottage, mit einer Auflaufform und einem Korb, der einen Stapel frischer Handtücher enthielt.

»Ah, gut, du bist schon wieder aus dem Bad raus«, sagte sie und musterte ihn mit schelmischem Blick. »Mir scheint, du hast das Abenteuer gut überstanden.«

»Ähm, ja«, murmelte er. Täuschte er sich, oder starrte sie ihm unverhohlen auf den Oberkörper? Er war ganz sicher kein Trainingsfanatiker und legte keinen gesteigerten Wert auf gemeißelte Muskelstrukturen, aber schlecht in Form war er auch nicht. »Es ist wohl kein bleibender Schaden entstanden.«

»Das wäre auch jammerschade!« Alice grinste und sah ihm nun immerhin in die Augen. »Wo ist denn der kleine Unglückswurm?«

»Der hat beschlossen, dass das Hundebett nicht seinen Ansprüchen genügt«, antwortete Jon mit einem leichten Seufzer und trat zur Seite, sodass Alice einen Blick in sein Schlafzimmer werfen konnte. »Ich werde natürlich für jeden möglichen Schaden und auch für die Reinigung des Bettzeugs aufkommen«, fügte er rasch hinzu. Er schätzte, dass bei Hunden wie Polly selbst die tierfreundlichsten Hoteliers an ihre Toleranzgrenze stießen, doch Alice winkte nur ab.

»Jetzt ist erst einmal entscheidend, dass ihr beide euch schnell und gut von dem Schrecken erholt. Ich stelle dir den Auflauf in den Ofen, ja? In etwa zwanzig Minuten müsste er heiß genug sein. Und wenn du magst, nehme ich auch deine nassen Klamotten mit.« Sie wartete nicht auf seine Antwort, sondern schritt sofort zur Tat. Sie schob die Kasserolle in den Ofen, legte die flauschigen Handtücher auf den Tisch und sammelte dann die nassen Handtücher, die noch überall herumlagen, in den Korb. Ohne Scheu ging sie weiter ins Bad und lud noch seine Kleidung darauf. »Was stehst du hier so rum?«, fragte sie schließlich. »Zieh dir was an, damit ich auch das hier mitnehmen kann.« Sie deutete auf das Handtuch um seine Hüften. »Husch!«

Widerstand war zwecklos. Nicht dass er zu nennenswerter Gegenwehr überhaupt noch in der Lage gewesen wäre. Also drehte er sich um, löste im Gehen das Handtuch und warf es in ihre Richtung. Sie sagte nichts, aber er spürte ihre Blicke auf seiner nackten Rückseite. Bitte, sie hatte es ja nicht anders gewollt, und zweifellos hatte sie in ihrem Leben schon einige nackte Männerärsche gesehen. Im Schlafzimmer schlüpfte er rasch in seine Pyjamahose und zog sich ein Sweatshirt über den Kopf. Als er wieder in den Hauptraum kam, war Alice aufbruchbereit.

»Ich wünsch dir guten Appetit und einen schönen Abend«, verabschiedete sie sich mit einem verschmitzten Lächeln. »Und solltest du noch etwas brauchen, dann wende dich einfach an Alex oder Colleen.«

Der weitere Abend war kurz und verlief ereignislos, wenn man von einem kleinen Ringkampf zwischen ihm und Polly um die Vorherrschaft über das Bett absah. Schließlich gab Jon auf und ließ zu, dass sie unter der Decke in seinen Armen schlief, bis auf die Knochen gerührt davon, wie vertrauensvoll sie sich an ihn gekuschelt hatte. Erziehungsmaßnahmen konnten warten, Liebe nicht.

Am nächsten Morgen weckte ihn Polly putzmunter um sechs Uhr. Sie hatte ein dringendes Bedürfnis und den schlimmsten Kohldampf, den je ein Neufundländer-Welpe hatte erleiden müssen. Nachdem er ihren Forderungen nachgekommen war, kümmerte sich Jon um seinen eigenen Zustand. Ihm taten zwar nach wie vor Hände und Rücken weh, doch das lag an seinen Handwerker-Ambitionen und nicht am gestrigen Rettungseinsatz.

Nach einem kräftigen Frühstück ging er mit Polly zurück zu seinem Pub. Er wollte anfangen, die Fensterläden abzuschleifen, damit er sie in ein paar Tagen frisch lackieren konnte. Gerade war er beim ersten mit dem Schwingschleifer fertig und nun dabei, die unzugänglichen Stellen mit der Hand nachzuarbeiten, als drei junge Frauen hereingeschneit kamen, die von Polly begeistert in Empfang genommen wurden.

»Hi«, begrüßte er das Trio, das die junge Hündin abwechselnd herzte.

»Hi, ich bin Hailey«, sagte die Älteste der drei, eine üppige rotblonde Schönheit, und reichte ihm mit einem strahlenden Lächeln die Hand. »Das ist meine Schwester Kristie.« Sie deutete auf eine große, schmale Brünette. »Wir sind die Töchter von Alice und Rupert.«

»Und ich bin Shona«, schaltete sich ein kurviges, schwarzhaariges Schneewittchen ein. »Die jüngste Schwester von Alex.«

»Schön, euch kennenzulernen. Außer Schokoriegeln kann ich euch leider nichts anbieten.« Er deutete auf den Tresen, auf dem eine Schachtel Cadbury-Riegel von der Art stand, wie er sie vor ein paar Tagen Isla geschenkt hatte. Von ihr hatte er seitdem nichts mehr gehört oder gesehen, aber nun lernte er nach und nach ihre restliche Familie kennen. Ähnlich waren sich die Damen alle nicht, zumindest wenn man nur nach den oberflächlichen Äußerlichkeiten ging.

»Schokolade ist super«, sagte Hailey und griff ungeniert zu. »Aber eigentlich wollten wir fragen, ob du Hilfe brauchst.«

»Und schauen, wie es deinem Hund geht«, fügte Kristie hinzu, die von den dreien am zurückhaltendsten wirkte. Nach wie vor kraulte sie Polly liebevoll.

»Mum hat uns von deiner spektakulären Rettungsaktion erzählt«, berichtete Hailey schmatzend und leckte sich aufreizend ein Schokoladenstückchen von der vollen Unterlippe.

»Ich denke, wir beide haben das Abenteuer gut überstanden.« Jon musste über den kaum verbrämten Flirtversuch grinsen. Vermutlich hatte Alice ihren Töchtern auch noch etwas anderes erzählt …

»Es wäre auch jammerschade, wenn es schiefgegangen wäre«, sagte nun Shona mit klimpernden Wimpern und taxierte ihn von oben bis unten.

Jon lachte laut auf. Die drei waren ja der Knaller. Aber erstaunlich, dass es in diesem Nest so viele hübsche Frauen gab. »Ja, ich hätte es auch sehr schade gefunden, schließlich werden Polly und ich gerade erst heimisch in Kirkby.«

»Dabei können wir dir jederzeit helfen«, nahm Hailey den Faden wieder auf. »Und deshalb sind wir auch hier. Nicht nur, weil dein Hund niedlich ist und du einen hübschen Anblick bietest.«

»Nun hör doch mit der schamlosen Flirterei auf«, tadelte Kristie ihre Schwester stirnrunzelnd. »Wir können wirklich mit anpacken«, wandte sie sich an Jon. »Sag uns, was zu tun ist, dann legen wir los.«

»Also, ich habe gerade angefangen, die Fensterläden abzuschleifen. Danach sind die Fensterrahmen dran«, begann er und stockte dann, als sich die drei Frauen suchend umblickten, um nach passenden Werkzeugen Ausschau zu halten. »Aber ihr müsst das wirklich nicht tun! Ich meine, es ist Sonntag, und ihr habt doch frei und so ...«

»Erstens helfen wir uns in Kirkby immer gegenseitig, zweitens ist es auch in unserem Interesse, dass der Pub endlich eröffnet, und drittens machen wir das gerne«, unterbrach ihn Hailey. »Ich würde vorschlagen, wir gehen folgendermaßen vor: Du montierst die Fensterläden ab und entfernst die gröbsten Verschmutzungen, ich schleife sie mit dem Schwingschleifer ab, und Shona macht die Feinarbeiten.«

»Und ich?«, wollte Kristie wissen.

»Du besorgst uns Proviant und fragst herum, ob sich nicht auch noch ein paar Jungs an der Arbeit beteiligen wollen. Sag ihnen, je schneller wir fertig werden, desto eher gibt's hier Bier für alle!«

»Wow, Bob wird staunen, wenn er morgen sieht, was wir geschafft haben«, sagte Jon am späten Nachmittag mit einiger Verblüffung in der Stimme. Die Mädels hatten Wort gehalten und nicht nur kräftig zugepackt, sondern etliche andere Dorfbewohner dazu gebracht, ebenfalls mitzuhelfen. Inzwischen waren alle Fensterläden – auch die aus dem ersten Stock und der Dachwohnung – perfekt abgeschliffen und bereit für neue Farbe. Das Gleiche galt für Fensterrahmen und -bretter. Er hätte nie gedacht, dass so schnell derart beeindruckende Ergebnisse zu erzielen waren, doch Teamwork funktionierte eben immer besser als ein Einzelkämpferdasein. Kristie hatte allerlei Leckereien aus ihrer Backstube angeschleppt und so die hungrigen Mäuler versorgt, andere Dorfbewohner hatten Getränke bereitgestellt – und alle hatten es empört abgelehnt, Geld von ihm zu nehmen. Eines war klar, er würde noch vor der offiziellen Eröffnung ein großes Fest für seine fleißigen Helfer geben.

»Bob und seine Jungs haben noch genug zu tun«, erwiderte Collum, der ebenfalls mit angepackt hatte und als Letzter geblieben war. »Aber jetzt können sie sich auf die großen Arbeiten beschränken. Ich schätze mal, wenn wir nächstes und übernächstes Wochenende auch noch mithelfen, könnte es mit der Eröffnung schon Anfang April was werden.«

»Du meinst, als Aprilscherz?«

»Warum nicht?« Collum grinste. »Das wäre doch ein hübscher Aufhänger. Verrätst du mir jetzt endlich, wie du deine Kneipe taufen willst? Dann können wir schon eine

Ankündigung auf der Gemeinde-Website machen und dem Tourismusverband ein weiteres Zimmerkontingent melden.«

»Der Name bleibt einstweilen unser Geheimnis, stimmt's, Polly?«, entgegnete Jon und zwinkerte seinem Hund zu, der müde gespielt auf dem Boden lag und nur noch halbherzig an einem Gummiknochen herumkaute, den irgendjemand mitgebracht hatte. »Eine Ankündigung auf der Website kannst du ja trotzdem schon machen, und was die Zimmer betrifft: Die melde ich erst, sobald ich wirklich eröffnet habe. Ich muss mich da erst noch in meine neue Rolle einfinden und vor allem auch Personal auftreiben. Hast du dazu einen Tipp?«

»Komm die Tage mal im Rathaus vorbei, am besten, wenn der Tauschladen geöffnet ist und Colleen Dienst hat.«

»Tauschladen?«

»Colleen hat dieses Konzept vor ein paar Monaten hier eingeführt. Es läuft so, dass die Dorfbewohner alle möglichen gut erhaltenen Gegenstände wie Möbel, Kleidung, Spielsachen, Bücher und so weiter im Tauschladen abgeben können. Sie bekommen kein Geld dafür, sind aber ihren ausgemisteten Krempel los. Und im Austausch dürfen sie andere Gegenstände mitnehmen. Colleen hat dafür ein Computersystem eingeführt, in dem alle Wareneingänge und -ausgänge kategorisiert und katalogisiert werden. Für die Dorfbewohner ist das komplett gratis, aber wir überlegen im Moment, ob wir den Shop demnächst auch für Feriengäste zugänglich machen. Die müssten natürlich schon etwas bezahlen. Das Geld würde dann in die Kasse für unsere Dorffeste fließen, also wieder der Allgemeinheit zugutekommen. Colleen ist außerdem gerade dabei, nicht nur materielle, sondern auch immaterielle Dinge in ihr System aufzunehmen. Also Dienstleistungen aller Art. Babysitten, Rasenmähen, Fensterputzen, Näharbeiten – all solche Sachen. Es haben sich wahnsinnig viele Leute gemeldet, die etwas anzubieten haben. Das ist natürlich gut für die Dorfgemeinschaft, zeigt aber auch, dass hier viel ungenutzte Manpower schlummert.«

»Das klingt beeindruckend«, gab Jon zu, auch wenn er den Nutzen für seinen Pub noch nicht ganz verstand. »Aber ich bräuchte ja auf lange Sicht nicht nur freiwillige Helfer, sondern bezahlte Mitarbeiter.«

»Darauf wollte ich doch gerade hinaus«, erklärte Collum. »Trotz Tourismusboom sind wir immer noch eine relativ strukturschwache Gegend. Viele Orte in den Highlands sind reine Schlafstädte, denn die Bewohner pendeln oft verdammt weit zu ihren Arbeitsplätzen. Ich wünsche mir aber, dass Kirkby wieder zu einem lebendigen Dorf wird. Dafür brauche ich Jobs, die idealerweise mehr als nur Saison-Beschäftigungen sein sollten. Es dürfte kein größeres Problem werden, gutes Personal für deinen Pub zu finden. Sprich mit Colleen, die weiß da inzwischen besser Bescheid als ich.«

»Werde ich machen, danke.« Jon fuhr mit der Hand über sein unrasiertes Kinn. »Ich glaube immer mehr, dass es eine gute Entscheidung war, hierherzukommen. Auch wenn ich mir das alles ganz eindeutig nicht gut genug überlegt hatte.«

»Ist vielleicht besser so«, bemerkte Collum trocken. »Hättest du erst eine gründliche Kosten-Nutzen-Analyse vorgenommen, hättest du dankend oder am Ende sogar entsetzt abgewinkt. Manchmal ist es nicht schlecht, sich blauäugig in neue Abenteuer zu stürzen und auf das Beste zu hoffen, statt alle Eventualitäten vorher durchzukalkulieren.«

»Vielleicht«, gab Jon zu. Zu diesem Schluss war er ja auch schon einige Male gekommen. »Trotzdem hoffe ich, dass es sich auszahlt. Finanziell und menschlich. Es soll ja mehr als nur ein Abenteuer werden, nämlich eine langfristige Lebensperspektive.«

»Was spricht dagegen? Wenn du dich nicht vollkommen blöd anstellst, wird der Pub ein Selbstläufer – selbst in den Wintermonaten. Die Leute hier sehnen sich nach einer Möglichkeit, vor ihrer Haustür auszugehen und nicht immer bis nach Inverness fahren zu müssen. Und ich prophezeie dir schon jetzt, dass du dich im Sommer vor Gästen nicht wirst retten können. Selbst Islas Restaurant läuft fantastisch – obwohl sie unglaubliche Kosten und gleichzeitig wenig Tische hat. Sie hat in der Nebensaison an vier Tagen geöffnet, in der Hauptsaison an fünf, aber nur an den Wochenenden bietet sie Mittag- und Abendessen an, sonst gibt's bei ihr nur Dinner. Und sie macht den Laden jedes Jahr im Winter für sechs Wochen dicht und fährt in den Urlaub. Ich schätze mal, dass dein Umsatz schnell erheblich steigen wird, also mach dir keine Sorgen.«

»Denkst du, die Leute werden mich akzeptieren?«

»Warum sollten sie nicht? Heute haben hier fünfzehn Freiwillige, die dich überhaupt nicht kannten, stundenlang mitgeholfen. Warum sollte das ein Problem werden?«

»Weil ich nicht der klassische rotwangige, dickbäuchige Wirt bin und wir hier in den Highlands sind und nicht in einer Großstadt?«, erinnerte ihn Jon. Er hatte normalerweise kein Problem mit seinem Aussehen und fühlte sich als Schotte durch und durch. Er *war* Schotte durch und durch! Sein Vater war der zweite Sohn eines verarmten Earls und hatte als solcher das Glück gehabt, sich nicht um die überschuldeten Familienländereien kümmern zu müssen. Stattdessen hatte er sich einen gut bezahlten Job gesucht. Als junger Mann war er in die Werbung gegangen und war dort sehr schnell sehr erfolgreich geworden. Dabei hatte er sich Hals über Kopf in eine junge Texterin verliebt, die Tochter einer indischstämmigen Frau und eines schwarzen, aus Somalia stammenden Mannes, die eine ungewöhnlich steile Karriere hingelegt hatte.

Jons Mutter war nicht nur bildhübsch und intelligent, sondern auch durchsetzungsstark und sehr kreativ. Sie war die treibende Kraft hinter dem Erfolg von »Grant & Grant Advertising« gewesen und hielt die Zügel in dem inzwischen international operierenden Betrieb auch heute noch fest in der Hand. Anula Grant war in Edinburgh geboren und fühlte sich, obwohl sie durchaus stolz auf ihre Wurzeln war, vor allem als Schottin – und dieses Gefühl hatte sie auch an ihre drei Kinder weitergegeben. Jon und seine beiden Geschwister waren wegen ihrer dunklen

Hautfarbe nur selten irgendwelchen Anfeindungen ausgesetzt gewesen, aber sie waren auch in einer Großstadt aufgewachsen. In Edinburgh und London war sein Aussehen nie ein Thema gewesen, hier jedoch hatte er schon den einen oder anderen intensiven Blick gespürt.

»Hältst du uns also für rassistische Hinterwäldler?«, fragte Collum, halb amüsiert, halb empört.

»Natürlich nicht, aber seit ich hier bin, habe ich keinen anderen dunkelhäutigen Menschen gesehen. Auch nicht in Inverness. Und einige Leute haben mich auf eine Art und Weise gemustert, die ich lang nicht mehr erlebt habe.«

»Idioten gibt es überall«, sagte Collum weise. »Aber ich versichere dir, dass deine Hautfarbe ganz bestimmt nicht über deinen Erfolg oder Misserfolg in Kirkby entscheiden wird! Sobald dich die Leute besser kennen, bist du einer von uns, und dann ist es den meisten vollkommen egal, wie du aussiehst. Na ja, nicht vollkommen egal«, fügte er noch hinzu und grinste. »Bei mir haben sich schon mehrere Damen nach deiner sexuellen Orientierung und deinem Familienstand erkundigt. Stimmt es, dass du gestern vor Alice Fraser blankgezogen hast?«

Jon musste lachen. Auf diese Weise Zentrum des Dorfklatsches zu sein, damit konnte er leben. »Ein Gentleman genießt und schweigt.«

»Gut, dann schweig jetzt weiter. Ich mach mich auf den Heimweg. Bis die Tage«, verabschiedete sich Collum und klopfte Jon freundschaftlich auf die Schulter.

Jon schaute sich noch einmal in seinem Schankraum um, der schon viel freundlicher und aufgeräumter wirkte.

Wenn er die Augen schloss, konnte er sich bereits vorstellen, wie es hier in ein paar Wochen hoffentlich aussehen würde, wenn fröhliche Menschen am Tresen standen und an den Tischen saßen. Mit einem Mal jedoch tauchten lange, flammend rote Haare und eisblaue Augen in seiner Fantasie auf. Ob Isla auch unter denen war, die sich bei Collum nach ihm erkundigt hatten?

»Stör ich?«, riss ihn eine raue Stimme aus seinen Gedanken. Jon fuhr herum, um im nächsten Moment tatsächlich in ein Paar blaugrauer Eisaugen zu blicken, die mit denen von Isla fast identisch waren. Leider gehörten sie nicht ihr, sondern ihrem Vater.

»Nicht im Geringsten«, antwortete Jon. »Willkommen in meiner bescheidenen Hütte, Mr. Fraser.«

»Marlin reicht«, entgegnete der Mann knurrig, reichte Jon aber die Hand. »Du bist also der arme Irre, der den Pub wiedereröffnen will?«

»Aye.«

Marlin sah sich mit skeptischer Miene um. »Da gibt's noch einiges zu tun«, befand er schließlich.

»Aye.« Jon fand es amüsant, wie der alte Mann das Offensichtliche beschrieb, und war gespannt, worauf er hinauswollte. Instinktiv versuchte er, ihn mit seinen Ein-Wort-Antworten aus der Reserve zu locken.

»Meine halbe Familie hat heute mitgeholfen.« War das eine Frage oder eine Feststellung?

»Aye.« Langsam machte es richtig Spaß, den wortkargen Einfaltspinsel zu geben.

»Kannst du auch noch was anderes sagen?«

»Aye, aber wenn ich nur Ja-nein-Fragen gestellt bekomme, lohnt sich der Aufwand nicht.«

»Ein Klugscheißer bist du also auch?«

»Aye.« Jon grinste. »Bier?«, fragte er dann und deutete auf den Tresen, auf dem noch einige Flaschen standen, die irgendeine gute Seele hiergelassen hatte.

»Whisky wäre mir lieber.«

Auch das war kein Problem. Shona hatte eine Flasche mitgebracht, sie aber hinter dem Tresen versteckt, weil der Whisky sonst keine halbe Stunde gereicht hätte. Ihre Worte, nicht seine. Jon ging hinter die Bar und scannte die Fächer. Er fand die Flasche und stellte sie zusammen mit zwei Pappbechern auf die Arbeitsfläche. »Bitte schön.«

Marlin sah die Flasche an und dann Jon. Ein Lächeln zuckte in seinem Mundwinkel. »Du bist gar nicht so verkehrt.«

Jon nickte nur und schenkte zwei großzügige Portionen ein. Aus irgendeinem Grund fühlte er sich, als hätte er gerade einen wichtigen Initiationsritus überstanden. »Slàinte mhath«, wünschte er. »Zum Wohl.«

»Slàinte.«

Schweigend genossen sie den feinen Tropfen, der auch aus dem Pappbecher schmeckte, selbst wenn Jon das beinahe als Sakrileg empfand. Schließlich ergriff Marlin erneut das Wort. »Alice hat mir erzählt, dass du deinen Hund vorm Ertrinken gerettet hast.« Er blickte zu Polly, die auf dem Boden lag und fest schlief. Sie hatte den neuen Gast noch gar nicht registriert. »Ich mag Menschen, die sich um ihre Tiere kümmern, auch wenn es sicher besser gewesen wäre, sie gar nicht erst ins Wasser zu lassen. Sie ist noch zu jung und kann ihre Kräfte noch nicht einschätzen.«

»Hinterher ist man immer schlauer«, entgegnete Jon seufzend. »Ich hatte nicht mal auf dem Schirm, dass Wasser ein Problem werden könnte. Ich habe gar nicht damit gerechnet, dass sie in den Tümpel springt.«

»Neufundländer sind mindestens so wasserverrückt wie Labradore. Die haben das in ihrer DNA.«

Jon zuckte mit den Schultern. »Wie gesagt, hinterher ist man immer schlauer. Offen gestanden habe ich von Hunden nicht allzu viel Ahnung und könnte ein paar Tipps gebrauchen.« Ihm war eingefallen, dass Collum vor ein paar Tagen erwähnt hatte, dass Marlin so ein großer Hundekenner sei, und Menschen um Hilfe zu bitten war ein probates Mittel, sie für sich einzunehmen. Erziehungsratschläge konnte er in jedem Fall gut gebrauchen.

»Ich mag Menschen, die ihre Unzulänglichkeiten zugeben können«, bemerkte Marlin.

»Und ich mag Menschen, die mir offen sagen, dass sie mich für unzulänglich halten«, konterte Jon ironisch.

»Das kannst du bei mir gratis bekommen.«

»Gut zu wissen.«

»Aber ich helfe dir mit deinem Hund. Und auch hier in deinem Pub.« Er reichte Jon die Hand. »Willkommen in Kirkby.«

SINGEN UND TRINKEN

ISLA HATTE LANGSAM DAS GEFÜHL, dass ein Rockstar nach Kirkby gekommen war. Seit drei Wochen gab es im Dorf kein anderes Gesprächsthema als Jon Grant. Alle Frauen zwischen zwei und zweiundneunzig waren in ihn verliebt, einige Männer auch, und die Übrigen schienen für ihn die Stelle des besten Freundes freizuräumen. Wohin man auch ging, mit wem man sich auch unterhielt, jeder sang ein Hohelied auf den Neuzugang, der so unfassbar charmant, freundlich, witzig, sexy, großzügig und wer weiß was sonst noch alles war. Selbst ihr Vater, der ansonsten eine pathologische Abneigung gegen Veränderungen aller Art und fremde Menschen hatte – erst recht, wenn die zu allem Überfluss auch noch aus Collum McDonalds Freundeskreis stammten –, war kurz davor, Vorsitzender des Fanclubs zu werden. Er hatte die Freiwilligen-Bautruppe im Pub an den letzten beiden Wochenenden federführend kommandiert und so dafür gesorgt, dass die Eröffnung nur noch eine Frage von Tagen war. Zumindest hatten ihr das drei Leute unabhängig voneinander berichtet. Und unter der Woche hatte sie mehrfach gesehen, wie ihr Dad mit Polly und Jon trainierte.

Sie revidierte ihre Einschätzung von eben: Jon Grant

war kein Rockstar, er war der neue Heiland! Sie rechnete stündlich damit, dass Dorfpfarrer Jack McTavish verkündete, Jon könne aus Wasser Whisky machen. Das wäre zwar blöd für Shona, die fieberhaft an ihrer Destillerie arbeitete, aber zweifellos gut für Jons Geschäft. Wobei er sich diesbezüglich selbst ohne göttliche Superkräfte keine Sorgen zu machen brauchte. Das Dorf fieberte der Eröffnung des Pubs derart entgegen, dass der Erfolg praktisch sicher war. Und sie freute sich für ihn. Wirklich. Na ja, genau genommen freute sie sich für Kirkby. Von einem gut gehenden Dorfpub hatten alle etwas – und er war definitiv keine Konkurrenz für sie. In ihr Restaurant kamen die Dorfbewohner ohnehin nur, wenn sie etwas zu feiern hatten oder zu ihrer jährlichen Saisoneröffnungsparty im Februar. Was also war ihr Problem?

»Erde an Isla, Erde an Isla! Isla, bitte melden!«

»Was?«, rief sie alarmiert und starrte in das lachende Gesicht von Betty Murray. Die groß gewachsene ältere Dame, die ein aufregendes Leben als Investigativjournalistin geführt hatte, lebte seit fünfzehn Jahren wieder in ihrem Heimatort und schrieb nun Krimis. »Die Königin« trug ihren Spitznamen nicht ohne Grund, denn sie hatte den besten Überblick über alles, was in Kirkby passierte.

Es war Montagabend, und Isla war nach längerer Zeit mal wieder zur Chorprobe in die Kirche gegangen. Sie war kein regelmäßiges Mitglied und besuchte auch fast nie die Gottesdienste, weil sie da immer arbeiten musste. Aber sie liebte es, zu singen, und der Chor bot die einfachste und beste Gelegenheit dafür. Meist trafen sich die

Mitglieder schon ein Weilchen vorher und quatschten über alles, was so anlag. Heute gab es nur ein Thema – Jon Grant –, und Isla hatte sich mental längst verabschiedet. Ehrlich, als gäbe es sonst nichts, worüber man reden konnte.

»Wir wollten nur wissen, ob du Jon bei der Erstellung seiner Speisekarten helfen wirst«, wiederholte Betty die Frage, die sie offenbar schon mehrmals vergeblich gestellt hatte.

Ernsthaft? »Warum sollte ich?«, schnaubte Isla empört. »Was gibt es da schon zu helfen? Er wird die übliche Handvoll Kneipenklassiker anbieten. Dafür braucht er wohl kaum meine Expertise.«

»Aber es müsste doch auch in deinem Interesse liegen, dass seine Küche ein gewisses Mindestniveau erzielt, sodass Kirkbys Ruf als Gourmetzentrum der Highlands nicht gefährdet wird«, fuhr Betty ernsthaft fort.

Offensichtlich hatte Isla mehr verpasst als nur ein paar Chorproben und die letzten Minuten der Jon-Huldigung. »Mir war nicht klar, dass Kirkby das ›Gourmetzentrum‹ der Highlands ist«, entgegnete sie kopfschüttelnd. Natürlich wäre ihr das durchaus recht. Genau genommen gab es jetzt schon viele Menschen, die nur wegen ihres Restaurants nach Kirkby kamen, aber was hatte das mit dem Pub zu tun? Es konnte ihr doch herzlich egal sein, auf welchem Niveau sich die Küche dort befand. Da Jon ja ein selbsterklärter Rodney-Swinton-Fan war, durfte man ohnehin nicht zu viel erwarten. Wobei das vermutlich ungerecht war. Sie hatte sich ein paar von Rodneys Kochshows angesehen. Die Gerichte, die er da präsentierte, waren meist solide zubereitete Basics, also genau das, was man für einen Pub gut brauchen konnte. Aber das würde sie niemals laut zugeben – zumal sie ohnehin den Verdacht hatte, dass sich Rodney auch dabei von anderen Köchen hatte inspirieren lassen. Ein deftiger Auflauf zum Beispiel hatte sie doch stark an ein Gericht von Jamie Oliver erinnert.

»Wann hast du das letzte Mal auf unsere Dorf-Website geschaut?«, fragte Betty grinsend. »Da steht groß und fett, dass *The Scottish Thistle* Kirkby zum regionalen Gourmetmekka gemacht hat.«

Stimmt, da war was. Dunkel erinnerte sich Isla an ein Gespräch mit Collum zu dem Thema. Aber das war kurz vor Weihnachten gewesen, und dank des Trubels um die Hochzeit ihres Cousins, für die sie kurzfristig das Catering übernommen hatte, hatte sie nicht mehr daran gedacht, dass der Bürgermeister eine neue Werbestrategie fahren wollte. Und spätestens ihr ausgedehnter Asien-Urlaub hatte sie das komplett vergessen lassen. »Kann sein«, gab sie zu. »Aber ich verstehe immer noch nicht, was der Pub mit meinem Restaurant zu tun hat. Die Leute, die hierherkommen, um bei mir zu essen, werden sich kaum dafür interessieren, wie die Küche in der Kneipe ist – und umgekehrt.« Sie seufzte. »Ich bin mir sicher, Mr. Grant wird mit dem Küchenpersonal, das er anheuert, eine solide Auswahl an Gerichten kreieren.«

»Mr. Grant?«, fragte Betty amüsiert. »Warum so förmlich? Wir nennen ihn doch alle Jon.«

Isla verdrehte die Augen, beschloss aber, lieber das Thema zu wechseln. »Was mich viel mehr interessieren würde, ist die Bäckerei. Hast du dich denn inzwischen mit Kristie geeinigt?«

»Aus meiner Sicht gibt es da nichts zum Einigen. Ich habe Kristie schon vor Monaten gesagt, dass sie die alte Backstube jederzeit übernehmen kann und ich ihr auch gerne helfe, den Laden wieder auf Vordermann zu bringen. Das wäre ein wunderbares Vermächtnis und eine schöne, lebendige Erinnerung an meine Eltern. Aber sie ist sich immer noch nicht ganz sicher.«

»Ich werde noch mal mit ihr reden«, versprach Isla, die die Zögerlichkeit ihrer Cousine nicht verstehen konnte. Kristie war schon immer zurückhaltend bis verschlossen gewesen und hatte nach außen hin nie nennenswerte Leidenschaften gezeigt, war aber stets eine zuverlässige Hilfe im Bed & Breakfast von Islas Bruder oder auch bei ihr selbst im Restaurant-Service gewesen. Doch dann hatte sie, für fast alle überraschend, zusammen mit Betty die spektakuläre Torte für die Weihnachtshochzeit gebacken, und dabei war ihre Leidenschaft fürs Backen zutage getreten. Seitdem verbrachte sie viel Zeit in der Backstube und probierte alle möglichen Rezepte für Brote, Brötchen und süße Sachen aus. Ein kurzes Praktikum in einer Bäckerei in Inverness hatte sie dazu genutzt, sich mit den Arbeitsabläufen eines kommerziellen Betriebs vertraut zu machen.

Isla hatte schon allerlei Brotsorten und Gebäckstücke testen dürfen und war begeistert. Mit größter Freude würde sie Kristie damit beauftragen, das Brot für ihr Restaurant herzustellen – dann müsste sie es nicht mehr selbst tun –, und Alex würde zweifellos das Bed & Breakfast von ihr beliefern lassen. Wo also lag das Problem?

»Sie hat mit Alex und mir schon zwei Großkunden. Ich bin mir sicher, dass sie auch den phänomenalen Mr. Grant dazu bringen wird, seine Brötchen bei ihr zu ordern.«

»Meine Rede«, sagte Betty schulterzuckend. »Aber man kann niemanden zu seinem Glück zwingen. Ich werde aber auch noch mal mit ihr sprechen. Wenn es am Geld für die Renovierung scheitern sollte, finden wir auch dafür eine Lösung.«

»Das wäre das geringste Problem«, entgegnete Isla. »Jeder aus der Familie würde sie sofort finanziell unterstützen. Ich glaube, sie hat einfach Angst – und ich habe keine Ahnung, von wem sie diesen Wesenszug hat...« Sie lächelte, als sie an ihre große, verrückte Familie dachte. Stur und meinungsstark waren sie eigentlich alle und gute Geschäftsleute auch. Ihr war wirklich schleierhaft, woher Kristies übertriebene Schüchternheit stammte. Aber vielleicht war das auch nur der Gegenpol zu ihrer temperamentvollen und offenherzigen älteren Schwester Hailey?

»Ich hoffe, sie überwindet ihr Problem«, schaltete sich Annabel Campbell überraschend ins Gespräch ein. Isla hatte die junge Ärztin heute zum ersten Mal bei einer Chorprobe gesehen – was aber auch daran liegen konnte, dass sie selbst so lange nicht mehr an einer teilgenommen hatte.

»Da wäre dann auch schon die nächste Kundin«, bestätigte Betty lachend.

»Ehrlich, ich liebe es hier in Kirkby«, beteuerte Anna. »Die Leute sind nett, ich find's toll, meine eigene Praxis zu haben und trotzdem noch Zeit für meine Hobbys zu finden. Aber eine Sache fehlt mir: ein Frühstück, das ich nicht selbst zubereiten muss!« Sie seufzte dramatisch. »In Edinburgh war es mein Highlight des Tages, vor oder nach meiner Klinikschicht, je nachdem, in mein Lieblingscafé zu gehen und eine riesige Tasse Milchkaffee und zwei Buttercroissants zu bestellen. Ich finde, Kristie sollte nicht nur die Bäckerei wiedereröffnen, sondern auch noch ein kleines Café einrichten. Ich würde definitiv jeden Tag bei ihr auf der Matte stehen.«

Isla lachte. »Dann ist es also entschieden. Wir werden Kristie morgen einfach mitteilen, die Dorfgemeinschaft hätte beschlossen, dass es eine Bäckerei und ein Café in Kirkby geben muss, und dass sie gefälligst loslegen soll. Vielleicht muss man die Menschen manchmal eben doch zu ihrem Glück zwingen?«

»Wie die unzuverlässigen Mitglieder unseres Chors«, sagte Betty mit einem Augenzwinkern in Islas Richtung. »Du hast so einen schönen Alt, der fehlt uns immer, wenn du nicht dabei bist.«

»Du kennst doch mein Problem. Bei den Gottesdiensten kann ich sowieso nie mitsingen, weil ich da arbeite und...«

»Alles Ausreden!«, unterbrach Betty sie. »Wir machen das doch nicht wegen der Gottesdienste, sondern weil wir hier jeden Montag gemeinsam singen wollen. Also reiß dich gefälligst zusammen und komm wieder regelmäßig. Wir zählen auf dich!«

»Ich werde es versuchen«, versprach Isla. Das wollte sie wirklich, denn es gab wenig, was sie mehr entspannte, als zu singen. Entspannte und beglückte. Nach den Chorproben ging sie jedes Mal beschwingt nach Hause.

»Meine Damen, meine Herren, genug geplaudert«, dröhnte nun die volle Stimme von Jack McTavish durch den Raum, und alle lachten, als der Dorfpfarrer mit übertriebener Geste auf seine Uhr klopfte. »Lasst uns loslegen!«

Anderthalb Stunden später verließ Isla fröhlich die Kirche. Das hatte richtig gutgetan. Sie verabschiedete sich von ihren Mitsängern und wollte gerade in Richtung Heimat laufen, als Anna sie aufhielt. »Musst du dringend nach Hause, oder hast du noch ein paar Minuten?«

»Ich hab noch Zeit.« Es war erst halb zehn, und außer ein paar Serien-Episoden auf Netflix wartete nichts auf Isla.

»Gehen wir auf einen Sprung zu mir?«

»Klar. Sehr gern.« Nun war Isla wirklich neugierig. Sie hatte damit gerechnet, dass Anna eine kurze Frage hatte, aber das hier klang schon fast ein wenig konspirativ. Und sie war gespannt auf die Wohnung, die Anna über der Praxis eingerichtet hatte. Auch die Behandlungsräume selbst hatte sie noch nicht gesehen. Das letzte Mal war Isla als kleines Mädchen in der Praxis gewesen, als dort noch der alte Dr. Norton tätig gewesen war. Das war natürlich ewig her, sie hatte jedoch von einigen Leuten gehört, dass es inzwischen richtig schick sein sollte.

Bis zu Annas Häuschen waren es von der Kirche aus nur ein paar Schritte. Von außen sah es noch genauso aus wie früher, nur dass sämtliche Fensterrahmen und die Tür frisch lackiert waren und auf den Fensterbrettern im Erdgeschoss schon ein paar wackere Hornveilchen blühten. Anna schloss die Tür auf und lotste Isla eine schmale Treppe zum ersten Stock hinauf, wo die beiden Frauen gleich von Elvis begrüßt wurden.

»Der ist wirklich riesig«, stellte Isla fest, als ihr der Kater um die Beine strich. Sein Kopf war locker auf Kniehöhe. Sie bückte sich und streichelte den flauschigen grauen Tiger. »Ist das eine besondere Rasse?«

»Elvis ist ein Maine-Coon-Kater. Ein sehr typischer Vertreter seiner Rasse.« Anna blickte sich nervös in dem großen, gemütlichen Wohnraum mit der offenen Küche um und fügte gleich darauf erleichtert hinzu: »Aber heute scheint er brav gewesen zu sein. Nimm doch Platz.« Sie deutete auf ein gemütliches Ecksofa, und Isla ließ sich in die weichen Polster sinken. »Magst du was trinken? Wein? Gin Tonic? Whisky? Wasser? Kaffee? Tee?«

»In dieser Reihenfolge«, erwiderte Isla lachend. »Ein Gin Tonic wäre toll. Huch!«, rief sie, als sich der Kater auf ihrem Schoß breitmachte und ihr dabei seinen recht massiven Kopf in den Bauch drückte. »Was meintest du eben mit ›typischer Vertreter, aber heute war er brav‹?« Mit Katzen kannte sie sich so gar nicht aus. Sie hatten früher immer Hunde gehabt, und mit Pferden konnte sie auch gut, aber Katzen kannte sie nur als halbwilde Stallkatzen bei ihrem Onkel Rupert, wo sie die Mäusepopulation einigermaßen in Schach hielten.

Anna kramte in einer Schublade, die mit einer Kindersicherung versehen war. Umständlich zog sie einen Schlüssel hervor, schloss damit den Vitrinenschrank auf und holte zwei Gläser heraus. Dann sperrte sie ein Schrankfach auf, in dem sich einige Flaschen befanden. Der Kühlschrank ließ sich nur mittels Eingabe eines Zahlencodes öffnen. »Das muss dir wohl ziemlich paranoid vorkommen«, sprach Anna schließlich aus, was Isla insgeheim dachte, während sie erst Eiswürfel in die Gläser füllte und dann großzügig Gin darübergoss. »Aber es ist leider typisch für Maine-Coon-Katzen, dass sie Schränke, Schubladen, Fenster und Türen öffnen – und glaub mir, er nutzt diese Fähigkeit weidlich aus. Als er noch recht jung war und sein Talent neu entdeckt hatte, kam ich nach einer Nachtschicht in der Klinik heim und fand sämtliche Gläser in Scherben auf dem Boden. Erst habe ich gedacht, es sei eingebrochen worden, und war schon drauf und dran, die Polizei anzurufen, da hab ich ein klägliches Maunzen aus dem Topfschrank gehört. Frag mich nicht, wie er es geschafft hat, da reinzukommen, aber Elvis saß in meinem großen Nudeltopf und hatte verdächtig blutige Pfoten, die ich dann erst mal verarzten musste.« Sie lachte bei der Erinnerung, stellte die fertigen Drinks auf ein Tablett und trug sie zum Sofa.

»Aber vielleicht war es ja doch ein Einbrecher? Ich

meine, vielleicht haben die Diebe den armen Kater eingesperrt, um in Ruhe nach Wertsachen stöbern zu können?« Isla streichelte den weichen Pelz des schweren Tiers. Elvis war zwar gigantisch, wirkte aber sehr friedlich.

»Na ja, Einbrecher hätten wahrscheinlich mein Laptop mitgenommen, das prominent auf dem Esstisch lag. Ich konnte es erst auch nicht fassen, aber Elvis ist ein wahrer Befreiungskünstler. Selbst klemmende Schubladen sind vor ihm nicht sicher. Am liebsten zerwühlt er meine Wäscheschublade und stolziert dann mit seiner Beute durch die Gegend. Glaub mir, das hat schon zu einigen sehr peinlichen Vorfällen geführt.« Sie grinste schief und reichte Isla ein Glas. »Schön, dass du da bist. Cheers!«

»Cheers! Auf verrückte Katzen und …« Sie überlegte, worauf sie noch anstoßen könnten, doch Annabel kam ihr zuvor.

»Auf neue Freundschaften?« Sie stieß mit ihrem Glas leicht gegen Islas und wurde etwas rot. »Ich will dich nicht überrumpeln, aber ich finde dich nett, und was mir in Kirkby außer einem Café für morgendliche Milchkaffee- und-Croissant-Orgien noch fehlt, ist eine Freundin, mit der ich einfach mal ein bisschen quatschen kann.«

Isla war überrascht, aber gleichzeitig freute sie sich auch wahnsinnig. Eine echte Freundin hatte sie hier auch nicht – was ihr dank ihrer großen Familie, ihren Mitarbeitern und der sehr offenherzigen Dorfgemeinschaft meist auch nicht weiter auffiel, aber manchmal vermisste sie es schon. »Auf neue Freundschaften«, antwortete sie also und trank einen Schluck. »Ich fürchte aber, dass ich wegen meiner Arbeitszeiten nicht allzu gut im Pflegen von Freundschaften bin. Ich habe ja nur montags und dienstags frei, und da arbeiten normale Menschen immer.«

»Normale Menschen interessieren mich nicht«, entgegnete Anna vergnügt. »Und mit Arbeitszeiten für Freaks kenne ich mich aus. Ich kann es kaum fassen, dass ich hier in Kirkby zum ersten Mal so was wie Freizeit habe.«

»Warte nur mal ab, bis sich herumgesprochen hat, dass du was kannst, dann ist dein Wartezimmer ständig gefüllt.«

Anna lachte. »Woher willst du denn wissen, ob ich was kann? Vielleicht bin ich ja in Wirklichkeit die totale Niete und eine Gefahr für die Dorfbevölkerung?«

»Dieser Spruch stammt von meinem Vater, oder?« Isla schüttelte den Kopf. Marlin war tatsächlich der starrsinnigste Mensch, den sie kannte – und einer, der Veränderungen hasste. Eine neue Ärztin in Kirkby war so eine Veränderung, und natürlich hatte er zunächst sehr skeptisch reagiert. Aber inzwischen war er in der Praxis gewesen und hatte sich zweifellos von Annas Charme bezaubern lassen. Das immerhin sprach für ihren Dad: Er war flexibel genug, um ein Vorurteil zu hinterfragen und sich eines Besseren belehren zu lassen.

»Man kann jedenfalls nicht behaupten, dass er Scheu davor hätte, seine Meinung kundzutun«, bestätigte Anna grinsend. »Aber seit er sich davon überzeugt hat, dass ich etwas von meinem Handwerk verstehe, ist er ganz zahm.«

»Wenn du meinen Dad, Betty Murray und Collum auf deiner Seite hast, kann dir hier in Kirkby nichts Schlimmes passieren.«

»Gut zu wissen. Und was ist mit dir?« Anna sah Isla ganz offen an.

»Was soll mit mir sein? Ich habe nie geglaubt, dass du eine Quacksalberin bist. Ich würde in deine Praxis kommen, ohne zu zögern, aber glücklicherweise bin ich meist gesund wie ein Ochse.«

»Das meinte ich nicht. Ich wollte eher auf etwas anderes hinaus, was mir schon ein ganzes Weilchen auffällt...« Sie sprach nicht weiter, sondern beobachtete jede Regung von Isla.

Die fühlte sich plötzlich etwas unbehaglich. War das ein Flirtversuch? Es wäre nicht das erste Mal, dass eine Frau sie anbaggerte, genauer gesagt kam das beinahe häufiger vor als männliche Avancen, aber irgendwie glaubte sie es nicht. Vielmehr hatte sie das Gefühl, dass Anna tief in sie hineinblicken konnte und dort gut versteckte dunkle Orte entdeckte, die sie normalerweise lieber für sich behielt. Sie schluckte. »Ich verstehe nicht«, krächzte sie und trank einen weiteren Schluck.

»Verzeih mir, das muss dir wahnsinnig übergriffig vorkommen, aber ich kann bei manchen Menschen einfach spüren, dass irgendetwas nicht in Ordnung ist. Und du strahlst eine ganze Menge Sorge und Wut aus.«

Nun war Isla sprachlos. Anna hatte natürlich vollkommen recht – sie sorgte sich und war wütend. Wegen und auf Rodney Swinton, der irgendetwas vorhatte, was ihr schaden sollte, auch wenn sie es noch nicht richtig greifen konnte. Aber wie konnte Anna das ahnen? Sie hatte mit niemandem darüber geredet und hatte es auch nicht vor.

Zumindest nicht, solange sie keine konkreten Anhaltspunkte hatte.

»Liegt es an Jon Grant?«, bohrte Anna nach.

Knapp daneben. Jon war im Grunde nur der Blitzableiter für ihren Gram, nicht die Ursache. Aber es war leichter, sich über ihn zu ärgern, als sich dem tiefer liegenden Problem zu stellen. »Wie kommst du darauf?«, wollte sie dennoch wissen.

»Ich hab gesehen, wie gereizt du reagiert hast, als Betty dich vorhin wegen der Speisekarte angesprochen hat. Und wie betont du ihn immer ›Mr. Grant‹ nennst ... hat er dich geärgert?«

Isla winkte ab. Sie hatte keine Lust, sich über Jon Grant oder Rodney Swinton zu unterhalten, und wollte eigentlich am liebsten nach Hause. Aber der schwere, schnurrende Kater auf ihrem Schoß, die weichen Sofakissen und der leckere Drink machten es ihr unmöglich. Sie konnte nicht anders, als sich zu entspannen. »Kann es sein, dass deine Superkraft darin besteht, dass sich Menschen in deiner Gegenwart einfach nur wohlfühlen?«, wechselte sie das Thema. »Wäre vermutlich ziemlich hilfreich in deinem Job.«

»Das können andere sicher besser beurteilen als ich, aber ich interessiere mich einfach für all meine Mitmenschen und habe das Bedürfnis, dass sich möglichst alle gut fühlen. Das war schon immer so, und vielleicht ist das auch der Grund, warum ich Ärztin geworden bin. Aber du machst ja etwas Ähnliches. Wenn Menschen zum Essen zu dir kommen, fühlen sie sich auch wohl. Wahrscheinlich bedienen wir beide dieselben Bedürfnisse, nur mit anderen Mitteln.« Anna lächelte versonnen und lehnte sich entspannt zurück. »Aber ich will dir ein Geheimnis verraten: Wenn hier jemand im Raum wahre Superkräfte hat, dann ist es Elvis. Der spürt immer sofort, wo er gebraucht wird.«

»Echt? Und ich dachte immer, dass Katzen so eigensinnig sind, dass sie sich ausschließlich für ihre eigenen Bedürfnisse interessieren. Insofern bin ich davon ausgegangen, dass es sein Bedürfnis ist, mich als Sofakissen zu nutzen.« Es sollte ironisch klingen, aber tief in ihrem Inneren merkte Isla, dass es womöglich doch so war, wie Anna es beschrieben hatte, und sie den warmen Flauschball auf ihrem Bauch dringender brauchte als er eine vergleichsweise knochige Unterlage.

»Elvis ist anders als die meisten Katzen«, erwiderte Anna lächelnd und deutete mit einer Handbewegung auf ihr gut gesichertes Mobiliar. »Aber eigentlich wollte ich dich zwei ganz andere Dinge fragen.« Sie setzte sich wieder ein wenig aufrechter hin und wartete, bis sie Islas volle Aufmerksamkeit hatte.

»Ich bin ganz Ohr.«

»Ich weiß nicht, ob sich das im Ort schon herumgesprochen hat, aber ich bin nicht nur Ärztin, sondern auch ausgebildete Yogalehrerin«, begann Anna.

Isla schüttelte den Kopf und hob interessiert eine Braue. Was für Überraschungen verbargen sich wohl noch hinter dem engelsgleichen Aussehen von Annabel Campbell? Aber Yoga passte irgendwie zu ihr.

Ehe sie sich dazu äußern konnte, fuhr Anna schon fort: »Ich bin bereits als Jugendliche mit Yoga in Berührung gekommen, in einer Phase, die für mich aus vielen Gründen ziemlich schwierig war. Mir hat es unglaublich gutgetan – physisch und psychisch –, und ich bin überzeugt davon, dass die meisten Menschen von Yoga profitieren können. Egal in welcher Ausprägung, ob sie es nun rein als Form des Work-outs nutzen oder die ganze Philosophie und Weltanschauung umarmen. Ich praktiziere es seit Jahren täglich, aber ich merke, wie sehr es mir hier in Kirkby fehlt, es mit anderen zu teilen. Deshalb überlege ich, einen Yogakurs anzubieten.«

»Aha«, sagte Isla und wusste nicht so recht, was das nun mit ihr zu tun hatte.

»Ich fände es schön, wenn du dabei wärst.«

»Ich? Yoga?« Isla schüttelte den Kopf. Damit hatte sie so gar nichts am Hut. Sie joggte ab und zu, das aber auch nicht mehr so oft wie früher, und gelegentlich ging sie reiten, aber um ehrlich zu sein: Sie war ein ziemlicher Sportmuffel. Ihren Alltag fand sie schon anstrengend genug, da musste sie sich nicht auch noch in ihrer raren Freizeit verausgaben. Auch wenn ihr natürlich klar war, dass das eine einigermaßen dämliche Einstellung war und …

»Natürlich du!«, unterbrach Anna sie milde. »Du hast häufig Rückenschmerzen und eine völlig verspannte Schulter-Nacken-Region.«

»Sieht man mir das an?« Isla fühlte sich ertappt.

»Wenn man weiß, worauf man achten muss, erkennt

man so etwas. Es gibt tolle Übungen, die diese besonders beanspruchten Muskelpartien lockern und gleichzeitig kräftigen. Und zusätzlich wird auch noch der Geist beruhigt.«

»Hm«, murmelte Isla skeptisch. Die Vorstellung, keine Rückenschmerzen mehr zu haben, war himmlisch und die von einem ruhigen Kopf ohne dauerrotierendes Gedankenkarussell ebenfalls. Aber Yoga war ihr viel zu esoterisch. »Und das klappt auch ohne Om und so ein Zeug?«

»Das ist das Schöne an Yoga. Es gibt unendlich viele Möglichkeiten und für jeden den richtigen Weg.«

»Okay...«, sagte Isla gedehnt. Das klang zwar trotz allem ein bisschen nach »Pfad der Erleuchtung«, aber andererseits konnte es wohl auch nicht schaden, es einfach mal auszuprobieren. »Wann würde dein Yogakurs denn starten? Und vor allem wo?«

»Ich habe mit Collum gesprochen. Sobald die alte Schule fertig renoviert ist, was angeblich spätestens Ende April, Anfang Mai der Fall sein wird, kann ich einen Raum nutzen. Und bis dahin könnten wir es bei mir machen. Wenn ich den Tisch zur Seite räume, haben hier vier, fünf Leute Platz.« Anna sah sich in ihrem Wohnzimmer um, und ihre Augen strahlten.

»Dir ist das wirklich wichtig, was?« Isla war verblüfft.

»Du ahnst gar nicht, wie sehr. Darf ich dich als erste Schülerin auf meine Liste setzen? Ich würde mich dann zeitlich auch nach dir richten. Dienstagabend vielleicht? Oder am Nachmittag? Ich habe ja immer nur vormittags Sprechstunde, da könnte ich auch nachmittags. Und ich wollte auf jeden Fall auch Kristie fragen, ob sie Lust hätte. Ich glaube, ihr würde Yoga ebenfalls richtig guttun.«

Isla zuckte mit den Schultern. »Laut deiner These würde es wohl jedem in Kirkby guttun. Aber frag sie ruhig. Und vom Termin her ist es mir egal, solange es montags oder dienstags stattfindet.«

»Fein, dann haben wir morgen ein Date!« Anna rieb sich vergnügt die Hände. »Magst du noch einen Gin Tonic?«

»Lieber nicht. Wer weiß, was du mir sonst noch unterjubelst?« Sie grinste, hob dann den Kater von ihrem Schoß und stand auf. »Vielen Dank, das war ein echt schöner Abend – und morgen sehen wir uns ja schon wieder.«

»Ich schreib dir noch, wann genau es losgeht«, versprach Anna und umarmte sie zum Abschied. »Du kannst dir gar nicht vorstellen, wie sehr ich mich freue. Komm gut heim!«

Das beschwingte Gefühl, das Isla nach der Chorprobe gehabt hatte, war einem anderen gewichen: einer Art tiefer Zufriedenheit. Etwas, das sie schon lange nicht mehr empfunden hatte. Lächelnd wanderte sie über den dunklen Marktplatz. Im Pub brannten Lichter, also schien Jon noch fleißig zu sein. Sie hielt kurz inne und hatte sogar den Impuls, bei ihm reinzuschauen, weil ihr Groll gegen ihn aus irgendwelchen Gründen verschwunden war und echter Neugier Platz gemacht hatte. Doch dann lief sie rasch weiter. Vermutlich machte sich da nur der Gin bemerkbar, der ihren Kopf benebelt hatte, und der Einfluss von Anna, die offensichtlich alle Menschen mochte.

Als sie die Stufen zu ihrer eigenen Wohnung erklomm, kamen ihr zwei Gedanken in den Sinn: erstens, dass es schön wäre, wenn auch auf sie ein freundliches Lebewesen wie Elvis warten würde. Und zweitens, dass Anna vorhin von zwei Dingen gesprochen hatte, die sie Isla fragen wollte. Aber das hatte vielleicht Zeit bis morgen.

DIE WEISHEIT DER PELIKANE

JON KONNTE ES KAUM GLAUBEN. Es waren erst gut drei Wochen vergangen, und doch war der heruntergekommene Pub nicht mehr wiederzuerkennen. Gestern war die neue Zapfanlage geliefert worden, das Mobiliar strahlte in neuer Frische, und seine Wohnung war auch so gut wie fertig. Für übermorgen hatte er die Spedition bestellt, die seine eingelagerten Sachen aus Edinburgh bringen würde, und dann konnte er endlich ganz in seine eigenen vier Wände ziehen. In das Cottage ging er ohnehin nur noch zum Schlafen. Ansonsten verbrachte er seine Tage von früh bis spätabends im Pub und half den Handwerkern.

Gestern Abend hatte er im Schankraum noch alle Klebebänder von den Malerarbeiten entfernt. Einer von Bobs Männern war ein wahrer Künstler und hatte die Wände in einem stilisierten Tartanmuster bemalt. Jon hatte sich nur schwer vorstellen können, ob es gut aussehen würde, hatte dem Mann aber freie Hand gelassen. Schlimmstenfalls hätten sie es einfach einfarbig überstrichen. Doch der Effekt, als alle Klebestreifen entfernt waren, war derart überwältigend gewesen, dass er am liebsten auf die Straße gerannt wäre und unschuldige Passanten dazu genötigt hätte, seine Wände zu bewundern. Aber natürlich waren in Kirkby nachts um elf keine Leute unterwegs.

Oder fast keine, denn kurz hatte er tatsächlich Isla erspäht, die vorbeigelaufen und sogar für einen Moment vor seinem Haus stehen geblieben war. Fast schien es ihm, als hätte sie reinkommen wollen, aber vermutlich hatte er sich das nur eingebildet, denn sie hatte sich schnell wieder in Bewegung gesetzt. Seltsam, dass er das so bedauerte, aber irgendwie ging ihm diese Frau unter die Haut – auch wenn sie keinen Zweifel daran ließ, dass sie ihn nicht ausstehen konnte. Vielleicht war es genau diese andauernde Zurückweisung, die er so spannend fand? Menschen mochten ihn. Punkt. Vermutlich lag das daran, dass er sich seinerseits für seine Mitmenschen interessierte und fast immer zugewandt und offen war. Ideale Voraussetzungen für einen Wirt, dachte er grinsend. Und für einen Werber. Wahrscheinlich war es für ein entspanntes Miteinander generell von großer Bedeutung, wenn man Interesse an seinem Gegenüber hatte. Umso erstaunlicher – und verstörender –, dass er ausgerechnet bei Isla derart auf Granit biss. Statt also ihr seine bildschönen Wände zu zeigen, hatte er die schlummernde Polly geweckt, die jedoch nur gelangweilt gegähnt und sich wieder eingerollt hatte. Kleine Ignorantin.

Er sah lächelnd zu seinem Hund, der zufrieden mitten im Schankraum auf dem Boden lag und an seinem Gummiknochen herumnagte. Die Trainingseinheiten, die ihnen Marlin verpasst hatte, trugen tatsächlich erste Früchte. Polly war zwar eigensinnig – eine typische Schottin eben –, aber durchaus lernwillig. Die wesentlichen Grundkommandos klappten schon ganz gut, und auch das mit der Stubenreinheit hatten sie inzwischen fast im Griff. Nur die nächtlichen Schlafgewohnheiten waren ihr nicht auszutreiben: Sobald Jon sich den Pyjama anzog, hopste Polly in sein Bett und verließ es erst dann wieder, wenn morgens der Wecker klingelte. Wenn das so weiterging, würde Jon nie wieder eine Frau zu sich einladen können, denn wer war schon bereit, das Bett mit einem schwarzen Wollmonster zu teilen, das bereits jetzt mehr als die Hälfte der Liegefläche für sich beanspruchte? Jon wollte sich gar nicht ausmalen, wie es in einem Jahr aussehen würde, wenn Polly ausgewachsen war und über fünfzig Kilo wiegen mochte.

Doch das waren Probleme für einen anderen Zeitpunkt. Jetzt musste er sich zunächst um drängendere Dinge kümmern. Er schaute auf die mehrseitige Liste, auf der alles stand, was noch zu tun war. Vieles hatte er bereits erledigt, aber etliche Punkte waren noch offen. Immerhin, die größten Kaliber hatte er geschafft: Die Gastroküche war schon letzte Woche eingerichtet worden, inklusive einer Basisausstattung an Kochzubehör – Töpfe, Pfannen, Schüsseln und die schier überwältigende Masse von Kram, die man brauchte, um mehr als Spiegeleier mit Toast zuzubereiten. Dabei hatte ihm Helen geholfen, seine zukünftige Köchin, an die er tatsächlich auf Colleens Empfehlung hin gekommen war.

Helen war Ende vierzig und hatte früher gut zehn Jahre lang auf diversen Kreuzfahrtschiffen gekocht, ehe es sie der Liebe wegen nach Kirkby verschlagen hatte. Sie war verheiratet, Mutter von zwei Teenagern und fürchterlich genervt von ihrem Hausfrauenjob. Eine Stelle als Köchin zu finden, und das praktisch vor der Haustür, war für sie wie ein Lottogewinn. Statt eines Bewerbungsgesprächs hatte Helen Jon zu sich nach Hause eingeladen, wo sie gerade das Catering für die Geburtstagsfeier ihres dreizehnjährigen Sohnes vor- und zubereitete. Er hatte sich durch alle Gerichte probieren dürfen und war auch von ihrer strukturierten Arbeitsweise begeistert gewesen. Helen hatte ihm klar gesagt, welche Anschaffungen für die Küche sinnvoll seien und welche er sich sparen könne. Ein absoluter Volltreffer also.

Gläser, Geschirr, Besteck und Servietten würden morgen geliefert werden, und für Freitag erwartete er die erste große Getränkelieferung. Wenn alles glattging, konnte er die Dorfbewohner am Wochenende zu einer inoffiziellen Eröffnungsparty einladen, ehe der Pub im Laufe der nächsten Woche offiziell seine Pforten öffnete. Bis dahin hatten Bob und seine Männer bestimmt auch die fünf Gästezimmer im ersten Stock so weit auf Vordermann gebracht, dass sogar Übernachtungen möglich waren. Dann würde aus Jon Grant, dem eleganten und vollkommen ausgebrannten Werbestrategen, endgültig ein Wirt und Hotelier geworden sein. Was für eine Transformation in so kurzer Zeit!

Aber zuvor musste er noch ein paar dringende Dinge erledigen: Heute Nachmittag konnte er sein neues Kneipenschild in Inverness abholen, jetzt erwartete er ein paar junge Leute aus dem Ort und der Region, die Lust hatten, im Service mitzuarbeiten, und danach wollte er noch im Tauschladen vorbeischauen, um sich nach originellem Nippes und Dekogegenständen umzusehen, die sein Haus bewohnt wirken lassen und ihm eine heimelige Note verleihen würden.

»Na, wie lief's mit dem jungen Gemüse?«, begrüßte ihn Colleen knapp drei Stunden später im Rathaus und kraulte Polly, die sich begeistert an sie geschmiegt hatte.

»Gut. Sehr gut sogar. Alle machen einen wirklich pfiffigen und interessierten Eindruck. Wie sie sich dann tatsächlich anstellen, muss man sehen. Ich kann kaum glauben, dass ich so schnell einen kompletten Mitarbeiterstab gefunden habe. Wenn ich daran denke, wie kompliziert das für die Werbeagentur in London und Edinburgh oft war...« Er schüttelte sich beim Gedanken daran. »Vielen Dank für deinen Einsatz. Ohne dich hätte ich das nie so hinbekommen.«

»Nichts zu danken.« Colleen strahlte ihn an. »Es freut mich sehr, dass es gut funktioniert hat. Aber du kannst die Situation hier nicht mit der in den Großstädten vergleichen. Viele Leute hier sind total dankbar, wenn sie einen halbwegs guten Job in der Gegend bekommen und nicht endlos pendeln oder gleich ganz wegziehen müssen. Das hat dir Collum bestimmt schon alles gesagt.«

Jon nickte. »Ja, hat er. Aber es ist dann doch noch mal etwas anderes, wenn man es selbst erlebt. Sag mal, dürfte ich mich ein bisschen im Tauschladen umsehen? Ich habe mir gedacht, dass es schön wäre, die Gästezimmer ein wenig zu dekorieren, damit sie nicht ganz so neu wirken. Außerdem wäre vielleicht ein Bücherregal in der Kaminecke sinnvoll. Dann könnten es sich die Gäste tagsüber mit einem Buch gemütlich machen, wenn das Wetter mal wieder so ist wie im Moment.« Er blickte aus dem Fenster nach draußen, wo gerade ein sintflutartiger Regenschauer niederprasselte.

»Klar, schau dich um und nimm mit, was du brauchst. Wir haben gestern einige haarsträubende Kuriositäten reinbekommen.« Sie lachte. »Ehrlich, ich wundere mich über fast nichts mehr, aber ein ausgestopfter Pelikan? Wer stellt sich so was in sein Haus?«

»Ein ausgestopfter Pelikan?«

»Ja, ein unglaubliches Monstrum. Ich hatte keine Ahnung, wie groß diese Viecher werden. Du hast nicht rein zufällig Bedarf? Wenn du ihn mir vom Hals schaffst, stehe ich für immer in deiner Schuld. Sonst bleibt der uns hier ewig erhalten und nimmt wertvollen Platz weg.«

»Darf ich ihn mal sehen?« Jons Herz schlug plötzlich deutlich schneller. Das war doch kaum möglich, oder? So viele Zufälle konnte es doch gar nicht geben.

»Klar, aber das war ein Witz. Du brauchst das Biest natürlich nicht mitzunehmen, ich helfe trotzdem, wo und wie ich kann.« Colleen schnappte sich den Schlüssel für den Tauschladen aus ihrer Schreibtischschublade und ging voran.

»Er ist perfekt«, hauchte Jon fassungslos, als er kurz darauf vor dem ausgestopften Vogel stand. Laut dem

Messingschild, das am Sockel befestigt war, handelte es sich um einen Rosapelikan, der aus Indien stammte und sich bereits seit 1893 in diesem eher statischen Daseinszustand befand. Dafür war er in tadelloser Verfassung. Jon fand auf diese Weise konservierte Tiere eigentlich eher abstoßend, aber dieser Vogel schien als Wink des Schicksals herbeigeflattert zu sein. Er musste ihn einfach haben!

»Das meinst du doch nicht ernst, oder?«, fragte Colleen und schwankte offenbar zwischen Fassungslosigkeit und Amüsement.

»Ich war mir selten einer Sache so sicher!«, behauptete Jon, und weil er das Gefühl hatte, eine Erklärung für seinen seltsamen Enthusiasmus liefern zu müssen, fügte er noch hinzu: »Du wirst bald wissen, warum.« Okay, das war streng genommen keine Erklärung, sondern wirkte noch kryptischer, aber er wollte sich den Coup bis zur Eröffnung aufheben.

»Wenn du das sagst...« Sie zwinkerte ihm zu, bohrte aber nicht weiter nach. »Schau mal, mit der gleichen Lieferung haben wir noch ein Set mit fünfundzwanzig alten Whiskygläsern bekommen. Ich hab schon Shona gefragt, ob sie sie für ihre Destillerie haben will, aber sie hat abgewinkt. Sie sind ihr zu altmodisch. Vielleicht taugen die aber was für den Pub?«

»Wow, die sind toll«, befand er und bewunderte die schweren, facettierten Kristallgläser. »Die nehme ich auch. Und was ist das?« Er deutete auf einen antiken Tauchhelm aus Messing. »Das sind richtig wertvolle Sachen, mit denen man bei Antiquitäten-Auktionen ein Vermögen machen könnte. Bist du dir sicher, dass es im Sinne der Spender ist, wenn die Gegenstände jetzt einfach so für lau in meinen Pub wandern? Ich würde auch was dafür zahlen.«

»Ich kenn mich damit nicht aus, aber ich habe mir etwas Ähnliches gedacht und die Leute darauf angesprochen. Es handelt sich um ein junges Paar, das das Haus von einem der Großväter geerbt hat. Gerade entrümpeln sie alles und wollen sich deutlich moderner einrichten. Geld spielt anscheinend keine Rolle, denn der Opa hatte nicht nur ein Faible für seltsame Vögel, sondern auch ein Händchen für Geld und hat den beiden wohl ein ansehnliches Vermögen hinterlassen.«

»Und das haben sie dir alles gesagt, als sie den Pelikan hier abgegeben haben?«, fragte er ungläubig.

»Wenn du wüsstest, was mir die Leute alles erzählen.« Colleen zuckte mit den Schultern, als sei sie selbst noch immer überrascht darüber. »Keine Ahnung, woran das liegt, aber offensichtlich haben die meisten das Bedürfnis, über die Gegenstände zu reden, die sie hierherbringen. Jedenfalls war den beiden absolut klar, dass sie Geld mit den Sachen verdienen könnten, aber es scheint ihnen wichtiger zu sein, dass andere Leute Freude daran haben.«

»Sie hätten ja auch beides haben können – Kohle und die Gewissheit, dass die neuen Besitzer Spaß an den Sachen haben«, bemerkte Jon.

»Mich brauchst du nicht zu überzeugen«, entgegnete Colleen. »Aber ich wette, sie finden es toll, wenn sie sehen, dass Opas Flattermann im Dorfpub eine neue Heimat gefunden hat. Ich habe zwar keine Ahnung, was du mit ihm anstellen willst, aber eines weiß ich sicher: In puncto Exzentrik kannst du locker mit Kirkbys Einwohnerschaft mithalten.«

»Da du auch ein Teil dieser Einwohnerschaft bist, werte ich das mal Kompliment.« Er grinste und ließ seinen Blick über die gut gefüllten Regale schweifen. »Ich denke, ich muss nachher mit ein paar leeren Kisten und meinem Wagen kommen, um alles einzupacken, was ich brauchen kann.«

• • •

Isla war überrascht, wie gut sie sich nach der ersten Yoga-Erfahrung ihres Lebens fühlte. Anna hatte für sie und Kristie, die erfreulicherweise ebenfalls dazugestoßen war, eine entspannte Einsteigerstunde vorgeturnt. Mit simplen, aber effektiven Übungen und wohltuend wenig esoterischem Gedöns. Einen Muskelkater würde Isla in den nächsten Tagen zweifellos haben, das ahnte sie schon jetzt. Doch gerade fühlte sie sich locker und entspannt – was aber auch an dem Gin Tonic liegen konnte, den Anna nach der Stunde serviert hatte. Dabei war selbst Kristie aufgetaut, die die Vorstellung, die Bäckerei tatsächlich zu übernehmen und sogar ein kleines Café zu eröffnen, plötzlich gar nicht mehr so abwegig zu finden schien. Annabel Campbell hatte wohl wirklich magische Fähigkeiten.

Isla war schon wieder auf dem Heimweg, als ihr einfiel, dass Anna auch heute nichts von der zweiten Sache erwähnt hatte, die sie gestern doch so dringend hatte ansprechen wollen. Sie überlegte kurz, ob sie noch einmal umdrehen sollte, da sah sie, wie Jon Grant, der auf einer Leiter vor seinem Pub stand und offensichtlich sein neues Schild befestigen wollte, gefährlich ins Schwanken kam. Ohne groß nachzudenken rannte sie zu ihm und fing das große Schild auf, das ihm aus den Händen geglitten war, während er verzweifelt um sein Gleichgewicht kämpfte.

»Puh, das war knapp«, keuchte er, als er die Leiter heruntersieg und dabei recht mitgenommen wirkte. »Danke für die Rettung.«

»Nichts zu danken, aber das hätte auch gewaltig schiefgehen können«, entgegnete Isla. Im schummrigen Licht der Straßenlaterne betrachtete sie das Schild – um nicht weiter Jon anzustarren, der wiederum sie mit einem seltsamen Blick musterte. »*The Wise Pelican*«, las sie vor. »Ernsthaft?«

»Ernsthaft«, bestätigte er.

»Dann ist es schon ein bisschen schade, dass die Weisheit dieses prachtvollen Vogels nicht auf seinen Besitzer abgefärbt hat. Wie können Sie auf die absurde Idee kommen, dieses Riesenschild in einer Nacht-und-Nebel-Aktion allein zu montieren, Mr. Grant? Das muss doch schiefgehen!«

»Gute Frage. Ich wollte Kirkby damit überraschen«, gab er zu, und in seinen dunklen Augen glitzerte es schelmisch. »Aber können wir vielleicht die Förmlichkeiten lassen? Das letzte Mal, dass ich ständig ›Mr. Grant‹ genannt wurde, war, kurz bevor ich mit einem Burn-out die Agentur verlassen habe. Und selbst da war es nur ein einziger Stock-im-Arsch-Kunde, der mich so genannt hat. Ich heiße Jon.«

»Isla«, sagte sie unnötigerweise und versuchte, die brandneuen Informationen zu sortieren. Burn-out, Agentur – das hörte sich nach ... einer interessanteren Biografie an, als sie es bislang für möglich gehalten hätte. Zweifellos wusste das ganze übrige Dorf bereits davon, aber sie hatte ja immer demonstrativ weggehört oder das Thema gewechselt, wenn die Sprache auf den Neuen gekommen war. »Die Überraschung wäre zweifellos groß gewesen, wenn der brandneue Pubwirt noch vor der Eröffnung tot auf der Straße gelegen hätte.«

»Wohl wahr, aber es ist ja glücklicherweise gut gegangen.« Er lächelte sie an. »Darf ich dich etwas fragen?«

»Hmm.«

»Hast du immer so einen Gouvernanten-Tonfall drauf, oder ist der exklusiv für mich reserviert?«

Gouvernanten-Tonfall? Isla merkte, wie ihr die Farbe ins Gesicht schoss, und war froh, dass es so dunkel war. Ein kurzer Blitz unschöner Selbsterkenntnis durchzuckte ihren Kopf: Sie war tatsächlich sehr schnippisch gewesen. Aber aus irgendwelchen Gründen fühlte sie sich von Jon permanent provoziert. »Der ist exklusiv für dich«, krächzte sie.

»Cool! Da bin ich wirklich erleichtert, denn es macht mich tierisch an«, raunte er ihr ins Ohr und nahm ihr gleichzeitig das schwere Schild ab.

Isla wusste, dass er es ironisch gemeint hatte und sie auf den Arm nehmen wollte – und vermutlich hatte sie das auch verdient –, aber gerade hatte sie am ganzen Körper Gänsehaut bekommen. »Na dann«, gab sie lahm zurück. »Dann geh ich jetzt ... ähm ... nach Hause.«

»Ich würde mich gern für die Rettung bedanken«, sagte er und hielt einladend die Tür auf.

»Das ist komplett unnötig«, murmelte sie, konnte jedoch nicht verhindern, dass sie wie magisch angezogen wurde und den einladend erleuchteten Gastraum betrat. »Wow!«, entfuhr es ihr, als sie sich umsah. Sie war vor ein paar Jahren mal in dem verlassenen alten Gemäuer gewesen – damals, als sie sich entschlossen hatte, hier in Kirkby ihr Restaurant zu eröffnen, und nach einer geeigneten Location Ausschau gehalten hatte. Nach wenigen Minuten in dem heruntergekommenen Pub hatte sie sich gegen ihn entschieden und lieber ein ganz neues Haus gebaut. In ihren kühnsten Fantasien hätte sie sich nicht vorstellen können, dass dieser Raum wieder gemütlich und einladend werden könnte – falls er das jemals gewesen war. Der alte Name des Pubs – *The Scary Hound* – hatte sie daran immer zweifeln lassen.

Doch die Transformation war wirklich beeindruckend. Links vom Eingang war der große Gastraum, mit zehn Tischen und dem alten, aber wunderschön aufgearbeiteten Tresen, hinter dem es zur Küche ging. Der Bereich rechts neben der Eingangstür war durch eine halbhohe alte Kommode und ein gut gefülltes Bücherregal optisch abgetrennt. Hier gab es einen Kamin, um den mehrere gemütliche Clubsessel und kleine Beistelltischchen gruppiert waren. Vor ihrem inneren Auge sah Isla, wie sich

Gäste, gewärmt vom prasselnden Kaminfeuer, in die Sessel kuschelten, ein Buch lasen und dabei Tee oder Whisky tranken. Vor dem Kamin, der im Moment leider leer und kalt war, lag auf einem Teppich lang ausgestreckt Jons Höllenhund und schlief.

»Das ist echt toll geworden«, sagte sie tief beeindruckt. Sie widerstand dem spontanen Impuls, sich in einen der Sessel zu setzen, und wandte sich stattdessen dem Gastraum zu. Das Mobiliar war alt, Tische und Stühle womöglich sogar noch die originalen, doch alles war offensichtlich frisch hergerichtet worden. Die Regale hinter dem Tresen waren noch leer, aber es kostete Isla keine Mühe, sie sich mit Gläsern und Flaschen gefüllt vorzustellen.

Jon legte das Schild vorsichtig auf dem Tresen ab und strahlte sie stolz an. »Gefällt es dir wirklich?«

»Es ist umwerfend! Allein die Wände. Das Tartanmuster ist richtig cool. Eine Mischung aus traditionell und modern. Ehrlich, ich bin beeindruckt.« Das war kein bisschen übertrieben. Sie war so bezaubert, wie sie es vor wenigen Minuten selbst nicht für möglich gehalten hätte.

»Du bist die Erste, die es in seiner ganzen Pracht sieht«, sagte er. »Eigentlich wollte ich es bis zum Wochenende vor allen geheim halten und dann das ganze Dorf zur Einweihungsparty einladen.«

»Keine Sorge, ich werde es niemandem verraten. Ich stehe ab morgen bis Sonntagabend sowieso wieder in der Küche. Selbst wenn ich wollte, könnte ich nicht spoilern.« Sie seufzte. »Schade, dass ich bei der Party nicht dabei sein kann.« Zu ihrer eigenen Überraschung bedauerte sie es wirklich.

»Dann ist es gut, dass du heute schon hier bist. Denn jetzt gibt es eine hochexklusive Pre-Prelaunch-Party nur für uns zwei.« Jon wirbelte herum und lief hinter seinen Tresen. »Aber erst musst du mir noch bei einer schwierigen Entscheidung helfen.« Er bückte sich und hievte ächzend einen monströsen ausgestopften Pelikan auf die glatt polierte Fläche. »Wo soll der Vogel hin?«

Isla blickte konsterniert zwischen Jon und dem Vieh hin und her, dann lachte sie laut los. »Du bist total irre! Hat dir das schon mal jemand gesagt?«

»Heute erst einmal«, entgegnete er grinsend. »Aber im Ernst, wo würdest du den Vogel unterbringen? Zur Diskussion steht das Regalbrett über der Küchentür – dann würde er sozusagen über dem Geschehen thronen und hätte alles im Blick. Oder die Kaminecke?«

»Oh Gott, bloß nicht in der schönen Kaminecke! Da vergeht deinen Gästen die Lust an ihrer Teestunde oder ihrem Whisky.«

»Wie kommst du darauf, dass ich eine Teestunde anbieten werde?« Er zwinkerte ihr zu.

»Wenn du es nicht machst, gehörst du wegen Inkompetenz aus dem Dorf gejagt!«, rief sie. »Die Leute rennen dir die Bude ein, nur um am Kamin ihren Tee schlürfen und einen Scone essen zu dürfen.« Dann kam ihr eine Idee. »Du musst unbedingt mit meiner Cousine Kristie sprechen. Ich nehme an, du kennst sie?« Als er nickte, fuhr sie fort: »Kristie überlegt, ob sie die Bäckerei wiedereröffnen und vielleicht sogar ein kleines Café einrichten soll. Wir reden gerade alle mit Engelszungen auf sie ein, denn sie ist wirklich gut. Ihre Kuchen, Kekse und Torten sind ein Traum und ihre Brote köstlich. Außerdem habe ich einige tolle Rezepte entwickelt, die ich ihr überlassen würde. Ich bin überzeugt davon, dass sie großen Erfolg hätte, aber sie ist sich immer noch nicht ganz sicher. Sie hat Angst vor dem finanziellen Risiko und vermutlich auch vor der Belastung, die gerade das Café mit sich bringen würde. Aber du könntest ihr doch ein Angebot machen: Sie liefert sämtliches Gebäck, das du fürs Frühstück und als Brotbeilage zu deinen Gerichten brauchst, außerdem täglich eine Auswahl an Leckereien für den Nachmittagstee. Dann hätte sie mit Alex und mir schon ihren dritten Großkunden vor Ort und somit ein sicheres Basiseinkommen. Sie könnte dann ein reines Frühstückscafé betreiben, weil du ja ab dem Mittagessen alles abdeckst, was bedeutet, dass sie die Nachmittage freihätte – natürlich nicht ganz frei, weil sie dann vermutlich schon alles für den nächsten Tag vorbereiten müsste, aber du weißt schon, wie ich es meine. Ich denke, dann würde das alles nicht so überwältigend auf sie wirken.«

»Das klingt jedenfalls nach einem interessanten Vorschlag.« Er grinste. »Ich habe sie auch schon gefragt, ob sie für mich backen würde, aber da hat sie nur verlegen herumgedruckst, dass sie derzeit keine verbindlichen Zusagen machen könne, weil bei ihr alles noch schrecklich unklar sei. Helen würde notfalls auch backen, aber dann kann sie weniger Gerichte anbieten.«

»Helen Craig?«, fragte Isla interessiert. »Die ist gut. Sie hilft mir ab und zu, wenn ich einen größeren Catering-Auftrag habe.«

»Das hat sie mir erzählt. Und sie hat in den höchsten Tönen von dir als Küchenchefin geschwärmt. Du bist, ich zitiere, ›perfekt organisiert in den Abläufen, konsequent in der Umsetzung deiner Philosophie, kreativ im Umgang mit den Zutaten und immer fair und nett zu deinen Mitarbeitern‹. Ich musste erst nachfragen, ob es hier im Ort vielleicht noch eine zweite Isla Fraser gibt, aber anscheinend hat sie tatsächlich dich gemeint.« Nun grinste er frech.

»Ich schätze, das habe ich verdient«, gab sie leicht zerknirscht zu, freute sich aber insgeheim über das tolle Lob von Helen. »Schön, dass Helen für dich kochen wird. Du wirst es nicht bereuen. Was Kristie betrifft, die bringen wir schon auf Spur. Anna Campbell hat vorhin ganze Arbeit geleistet.«

»Ich habe zwar keine Ahnung, was unsere Dorfärztin damit zu tun hat, aber grundsätzlich höre ich das gern. Was mich allerdings noch mehr interessieren würde, ist die Frage, ob wir auch unser Verhältnis ›auf Spur‹ bringen können.« Jon sah sie mit einem derart intensiven Blick an, dass ihre Knie weich wurden. Was zum Teufel hatte das zu bedeuten?

»Wie meinst du das?«

»Aus irgendeinem Grund scheinst du mich für die irdische Verkörperung des Leibhaftigen zu halten, dabei bin ich ganz lieb und will nur spielen.«

Isla stutzte. »Sprichst du von dir oder von deinem Hund?«

»Ich schätze, das gilt für uns beide. Isla, wir hatten einen holprigen Start, aber ich würde mich echt freuen, wenn …« Er ließ die Worte in der Luft hängen.

Wenn was, dachte Isla nervös. Wenn wir Freunde werden könnten? Ein kollegiales Verhältnis haben? Sex? Sie schluckte, weil ihr Mund ganz trocken war. Woher kam nun diese absurde Idee? Was stimmte nicht mit ihr? Oder mit ihm?

»Wenn du mir mit dem Pelikan helfen könntest«, beendete er den Satz schließlich mit einem Lächeln, das all ihre Synapsen zum Aufheulen brachte. Verarschte er sie gerade im ganz großen Stil? Flirtete er? Oder war er einfach nur verrückt?

»Ähm …« Isla hatte Mühe, einen sinnvollen Satz zu formulieren. Sie räusperte sich. »Also, wie gesagt, ich würde den Vogel auf das Regal über der Küchentür stellen. Da kann ihm auch nichts passieren. In der Kaminecke würden ihn die Leute vermutlich ständig angrabbeln und ihm am Ende Federn als Souvenir ausreißen.« Gut, sie hatte sich wieder gefangen. »Woher hast du das Monstrum eigentlich?« Und dann platzte sie doch wieder mit etwas Ungeplantem heraus: »Ich schätze mal, das ist eine Masche von dir, dass du unbedingt überdimensionierte Dinge haben musst. Dein komisches Auto, dein Hund …« Wieder schoss ihr die Farbe ins Gesicht, auch weil sein Grinsen immer breiter und eindeutig zweideutig wurde.

»Mein Ego, mein … ach, lassen wir das. So gut kennen

wir uns auch wieder nicht.« Nun lachte er richtig. »Aber ich schwöre, das mit dem Pelikan war Zufall. Oder Schicksal. Ich kann es nicht mit Sicherheit sagen. Ich habe ihn heute Mittag bei Colleen im Tauschladen entdeckt.«

»Echt? So was gibt's da? Auch das Schild?« Sie deutete auf das brandneue, aber mit Antikfinish versehene Kneipen-Emblem.

»Das Schild habe ich vor drei Wochen in Inverness bestellt und heute Nachmittag abgeholt.«

»Das ist wirklich schräg, denn der Vogel auf dem Schild sieht genauso aus wie der ausgestopfte Kamerad hier.« Sie schüttelte den Kopf und fasste dann noch mal zusammen. »Du hast vor ein paar Wochen beschlossen, deinen Pub *The Wise Pelican* zu taufen, ohne etwas von diesem Monster zu wissen?«

»Exakt.«

»Verrückt. Total verrückt. Ich meine, allein schon der Name ist irre, aber viele Pubs haben bekloppte Namen. Doch dass dir dann noch dieser Vogel begegnet? Ich würde es als gutes Omen werten!«

»Ich auch, denn wir alle wissen doch: Die Weisheit der Pelikane ist unergründlich.«

»Darauf würde ich jetzt trinken, aber in diesem dürftigen Etablissement gibt's ja noch nichts, oder?«

»Du wirst doch einen Wirt nicht ernsthaft beleidigen wollen? Aber erst die Arbeit, dann das Vergnügen.« Er deutete auf den ausgestopften Vogel. »Ich hol die Leiter.« Rasch schlängelte er sich hinter dem Tresen hervor und ging auf die Straße, wo die Leiter immer noch an der Hausmauer lehnte. Er klappte sie wieder auf, überprüfte ihren Stand und erklomm ein paar Tritte, sodass er bequem das breite Regalbrett über der Küchentür erreichen konnte. »Kannst du ihn mir geben?«, bat er.

Isla kam ebenfalls hinter die Bar. »Vorsicht, der ist ganz schön schwer«, ächzte sie, als sie das Biest hochstemmte und ihm hinhielt.

»Ich weiß. Fallen lassen sollte ich ihn besser nicht.« Als Jon das Tier weit genug anhob, um es auf das Regal zu stellen, geriet er prompt ins Schwanken, sodass Isla ihn, ohne zu zögern, an den Beinen festhielt. »Danke, es geht schon wieder«, murmelte er und klang ein bisschen kurzatmig. Sie ließ ihn so rasch wieder los, als sei er aus glühendem Metall. »Ich hab Höhenangst«, gab er zu, als er einen Augenblick später neben ihr stand und sein Werk bewunderte.

»Du hast Höhenangst, wenn du auf eine Leiter steigst?«, fragte sie ungläubig und war froh, dass sie nicht weiter über das Gefühl nachdenken musste, das die Berührung seiner Beine in ihr ausgelöst hatte. »Wie geht's dir dann erst, wenn du auf einem Turm oder einem Berg stehst?«

»Das willst du nicht wissen…«, antwortete er mit einem Schaudern, von dem sie nicht wusste, ob es kokett oder übertrieben war. Überhaupt sandte er ständig so seltsame Signale aus. Merkwürdiger Mensch.

»Aber wenn es so schlimm ist, warum steigst du dann auf eine Leiter?« Sie trat zurück in den Raum, um einen besseren Gesamteindruck zu bekommen. »Sieht gut aus«, befand sie und verstand deshalb nicht genau, was Jon zeitgleich geantwortet hatte. »Was?«

»Weil ich mich gerne von dir retten lasse«, wiederholte er leise und stand mit einem Mal direkt vor ihr.

»Aber ...«, setzte sie an, doch er legte ihr sachte einen Finger an die Lippen.

»Pssst. Nicht diskutieren. Ich schulde dir noch einen Drink.« Er lotste sie in die gemütliche Kaminecke und bedeutete ihr, Platz zu nehmen, dann verschwand er wieder.

Isla hatte keine Ahnung, was das eben gewesen war. Was hatte sich geändert, seit sie den Pub betreten hatte? Von »tödlich genervt« zu »tierisch angetörnt« in wenigen Atemzügen – davon hatte sie bislang höchstens in Romanen gelesen. In kitschigen, übertriebenen und total unrealistischen Romanen. Vermutlich sollte sie schleunigst nach Hause gehen. Schuld an ihrer verzerrten Wahrnehmung war ganz bestimmt die entspannende Yogastunde bei Anna. Oder der Gin Tonic. Na gut, die beiden Gin Tonics. Oder alles zusammen. Nüchtern und klar war sie jedenfalls nicht. Noch ein Grund mehr, abzuhauen.

Sie war drauf und dran, ihren Fluchtgedanken in die Tat umzusetzen, als Polly erwachte, herzhaft gähnte und dann begeistert zu ihr gelaufen kam, um ihr den Kopf aufs Knie zu legen.

»Fängst du jetzt auch noch mit Süßholzraspeln an?«, sagte Isla zu dem Tier und kraulte ihm die weichen Ohren. Die junge Hündin war wirklich niedlich. Und hatte einen Blick, der mit dem ihres Herrchens ohne jeden Zweifel konkurrieren konnte. »Ähm ... was hast du vor?« Polly stupste ihre Hand zur Seite, legte erst eine Vorderpfote auf die Sitzfläche, dann die zweite, und im nächsten Augenblick folgte der Rest des Neufundländers. Nachdem sie sich einmal um die eigene Achse gedreht hatte, ließ sich Polly mit einem zufriedenen Brummen auf Isla nieder. Warum nur mutierte sie derzeit ständig zum Sofakissen für irgendwelche Tiere?

• • •

Was um alles in der Welt tat er gerade? Jon war in seine Küche gegangen, um zwei Gläser und eine Flasche Whisky für den versprochenen Drink zu holen, aber hauptsächlich, um seine Gedanken zu sortieren. Es war ein wirklich glücklicher Zufall gewesen, dass Isla vorhin zur Stelle gewesen war, um sein brandneues, sündteures Kneipenschild zu retten. Nach einem Sturz hätte es wohl richtig gebraucht ausgesehen. Was aber seitdem passierte, geriet von Minute zu Minute mehr außer Kontrolle.

Für ihn fühlte es sich wie eine persönliche Niederlage an, wenn Menschen ihn nicht leiden konnten. Insofern war Isla vor allem eine Herausforderung für ihn. Ja, er hatte einiges darangesetzt, sie für sich einzunehmen, und offensichtlich war es ihm auch gelungen. Sein Weltbild war also wiederhergestellt. Er, der sich immer damit gebrüstet hatte, auch die schwierigsten Zeitgenossen »knacken« zu können, war bei Isla Fraser zunächst auf Granit gestoßen, doch letztlich hatte er auch bei ihr die richtigen Hebel gefunden.

Mission erfüllt, hätte er sagen können. Oder eben auch nicht. Er hatte die Chance gehabt, ein solides kollegiales Verhältnis zu etablieren, und was hatte er getan? Mit ihr geflirtet! Und sie manipuliert. Er wusste genau, wie bewusst eingesetzte Pausen mitten im Satz auf andere Menschen wirken konnten, und er hatte ihr angesehen, wie es in ihrem Kopf gearbeitet hatte. Er hatte sie auf falsche Fährten gelockt und ihr sogar eiskalt ins Gesicht gelogen. Höhenangst? Er? Noch dazu auf einer Leiter? Was für ein himmelschreiender Unsinn. Ja, er war wirklich etwas ins Schwanken geraten, aber nur, weil dieser verdammte Pelikan so schwer und der Boden, auf dem die Leiter stand, uneben war. Er hätte sich sofort wieder gefangen, doch dann hatte sie seine Beine umklammert, er hatte ihre kräftigen Hände auf seinen Hüften gespürt – und da war er tatsächlich fast aus dem Gleichgewicht gekommen. Aus seinem inneren Gleichgewicht jedenfalls, das seit seinem Burn-out ohnehin nicht übermäßig stabil war.

Die kleinen Flirtereien hatten ihm Spaß gemacht, aber er war überrascht, dass sie darauf reagiert hatte. Wenn er sich hätte festlegen müssen, hätte er darauf gewettet, dass Isla auf Frauen stand, aber ... »Du bist so ein verdammter Idiot!«, schimpfte er mit sich selbst. Wie kam er dazu, sich Vorurteile zurechtzuzimmern? Weil sie ihn nicht von Anfang an angestrahlt hatte, wie es sonst die meisten Frauen taten? Weil sie ein eher androgyner, fast burschikoser Typ war? Auf ein derartiges Schubladendenken sollte er wirklich verzichten, denn es sagte eigentlich nur über ihn selbst etwas aus und nicht über Isla. Und das, was es aussagte, war wahrlich nicht schmeichelhaft. Vermutlich sollte er sich schämen und ab sofort genauso mit ihr umgehen wie mit allen anderen Bewohnern Kirkbys. Dumm nur, dass er sie vorhin um ein Haar geküsst hätte. Sie um jeden Preis hatte küssen wollen – und das war ihm mit keiner der anderen, durchaus willigen Frauen hier im Ort passiert. »Vollkommen verblödeter Vollidiot!«, murmelte er und hoffte, dass die harschen Selbstvorwürfe irgendwo in seinem Unterbewusstsein auf offene Ohren stoßen würden.

Er schnappte sich zwei von den schönen Kristallgläsern, die er heute im Tauschladen gefunden hatte, spülte sie kurz ab und stellte sie mit einer Flasche Whisky aufs Tablett. Dann atmete er zweimal tief durch und kehrte betont lässig zur Kaminecke zurück. Er hätte sich weniger gewundert, wenn Isla heimlich abgehauen wäre, als über den Anblick, der sich ihm dort bot: Polly hatte ihr Lager vor dem Kamin verlassen und war auf Islas Schoß geklettert. Da lag sie nun, eingerollt, den Kopf in Islas Ellenbeuge, und genoss sichtlich deren zärtliche Streicheleinheiten. Sie zuckte nicht mal mit den Ohren, als er sich näherte.

»War nicht meine Idee«, sagte Isla, als er näher kam und das Tablett auf einem kleinen Beistelltisch absetzte.

»Du kannst sie einfach runterschubsen, weißt du?«

»Hmm.« Sie lächelte sanft, und mit einem Mal wirkten ihre klassischen Gesichtszüge ganz weich. Was würde er dafür geben, der Grund dieser erstaunlichen Transformation zu sein ...

»Ist sie dir nicht zu schwer?«

»Es geht schon«, behauptete Isla. »Jedenfalls wärmt sie

gut. Es tat mir ein bisschen leid, dass der Kamin nicht brannte, aber jetzt friere ich überhaupt nicht mehr.«

Er betrachtete sie zum ersten Mal genauer. Sie trug nur Sportleggins und eine enge Fleecejacke. Natürlich musste ihr kalt sein. Aber wo hatte sie Sport getrieben? Ein Fitnessstudio gab es hier ja nicht. »Warst du beim Sport?«, wollte er wissen.

»Ja, beim Yoga. Anna ist dabei, Kurse zu etablieren. Sobald die alte Schule fertig renoviert ist, will sie regelmäßig unterrichten. Nicht dass ich glaube, dass es in Kirkby einen großen Markt dafür gibt, aber sie ist begeistert von der Idee. Jedenfalls hat sie mich und Kristie dazu überredet, bis dahin bei ihr zu Hause zu trainieren. Und ich habe keine Ahnung, warum ich dir das in aller Ausführlichkeit erzähle, denn vermutlich interessiert es dich kein bisschen, und die kurze Antwort auf deine Frage wäre ein schlichtes ›Ja‹ gewesen.«

Täuschte er sich, oder war sie verlegen? Plappernd hatte er sie jedenfalls noch nicht erlebt. Aber seiner Erfahrung nach war Plappern eine klassische Übersprunghandlung, und der animalische Teil seines Unterbewusstseins – der, der seine Schimpftirade eben geflissentlich ignoriert zu haben schien – freute sich. Er machte diese Frau nervös! Das bedeutete, sie war interessiert! Und schon feierten seine Synapsen eine Party und lenkten reichlich Blut in Richtung Lendenregion. Na super.

Hastig nahm er ebenfalls Platz und schlug die Beine übereinander. Ob Whisky in dieser Situation überhaupt eine gute Idee war? Aber einen Rückzieher konnte er nun auch nicht mehr machen. Yoga?! Sie hatte was von Yoga gesagt. »Yoga ist toll«, sagte er und bemühte sich um einen entspannten Tonfall. »In London habe ich ab und zu bei Yogastunden im Fitnessstudio mitgemacht, wenn ich keine Lust auf Geräte hatte. Dabei war das häufig sogar anstrengender, als Gewichte zu pumpen. Und Anna will jetzt auch hier Yogakurse anbieten? Das ist ja wirklich total spannend.« Plapperte er jetzt etwa auch? Er klappte den Mund zu und goss stattdessen zwei großzügige Portionen Whisky ein.

»Tolle Gläser«, lobte Isla, als er ihr einen Drink gereicht hatte, und hielt das Glas ein wenig ins Licht, sodass die geschliffenen Facetten funkelten.

»Die habe ich auch im Tauschladen gefunden. Sie stammen aus dem gleichen Haushalt wie unser Freund da oben.« Jon deutete vage in Richtung des ausgestopften Vogels. »Worauf trinken wir?«

»Auf seltsame Vögel«, schlug sie vor, und in ihren Augen schimmerte Belustigung. »Auf seltsame Vögel, schlafende Hunde und...« Sie zögerte. Drehte sie jetzt etwa den Spieß um? Auch wenn ihm einige toastwürdige Dinge einfielen, schwieg er und wartete ab. »Und auf den neuen Pub für Kirkby! Viel Erfolg für *The Wise Pelican*!«

ETAPPENSIEGE

»KANN ES SEIN, DASS DU GERADE LIEBER woanders wärst?«, riss Nick Isla am Sonntagabend aus ihren Gedanken. Es war kurz nach elf, und mit dem Menü waren sie längst komplett durch. Tom und Grace hatten sich bereits vor einer halben Stunde verabschiedet, und Nick hatte gerade noch einmal die Spülmaschine angeworfen. Zu tun gab es in der Küche eigentlich nichts mehr, im Grunde warteten sie nur noch darauf, dass sich die fünfzehnköpfige Geburtstagsrunde verabschiedete, sodass auch sie Feierabend machen konnten. Aber das konnte noch dauern. Zwar hatten die Gäste schon gegen zehn Uhr Kaffee getrunken, doch gerade, als sie drauf und dran zu sein schienen, sich zu verabschieden, hatte das Geburtstagskind noch Whisky als Digestif bestellt. Nun war die Flasche fast leer und die Stimmung ausgelassen. Isla stand schon geraume Zeit an der Durchreiche zum Gastraum, wo sie eigentlich drei Tellerchen mit Käsegebäck arrangieren wollte. Stattdessen starrte sie jedoch ins Leere.

»Hm?« Sie sah sich nach Nick um.

»Ob du lieber woanders wärst.«

»Am liebsten in meinem Bett«, antwortete sie, mit einem leichten Seufzer, denn das war nicht die ganze

Wahrheit. Sie war zwar stehend k. o., was nach fünf Tagen Dauerküchenstress kein Wunder war, aber tatsächlich wäre sie jetzt erheblich lieber bei der großen Pub-Party, die heute schon den zweiten Abend lief. Jon hatte Wort gehalten und das ganze Dorf zur Eröffnung eingeladen. Nach allem, was Isla heute Morgen von ihrer Familie gehört hatte, war es bereits gestern ein rauschendes Fest gewesen, und alle hatten sich auf die zweite Runde gefreut. Vor einer Woche wäre ihr das noch herzlich egal gewesen, denn vor einer Woche hatte sie sich nicht die Bohne für den Pub und seinen Wirt interessiert. Doch seit sie letzten Dienstag nach der Yogastunde das Kneipenschild gerettet und der restliche Abend einen höchst unerwarteten Verlauf genommen hatte, war alles anders.

Sie bekam Herzklopfen, wenn sie nur an Jon dachte, der an diesem Abend so unverhohlen mit ihr geflirtet hatte. Sein Finger auf ihren Lippen, als er sie zum Schweigen hatte bringen wollen, die kurze, elektrisierende Berührung, als er ihr den Whisky-Tumbler gereicht hatte – all das ging ihr nicht aus dem Kopf. Hatte er sie verhext? Wenn sie es nicht besser wüsste, würde sie denken, sie hätte sich in ihn verknallt. Sie lachte kurz auf. Verliebt in Jon Grant? Sie? Nicht in diesem Leben! Es musste an der Mischung aus Yoga und Alkohol gelegen haben, dass ihre Sinne derart benebelt gewesen waren. Eine andere Erklärung gab es nicht. Aber trotz allem wäre sie wahnsinnig gern zur Eröffnungsparty gegangen.

»Bist du sicher, dass mit dir alles in Ordnung ist?«, unterbrach Nick erneut ihre Gedanken.

»Ja, ja, alles klar. Ich bin einfach durch. Aber du kannst Feierabend machen. Die Küche ist geschlossen, und falls die Herrschaften noch etwas zu beißen brauchen, müssen sie mit dem Käsegebäck vorliebnehmen. Michael und ich haben alles im Griff.« Sie blickte kurz zu ihrem Service-Chef, der die frisch gespülten Gläser polierte und wieder in die Regale räumte. »Geh heim und genieß deine freien Tage«, wiederholte sie noch einmal. »Wir sehen uns am Mittwoch.«

»Okay, dann bin ich jetzt weg. Vielleicht ist ja im Pub noch was los. Mach's gut!«, entgegnete Nick vergnügt. Im nächsten Moment war er schon in seine Jacke geschlüpft und verschwand in die Nacht.

Heute früh hatte sie auch noch gehofft, dass sie vielleicht zur Party nachkommen könnte, denn außer der Geburtstagsfeier hatte sie nur zwei Tischreservierungen gehabt, beide schon für sieben Uhr. Sonntagabends waren die Gäste in der Regel ohnehin etwas früher dran und auch zurückhaltender, was das Trinken betraf. Die beiden Paare waren auch tatsächlich um kurz nach neun wieder weg gewesen, doch die fünfzehnköpfige Partygesellschaft glänzte durch Sitzfleisch und Trinkfestigkeit. Nun ja, dann halt nicht. Isla gähnte herzhaft und fragte sich, wie lange im Pub noch Betrieb sein würde. Die meisten Dorfbewohner mussten morgen ja auch wieder arbeiten. Viele von ihnen hatten sogar eine enorme Fahrstrecke vor sich. Aber andererseits war Kirkby lang genug eine reine Schlafstadt gewesen, und sie schätzte, viele Einwohner freuten sich so darüber, endlich wieder einen Pub in ihrem

Ort zu haben, dass die Aussicht auf einen ernüchternden Montagmorgen sie nicht sonderlich vom Feiern abhalten würde.

Heute Morgen war sie, wie so oft sonntags, zum Frühstück im Bed & Breakfast gewesen. Eine lieb gewonnene Familientradition, die es schon gab, seit sie und ihre Geschwister Kinder gewesen waren. Während die Gäste im Frühstücksraum aßen, traf sich die Familie in der großen Küche von Harriswood House und sprach über alles, was während der Woche so passiert war. Heute hatten sie in ganz großer Runde zusammengesessen. Natürlich waren ihr Dad Marlin, ihr Bruder Alex, sein Sohn Aidan und seine Verlobte Colleen da gewesen, die in Harriswood House lebten. Außerdem Tante Alice, die fast immer das Frühstück für die Gäste und die Familie zubereitete, sowie Hailey und Kristie, die sich um den Service kümmerten, denn das Hotel war im Moment fast vollständig ausgebucht. Aber sogar Onkel Rupert hatte sich von seinen Pferden losreißen können und war zusammen mit ihrer kleinen Schwester Shona aufgelaufen, die sonntags normalerweise gerne ausschlief.

Alle hatten nur ein Thema gehabt: den neuen Pub! Sie amüsierten sich über den originellen Namen, allen voran Colleen, die sehr plastisch geschildert hatte, wie Jon letzten Dienstag bei ihr im Rathaus aufgetaucht war und sich über den absurden ausgestopften Pelikan dermaßen gefreut hatte, als sei er ein Geschenk des Himmels gewesen. Sie hatte ihn für verrückt gehalten – bis sie den Namen der Kneipe erfahren hatte.

Jon hatte sich anscheinend die tollsten Dinge ausgedacht, um seine zukünftigen Stammgäste zu betören. Livemusik, ein leckeres Büfett und eine Tombola, bei der er drei Flaschen Whisky verloste, die, mit den Namen der Gewinner versehen, prominent im Regal stehen würden. Wann immer einer der Flaschenbesitzer in den Pub käme, würde er so lange gratis Whisky trinken können, bis die Flasche leer war. Eine ziemlich schlaue Idee, fand Isla, denn die wenigsten würden wohl nur auf einen Whisky vorbeischauen, ohne sich auch noch etwas zu essen oder wenigstens ein Bier zu bestellen. So war das Geschenk in Wirklichkeit ein hübscher Umsatzbringer und eine geschickte Maßnahme zur Gästebindung. Ähnliches hatte Jon laut Alex auch für heute geplant. Er wollte eine Art Versteigerung durchführen: Jeder, der irgendeinen Gegenstand vorbeibrachte, der sich im Pub oder in den Gästezimmern gut machen würde, bekäme ein eigenes Glas, in das ein Graveur, der extra für den Abend engagiert worden war, direkt vor Ort den Namen einfräsen würde. Isla war sich sicher, dass Jon dafür ein Extraregal brauchen würde, denn allein ihre Familie hatte geschlossen vor, etwas zur weiteren Verschönerung des Pubs beizutragen. Selbst ihr Neffe Aidan wollte sich von einigen seiner Lieblingscomics trennen, um sie dem Bücherregal zu stiften.

Isla lächelte ein bisschen wehmütig. Auch sie hätte etwas beizusteuern gehabt. Ihr Blick fiel auf die Funko-Pop-Figur auf ihrem Fensterbrett, die vor fast vier Wochen Polly zum Opfer gefallen war. Die hätte sie mitgebracht. Jon hätte das sicher witzig gefunden… Sie seufzte und schüttelte energisch den Kopf. Das war doch total albern. Warum erschien es ihr mit einem Mal so erstrebenswert, ein Namensglas in der Kneipe zu haben, die sie ohnehin fast nie würde besuchen können? Sie wusste nicht, ob Jon einen Ruhetag plante, aber wenn, dann fiel der garantiert auf Montag oder Dienstag, traditionell die schwächsten Tage in der Woche. Also auch genau ihre freien Tage. Nein, das war wirklich bekloppt! Denn sollte es sich doch mal ergeben, dass sie *The Wise Pelican* einen Besuch abstatten konnte, dann würde es auch ein neutrales Glas tun.

Himmel, was hatte dieser Mann nur mit ihr – und offenbar auch den meisten anderen Dorfbewohnern – angestellt?

Glücklicherweise kam sie nicht dazu, weiter darüber zu sinnieren, denn nun tat sich bei ihren Gästen endlich was. Michael signalisierte ihr, sie solle rauskommen. Rasch befüllte sie die vorbereiteten Teller mit etwas Käsegebäck und ging nach draußen, wo sie mit großem Hallo begrüßt wurde. Bereits zum zweiten Mal an diesem Abend, denn vor dem Dessert hatte sie schon einmal die Runde gemacht, dem Geburtstagskind gratuliert und sich erkundigt, ob bisher alles zur Zufriedenheit gewesen sei. Die Truppe war sehr angetan gewesen und hatte in den höchsten Tönen von ihrem ausgefallenen Menü geschwärmt. Isla hatte innerlich frohlockt, denn alle fünfzehn waren zum ersten Mal bei ihr und hatten versprochen, bald wiederzukommen. Jetzt aber hoffte sie, dass sich die Gäste endlich verabschieden würden.

»Wir wollten uns noch einmal bei Ihnen bedanken«, sagte der Jubilar jovial und tätschelte väterlich Islas Arm. »Das war die beste Geburtstagsfeier seit Jahren. Ein wundervolles Restaurant haben Sie hier.«

»Es freut mich, das zu hören«, entgegnete Isla lächelnd. Und es freute sie wirklich. Es gab kaum etwas, das sie glücklicher machte als zufriedene Gäste, die ihre Küche zu schätzen wussten. Dafür machte sie das schließlich alles, verzichtete auf vieles, aber dafür lohnte es sich auch.

»Darf ich ein Selfie mit Ihnen machen?«, bat eine junge Frau, vermutlich die Tochter des Gastgebers.

»Gerne«, erwiderte Isla, auch wenn sie darauf so überhaupt nicht stand. Aber offensichtlich gehörte das inzwischen dazu. Die Frau hatte bestimmt einen Instagram-Account und hatte vielleicht schon Fotos von den einzelnen Gängen gepostet. Dann konnte ein Bild mit ihr nicht schaden. Sie zupfte sich das Piratentuch vom Kopf, mit dem sie statt einer Kochmütze meist ihre Haare verbarg.

»Oh nein, bitte mit dem Tuch!«, rief die Frau. »Das sieht total cool aus.«

Isla unterdrückte den Impuls, die Augen zu verdrehen, und band sich das Tuch wieder um den Kopf. »Bereit!« Sie lächelte und lehnte sich nahe zu der Frau, die ihr Handy in Position brachte und in schneller Folge drei Bilder knipste.

»Vielen Dank«, freute sie sich. »Darf ich davon auch eins auf Instagram posten?«

Volltreffer, dachte Isla, sagte jedoch: »Aber klar doch.«

Dann wandte sie sich an die ganze Runde: »Kann ich sonst noch etwas für Sie tun?«

»Sie könnten noch eine Reservierung entgegennehmen«, meldete sich eine Frau mittleren Alters am anderen Ende des Tischs. »Wir würden gern die Verlobungsfeier unserer Tochter bei Ihnen begehen.«

Wow, das lief ja wie geschmiert. »Michael, bringst du mir bitte das Tablet?«, bat Isla ihren Service-Chef, der sogleich mit dem Gerät herbeieilte. Sie rief das Reservierungsprogramm auf und fragte dann: »Wann soll die Feier denn stattfinden und mit wie vielen Personen? Wir sind in den nächsten Wochen schon ziemlich gut gebucht.«

»Oh, keine Sorge«, beruhigte sie die Frau. »Das wird erst im Juli sein, vorher kriegen wir das auch gar nicht organisiert.« Gemeinsam legten sie einen Samstag Mitte Juli fest. Die Dame buchte das gesamte Restaurant und wollte in zwei Wochen mit ihrer Tochter vorbeischauen, um über das Menü zu sprechen. Isla fand die Vorstellung zwar ziemlich bizarr, Anfang April schon zu wissen, dass man sich Mitte Juli verloben würde, doch sie fragte nicht nach. Ihr sollte es recht sein.

»Ich bin so froh, dass wir bei Rodney Swinton für heute keinen Platz bekommen haben«, schaltete sich nun die Gattin des Geburtstagskindes ein, und Isla erstarrte. »Wir wohnen in Fort Augustus«, fuhr die Frau fort. »Und da wäre es praktisch gewesen, wenn wir Arthurs Sechzigsten vor Ort hätten feiern können, aber wir hatten keine Chance. Man kann für maximal sechs Leute reservieren oder muss als geschlossene Gesellschaft buchen«, beklagte sie sich. »Ich weiß gar nicht, warum er glaubt, sich so etwas herausnehmen zu können.«

»Dazu kann ich nichts sagen«, entgegnete Isla und versuchte, ganz entspannt zu klingen. »Ich bin aber froh, dass Sie stattdessen zu mir gekommen sind.«

»Wir auch! Wir waren schon zweimal bei Rodney essen, aber bei Ihnen schmeckt es viel besser. Auch die Schokoladenmousse mit den Veilchen ist bei Ihnen viel feiner und ausgewogener gewesen«, schwärmte die Frau.

»Das hör ich gern.« Isla hoffte, dass ihr Lächeln nicht so gezwungen wirkte, wie es sich anfühlte. Sie hatte sich vor ein paar Wochen nach einiger Überlegung dazu entschlossen, ihr Dessert doch weiterhin anzubieten. Es wurmte sie zwar immer noch, dass Rodney es so schamlos geklaut hatte, aber nachdem sie sich die fragliche Episode seiner Kochshow im Internet angeschaut hatte, war ihr klar, dass er den Geschmack nie würde reproduzieren können. Ganz offensichtlich hatte er Bilder von ihrer Kreation gesehen – auf Instagram oder in Gourmet-Zeitschriften – und sich dann ein Rezept zusammengereimt. Ziemlich dilettantisch, wie Isla fand. Sie war sich zwar nicht sicher gewesen, ob die Gäste tatsächlich Unterschiede schmecken würden, aber offenbar war diese Sorge unbegründet. Trotzdem saß der Stachel tief, und nach wie vor wurde sie das Gefühl nicht los, dass Rodney etwas plante, um ihr zu schaden. Doch falls er tatsächlich einen Krieg anzetteln wollte, ging zumindest diese Schlacht an sie.

»Ich freue mich jedenfalls sehr, dass Sie alle heute bei mir waren«, sagte sie erneut, und diesmal war das Lächeln echt. »Darf ich Sie noch zu einer Runde aufs Haus einladen?« Damit war zwar die letzte Chance vertan, es noch zur Pub-Party zu schaffen, aber das spielte jetzt auch keine Rolle mehr. Glückliche, zufriedene Gäste waren die wichtigste Währung. Sie signalisierte Michael, er möge frische Gläser und die Flasche mit ihrem Lieblingswhisky aus der Gordon Gibbs Distillery bringen. »Das hier ist ein ganz besonderer Tropfen von Gordon Gibbs. Vor gut dreißig Jahren wurde er in alten italienischen Barbera-Fässern eingelagert und erst letztes Jahr in Flaschen abgefüllt.« Sie hielt ihr eigenes Glas ins Licht und bewunderte die rötliche Färbung. »Ich finde, man riecht regelrecht die italienische Sonne.« Sie schnupperte am Rand und sog das dichte Aroma ein. »Zum Wohl!«

Eine Viertelstunde später hatte die Gruppe endlich bezahlt – inklusive eines üppigen Trinkgelds für den tollen Service – und war gegangen. Isla und Michael räumten den Tisch ab und beluden die Gläserspülmaschine ein letztes Mal für heute. Dann hatten auch sie endlich Feierabend.

»Was für ein Abend«, sagte Michael gähnend, als er sich seine Jacke anzog.

»Ein bisschen untypisch für einen Sonntag«, bestätigte Isla und rollte ihre schmerzenden Schultern. »Aber mir scheint, der Aufwand hat sich gelohnt. Ich hoffe, du musst morgen nicht allzu früh raus.« Der feinsinnige und kultivierte Michael bewirtschaftete nämlich noch den kleinen Bauernhof, den er von seinen Eltern geerbt hatte. Wer ihn nur hier im Restaurant erlebte, würde das nie glauben.

Er winkte ab. »Du weißt ja, wie es ist. Ich krieg das schon hin. Gute Nacht und bis Mittwoch.«

»Bis Mittwoch.« Nun entschlüpfte auch ihr ein herzhaftes Gähnen, und sie beschloss, ausnahmsweise nicht mehr abzuwarten, bis die Spülmaschine durchgelaufen war, sondern sich morgen Vormittag darum zu kümmern. Jetzt wollte sie nur noch ins Bett.

● ● ●

Was für ein Wochenende! Die letzten Gäste hatten den Pub gerade verlassen, und Jon war einerseits total erledigt, andererseits voller Energie und wie elektrisiert. Seine zweitägige Eröffnungsfeier für die Bewohner Kirkbys hätte nicht besser laufen können. Er war froh, dass die Aktionen mit den gravierten Gläsern und den Whiskyflaschen so bombig angekommen waren, doch wahrscheinlich hätte er sie gar nicht gebraucht. Es war tatsächlich so, wie Collum die ganze Zeit prophezeit hatte: Die Leute waren einfach wahnsinnig begeistert, endlich eine schöne Kneipe vor ihrer Haustür zu haben. Aber es schadete vermutlich auch nicht, gleich von Anfang an eine besonders enge Beziehung zu ihnen zu knüpfen.

All seine neuen Mitarbeiter waren das ganze Wochenende über im Einsatz gewesen. Er hoffte, dass sie bei den Gäste-Namen einigermaßen den Überblick behalten würden, denn die neuen stolzen Glasbesitzer erwarteten bestimmt, ihr Getränk zukünftig auch im richtigen Gefäß serviert zu bekommen. Er selbst konnte sich Namen zwar in der Regel ziemlich schnell merken, aber in der schieren

Masse waren es einfach zu viele gewesen. Gefühlt waren alle da gewesen – alle außer Isla. Er wusste, dass sie gerade an den Wochenenden besonders viel zu tun hatte, aber ein irrationaler Teil von ihm hatte gehofft, sie würde doch vorbeischauen. Er hatte sogar ein Glas für sie gravieren lassen – was wirklich albern war, denn warum sollte sie Wert darauf legen, in seiner Kneipe ein eigenes Glas zu haben?

Ihr Souschef Nick war gegen elf vorbeigekommen, doch da war die Party schon dabei gewesen, auszuklingen. Es überraschte Jon ohnehin, dass auch am Sonntagabend noch so viele so ausdauernd in Feierlaune gewesen waren. Eigentlich hatte er damit gerechnet, dass spätestens gegen zehn Schluss sein würde. Aber wenn das Verhalten der Gäste ein Indiz für zukünftige Besuche in seinem Pub war, wollte er sich nicht beschweren. Jedenfalls hatte Nick ihm erzählt, dass Isla eine große Geburtstagsgesellschaft im Restaurant hatte, die sich ebenfalls sehr standhaft zeigte. Da konnte man wohl nichts machen.

Nun waren alle Gäste und Mitarbeiter gegangen, und vermutlich sollte er schleunigst ins Bett, aber er fühlte sich noch viel zu aufgedreht. Also schnappte er sich die Hundeleine und motivierte Polly, die bereits tief geschlafen hatte, zu einer letzten Abendrunde. Seine Hündin hatte sich wacker geschlagen bei ihrem ersten Einsatz als Pub-Hund. Sie war freundlich zu allen Gästen und deren vierbeinigen Begleitern gewesen und hatte nicht allzu aufdringlich gebettelt. Was man von Tito, dem frechen Jack Russell Terrier von Alex Frasers Sohn Aidan, nicht behaupten konnte – der hatte die Gelegenheit genutzt, einem Gast die Wurst vom Teller zu klauen. Dieser Zwischenfall hatte für großes Gelächter gesorgt, aber in Jon leichte Zweifel daran gesät, dass Marlin Fraser, der selbst ernannte Hundeflüsterer, tatsächlich so kompetent war. Immerhin lebte der Terrier in seinem Haushalt und verbrachte die Zeit, während Aidan in der Schule war, meist mit Marlin. Bei ihren gemeinsamen Trainingseinheiten war der kleine Kerl auch immer dabei gewesen, und mehr als einmal hatte Jon gedacht, dass sich Polly von ihm hauptsächlich Unsinn abguckte. Doch das war ihm gerade herzlich egal.

Aus einem Impuls heraus steckte er das Glas mit der »Isla«-Gravur zusammen mit einem Schokoriegel in seine Jackentasche und ging in Richtung von *The Scottish Thistle*. Die Straßen waren menschenleer, und hinter den Fenstern der Häuser brannten nur noch wenige Lichter. Auch Islas Restaurant war inzwischen dunkel, außer ihrem kleinen grünen Mini stand kein Auto auf dem Parkplatz. Da schien nun also auch Feierabend zu sein.

Trotzdem kam er näher, denn in ihrer Wohnung im ersten Stock war noch ein Fenster erleuchtet. Ob er es wagen konnte, an ihrer Tür zu klopfen? Sein Herz schlug plötzlich schneller, und fast fühlte er sich, als hätte er etwas Verbotenes vor. Das letzte Mal war er derart nervös gewesen, als er mit sechzehn heimlich nachts mit Sadie, seiner ersten Freundin, verabredet gewesen war, die sich aus dem Haus hatte schleichen müssen, weil ihre Eltern nicht erfahren durften, dass sie einen Freund hatte. Er grinste bei dem Gedanken an sein zwanzig Jahre jüngeres

Ich. Wenn er das damals geschafft hatte, würde er sich heute doch wohl trauen, bei der Frau zu klopfen, die seine Gedanken seit letztem Dienstag auf beinahe ungesunde Art und Weise beherrschte.

Inzwischen war er durch ihren Garten gelaufen und stand nun vor der Tür, die zur Küche und mutmaßlich auch zu ihrer Wohnung führte. Zumindest gab es keinen anderen Zugang zu diesem Haus, wenn man vom Restauranteingang mal absah. Eine Klingel gab es aber dummerweise auch nicht, also musste er tatsächlich klopfen. Erst zaghaft, dann, nach einer kurzen Wartepause, deutlich vehementer. Doch selbst das Gewummer verhallte ungehört. Oder vielleicht wollte sie auch einfach nicht reagieren? Resigniert stellte er das Glas auf die Fensterbank und steckte den Schokoriegel hinein. Dann verschwand er zusammen mit Polly wieder in der Dunkelheit – unerklärlich frustriert und noch ein wenig angespannter als zuvor.

• • •

Isla stand unter der Dusche und genoss den harten Strahl der Massagedüse auf ihren schmerzenden Schultern. Das tat so gut. Kurz hatte sie überlegt, ob sie einfach so ins Bett kippen sollte, doch sie konnte nicht gut schlafen, wenn Haut und Haare nach Küchendünsten rochen. Duschen war also Pflicht. Doch während sie das heiße Wasser auf sich herabprasseln ließ, schweiften ihre Gedanken wieder in ganz andere Richtungen ab. In Richtung Jon, wenn sie ehrlich zu sich selbst war. Wäre es nicht noch viel entspannender, wenn sie jetzt nicht allein unter ihrer todschicken

Dusche stehen würde, sondern in sexy Gesellschaft? Nun ja, »entspannender« sicher nicht, aber definitiv aufregender, anregender, erregender ... Es war ewig her, dass sie das letzte Mal mit einem Mann zusammen geduscht hatte, so lange, dass sie sich kaum noch daran erinnern konnte. Hier in ihrer Wohnung war es jedenfalls noch nie passiert. Genau genommen hatte noch kein Mann die Schwelle zu ihrem Badezimmer überschritten – wenn man von ihren männlichen Familienmitgliedern mal absah.

Das letzte Mal, dass sie Sex gehabt hatte, war noch nicht so fürchterlich lange her – im Urlaub hatte sie eine alte Affäre mit einem thailändischen Küchenchef, mit dem sie vor Jahren mal zusammengearbeitet hatte, wieder aufflammen lassen. Das war nett gewesen. Netter, vertrauter, unaufgeregter Druckabbau. Perfektes Urlaubsvergnügen also. Aber ...

Moment, was war das für ein Geräusch? Sie stellte das Wasser ab und lauschte. Sie hätte schwören können, dass jemand unten an ihre Tür geklopft hatte, doch alles blieb ruhig. Da war wohl die Fantasie mit ihr durchgegangen. Schade eigentlich. Seufzend drehte sie den Hahn wieder auf, shampoonierte sich die Haare und stand zehn Minuten später, mit ihrem Kuschelpyjama bekleidet, am Wohnzimmerfenster, das auf den Ort hinausging. Sie war zu weit entfernt, als dass sie mit Sicherheit hätte sagen können, welches Gebäude der Pub war, aber in einem Haus brannte in einer der oberen Etagen noch Licht. Vielleicht war das ja Jons Wohnung? Und vielleicht dachte er auch gerade an sie?

Isla schlief unruhig in dieser Nacht. Sie träumte wirr von einer Verlobungsparty in ihrem Restaurant – nur dass sie es war, die sich verloben sollte, und zwar mit Rodney Swinton, obwohl sie das auch im Traum definitiv nicht wollte. »Du musst dich mit mir verloben, damit ich an das Rezept für die Schokoladenmousse komme«, bedrängte er sie. Dabei wirkte er noch schmieriger und diabolischer als im wirklichen Leben. Jon tauchte auch in dem Traum auf, er stand mit Polly vor dem Haus und starrte sehnsüchtig hinein. Isla wollte zu ihm, aber jedes Mal, wenn sie die Tür erreicht hatte, hielt ein anderes Familienmitglied sie auf.

Schweißgebadet und schwer atmend schreckte sie schließlich aus dem Schlaf hoch. Benommen sah sie auf ihren Wecker: erst halb sieben Uhr morgens. Sie stöhnte. Nicht einmal an ihrem freien Tag war ihr entspanntes Ausschlafen vergönnt. Da es unwahrscheinlich war, dass sie noch mal einschlafen würde, stand sie auf und tapste barfuß und im Schlafanzug die Treppe zur Küche hinunter. In ihrer Wohnung hatte sie auf eine Küche verzichtet und sich stattdessen für ein größeres Badezimmer und einen begehbaren Kleiderschrank entschieden. Letzterer war an sich ein Witz, denn ihre Garderobe war überschaubar und bestand außer ihren Kochjacken vor allem aus bequemen Basics wie Jeans, T-Shirts und Pullovern. Aber man konnte schließlich nie wissen, wann einen der Kaufrausch überfiel, oder? Und abgesehen davon mochte sie es, dass es in ihrem Schlafzimmer nur ein Bett gab und keine anderen Möbel das luftig-reduzierte Ambiente störten.

Unten in der Küche schaltete sie die Kaffeemaschine

ein, und während das italienische Ungetüm vorheizte, räumte sie die Spülmaschine aus und packte sämtliche gebrauchten Stoffservietten und Handtücher in einen großen Wäschesack. Am späten Vormittag würde ein Mitarbeiter der Wäscherei im Nachbarort kommen, die Sachen abholen und sie morgen frisch gewaschen und gebügelt wieder zurückbringen. Emmy, ihre Putzperle, die täglich den Gastraum und die Toiletten sauber machte und einmal pro Woche auch Islas Wohnung, würde ebenfalls bald aufkreuzen, und danach war *The Scottish Thistle* bereit für die neue Woche.

Die Kaffeemaschine blubberte und zischte und signalisierte so, dass sie Betriebstemperatur erreicht hatte. Isla mahlte Kaffee, stopfte ihn fest in den Siebträger und ließ die erste Portion dunkles Lebenselixier in eine Tasse laufen. Sie trank einen Schluck und spürte, wie Energie durch ihren Körper kroch. Langsam fühlte sie sich wieder mehr als Mensch und weniger wie ein Zombie. Dann sah sie durchs Fenster in den Garten, und ihr Blick verhakte sich an etwas, das draußen auf dem Fensterbrett stand. Sie öffnete das Fenster und griff nach einem tulpenförmigen Whiskyglas, auf das ihr Name graviert war und in dem einer ihrer heiß geliebten Karamell-Schokoriegel steckte. Mit einem Mal wurde ihr richtig heiß. Sie lehnte sich hinaus und schaute nach, ob Jon vielleicht noch irgendwo im Garten war. Aber das war natürlich albern. Was sollte er an einem Montagmorgen um kurz vor sieben bei ihr machen? Vermutlich war er letzte Nacht noch hier gewesen. Als sie unter der Dusche gestanden hatte?

Isla merkte, wie sich ein breites Lächeln auf ihre Lippen stahl. Sie riss die Verpackung des Schokoriegels auf, biss hinein und genoss mit geschlossenen Augen die klebrig-köstliche Süße an ihrem Gaumen. Doch kein ganz schlechter Start in die neue Woche.

VIER JAHRESZEITEN
IN DREI MINUTEN

ISLA WAR UNSCHLÜSSIG, WAS SIE MIT ihrem freien Tag anfangen sollte. Normalerweise genoss sie es, sich treiben zu lassen. Manchmal besuchte sie einige ihrer Produzenten in der Umgebung oder fuhr nach Inverness, um ins Kino zu gehen. Aber heute zog sie nichts aus Kirkby hinaus. Genau genommen verspürte sie den unwiderstehlichen Impuls, in den Ort zu laufen und nachzusehen, ob der Pub schon geöffnet hatte. Allein schon, um sich für das Glas zu bedanken – und Jon einzuschärfen, dass er ihr nie wieder Schokoriegel schenken durfte. Zumindest nicht in der Öffentlichkeit. Sie sah auf die Uhr. Es war noch nicht mal acht. Unwahrscheinlich, dass im Pub bereits Betrieb war, es sei denn, Jon hatte schon die ersten Übernachtungsgäste gehabt.

Isla beschloss, dass sie erst einmal weitere Infos brauchte, und so wandte sie sich in Richtung Harriswood House, wo sie um diese Zeit einen Großteil ihrer Familie vermutete. Das Wetter machte dem Monat April alle Ehre: Auf dem etwa zweihundert Meter langen Weg bedachte es sie mit einzelnen Sonnenstrahlen, blauen Himmelsfetzen und zwischendurch mit einer erfrischenden Sturmböe samt eiskaltem Regen. Vier Jahreszeiten in drei Minuten. Nachdem sie sich ins Warme geflüchtet hatte, schüttelte Isla lachend ihre rote Mähne, wie ein Hund sein Fell. Das typisch schottische Wetter konnte ihr die gute Laune nicht verderben.

»Guten Morgen«, rief sie fröhlich in den Frühstücksraum des Bed & Breakfast hinein, in dem einige Gäste ihr Full Scottish Breakfast genossen – unter anderem auch ein Paar, das gestern bei ihr im Restaurant gegessen hatte. Dann lief sie direkt weiter in die große Küche, wo sie ihren Bruder Alex, Colleen, ihren Vater und ihre Tante Alice antraf. Letztere stand am Herd und jonglierte mit Pfannen, in denen Würstchen, Speck und Rührei brutzelten. »Brauchst du Hilfe?«, bot Isla an.

»Alles im Griff, Kleine«, behauptete Alice tiefenentspannt und scheuchte sie an den großen Esstisch. »Hast du Hunger?«

»Ja, ein bisschen. Aber ich bin nicht zum Schmarotzen hergekommen.« Außer dem Schokoriegel hatte sie heute noch nichts gegessen, und bei den verlockenden Düften lief ihr das Wasser im Mund zusammen. Essen, das sie nicht selbst zubereiten musste, war manchmal verdammt verführerisch. Zumindest wenn es aus kompetenter Quelle stammte wie das ihrer Tante.

»Papperlapapp!« Alice fuchtelte mit einem Pfannenwender. »Was magst du?«

»Eigentlich nur etwas Porridge …«

»Was ist denn mit dir los, Schwesterherz?«, fragte Alex und linste hinter seiner Zeitung hervor.

»Was soll schon los sein?«

»Erstens gibst du dir zum zweiten Mal innerhalb von vierundzwanzig Stunden zum Frühstücken die Ehre, und zweitens bist du so gut gelaunt. Das ist unnatürlich!«

»Hör nicht auf ihn, Isla«, warf Colleen grinsend ein. »Er hat einen Kater.«

»Du, einen Kater? Wann hat es das das letzte Mal gegeben?« Isla lachte. Ihr großer Bruder war ansonsten recht unempfindlich. »Die Pub-Party scheint ja ziemlich ausschweifend gewesen zu sein.« Sie schaute nun auch zu ihrem Vater, der außer einem gebrummten »Guten Morgen« noch nichts von sich gegeben hatte. Marlin sah ebenfalls etwas mitgenommen aus und verbarg sein Gesicht gleich wieder hinter dem Sportteil.

»Gewisse männliche Familienmitglieder haben sich gestern von Collum zu einem Trinkspiel herausfordern lassen«, erklärte Alice mit maliziösem Grinsen und stellte Isla einen üppig gefüllten Teller vor die Nase. »Rupert ist auch leidend. Er hat sich sogar beklagt, dass die Pferde beim Fressen zu laute Geräusche machen.« Sie verdrehte die Augen.

»Die können gar nicht so laut sein wie das Scheppern von deinen Pfannen«, warf Marlin mit rauer Stimme ein.

»Da hab ich wohl wirklich was verpasst. Der Bürgermeister provoziert die Fraser-Männer zum Saufen.« Isla schüttelte den Kopf und schob sich einen flaumigen Happen Rührei in den Mund. Perfekte Konsistenz – locker, saftig, köstlich. Dazu ein Stückchen kross gebratenen Speck, und sie war im Himmel. Die simplen Dinge waren manchmal die besten – und konnten doch oft so sehr schiefgehen.

»Ich habe ja geglaubt, dass die Sparsamkeit der Schotten nur eine Legende ist«, sagte Colleen. »Mein Dad war immer großzügig, und euch habe ich auch noch nie geizig erlebt« – sie machte eine ausladende Handbewegung, mit der sie die anwesenden Familienmitglieder einschloss. »Aber wenn es etwas kostenlos gibt, dann sind sie nicht mehr zu halten. Jon hatte eine offene Bar, und Kirkbys Einwohner haben es sich zum unausgesprochenen Ziel gemacht, die Getränkevorräte im neuen Pub auf ihre Schmerzgrenze zu testen. An vorderster Front die anwesenden Herren und Collum.« Sie verdrehte die Augen und stieß Alex leicht den Ellbogen in die Seite. »Das war wirklich uncool, um deinen Sohn zu zitieren. Mitleid kannst du jedenfalls nicht erwarten.«

Islas Respekt vor Jon wuchs immer weiter. Denn der hatte offenbar durchschaut, wie die Dörfler hier tickten, und im Gegensatz zu der reichlich indignierten Colleen, die den Exzess sichtlich peinlich fand, wusste er wohl genau, welchen Effekt seine Großzügigkeit haben würde. »Das war aber ein ziemlich schlauer Move von Jon«, erklärte sie Colleen. »Denn jetzt fühlen sich die verkaterten Kerle mies und denken, dass sie in seiner Schuld stehen, sodass sie bei nächster Gelegenheit wieder in den Pub gehen und für ordentlich bezahlten Umsatz sorgen werden.«

»Meinst du?« Colleen schien das nicht glauben zu können.

»Definitiv. So ticken die Schotten.« Isla grinste. »Was für ein Fuchs, unser neuer Wirt!«

»Deine Vorbehalte ihm gegenüber hast du jedenfalls gründlich abgelegt«, befand Alex brummig.

Isla zuckte nur mit den Schultern. Sie würde ihre neue Sichtweise auf Jon ganz sicher nicht mit ihrer Familie diskutieren. »Ehre, wem Ehre gebührt«, sagte sie deshalb nur. »Wenn ihr so leicht zu manipulieren seid, dann wäre er ja dumm, wenn er es nicht ausnutzt.« Sie zwinkerte Colleen zu.

»Männer!«, murmelte die amüsiert. »Ich werde sie nie verstehen...« Dann wandte sie sich wieder an Isla: »Irgendwelche Pläne für heute?«

»Nö, bisher nicht.« Außer in den Pub zu gehen und Jon zu seinem guten Geschäftssinn zu gratulieren – aber das fügte sie nur in Gedanken hinzu.

»Komm doch nachher mal im Rathaus vorbei. Wir haben heute Mittag eine Besprechung darüber, was wir mit der alten Schule anfangen wollen. Die Renovierung ist ja weitgehend abgeschlossen – zumindest die der Fassade und der Sanitäreinrichtungen. Jetzt geht es darum, wie die Raumaufteilung aussehen soll. Das wird bestimmt spannend, und anschließend machen wir noch eine Ortsbegehung mit der Baufirma.«

»Was hab ich denn mit diesem Bauprojekt zu schaffen?«, fragte Isla verwundert.

»Na ja, es ist ein kommunales Projekt, also hast du genauso viel oder so wenig damit zu schaffen wie alle anderen Dorfbewohner«, erklärte Colleen in einem Tonfall, der nahelegte, dass sie diesen Satz schon häufiger gesagt hatte. »Jeder, der möchte, kann mitentscheiden. Ich wäre ja dafür, dass wir im Erdgeschoss einen großen Veranstaltungsraum einrichten und im ersten Stock kleinteiliger werden. In einen Raum wird der Tauschladen einziehen, andere sollen für Seminare genutzt werden, und ein paar Werkstätten können wir auch noch unterbringen. Vielleicht eine Töpferei und eine kleine Holzwerkstatt – für Kinder und Erwachsene, die mal was ausprobieren wollen. Das könnte auch für die Touristen ganz schön sein.«

»Du bist ja Feuer und Flamme.« Isla musterte ihre zukünftige Schwägerin. Von dem unsicheren Mäuschen, das vor gerade mal einem halben Jahr aus Boston nach Kirkby gekommen war, konnte sie nicht mehr viel erkennen. Stattdessen saß da eine engagierte und ideenreiche Frau, die deutlich mehr als nur Islas großen Bruder im Griff hatte.

»Warum auch nicht?«, gab Colleen zurück. »Das ist eine tolle Gelegenheit. Collum hat mich zur Event-Koordinatorin gemacht, und diese Chance will und werde ich auch nutzen. Also, was ist? Kommst du vorbei?«

»Kann ich machen, aber noch mal, was genau soll ich dazu beitragen? Mir scheint, du hast einen ziemlich ausgereiften Plan.«

Colleen verdrehte die Augen. »Darum geht es doch gar nicht. Noch ist gar nichts in Stein gemeißelt, und es wird durchaus kontrovers diskutiert, wie die Innengestaltung aussehen soll. Je mehr Ideen wir bekommen, desto besser wird die Entscheidung ausfallen.«

»Aber der Spruch ›Viele Köche verderben den Brei‹ sagt dir auch etwas?«

»Es soll ja nicht jeder mitrühren dürfen, es geht um Ideen. Das nennt man Brainstorming. Ehrlich, warum seid ihr alle so ignorant und störrisch?« Colleen klang genervt, und Isla konnte sich des Eindrucks nicht erwehren, dass sie gerade erneut in Sippenhaft genommen wurde.

»Hast ja recht«, gab sie zu. »Na gut, ich werde vorbeischauen.« Vielleicht wäre ein weitläufiger Veranstaltungsraum ja auch eine Möglichkeit, größere Gästerunden unterzubringen. Sie dachte an die angekündigte Verlobungsfeier. Womöglich könnte sie dann auch mal eine große Geburtstagsparty oder eine Hochzeit ausrichten, was in ihrem kleinen Restaurant einfach nicht möglich war. Erfahrung mit solchen Events hatte sie von ihren früheren Arbeitsstellen, und die Hochzeit ihres Cousins letztes Weihnachten hatte ja ebenfalls gut funktioniert. Und vielleicht würde nachher auch Jon dabei sein? Noch ein Grund mehr, im Rathaus aufzuschlagen. »Wann geht es denn los?«

»Um zwölf. Ich habe bei Kristie Scones bestellt – süß und herzhaft.« Colleen küsste Alex auf die unrasierte Wange und stand dann auf. »Ich muss jetzt los. Wenn es Collum so geht wie diesen beiden, bleibt die komplette Vorbereitung an mir und Leslie hängen.« Sie seufzte gespielt dramatisch, wirkte aber insgesamt recht zufrieden mit dieser Aussicht.

»Dann bis später!«, rief Isla ihr hinterher und lehnte sich entspannt zurück. Was sollte sie mit den knapp vier

Stunden Zeit anfangen, die ihr bis dahin noch blieben? »Was habt ihr heute noch vor?«, fragte sie Vater und Bruder.

»Ich muss mich um die Schafe kümmern«, brummte Marlin. »Sie zusammentreiben und die Klauen kontrollieren. Nachher kommt der Tierarzt vorbei und impft sie alle durch. Falls dann was an den Füßen ist, kann er das gleich mitmachen. Ich nehme an, darauf hast du keine Lust?«

»Och…« Isla spielte mit ihrer Serviette.

»Ich kenn dich doch«, spottete Marlin gutmütig, und zum ersten Mal an diesem Tag blitzte ein gewisser Schalk in seinen leicht blutunterlaufenen blaugrauen Augen auf. »Schafe magst du nur zum Angucken und in der Küche. Aber Tito wird mir helfen.« Er deutete auf den kleinen weißen Terrier, der die ganze Zeit wie angenagelt neben ihm auf der Bank saß und auf ein Stückchen Speck hoffte.

»Dann kann ja nichts schiefgehen.« Sie lächelte.

»Ich schau gleich im Stall vorbei«, sagte Alex. »Ehe der Tierarzt zu Dads Schafen kommt, ist er nämlich bei den Pferden. Hauptsächlich, um nach den neuen Fohlen zu sehen, aber Dorian hat vorgestern einen kleinen Ast ins Auge gekriegt, und ich will sichergehen, dass nichts Schlimmes passiert ist.« Er sprach von seinem heiß geliebten Rapphengst.

Doch Isla hatte nur auf einen anderen Teil seiner Ansage geachtet. »Fohlen? Es gibt neue Fohlen?«

»Ja, zwei Stück. Rowena hat vor vier Tagen einen kleinen Hengst geboren, Mayflower vorgestern eine Stute.«

»Warum erzählt mir das keiner?«

Alex zuckte mit den Schultern. »Weil es dich nicht interessiert? Wann warst du das letzte Mal beim Reiten? Oder wenigstens im Stall?«

»Nur weil ich nicht ganz so pferdeverrückt bin wie ihr, heißt das noch lange nicht, dass es mich nicht interessiert. Die Fohlen schaue ich mir auf jeden Fall an.« Sie zögerte, dann kam ihr eine Idee, wie sie prima die Zeit totschlagen könnte. »Und reiten werde ich auch. Du hast vollkommen recht, ich habe das viel zu lang nicht mehr gemacht.« Sie stand auf und räumte ihren Teller in die Spülmaschine. »Danke fürs Frühstück, Tantchen!« Sie drückte Alice einen kleinen Kuss auf die Wange. »Ich zieh mich rasch um, und dann treffen wir uns im Stall, ja?« Ohne auf eine Antwort ihres Bruders zu warten, eilte sie aus der Küche und zurück nach Hause. In ihrer Wohnung tauschte sie die Jeans gegen eine Reithose und die Sneakers gegen ihre uralten, bequemen Reitstiefel. Dann schnappte sie sich noch eine Handvoll Möhren aus der Küche, und Minuten später saß sie in ihrem Mini und fuhr zum Stall. Der Fußmarsch dorthin dauerte zwar nur knapp zwanzig Minuten, aber angesichts der wilden Kapriolen des Wetters und ihrer doch etwas knapp bemessenen Zeit war das Auto wohl die schlauere Lösung.

»Du siehst genauso derangiert aus wie Alex und Dad«, begrüßte sie ihren Onkel Rupert, nachdem sie in den Stall geschlüpft war. Obwohl das Gebäude recht groß und modern war, wirkte es heimelig und gemütlich. Aus einigen Boxen lugten neugierige Bewohner hervor, die sich für den Neuankömmling interessierten. Aus anderen dagegen waren Schnauben oder leise Fressgeräusche zu hören.

»Hör mir bloß auf«, stöhnte Rupert. »Das war eine höllische Idee, den Pub wiederzueröffnen ...«

»Der Pub kann nichts für die Disziplinlosigkeit seiner Gäste«, entgegnete Isla amüsiert.

»Bist du nur gekommen, um mich mit deinen Weisheiten zu quälen, oder was verschafft mir die unerwartete Ehre?«

»Ich wollte mir die Fohlen anschauen und anschließend eine Runde reiten.«

»Du wolltest was?«, fragte Rupert ungläubig.

»Was habt ihr eigentlich alle? Ihr tut so, als wären mir die Pferde egal. Das stimmt nicht. Ich mag sie. Und ich reite gern!«

»Dafür warst du aber seit ewigen Zeiten nicht mehr hier im Stall.«

»Du übertreibst schamlos. Ich war früher ständig mit Hailey und Kristie reiten.«

»Ja, als ihr noch Kinder wart. Seit du in die Welt hinausgezogen bist, um deinen Beruf zu lernen, habe ich dich vielleicht dreimal auf einem Pferd gesehen«, zog Rupert sie auf. »Weißt du überhaupt noch, wie es geht?«

Es stimmte, sie war lang nicht mehr hier gewesen. Was aber vor allem an ihrem ziemlich zeitaufwendigen Job lag. Na gut, auch daran, dass sie keine Lust gehabt hatte. Aber sie war im letzten halben Jahr mindestens zweimal mit Colleen ausgeritten, die sich als genauso pferdeversessen wie Islas Bruder Alex, ihr Dad und Onkel Rupert entpuppt hatte. Insofern passte sie perfekt in die Familie. Und aus irgendwelchen Gründen hatte Isla heute eben große Lust auf einen Ritt. »Ich schätze, ich krieg es noch hin«, antwortete sie mit einem Augenzwinkern. »Und falls nicht, bist du ja in der Nähe und kannst mich korrigieren.«

»Das fehlt mir gerade noch«, brummte Rupert mit gespielt gequältem Gesichtsausdruck. »Ich leide schon ohne diesen Anblick genug.«

»Selbst schuld«, versetzte Isla mitleidslos. »Darf ich jetzt zu den Fohlen?«

»Klar. Kennst du den Weg zum Stutenstall noch, oder muss ich dich hinführen?«

»Ich werde es irgendwie schaffen.«

»Du kannst danach Kelloggs nehmen.« Rupert trat zur Box des pfiffig aussehenden Fuchsschecken und kraulte ihn am Hals. »Der braucht ein bisschen Bewegung. Außerdem wollte Hailey gleich kommen und mit Airgead arbeiten. Begleite sie doch auf den Reitplatz, dann kann sie dich im Blick haben. Schadet vermutlich weder dir noch Kelloggs.«

»Alles klar, danke«, rief sie und schob dann die Tür zum abgetrennten Zuchtstall auf, in dem die Mutterstuten mit ihren Fohlen große Boxen bewohnten. Gleich in der ersten stand die großrahmige, dunkelbraune Rowena, die mit ihren sanften Augen neugierig nach draußen sah.

»Hallo, meine Schöne«, begrüßte Isla sie mit leiser Stimme und streichelte über die weichen Nüstern. »Kennst du mich noch?« Das Pferd schnaubte und stupste sie an der Schulter an. »Ja, ja, keine Sorge, ich hab dir was mitgebracht.« Isla zog eine Möhre aus ihrer Jackentasche, brach sie in drei Stücke und bot dem Pferd den ersten Bissen auf der flachen Hand an. Rowena nahm sich die Köstlichkeit und kaute genüsslich darauf herum. »Darf ich reinkommen und mir dein Baby ansehen?«, fragte Isla, öffnete die Boxentür und schlüpfte vorsichtig hinein. Frischgebackene Mütter waren manchmal etwas nervös, aber Rowena war eine souveräne, schon etwas ältere Stute, die Menschen vertraute. Sie bekam noch die beiden anderen Karottenstückchen und einige Streicheleinheiten, dann versuchte Isla, den kleinen Hengst anzulocken, der staksig hinter seiner Mutter stand und halb neugierig, halb ängstlich zu ihr lugte. »Trau dich ruhig, kleiner Mann.«

Vorsichtig streckte sie eine Hand aus, und das Fohlen wagte sich ein bisschen näher heran. Neugierig schnupperte es an Islas Fingern, während Rowena sich an ihrer Jackentasche zu schaffen machte, wo sie zu Recht weitere Möhren vermutete. »He, nicht so gierig!«, kicherte Isla, denn die Stute bedrängte sie immer mehr, bis sie das Gleichgewicht verlor und lachend rücklings ins Stroh plumpste. Das schien auch der kleine Hengst lustig zu finden, denn er kam mutig näher, stupste sie erst am Kinn an und zupfte dann an ihren Haaren. Sie streichelte mit einer Hand das weiche Babyfell des Fohlens und versuchte mit der anderen, dessen Mutter in Schach zu halten, die nun Ernst machte und unbedingt mehr Karotten wollte.

»Kann man dir irgendwie helfen?«, ertönte plötzlich Onkel Ruperts amüsierte Stimme.

»Die beiden lassen mich nicht mehr aufstehen«, quiekte Isla lachend, als Rowena ihr erneut die Nüstern gegen den Bauch drückte und das Fohlen gleichzeitig versuchte, an ihrem Ohr zu saugen. »Die wollen mich fressen!«

»Unwahrscheinlich. An dir ist ja nichts dran, und außerdem sind Pferde reine Vegetarier«, entgegnete Rupert ungerührt. »Wahrscheinlich halten sie dich für ein Bündel Stroh.«

»Haha«, ächzte Isla. »Hilfst du mir jetzt? Bitte?«

Einen Augenblick später hatte Rupert Rowena zur Seite geschoben, und eine hilfreiche Hand zog Isla auf die Beine. Die Hand gehörte zu einem ausgesprochen attraktiven, dunkelhaarigen Mann mit kantigem Kinn und einem sehr einnehmenden Lächeln. »Stets zu Diensten«, sagte er, als sie wieder in der Vertikalen war und sich Strohhalme aus den Haaren zupfte.

»Danke.« Sie lächelte ihn an. Wer war dieser appetitliche Besucher bloß? Langsam hatte sie tatsächlich das Gefühl, viel zu lange nicht mehr im Stall gewesen zu sein.

»Ich bin Kendrick, Kendrick McIntosh«, stellte er sich vor und reichte ihr erneut die Hand. »Der Tierarzt«, fügte er noch hinzu. Offensichtlich hatte er ihren fragenden Gesichtsausdruck richtig interpretiert.

»Verstehe. Freut mich. Ich bin Isla Fraser. Ruperts Nichte.«

»Na dann, Ruperts Nichte Isla, dürfte ich wohl mal vorbei? Ich möchte mir den jungen Mann da ein wenig genauer ansehen.« Er lächelte noch immer, aber diesmal galt es nicht ihr, sondern dem Fohlen.

Überhaupt kam sie sich mit einem Mal total überflüssig und unsichtbar vor. Das war ein Phänomen, das sie immer wieder erlebte: Männer behandelten sie entweder ritterlich oder kumpelhaft oder bewunderten sie. Letzteres in der Regel dann, wenn sie ihnen vorher ein exzellentes Fünf-Gänge-Menü serviert hatte. Aber dass sie sie als Frau wahrnahmen, geschah so gut wie nie. Nicht, dass sie Interesse an diesem Tierarzt hatte, wirklich nicht, aber dass sie so weit unter seinem Radar flog, dass sie ihm noch nicht mal einen zweiten Blick wert war, tat erstaunlich weh. Erstaunlich deshalb, weil sie ein solches Verhalten ansonsten kaum je gestört hatte, auch wenn das Muster eindeutig war. Die einzige Ausnahme bildete Jon, der in ihr etwas zu sehen schien, was kein anderer Mann bisher entdeckt hatte. Bei ihm hatte sie durchaus den Eindruck, dass er sie als Frau wahrnahm, und das war ein verdammt gutes Gefühl.

Sie verabschiedete sich knapp von ihrem Onkel und dem Tierarzt und ging hinüber in den Hauptstall, wo sie auf ihre Cousine Hailey und ihren Bruder Alex traf.

»Dad hat mir erzählt, dass du heute reiten willst«, begann Hailey. »Das trifft sich echt gut, denn ich muss die bekloppte Airy mal daran gewöhnen, mit anderen Pferden zusammen auf dem Reitplatz zu sein und sich trotzdem auf mich zu konzentrieren.« Sie lachte und tätschelte den Hals der jungen grauen Stute, die für ein Clydesdale-Pferd erstaunlich feinnervig und nervös war.

Isla war dankbar, dass sich Hailey ätzende Kommentare zu ihrer mangelnden Reitpraxis sparte. Nach der kurzen

Begegnung mit dem Tierarzt war ihr die Lust zu reiten schon fast wieder vergangen. Ein gemütlicher Vormittag mit einem Buch und einer Tasse Tee wirkte plötzlich höchst verführerisch. Aber andererseits war sie schon mal hier, da konnte sie es auch durchziehen. »Dein Dad hat gesagt, ich soll Kelloggs nehmen. Ist das okay für dich?«

»Das ist perfekt. Airy kann ihn nicht leiden und wird sich bestimmt wahnsinnig aufregen, wenn er mit von der Partie ist. Aber da muss sie durch.«

»Wenn du meinst«, erwiderte Isla skeptisch, fing aber keine Diskussion an. Hailey war mit Pferden fast so gut wie ihr Vater Rupert. Die sonst so temperamentvolle, offenherzige und laute Frau zeigte bei den Tieren eine erstaunlich feinfühlige und sensible Seite. Die Pferde vertrauten ihr, und Reitschüler liebten sie. Isla war sich sicher, dass Hailey eines Tages den Hof übernehmen würde, und fragte sich häufig, warum sie nicht schon jetzt voll einstieg, sondern immer noch bei Alex im Bed & Breakfast arbeitete. Aber vermutlich hatte sie ihre Gründe, und Isla hatte im Moment kein gesteigertes Interesse daran, die Motivationslage ihrer Cousine zu ergründen. Stattdessen ging sie in die Sattelkammer und holte Kelloggs' Sattel, Zaumzeug und Putzbeutel. Dann machte sie sich daran, den fröhlichen Schecken gründlich zu bürsten.

»Du hast dich ja prächtig eingesaut«, schimpfte sie leise mit ihm, als sie eine verkrustete Lehmschicht an seiner linken Seite bearbeitete. Das Pferd schnaubte und klang dabei sehr selbstzufrieden. »Ferkel«, lachte sie und merkte, wie gut ihr die körperliche Arbeit tat. Die gleichmäßigen

Bürstenstriche entspannten sie, genau wie die Nähe zu einem so mächtigen, warmen, weichen Körper. Als Kind und Jugendliche hatte sie jeden Tag Stunden mit den Pferden verbracht und hatte es geliebt, sie zu pflegen und ihnen einfach nahe zu sein. Diese Tiere, die so groß und stark waren, dass sie ein kleines Menschlein mit einer einzigen Bewegung schwer verletzen oder sogar töten könnten, hatten sich freundlich und vertrauensvoll gezeigt. Ihr war es damals gar nicht so bewusst gewesen, aber das Pony, das sie als Kind gehabt hatte, und später die Clydesdales ihres Onkels hatten ihr enorm viel Selbstbewusstsein gegeben. Allein die Tatsache, dass sie als dünnes kleines Mädchen mit diesen Giganten umgehen konnte, hatte in ihrem Kopf etwas ausgelöst. Vielleicht waren es die Pferde gewesen, die sie so furchtlos hatten werden lassen? Sie drückte ihre Wange an den warmen Hals von Kelloggs und atmete den unverkennbaren Pferdeduft nach Stroh, Schweiß und Tier ein.

War sie wirklich noch so mutig, wie sie sich in den letzten Jahren immer selbst eingeschätzt hatte? Sie hatte sich das Leben, das sie derzeit führte, mit Ehrgeiz und Mut zurechtgezimmert – und eine ganze Menge erreicht. Aber war es tatsächlich das, was sie für ihre Zukunft wollte? Immer weiter kämpfen, um an der Spitze des Gastro-Olymps zu stehen? Und was dann? Darauf warten, dass jemand sie herabstieß? Kurz flackerte Rodney vor ihrem inneren Auge auf, doch dann verdrängte sie ihn und all die anderen Gedanken gleich wieder. Jetzt, in diesem Augenblick, putzte sie ein Pferd. Danach würde sie eine

Stunde reiten, und viel weiter wollte sie nicht in die Zukunft schauen.

• • •

»Ich würde sagen, das war ein voller Erfolg!« Collum zog Jon in eine linkische Männerumarmung und klopfte ihm auf die Schulter. Danach ließ sich der Bürgermeister mit einem leicht gequälten Gesichtsausdruck wieder auf seinen Schreibtischstuhl sinken und bedeutete Jon, ebenfalls Platz zu nehmen.

»Ja, ich schätze, das Wochenende ist gut gelaufen«, entgegnete Jon grinsend und kraulte Polly, die ihren Kopf auf sein Knie gelegt hatte, die Ohren. »Ehrlich gesagt, wundert es mich ein bisschen, dass du überhaupt arbeitsfähig bist. Ich war gestern Abend kurz davor, Anna zu alarmieren, weil du und ein paar andere Männer kurz vor der Alkoholvergiftung standet.«

»Du übertreibst. Da hättest du noch mindestens eine weitere Flasche ausgeben müssen, ehe es zu ernsthaften Ausfallerscheinungen gekommen wäre«, behauptete Collum großspurig. »Außerdem haben wir heute einen wichtigen Termin, den kann ich mir nicht entgehen lassen.«

»Ich weiß, deshalb bin ich ja hier.« Jon lächelte nachsichtig. Er selbst war zwar etwas müde, aber ansonsten ging es ihm prächtig. Allerdings hatte er gestern Abend außer einem Glas Bier und einem Schluck Whisky auch keinen Alkohol getrunken. »Ich weiß zwar nicht, warum meine Meinung zum Schulprojekt wichtig ist, aber wenn mein alter Freund und Gönner Collum ruft, steh ich parat.«

»Uns ist es einfach wichtig, dass wir möglichst alle Gewerbetreibenden des Ortes dabeihaben«, erklärte Collum. »Die alte Schule ist Kirkbys Gemeinschaftsprojekt. Die Renovierungen haben wir zu einem Teil mit Spendengeldern finanziert, die aus dem Ort kamen. Insofern sollen auch alle ein Mitspracherecht haben. Und du als Wirt unseres Pubs hast bestimmt wertvolle Ideen.«

»Wenn du meinst ...« Jon wagte zu bezweifeln, dass ihn seine brandneue Wirtskarriere zu irgendwelchen kompetenten Aussagen qualifizierte, aber aus Sicht des Werbers, der er immer noch war, konnte er womöglich etwas beitragen. Doch vor allem war er aus zwei Gründen zu dem Meeting gekommen: Zum einen war auch eine Mitarbeiterin von VisitScotland, dem schottischen Tourismusverband, angekündigt, mit der er ohnehin noch ein paar Dinge besprechen wollte, und zum anderen hoffte er auf ein Treffen mit Isla. Denn die musste ja auch ein gewisses Interesse am Schulgebäude haben, speziell an der Veranstaltungsfläche. Vielleicht konnten sie sogar mal zusammen ein Event auf die Beine stellen ...? Spontan würden ihm einige gemeinsame Aktionen einfallen, auf die er große Lust hätte – aber keine davon bedurfte der alten Schule.

»Ich frag mich gerade, was hinter deiner hübschen Stirn vorgeht. Dieses Grinsen hat etwas Animalisches an sich«, unterbrach Collum Jons abschweifende Gedanken.

»Und ich frag mich, ob du nicht doch an einer Alkoholvergiftung leidest. ›Hübsche Stirn‹ und ›animalisch‹ aus deinem Mund, in Bezug auf mich? Das verstört mich jetzt etwas.«

»Du weißt genau, wie gut du aussiehst, und so, wie ich dich kenne, hast du gerade ganz schmutzige Gedanken. Ich frage mich nur, wer das Objekt deiner Fantasien ist.«

Jon winkte ab, obwohl er sich ertappt fühlte. Zu Collegezeiten war er tatsächlich ein ziemlicher Aufreißer gewesen – daher wohl Collums uncharmante Einschätzung –, aber die Zeiten hatten sich längst geändert. Leider oder Gott sei Dank – da war er sich gerade nicht sicher. »Ich habe nur an das Schulprojekt gedacht.«

Sarah von VisitScotland war etwas früher gekommen, sodass Jon ausreichend Gelegenheit hatte, ihr von seinem neuen Pub zu berichten und mit ihr zu vereinbaren, dass *The Wise Pelican* ab Mitte nächster Woche offiziell auf der Seite des Verbands gelistet und ans Buchungssystem angeschlossen sein würde. Am Nachmittag wollte sie dann noch persönlich bei ihm vorbeischauen und sich alles ansehen. Das war schon ein erster Erfolg. Das Meeting selbst begann jedoch mit einer Enttäuschung für ihn – Isla war nämlich nicht aufgetaucht. Auch Colleen schien deswegen irritiert zu sein, denn offenbar war es fest vereinbart gewesen, aber manchmal kamen eben unverhofft Dinge dazwischen.

Ansonsten war die Runde recht bunt. Mit im historischen Ratssaal, der als Besprechungsraum fungierte, saßen die Ärztin Anna Campbell, die ortsansässige Krimiautorin Betty Murray, eine beeindruckende Erscheinung, Shona Fraser, die demnächst die ehemalige Destillerie zu neuem Leben erwecken würde, und Kristie Fraser, die eigentlich nur ihre Scones hatte abliefern wollen, von Collum und Colleen aber zum Bleiben aufgefordert worden war. Außerdem ein Typ, an dessen Namen Jon sich nicht erinnern konnte, der aber offenbar Keramikkünstler war und sich in der Runde sichtlich unbehaglich fühlte.

Gerade hatte Colleen ihre Ideen für die Raumaufteilung in der Schule präsentiert und auf die mannigfaltigen Nutzungsmöglichkeiten eines großen Veranstaltungssaals und mehrerer kleiner Seminarräume hingewiesen, da öffnete sich die Tür, und eine etwas zerzaust wirkende Isla schlüpfte herein. Sie trug Reitklamotten, verströmte ein deutliches Pferdearoma und hatte ein paar Strohhalme in den Haaren. Ihre Wangen waren gerötet, und sie wirkte verlegen, doch noch nie hatte Jon sie so anziehend gefunden wie in diesem Moment.

»Tut mir leid wegen der Verspätung«, murmelte sie und sah sich nach einem freien Stuhl um. »Mir kam etwas dazwischen.«

Täuschte er sich, oder humpelte sie leicht? Er deutete auf den freien Platz neben sich und winkte sie herbei. Isla zögerte für einen kleinen Moment, kam dann aber herüber und setzte sich vorsichtig hin. Dabei verzog sie leicht das Gesicht. »Alles klar?«, fragte er leise.

»Alles bestens«, beteuerte sie, doch ganz nahm er es ihr nicht ab. »Hab ich schon viel verpasst?«, wandte sie sich dann an die ganze Runde.

»Nicht halb so viel wie wir offensichtlich«, rief Betty. »Du scheinst ja ein großes Abenteuer hinter dir zu haben. Willst du uns nicht davon berichten?«

»Ähm. Nein. Will ich nicht. Hat auch nichts mit dieser Besprechung zu tun.« Isla schien nicht so recht zu wissen, wohin mit ihren Händen, und vergrub sie deshalb in Pollys weichem Fell. Die Hündin schnüffelte aufgeregt an ihr herum. Wer wusste schon, welche Aromen sie zusätzlich zu den auch für menschliche Nasen offensichtlichen wahrnahm?

»Bist du vom Pferd gefallen?« Colleen runzelte besorgt die Stirn.

»Hast du dich verletzt?«, erkundigte sich nun auch Anna.

»Es ist alles gut, macht euch keine Sorgen«, beschwichtigte Isla wenig überzeugend. Zu Pollys Enttäuschung verschränkte sie nun auch noch die Arme vor der Brust und versteckte die intensiv abgeleckten Hände unter den Achseln.

»Es kommt früher oder später ja doch raus«, startete Betty einen erneuten Versuch. »Also kannst du uns auch gleich alles sagen.«

Isla verdrehte die Augen. »Na schön, ich bin vom Pferd gefallen, keine große Sache. Und außer meinem Ego ist auch nichts an mir nennenswert verletzt.«

Jon fand es nicht ehrenrührig, vom Pferd zu fallen. Seine bislang einzige Erfahrung als Reiter war ein Ponyritt als Kind gewesen. Da war er ebenfalls gestürzt, und das hatte ihm gereicht. Seitdem war er mit Pferden durch. Allerdings nahm er wahr, wie sich Colleen und Kristie sonderbare Blicke zuwarfen und dass beide mit dem Lachen kämpften.

»Wer war denn der Übeltäter?«, platzte Colleen schließlich heraus.

»Kelloggs«, antwortete Isla eisig, und Jon konnte sich keinen Reim darauf machen. Was bitte hatten Cornflakes mit einem Reitunfall zu tun?

»Kelloggs?«, kicherte Kristie. »Wie hast du denn dieses Kunststück fertiggebracht?«

»Er wurde provoziert und … ach, ist ja auch egal.« Isla hörte sich nun richtig wütend an. Das allerdings kannte Jon von ihr. Instinktiv ging er ein wenig auf Abstand – die Erfahrung, das Ziel von Isla Frasers Ärger zu sein, musste er so schnell nicht wiederholen. Und wer immer Kelloggs beziehungsweise dessen Provokateur war, Jon beneidete beide nicht.

»Ich finde, dass wir langsam mal mit dem Meeting vorankommen sollten«, mischte er sich ein und zog so die Aufmerksamkeit auf sich. »Colleens Vorschläge klingen in meinen Ohren wirklich toll. Collum, ich verstehe ehrlich gesagt auch deine Sorge wegen der Größe des Veranstaltungssaals nicht. Spontan fallen mir ein halbes Dutzend Nutzungsmöglichkeiten ein, neben denen, die Colleen schon aufgezählt hat. Aber wenn es dir wirklich zu üppig erscheint, vielleicht gibt es ja die Möglichkeit, eine oder mehrere Faltwände einzuziehen, damit man den Raum bei Bedarf verkleinern kann?« Diese Frage richtete er an Bob Robertson, der auch bei diesem Projekt die Zügel in der Hand hielt.

»Das wäre kein Problem«, erwiderte der Bauunternehmer. »Dafür gibt es erprobte Systeme, die sich leicht an die örtlichen Gegebenheiten anpassen ließen. Faltwände wären zwar ein bisschen teurer als fest installierte Leichtbauwände, aber an Jons Argument ist einiges dran. Was meinst du, Bürgermeister, haben wir noch Spielraum im Budget?«

An diese gleichermaßen simple wie wirkungsvolle Lösung hatte bislang offensichtlich keiner gedacht. Damit war der Themenwechsel erfolgreich initiiert. Jon lehnte sich zurück und warf einen vorsichtigen Blick in Richtung Isla, die ihn dankbar anlächelte. Er zwinkerte ihr zu und ahnte, dass er absolut verloren war. Für ein Lächeln wie dieses würde er noch ganz andere Dinge tun, als Ablenkungsmanöver in Gang zu setzen.

KEINE HALBEN SACHEN

»DAS IST ECHT VERDAMMT GEMÜTLICH«, befand Jon und schaute zufrieden auf das munter brennende Feuer in seiner Kaminecke. Aus einem Impuls heraus hatte er es vorhin angezündet. Was keinerlei Sinn ergab, denn er hatte heute geschlossen und erwartete auch keine spontanen Besucher. Also, jedenfalls nicht wirklich. Höchstens in seiner Fantasie.

Die jedoch recht ausgeprägt war. Seit Isla heute Mittag ins Rathaus gehumpelt war, hatte er sich vorgestellt, wie er ihr zärtlich das Stroh aus den Haaren zupfen und ihr dann die schmerzende Stelle mit Salbe einreiben würde ... Himmel, was für ein Trottel er war! Es gab keinerlei Anzeichen, dass sie Interesse daran haben könnte, sich von ihm lausen und salben zu lassen. Vermutlich würde sie ihn für einen irren Freak halten, wenn sie auch nur ahnte, was er sich so vorstellte. Aber irgendwas an ihr brachte eine Saite in ihm zum Klingen, weckte eine Fürsorglichkeit, die er von sich bisher gar nicht kannte.

Das weitere Meeting war gut und vor allem zügig abgelaufen. Sie hatten sich auf die Falltüren geeinigt und waren dann alle zusammen zur alten Schule marschiert, um sich den Stand der Renovierungsarbeiten anzuschauen.

Es sah gut aus, und wenn er von dem Tempo ausging, das Bob und sein Team beim Pub an den Tag gelegt hatten – übrigens parallel zu den Baumaßnahmen an der Schule –, würde die Schule spätestens Anfang Mai wiedereröffnet werden können. Colleen hatte eine dreitägige Veranstaltung vorgeschlagen, mit einem Frühlingsmarkt und einem großen Frühlingsball für Dorfbewohner und Touristen. Shona wollte dafür Whisky-Tastings in den Seminarräumen anbieten und Anna kostenlose Yoga-Workshops. Beim Stichwort »Yoga« waren zwar einigen Anwesenden die Gesichtszüge entgleist, aber das hatte Anna nur mit einem milden, wissenden Lächeln quittiert, so als wisse sie schon, was sie tat. Er selbst hatte dann einen Workshop für traditionellen Highland Dance ins Rennen geschickt, was bei Shona und erstaunlicherweise auch bei der scheuen Kristie für wahre Begeisterungsstürme gesorgt hatte. Offenbar waren die zwei begeisterte Tänzerinnen.

Alles in allem waren es also recht produktive Stunden gewesen, auch wenn er leider keine Chance gehabt hatte, auch nur ein paar Minuten allein mit Isla zu reden. Er wusste nicht einmal, ob sie sein Glas schon bekommen hatte. Nach der Baustellen-Tour hatte sie sich rasch verabschiedet, und er war mit Sarah zu seinem Pub gegangen, wo sie weitere zwei Stunden lang über alle möglichen Werbe- und Kooperationsmöglichkeiten gesprochen hatten. Sarah war begeistert von der Entwicklung, die Kirkby in den letzten Monaten durchlaufen hatte, und höchst angetan von *The Wise Pelican*. Sie hatte die fünf Gästezimmer inspiziert, die noch jungfräulich auf die ersten

Besucher warteten. Sarah hatte ihm auch den Tipp gegeben, den Montag als offiziellen Ruhetag zu etablieren. In den Sommermonaten würde er das zwar nicht vollständig durchhalten können, denn zumindest seine Übernachtungsgäste mussten versorgt werden, aber dafür würde er schon eine geeignete Lösung finden.

Wenn er darüber nachdachte, wie blauäugig er an die ganze Sache herangegangen war, freute er sich, dass er jetzt schon mehrere Schritte weiter war und gegenüber der Tourismus-Expertin zumindest keinen ganz dämlichen Eindruck gemacht hatte. Er hatte beschlossen, morgen Abend den offiziellen Betrieb zu starten. Helen stand für die Küche bereit und Jessy für den Service. Ab Freitag hatte er dann zwei Bar-und-Service-Kräfte eingeplant, und falls es erste Übernachtungsgäste geben sollte, würde auch das irgendwie machbar sein. Zumindest fühlte er sich zuversichtlich und bereit für das neue Abenteuer – auch wenn seine kleine Schwester Carla vorhin am Telefon mal wieder einen ihrer berüchtigten Lachanfälle bekommen hatte.

Seit er sich in die Highlands »abgesetzt« hatte, wie sein Bruder Robert es despektierlich nannte, wurde er im Schnitt einmal pro Woche von einem Familienmitglied angerufen. Meist waren diese Gespräche als harmloser Small Talk verbrämt, aber Dramaturgie und Agenda waren immer die gleichen: herausfinden, wie es dem verlorenen Sohn ging, und ihn im nächsten Schritt davon überzeugen, dass sein absurdes Abenteuer langsam ein natürliches Ende finden sollte. Es ärgerte ihn von Woche zu Woche mehr, dass niemand in seiner Familie auch nur ernsthaft in Erwägung zu ziehen schien, dass ihn seine – zugegebenermaßen etwas spontane – Entscheidung verdammt glücklich machte.

Der Gedanke ließ ihn innehalten. Glücklich? War er wirklich glücklich? Er ließ das Wort ein wenig in seinem Kopf kreisen, schmeckte dem Gefühl nach, das es in ihm auslöste, und kam schließlich zu dem Schluss, dass es genau so war. Er war glücklich in Kirkby! Keine sechs Wochen hatte es gedauert, und schon fühlte er sich hier heimischer, als es in London jemals der Fall gewesen war. Und da hatte er immerhin fast zehn Jahre seines Lebens verbracht. Er fühlte sich hier auch wohler als in Edinburgh, seiner Heimatstadt, die für ihn bisher der schönste Fleck auf der ganzen Welt gewesen war. Doch wahrscheinlich war es an der Zeit, sich selbst einzugestehen, dass er im Grunde seines Herzens ein echtes Landei war, das mit einem verrückten Hund und viel einsamer Natur tausendmal glücklicher war als in seinem alten, coolen Hipsterleben. Vermutlich hatten seine Lieben doch recht: Er war komplett verrückt geworden!

Jon sah auf die Uhr. Kurz nach neun – erst oder schon? Er stand von seinem Sessel auf und schaute durchs Fenster auf die dunkle, menschenleere Straße. Worauf wartete er? Auf wen wartete er? Er sollte auf überhaupt nichts und niemanden warten, sondern sich an Polly orientieren, die zufrieden auf dem Teppich vor dem munter prasselnden Feuer lag und schlief. Tiefenentspannt und ganz im Moment.

Sein Blick schweifte über das gut gefüllte Bücherregal und blieb an Band eins von Diana Gabaldons Outlander-Reihe hängen. Er hatte bislang weder die Bücher gelesen noch die TV-Serie gesehen, aber natürlich war der immense Hype, den die Geschichte um die zeitreisende Krankenschwester Claire und den schneidigen jungen Laird Jamie Fraser weltweit ausgelöst hatte, auch an ihm nicht vorübergegangen. Collum war ja von der Idee beseelt, hier in Kirkby ein Outlander-Erlebniscenter einzurichten, ähnlich dem, das es im benachbarten Drumnadrochit zu Nessie, dem Monster von Loch Ness, gab. Auch das war beim heutigen Meeting wieder Thema gewesen, doch im Gegensatz zu allen anderen Beschlüssen gab es dafür noch keine Mehrheit.

Er nahm das Buch zur Hand und begann zu lesen. Egal, wie die Sache ausging, es konnte wohl nicht schaden, wenn er wusste, worum genau es sich in der Geschichte drehte.

• • •

»Noch Lust auf einen Gin Tonic?«, wollte Anna nach der Chorprobe von Isla wissen. »Oder eine Ibuprofen für deine Schmerzen?«

»Haha, wer den Schaden hat, braucht für den Spott nicht zu sorgen, richtig?« Isla lächelte gequält. Die Tatsache, dass sie heute Vormittag vom Pferd gefallen war, sorgte für enorme Heiterkeit – und zwar im ganzen Dorf, oder zumindest fühlte es sich so an. Sie selbst fand das jedoch überhaupt nicht witzig. Es hatte nicht nur ein bisschen an ihrem Ego gekratzt, sondern ihr vor allem einen gehörigen Schrecken eingejagt. Natürlich war sie nicht zum ersten Mal gestürzt, aber es war jahrelang nicht vorgekommen und schon gar nicht in einer vergleichsweise geschützten Umgebung wie der Reithalle. Vermutlich war sie tatsächlich ganz schön aus der Übung.

Haileys Stute Airgead, genannt Airy, war jung, nervös und für die Rasse erstaunlich heißblütig. Und sie konnte den gutmütigen Wallach Kelloggs nicht ausstehen – warum auch immer. Alles Dinge, die Hailey nicht dauerhaft dulden konnte und wollte, und deshalb hatte sie die Idee ja auch so brillant gefunden, dass Isla Kelloggs auf demselben Platz bewegte wie sie selbst Airgead. Da es immer stärker geregnet hatte, waren sie in die geschützte Reithalle umgezogen. Womöglich war das der Grund, warum die Sache schließlich eskaliert war. Ohne Ablenkung hatte sich Airy voll und ganz in ihre Abneigung gegen Kelloggs reinsteigern können und hatte sich produziert wie ein Rodeopferd auf Speed. Hailey war die ganze Zeit souverän geblieben, aber keiner hatte damit gerechnet, dass irgendwann auch dem sonst so entspannten Schecken die Nerven durchgehen könnten. Genau das war jedoch passiert: Als Airgead mit angelegten Ohren und gebleckten Zähnen eine Spur zu nahe an Kelloggs vorbeilief, hatte es ihm gereicht. In einer blitzschnellen Bewegung hatte er sich umgedreht und ausgekeilt. Die hysterische Stute hatte er dabei zwar nicht getroffen, aber Isla war bei dem Hopser wenig elegant aus dem Sattel geflogen und mit der Hüfte voran auf den Boden geknallt.

Jetzt hatte sie Schmerzen, musste sich aber vor allem eingestehen, dass sie verdammtes Glück gehabt hatte, denn es hätte viel übler ausgehen können. Sie hätte auch gegen die Bande fliegen können und nicht auf den vergleichsweise weichen Boden – an schlimmere Komplikationen wollte sie lieber gar nicht erst denken. Erstaunlich war jedoch, dass Airgead diese Beinahe-Abreibung von ihrem Erzfeind offenbar gebraucht hatte. Sie war mit einem Mal wie ausgewechselt und ganz ruhig. Auch Kelloggs war nach der deutlichen Ansage gleich wieder friedlich gewesen und hatte seine am Boden liegende Reiterin erstaunt angestupst. Ihr war nichts Schlimmes zugestoßen, und vermutlich war es auch gut, dass Hailey sie dazu genötigt hatte, sofort wieder aufzusitzen und weiterzureiten, aber nun gesellte sich zu der Prellung auch noch ein fieser Muskelkater. Und das Gefühl, versagt zu haben. Früher wäre ihr das einfach nicht passiert. Früher hätte sie sich sofort auf das Verhalten ihres Pferdes eingestellt und hätte gegensteuern können. Der kurze Kontrollverlust machte ihr mehr zu schaffen als die Schmerzen.

»Jetzt sei nicht so. Es hätte schlimmer kommen können«, meinte die Ärztin, der offenbar nicht klar war, was gerade in Isla vor sich ging. Was auch besser war, denn über diese Dämonen wollte sie mit niemandem diskutieren.

»Ich weiß. Ich hätte mir auch den Hals brechen können«, entgegnete sie seufzend. Diesen Satz hatte sie heute schon ungefähr ein Dutzend Mal gehört. »Ich weiß dein Mitgefühl und deine Gastfreundschaft auch wirklich zu schätzen, aber jetzt will ich nur noch heim und ins Bett.«

»Wie du willst.« Anna lächelte und zwinkerte ihr zu. »So eine Runde Selbstmitleid kann ja auch mal ganz heilsam sein. Wir sehen uns morgen zum Yoga?«

»Falls ich mich morgen noch bewegen kann, dann ja. Gute Nacht, Anna.« Isla winkte ihrer Freundin, die gleich darauf in ihrer Straße verschwand, und ging dann selbst langsam in Richtung Heimat.

Im Pub war alles dunkel. Schade eigentlich. Sie hätte es schön gefunden, einen kleinen Stopp bei Jon einzulegen. Schließlich musste sie sich ja noch für ihr Glas bedanken. Das sich rein zufällig in ihrem Rucksack befand. Doch er hatte heute Mittag ja auch erwähnt, dass er montags einen Ruhetag einführen wollte. Genau wie sie. Kurz schoss ihr durch den Kopf, was man an einem gemeinsamen freien Tag so alles machen könnte – da nahm sie aus dem Augenwinkel ein leichtes Flackern wahr. Konnte es sein? Sie trat näher an das Seitenfenster heran, das, wie sie wusste, zur Kaminecke gehörte. Und tatsächlich: Im Kamin brannte ein Feuer, davor lag Polly, und in einem der wahnsinnig bequemen Sessel saß Jon und las. Was für ein idyllisches Bild. Isla überlegte gerade, ob sie an die Scheibe klopfen sollte, als er zum Fenster sah und sie erkannte. Ein Lächeln breitete sich auf seinem Gesicht aus, und er bedeutete ihr, zur Tür zu kommen.

Mit klopfendem Herzen stand sie kurz darauf vor ihm und wusste mit einem Mal nicht mehr so recht, was sie sagen sollte. »Hi« war alles, was ihr einfiel.

»Hi«, entgegnete er. Für eine originellere Begrüßung schienen auch ihm die Worte zu fehlen. Doch dann trat er beiseite. »Komm rein.« Er zog die Tür zu und schob den Riegel vor, was sie mit einer hochgezogenen Braue quittierte. »Du bist der einzige Gast, um den ich mich heute noch kümmern werde«, erklärte er leise, und Isla fragte sich, ob seine Stimme schon immer so samtig geklungen hatte.

Sie schluckte. »Das ist womöglich schlecht fürs Geschäft.«

»Aber vielleicht gut für mich?« Er stand nur wenige Zentimeter von ihr entfernt und schaute mit seinen dunklen Augen bis tief in ihre Seele. So kam es ihr jedenfalls vor.

Was er da wohl sah? Die Sehnsucht, die urplötzlich in ihr aufwallte wie eine Naturgewalt? So heftig und erschreckend, dass sie seinem hypnotisierenden Blick auswich und die Lider senkte. Unwillkürlich befeuchtete sie ihre Lippen – würde er sie jetzt küssen? Würde sie es zulassen? Oh Gott, ja, sie würde! Aber …

»Möchtest du vielleicht etwas trinken? Oder essen?« Okay, er hatte offensichtlich andere Dinge auf der Tagesordnung als sie.

Tapfer kämpfte sie ihre Enttäuschung nieder und ließ den Rucksack von den Schultern gleiten. Dann zog sie das in Seidenpapier eingewickelte Glas mit ihrem Namen hervor. »Das hätte ich gerne gefüllt«, bat sie mit leicht atemloser Stimme. »Vielen Dank übrigens. Ich hab mich sehr darüber gefreut.«

Er nahm ihr das Glas aus der Hand und berührte dabei ihre Finger auf eine Art, die eigentlich unnötig gewesen wäre – die sich aber verdammt gut anfühlte. Dann legte er ihr die andere Hand auf die Schulter und lotste sie in die nur vom Kaminfeuer beleuchtete Sitzecke, ehe er selbst in Richtung Tresen verschwand.

Islas Herz flatterte aufgeregt, und für einen Moment war sie unschlüssig, was sie tun sollte. Polly hob träge den Kopf und klopfte mit dem Schwanz auf den Boden. »Na, meine Kleine, wie geht es dir?« Isla hockte sich vor den Hund und streichelte ihm das weiche Fell. Pollys Lider wurden wieder schwer, und einen Augenblick später war das Tier erneut im Land der Träume. »Ein Wachhund wird aus dir jedenfalls nicht«, stellte Isla amüsiert fest und richtete sich wieder auf. Dabei schoss ihr ein scharfer Schmerz ins Bein. Sie stöhnte leicht. Verdammter Sturz!

»Alles klar?« Jon war neben ihr aufgetaucht und musterte sie besorgt.

»Ja, ja, geht schon«, murmelte sie und ließ sich in den nächsten Sessel sinken. Sie hatte keine Lust, mit Jon über ihren Reitunfall zu sprechen. »Ich hab nur festgestellt, dass aus Polly kein Wachhund wird«, lenkte sie ab.

Er hob eine Braue, ließ sich aber glücklicherweise auf das Spiel ein. »Wie meinst du das?«

»Na ja, weil sie überhaupt nicht reagiert, wenn jemand Fremdes an der Tür steht oder in den Raum kommt.«

»Du bist halt keine Fremde für sie«, entgegnete er und setzte sich in den Sessel, der schräg neben ihrem stand. Nah genug, dass sein Knie das ihre streifte. »Dein Dad hat mir versichert, dass es ein gutes Zeichen ist, wenn Polly nicht immer unnötig aufspringt, sondern sich nur meldet, falls ihr etwas verdächtig vorkommt. Das bedeutet, dass sie über eine gute Menschenkenntnis verfügt und Vertrauen zu mir hat.«

»Das klingt nach meinem Dad...« Isla lächelte und schüttelte leicht den Kopf. »Ich sag es nicht gern, aber es könnte sein, dass er nicht der allerkompetenteste Mensch in Sachen Hundepsyche und -erziehung ist. Auch wenn er von sich selbst natürlich das Gegenteil behauptet. Er ist beispielsweise davon überzeugt, dass er jeden Hund zum Hütehund ausbilden kann. Egal welche Rasse.«

Jon zuckte mit den Schultern. »Ich mag Marlin«, stellte er fest. »Er weiß auf jeden Fall besser Bescheid als ich, und ich finde, dass sich Polly prächtig entwickelt. Sie hat schon ein ganzes Weilchen keine Beete mehr umgegraben oder Selbstmordversuche im Fischweiher unternommen.«

»Freut mich zu hören. Und ihren Job als dekorativer Kaminvorleger hat sie prima drauf.« Sie zwinkerte ihm zu und drehte sich leicht in seine Richtung, sodass sich ihre Knie wieder berührten. »Besser jedenfalls als du deinen als Gastgeber.« Sie schielte zu dem Tablett, das er auf dem Beistelltischchen gelassen hatte.

»Ich wusste, es kommt früher oder später raus, dass ich eigentlich kein echter Wirt bin«, sagte er grinsend und befüllte dann die zwei Gläser mit Whisky. Er reichte Isla das ihre und prostete ihr zu. »Auf inkompetente Wachhunde und Wirte.«

»Was für ein Toast.« Sie lächelte, trank einen Schluck und schloss für einen Moment die Augen. Dann fügte sie hinzu: »So schlecht machst du dich gar nicht, Jon Grant.«

»Welch Kompliment aus deinem Mund! Darf ich dir außer Whisky vielleicht noch etwas anbieten?«

Ein Kuss wäre schön, dachte sie spontan. Oder auch zwei oder ...

»Etwas zu essen, meinte ich«, konkretisierte er. Leider.

»Ähm ...«

»Ich hätte ein paar Schokoriegel im Angebot oder ein Sandwich, oder ich könnte dir auch was kochen.«

»Was für verführerische Angebote«, sagte sie. Jedoch längst nicht so verführerisch wie ein Kuss. Sie war sich plötzlich absolut sicher, dass Jons Küsse süßer, heißer und köstlicher sein mussten als alle, die sie in ihrem Leben bisher bekommen hatte. Was passierte hier bloß mit ihr?

»Aber?«

»Kein Aber. Wie kommst du auf ein Aber?« Natürlich gab es ein Aber, aber das konnte sie ihm doch nicht so einfach verraten, oder?

»Du hast ganz eindeutig ein nonverbales Aber gesendet«, behauptete er, und in seinen Augen entdeckte sie ein gefährliches Glimmen. Sie schluckte. Oder machte er sich am Ende nur über sie lustig?

»Wenn du schon so gut in nonverbaler Kommunikation bist, dann müsstest du doch auch wissen, wie das Aber beschaffen ist. Wenn es denn eins gibt. Was ich in Abrede stelle. Auch wenn du dir sicher bist, dass ich es gedacht habe.« Vielleicht sollte sie jetzt lieber ganz schnell die Klappe halten. Oder einfach aktiv werden? Schließlich war sie keine hilflose Prinzessin, die nur darauf wartete, dass der Prinz ihr zu Hilfe eilte.

»Ich hab so eine Theorie, doch ich werde mich hüten, einer Frau irgendwelche Dinge in den Mund zu legen.«

»Dann bist du der erste Mann, der sich davor scheut, Frauen ›Dinge in den Mund zu legen‹!« Sie stellte ihr Glas ab, erhob sich und beugte sich über ihn. »Streng genommen war das gerade doch genau dein Ziel: mir Dinge in den Mund zu legen.« Sie kam noch näher und raunte die nächsten Worte in sein Ohr. »Schokolade, ein Sandwich, etwas Warmes. Das sind alles ›Dinge‹, die ich gerne im Mund habe, aber jetzt will ich etwas anderes.« Sie ließ sich auf seinem Schoß nieder, ignorierte den neuen Schmerzimpuls und freute sich über sein erstaunt-erfreutes Aufkeuchen. Dann legte sie eine Hand an seine Wange und berührte mit ihren Lippen die seinen. Er hatte wunderbar weiche Lippen, und als sie mit ihrer Zungenspitze um Einlass bat, öffnete er den Mund und erwiderte ihren Kuss mit einer Kraft und Vehemenz, die ihr schier den Atem raubte. Er schmeckte nach dem rauchig-torfigen Whisky, den er eben serviert hatte, und ein bisschen nach Schokolade – eine absolut betörende und unwiderstehliche Mischung.

»Das war ... überraschend«, murmelte er atemlos, als sie sich nach einer gefühlten Ewigkeit voneinander lösten. Er stellte nun ebenfalls sein Glas ab, das er die ganze Zeit noch in der Hand gehalten hatte, und zog sie mit beiden Armen enger an sich. So eng, dass ihr Oberkörper an seinen gepresst wurde und ihre lädierte Hüfte gegen die harte Beule in seinem Schoß. »Ich liebe es, dir Dinge in den Mund zu legen ...« Und das bewies er dann erneut.

Glückshormone und Erregung fluteten Islas Körper, machtvolle Botenstoffe, aber gegen den pochenden Schmerz in ihrer Hüfte kamen sie nicht vollständig an. Sie stöhnte, halb aus Lust, halb, weil es so wehtat. Die unterschiedlichen Reize in ihrem Unterleib waren mehr als verwirrend, sorgten aber dafür, dass ihr rationales Denken langsam wieder die Oberhand gewann. Blöd, das. Sie legte die Hände auf seine Brust und versuchte so, ein wenig Abstand zu gewinnen.

»Alles klar?« Jons Lippen waren feucht und leicht geschwollen – wie ihre vermutlich –, seine Augen wirkten lustverhangen – wie ihre vermutlich –, der Blick in ihnen wechselte aber gleich darauf zu Besorgnis. »Hab ich dir wehgetan?«

»Du nicht«, ächzte sie und versuchte aufzustehen. Sie hatte das Gefühl, dass ihre Hüfte mit glühenden Messern traktiert wurde, und konnte keinen Augenblick länger in dieser Position verharren. Beinahe sofort gaben ihre Knie nach. Jon sprang auf und hielt sie fest.

»Kann es sein, dass dein Sturz schlimmer war, als du dir selbst eingestehen willst?«, fragte er in ihren Haarschopf hinein.

Sie hatte ihre Wange an seinen Brustkorb gedrückt und hielt ihn umschlungen wie eine Ertrinkende einen rettenden Baumstamm. Im Stehen tat es gleich viel weniger weh. Ob sie einfach so bleiben konnten? Sie in seinen Armen? Mit seinem Duft in der Nase?

»Isla?«

»Hm?« Sie hob den Kopf und sah ihn verwundert an.

Er erwartete wohl immer noch ein Statement zu ihrem Sturz. »Ich habe einfach eine ganz fiese Prellung an der Hüfte«, erklärte sie schließlich. Und das war auch die Wahrheit. Anna hatte darauf bestanden, sie zu untersuchen. Es war definitiv nichts gebrochen, aber vorhin unter der Dusche hatte sie den riesigen dunkelblauen Fleck bewundern können, der ihre rechte Seite zierte. Schmerzhaft und sehr unsexy, aber vergleichsweise harmlos. Und ein echter Stimmungskiller.

»Komm mit«, sagte er und nahm ihre Hand. Dann lotste er sie in die Küche des Pubs.

»Wow, da hast du es aber krachen lassen«, stellte sie voller Bewunderung fest und betrachtete die nagelneue, hochwertige Profi-Ausstattung, die sie in einer Kneipe im Leben nicht erwartet hätte.

»Ich mache keine halben Sachen«, entgegnete er lapidar. »Schon länger nicht mehr«, fügte er kryptisch hinzu, und sie überlegte, auf welche Lebensbereiche diese Aussage wohl sonst noch zutraf. Bezogen auf *The Wise Pelican* hatte er definitiv keine halben Sachen gemacht – die Einrichtung war geschmackvoll und hochwertig, die Renovierung gründlich, die Küche top.

»Klingt vernünftig«, gab sie zurück und fuhr mit einer Hand über die blitzblanke Edelstahlfront. »Halbe Sachen sollte man sich wirklich sparen.«

Er öffnete den Kühlschrank und sprach über seine Schulter hinweg. »Ich könnte uns ein schnelles Omelett machen oder Sandwiches.«

Isla hatte zwar keinen allzu großen Hunger, aber mit

einem Mal war sie wahnsinnig neugierig darauf, Jon beim Kochen zuzusehen. »Gerne ein Omelett. Ich kann das aber auch machen.«

»Ich weiß ja nicht, wie du das handhabst, aber in meiner Küche bin ich der Chef«, sagte er mit einem so herausfordernden Blick, dass sie die Hände hob und lächelnd einige Schritte zurücktrat. Wenn sie ehrlich war, imponierte ihr das gerade sehr. Entweder war er von seinen Kochkünsten derart überzeugt, dass er keine Angst vor Vergleichen mit einer Sterneköchin hatte, oder er war schlicht stolz und selbstbewusst genug. Oder er wollte ihr beweisen, dass er ein Gastgeber war, der gut für seine Gäste sorgte. Was auch immer seine Motivation sein mochte, sie fand es verdammt sexy. Und außerdem, was konnte bei einem Omelett schon schiefgehen?

Sie verfolgte, wie er Zutaten aus dem Kühlschrank holte – Eier, Champignons und eine Paprika. Dann öffnete er die Tür zu einem klimatisierten Vorratsschrank und nahm eine Zwiebel und zwei Tomaten heraus. Methodisch und souverän schnippelte er die Zutaten und verrührte die Eier. Schließlich griff er nach einer massiven Eisenpfanne und erhitzte sie auf dem Gasherd. »Du machst das nicht zum ersten Mal«, stellte sie mit echter Bewunderung fest.

»Es ist ein Omelett, keine Raketenwissenschaft«, winkte er ab, aber sein zufriedenes Lächeln verriet ihr, dass er sich freute. »Ich bin nur ein Hobbykoch, aber ich bewundere alle Profis. Ihr seid für mich die wahren Magier dieser Welt. Ist es nicht erstaunlich, wie durch ein paar einfache Handgriffe aus simplen Zutaten ein himmlisches Gericht wird?«

»Na ja, manchmal sind die Handgriffe nicht ganz so einfach, und auch die Zutaten sind nicht immer simpel, aber ich weiß, was du meinst. Genau diese Magie war es, die mich zum Kochen gebracht hat. Aber ich muss sagen, dass du auch deutlich fortgeschrittener bist als die meisten Hobbyköche.« Sie beobachtete ganz genau, wie er erst die perfekt gewürfelten Zwiebelstückchen anbriet, dann die Paprika und nach einer Minute Tomaten und Champignons dazugab. Wie er das Gemüse durchschwenkte, es mit Salz, Pfeffer und getrockneten Kräutern würzte, schließlich die verrührten Eier darübergoss und alles bei deutlich reduzierter Hitze stocken ließ. Sie selbst hätte frische Kräuter genommen, aber das war auch schon der einzige Unterschied.

»Ich hab in London ein paar Kochkurse besucht, aber ansonsten habe ich mir mein Wissen selbst angeeignet. Mithilfe von Kochbüchern und Fernsehköchen.«

»Sogenannten Köchen wie diesem Scharlatan Rodney Swinton«, grollte sie. Ihr war gerade wieder eingefallen, dass es Jon gewesen war, der ihr vor Wochen die Hiobsbotschaft überbracht hatte, dass Rodney ihr Dessert geklaut und in seiner Show nachgekocht hatte.

»Auf den bist du nicht gut zu sprechen, was?« Er musterte sie interessiert, wandte seine Aufmerksamkeit dann aber wieder der Pfanne zu. Er rüttelte ein wenig am Griff, und als sich die Ei-Gemüse-Masse leicht vom Boden löste, nahm er einen breiten Pfannenwender und drehte das

Omelett geschickt auf die andere Seite. »Du macht das bestimmt mit einer lässigen Bewegung aus dem Handgelenk«, mutmaßte er mit einem kleinen Lächeln. »Aber ich habe das bisher noch nicht hinbekommen, daher lieber auf Nummer sicher.« Ohne auf einen Kommentar zu warten, holte er einen Teller aus dem Geschirrschrank und ließ die fertige Kreation daraufgleiten. Dann deutete er auf eine Nische, in der ein kleiner Tisch mit vier Stühlen stand. »Nimm Platz.« Er stellte den Teller ab und kam gleich darauf mit zwei Gabeln und Servietten zurück. »Was magst du trinken?«

»Einfach nur ein Glas Wasser, bitte«, murmelte sie und sog das Aroma ein. Als Jon mit zwei Gläsern und einer Karaffe Wasser zurückgekehrt war und ebenfalls Platz genommen hatte, nahm sie ihre Gabel und teilte sich ein Stück von dem Omelett ab. Es schmeckte himmlisch. Die Eimasse war flaumig – nicht zu trocken, nicht zu matschig –, und das Gemüse hatte genau den richtigen Biss. Sie hätte es selbst nicht besser zubereiten können. »Perfekt«, hauchte sie.

Es war offensichtlich, wie sehr ihn das Lob freute, denn er strahlte über das ganze Gesicht, gab sich aber nicht falscher Bescheidenheit hin. »Wie gesagt, keine halben Sachen!« Wie er das genau meinte, ließ er offen. Er zwinkerte ihr zu, und gemeinsam aßen sie schweigend, bis nur noch ein letztes Stückchen auf dem Teller lag. »Bitte, nimm es dir«, bot er großzügig an, doch sie wehrte ab.

»Nein, das ist für dich. Ich hatte schon mehr als du.«

»Ja, es ist mir aufgefallen, dass du über einen gesegneten Appetit verfügst. Passt das zum Selbstverständnis einer Küchengöttin?«

»Ich bin ein Sandwichkind, da lernt man, Genüssen auch in Eile zu huldigen«, entgegnete sie grinsend. »Sonst geht man nämlich leer aus.« Blitzschnell schnappte sie sich den letzten Bissen und schob ihn sich in den Mund. »Außerdem würde ich mich nie als Küchengöttin bezeichnen.«

»Ich bin auch ein mittleres Kind«, lachte er. »Und ich weiß genau, wovon du sprichst. Bei uns zu Hause wurde beim Essen gern eine recht eigenwillige Form des Darwinismus gelebt.«

»Kommt mir bekannt vor. Aber ich schätze mal, das ist ein ziemlich weit verbreitetes Phänomen.«

»Vermutlich«, gab er zu. »Es beruhigt mich jedoch enorm, dass aus uns trotzdem was geworden ist. Stimmt's?«

»Ich kann ja nur für mich sprechen, aber da stimmt es natürlich.« Sie grinste nun ebenfalls breit.

»Ein Problem mit deinem Ego hast du jedenfalls nicht.«

»Dito.«

Es kam ihr so vor, als läge Jon erneut ein passender Kommentar auf der Zunge, doch dann überlegte er es sich offenbar anders. Er lehnte sich entspannt zurück und taxierte sie aufmerksam mit seinen dunkelbraunen Augen. Ein Blick, der erneut ihr Blut zum Kochen brachte. Verdammt! »Glaubst du an Sternzeichen?«

»Bitte?« Also damit hatte sie wirklich nicht gerechnet.

»Astrologie. Sternzeichen halt.«

»Ich weiß, was du meinst, ich habe nur noch nie einen Mann diese Frage stellen hören. Zumindest keinen heterosexuellen Mann.«

»Vorurteile und vorschnelle Annahmen.« Er schüttelte mit gespielter Enttäuschung den Kopf. »Du nimmst also an, dass ich heterosexuell bin?«

»Nun ja, alles andere...« Sie klappte den Mund rasch wieder zu. Das war doch schon wieder eine Falle. »Du hast recht«, gab sie zu. »Also, was ist mit Sternzeichen?«

»Glaubst du daran?«, fragte er noch einmal.

Sie zuckte mit den Schultern. »Nicht übermäßig, aber wenn du Fragen hast, dann wende dich vertrauensvoll an Shona oder Hailey. Die stehen da voll drauf.« Was war das nur für ein merkwürdiger Themenwechsel?

»Nicht nötig. Mich interessiert das Ganze auch nicht übermäßig, aber wir hatten in der Agentur mal eine Kundin, die hat sich von all unseren Kreativen die genauen Geburtsdaten geben lassen, um die perfekten Mitarbeiter für ihren Job zu finden. Um der Pointe vorzugreifen: Es war das totale Desaster – und schließlich hat sie dann doch darauf vertraut, dass wir das beste Team für den Auftrag zusammenstellen. Aber ich habe da einiges über Astrologie gelernt.«

»Ich bebe vor Spannung.« Isla verschränkte die Arme. Sie hatte keine Ahnung, worauf er hinauswollte, aber er würde es zweifellos gleich kundtun.

»Ich weiß nun also, dass Astrologie kompletter Quatsch ist. Wie sollte man in dieses System Menschen einordnen, die nicht auf der Erde geboren wurden?«

»Ähm?« Drehte er nun völlig durch?

»Ich gebe zu, das ist kein akutes Problem, aber wenn du jemals *Star Trek* gesehen hast, dann verstehst du, was ich meine.«

»Ich fürchte, da muss ich passen. Also nicht bei *Star Trek* – ich liebe diese Serien! –, aber ich begreife nicht, was das mit Astrologie zu tun hat.«

»Okay, vergiss es. Vergiss alles, was ich in den letzten fünf Minuten von mir gegeben habe.«

»Ich werde mich ernsthaft darum bemühen«, kicherte Isla.

»Was ich eigentlich sagen wollte: Astrologie ist der hilflose Versuch einiger Menschen, sich das eigene Verhalten und das anderer zu erklären. Außerdem kann man über Sternzeichen leicht Gemeinsamkeiten definieren und Abgrenzungen schaffen, ohne auf stigmatisierende Äußerlichkeiten zurückzugreifen, wie Menschen es sonst gerne tun. Hautfarbe, Geschlecht, Bildungsstand, Sexualität – solche Dinge.« Sie nickte, obwohl sie nicht wirklich verstand, worauf er hinauswollte. »Wenn ich dich jetzt also nach deinem Sternzeichen fragen würde – und ich habe eine Theorie, welches es sein könnte –, dann ist das mein hilfloser Versuch, eine Gemeinsamkeit zwischen uns zu etablieren, die ich mir sehr wünschen würde.«

»Oh.« Isla starrte Jon mit großen Augen an. Es stimmte, er machte tatsächlich keine halben Sachen. Er hatte sie nun derart verwirrt, zweimal auf links gedreht und fünfmal um die eigene Achse rotieren lassen, dass sie nur noch verblüfft und sprachlos dasitzen konnte. Er wünschte sich also eine Gemeinsamkeit zwischen ihnen beiden – dieser letzte Satz stand noch im Raum und brachte etwas in ihr zum Klingen.

»Ja.« Er seufzte tief. Vielleicht auch nur, um nach seiner irren Brandrede wieder etwas zu Atem zu kommen.

»Ich sehe drei Möglichkeiten«, begann sie, obwohl sie eigentlich hatte abwarten wollen, wie er sich selbst aus diesem wirren Geflecht wieder herausholen würde. »Erstens, wir gestehen uns jetzt unsere jeweiligen Geburtstage und lachen oder wundern uns dann darüber. Zweitens, du verrätst mir einfach, warum du dir Gemeinsamkeiten wünschst. Oder drittens, du könntest mir auch einen der Schokoriegel geben, die du vorhin so verlockend angekündigt hast, und mich danach noch einmal küssen.«

LÖWENHERZEN

»POLLY, MEINE SCHÖNE, WIR MÜSSEN reden«, sagte Jon am nächsten Morgen zu seinem Hund. Die Neufundländerin lag entspannt ausgestreckt neben ihm auf der Matratze und sah ihn aufmerksam an, gab jedoch keinen Laut von sich.

»Wir müssen darüber reden, dass du nicht mehr bei mir im Bett schlafen kannst«, begann er erneut. Der Hund klopfte träge mit dem Schwanz. »Das hat nichts mit dir zu tun, du weißt, dass du mein großes, flauschiges Lieblingsmädchen bist, aber es könnte sein, dass hier bald mal jemand anders liegen wird.« Begeistertes Wedeln. »Und ich glaube nicht, dass Isla auf Dreier steht.« Ein Wuffen. »Ja, ich weiß, das ist hart, aber auch du musst lernen, die Bedürfnisse anderer Lebewesen zu respektieren.«

Polly signalisierte ihm deutlich, dass er jetzt bitte dringend ihre Bedürfnisse respektieren möge: Öhrchenkratzen, Bauchkraulen, eine große Runde Gassi und ein noch größeres Frühstück. »Weißt du, dass du ein furchtbar egozentrisches Geschöpf bist?«, murmelte er, als er die Beine aus dem Bett schwang und in seinem Badezimmer verschwand. »Und ich sollte dringend mit meinem Therapeuten telefonieren«, schimpfte er leise mit sich, während das warme Wasser auf seinen Kopf prasselte. »Es kann nicht normal sein, dass ich ausgedehnte Unterhaltungen mit meinem Hund führe und dann noch laut mit mir selbst spreche.«

Was für ein unglaublicher Abend das gestern gewesen war. Er dachte an das merkwürdige Gespräch zurück und an die zwei Wahnsinnsküsse, die es flankiert hatten. Küsse, die ihn so elektrisiert hatten, wie er es schon lange nicht mehr erlebt hatte. Wenn überhaupt. Und wenn er daran dachte, wurde er schon wieder hart.

Es wäre vermutlich nicht sehr schwierig gewesen, den letzten Kuss weiter auszudehnen, zwei Etagen nach oben, genauer gesagt – ihn bis in sein Bett auszudehnen. Er hatte das eindeutige Gefühl gehabt, dass Isla dazu bereit gewesen wäre, dass sie vielleicht sogar darauf gewartet oder gehofft hatte, er würde weiter gehen. Aber eine kleine flackernde Warnleuchte war in seinem Unterbewusstsein angegangen und hatte ihn gebremst. Warum, wusste er nicht so genau ... Falsch! Er wusste es zwar nicht sicher, aber er ahnte es zumindest. Es war sein Spruch mit dem »keine halben Sachen« gewesen, der ihn ausgebremst hatte. Früher hätte er die unausgesprochene, aber eindeutige Einladung einer Frau sofort angenommen. Hätte mit ihr ein paar schöne Stunden verbracht, vielleicht sogar einige unvergessliche, und erst danach hätten sie entweder über alles Weitere nachgedacht oder – und das wäre wahrscheinlicher gewesen – wären frohgemut wieder getrennte Wege gegangen. Aber genau auf solche Geschichten hatte er keine Lust mehr.

Vor seiner Beziehung mit Emma hatte er sich reichlich ausgetobt – am College und in seinen ersten wilden Jahren in London. Irgendwann hatte ihn die Jagd um des Jagens willen nur noch angeödet, und eine seltsame Sehnsucht nach Stabilität und einem Anker in seinem hektischen Leben hatte sich eingestellt. Beides hatte ihm Emma geben können – und dann auch wieder nicht. Der Anker hatte sich recht schnell wie ein Betonklotz am Bein angefühlt und die Stabilität wie ein enger Käfig, aus dem er keinen Ausweg finden konnte. Auch wenn Emma an diesem Phänomen keine oder höchstens nur minimale Schuld trug, verband er die bedrohlichen Gefühle noch immer mit der Frau, mit der er gut vier Jahre seines Lebens verbracht oder eher durchlitten hatte. Er war sich sicher, dass es auch für Emma über weite Strecken ziemlich ätzend gewesen sein musste, doch immerhin war sie von ihrer Arbeit erfüllt gewesen. Und schließlich von Julian, dem neuen Junior Art Director.

Nein, er wollte nicht bitter an diese Zeit zurückdenken. Weder sein Job in der Werbeagentur noch seine Beziehung zu Emma waren gut für ihn gewesen. Damit hatte er nur eine Fassade aufrechterhalten, um nicht über seine wahren Bedürfnisse nachdenken zu müssen. Diese hohle Mauer war dann durch seinen Burn-out spektakulär eingerissen worden. Unangenehm. Verdammt unangenehm und überhaupt nicht nachahmenswert, aber langsam war er geneigt, die positive Seite daran zu erkennen. Es hätte ja alles auch noch viel schlimmer kommen können. Ohne den Zusammenbruch wäre er ziemlich sicher immer noch in London, hätte Emma eventuell sogar einen Heiratsantrag gemacht – und sich womöglich in Alkohol oder Schlimmeres geflüchtet.

Stattdessen lebte er nun in diesem kleinen, unbedeutenden Weiler mitten im Niemandsland der schottischen Highlands. Er hatte einen Hund, der ihn mehr liebte als Emma und alle anderen Frauen in seinem Leben zuvor – mit Ausnahme seiner Mutter und Schwester. Vielleicht. Er hatte genau die Kneipe, die er sich schon als Kind gewünscht hatte, seit ihn sein Großvater das erste Mal in einen Pub in Edinburgh mitgenommen hatte. Er war fünf, allerhöchstens sechs Jahre alt gewesen, und alles hatte ihn fasziniert: die glänzenden Zapfhähne, die schier endlose Reihe von Whiskyflaschen, die laute Musik, die polierten Tische, das fröhliche Gelächter der Gäste, das Dartspiel an der Wand.

Dabei fiel ihm ein, dass ihm tatsächlich eine Dartecke fehlte. Konnte er irgendwo noch eine Scheibe unterbringen?

Er hatte hier in Kirkby auch Menschen um sich, die ihn innerhalb kürzester Zeit in ihrer Mitte aufgenommen hatten – ohne eine Gegenleistung zu verlangen, einfach nur, weil sie hilfsbereit waren und ihn als einen der Ihren akzeptiert hatten. Einige von ihnen würden sicher bald gute Freunde werden. Kurz, er hatte alles riskiert. Er hatte alles Belastende hinter sich gelassen und hatte sich mit Haut und Haaren in den neuen Lebensabschnitt gestürzt. Ganz oder gar nicht. Keine halben Sachen. Und er hatte ein echtes Zuhause gefunden.

Da war es doch nur klar, dass er das mit Isla genauso

handhaben wollte, oder? Solange er nicht sicher wusste, ob auch sie an mehr als nur einer heißen Nacht interessiert war, wollte er lieber nichts riskieren. Schon gar nicht die zarte Freundschaft, die sich zwischen ihnen anbahnte. Jetzt fiel ihm ein, dass er immer noch nicht ihr Sternzeichen kannte – und auch sonst nicht viel von ihr wusste. Außer dass sie ein Problem mit Rodney Swinton hatte, Karamell-Schokolade liebte und verdammt fordernd und erotisch küsste. Es wurde Zeit, dass er ein paar Wissenslücken schloss.

Rasch trocknete er sich ab, putzte sich die Zähne und zog sich an, dann scheuchte er seinen Hund aus dem Bett. »Los, du Schlafmütze, wir machen jetzt einen Spaziergang.« In der Küche schnappte er sich zwei Schokoriegel und füllte eine Portion Trockenfutter für Polly ab, und dann verließ er um kurz vor halb acht das Haus. Auf der Straße herrschte Betrieb: Etliche Pendler machten sich auf den Weg zur Arbeit und winkten Jon freundlich zu, Kinder versammelten sich an der Bushaltestelle neben der Kirche, um auf den Schulbus zu warten, und von Weitem sah er, dass Anna offenbar von einer Joggingrunde heimkehrte – ihren verrückten Riesenkater eng an den Hacken. Sie blieb vor der alten Bäckerei stehen und schien dasselbe zu denken wie er: Ein Kaffee wäre keine schlechte Idee, vor allem in Verbindung mit einem Croissant oder einem ofenfrischen Scone. Jon hoffte sehr, dass Kristie seit gestern endgültig davon überzeugt war, dass Kirkby diese verdammte Bäckerei brauchte!

Automatisch orientierte sich Polly in Richtung *The*

Cosy Thistle. Kein Wunder, denn in den ersten Wochen war der Weg vom und zum Bed & Breakfast Teil ihrer täglichen Routine gewesen, meist kombiniert mit einem Ausflug zum Stall, denn Polly fand die großen Pferde von Rupert Fraser wahnsinnig faszinierend.

Ob Isla schon wach war? Jon beschloss, zunächst eine längere Runde mit Polly zu machen, damit sich die junge Hündin austoben konnte, und erst dann bei Isla zu klopfen. Gerade als er in Richtung Reitstall marschierte, kam Marlin Fraser in einem alten, kastenförmigen Range Rover angetuckert und bremste, als er Jon erreicht hatte. »Na, was habt ihr heute Morgen vor?«, fragte er.

»Wir sind nur auf unserer Morgenrunde. Polly möchte den Pferden Guten Tag sagen.« So ganz stimmte das offenbar nicht mehr, denn Polly hatte den Augenblick genutzt und war unbemerkt unter dem Zaun zur Schafweide durchgeschlüpft.

»Oder meinen Schafen«, entgegnete Marlin lachend.

»Polly! Hierher!«, rief Jon laut, doch die Hündin ignorierte ihn völlig. »Polly! Komm sofort wieder her!«

»Lass sie doch, sie scheint von den Schafen ja total fasziniert zu sein.«

»Ich will aber nicht, dass sie sie jagt und am Ende eines der Lämmer erwischt«, wandte Jon besorgt ein – und eine Spur verärgert, weil dieser Hund so unglaublich stur war.

»Das wird sie nicht. Und wenn sie es versucht, wird sie verdammt großen Ärger mit den Mutterschafen kriegen«, beruhigte ihn Marlin.

Tatsächlich hegte Polly wohl keine niederen Beweggründe gegenüber den Schafen, sondern näherte sich ihnen neugierig, schwanzwedelnd und in gemäßigtem Tempo. Jon war froh, dass sein Hund so ein freundliches Gemüt hatte, trotzdem nervte es ihn, dass er so schlecht auf ihn hörte. Daran mussten sie unbedingt noch arbeiten. »Wohin bist du unterwegs?«, fragte er Marlin. »Wirst du reiten?«

»Nein, ich muss ein paar Pferde beschlagen«, entgegnete der alte Mann. »Willst du zuschauen?«

Jon zögerte kurz. Einerseits würde es ihn schon interessieren, denn er hatte noch nie gesehen, wie ein Pferd neue Hufeisen bekam, und ihn faszinierte die Vorstellung, dass der vergleichsweise zierliche und drahtige Marlin eine derart archaische Arbeit verrichtete. Andererseits hatte er ja andere Pläne. »Ähm, normalerweise gern, aber ich muss noch ein paar Sachen erledigen. Heute Abend hat der Pub ja zum ersten Mal offiziell geöffnet, und da muss ich mich noch um ein wenig Kleinkram kümmern.« Er hoffte, dass er überzeugender klang, als es ihm selbst vorkam. Notlügen und Ausreden waren immer blöd und hatten häufig die unangenehme Angewohnheit, in den unpassendsten Momenten aufzufliegen. Aber er brachte es erst recht nicht über sich, Marlin Fraser mitzuteilen, dass er vorhatte, in den nächsten Minuten seine Tochter zu verführen. Nein, zu besuchen! Nur zu besuchen. Und mit ihr Kaffee zu trinken. Und vielleicht zu reden!

»Na dann, viel Erfolg dabei.« Marlin hob grüßend die Hand und fuhr weiter.

»Erfolg kann ich brauchen«, murmelte Jon und pfiff

dann noch einmal nach seinem Hund. Es dauerte ein Weilchen, bis Polly sich von ihren neuen Freunden losreißen konnte und zu ihrem Herrn zurückgetrottet kam. Sie machten noch einen weiten Bogen um eine Pferdekoppel herum und gingen dann zurück in Richtung Kirkby – rein zufällig auf dem Weg, der an Islas Restaurant vorbeiführte. Leider auch an dem kleinen See, von dem Jon inzwischen wusste, dass er »Loch Leary« genannt wurde, und der auf Polly nach wie vor eine magische Anziehungskraft ausübte. Das fehlte ihm gerade noch.

»Nein!«, rief er scharf, als der Hund sich dem Wasser näherte. »Denk nicht mal dran!« Doch Polly wollte nicht hören. Sie verschärfte ihr Tempo, und vor Jons innerem Auge lief bereits wieder ein Film davon ab, wie er seinen ertrinkenden Hund aus dem Wasser retten musste. »Stopp!«, brüllte er ihr hinterher. Sie zögerte, und er zog die Tüte mit dem Hundefutter aus seiner Jackentasche und begann, damit zu rascheln. Polly stoppte ungefähr fünf Zentimeter vor dem Ufer und zuckte mit den Ohren. Dann drehte sie sich um und sah mit schief gelegtem Kopf zu Jon. Offenbar schien sie ihre Optionen abzuwägen: erfrischender Badespaß oder leckeres Frühstück? »Komm, meine Süße«, lockte er mit hoher Stimme. »Sei ein feines Mädchen und schau, was ich hier habe.« Er raschelte noch heftiger mit der Papiertüte und holte schließlich einen Brocken von dem Trockenfutter hervor. »Lecker Fressi, schau mal!« Er warf das Futterstückchen in Pollys Richtung, und langsam setzte sich die Hündin in Bewegung. Puh.

Sicherheitshalber leinte er sie an, damit sie auf keine weiteren dummen Ideen kommen konnte, und machte sich zügig auf den Weg zu Islas Haus. Was, wenn sie sein Klopfen wieder nicht hörte? Er musste sie unbedingt nach ihrer Telefonnummer fragen, aber notfalls war er bereit, Steinchen gegen ihre Fensterscheiben zu werfen. Doch er hatte Glück. Als sie den wunderschönen Garten betraten, in dem der Frühling schon viel weiter zu sein schien als überall sonst, sah er sie auf ihrer Bank sitzen und mit geschlossenen Augen die Sonnenstrahlen genießen. Sie trug einen rot karierten Flanellschlafanzug, der wirklich interessant mit ihrer kupferroten Mähne kontrastierte, aber Jon fand sie so sexy und anziehend wie nie zuvor.

»Was müssen ein armer Wandersmann und sein tapferer Hund tun, um eine Tasse Kaffee und ein Schälchen Wasser zu bekommen?«, fragte er, als er näher trat.

Erschrocken schlug sie die Augen auf und starrte ihn halb entsetzt, halb erfreut an.

»Guten Morgen«, sagte Jon lächelnd. »Wir wollten dich nicht erschrecken, aber ich habe nach gestern noch einigen Redebedarf.« Er beugte sich zu ihr und küsste sie leicht auf die Lippen. Gleich mal klarstellen, dass der gestrige Abend in seiner Wahrnehmung kein Ausrutscher war, sondern hoffentlich der Anfang von mehr. Viel mehr.

»Guten Morgen«, entgegnete Isla seltsam scheu, aber ihre schönen Augen strahlten, sodass er sicher war, dass sie sich über seinen spontanen Besuch freute. »Wenn ich geahnt hätte, dass ihr vorbeikommt, hätte ich ein Frühstück für uns vorbereitet – und mir etwas angezogen.« Sie war aufgestanden und zupfte mit einer verlegenen Geste an ihrem Schlafanzug.

»Ich finde, der Pyjama steht dir ausgesprochen gut.« Jon kam wieder ein Stückchen näher, ließ seine Hand unter ihr Oberteil gleiten und streichelte über ihren Rücken. Ihr überraschtes Aufkeuchen erstickte er mit einem erneuten Kuss. Was war nur in ihn gefahren? Er war wirklich nur hier aufgetaucht, um mit ihr zu reden, doch er fand es immer schwieriger, ihr zu widerstehen.

Polly hatte offensichtlich keine derartigen Probleme – sondern ein schlimmeres. Sie war hungrig und fand es zudem empörend, derart ignoriert zu werden. Also bohrte sie ihre feuchte, kalte Schnauze zwischen Isla und Jon und starrte die beiden herausfordernd an, als sie schließlich voneinander abließen.

»Wie unhöflich von mir«, sagte Isla lächelnd und strich der Hündin über den Kopf. »Guten Morgen, Polly. Schön, dich zu sehen. Kann ich dir und deinem sexy Begleiter vielleicht eine Erfrischung anbieten?«

Sie sprach zu dem Hund, aber Jon spürte eine irrationale Freude in sich aufkeimen. Sie hatte ihn sexy genannt!

»Wuff!«, antwortete Polly, und Isla lachte.

»Ich schätze mal, das hieß: ›Wasser und ein blutiges Steak für mich – was der Zweibeiner nimmt, ist mir egal.‹« Sie kicherte.

»Ich merke schon, du sprichst fließend Hündisch«, entgegnete Jon mit einem ironischen Augenzwinkern. »Aber Madame bekommt nur Wasser. Ihr Futter habe ich dabei.« Er zog die Papiertüte mit dem Hundefutter aus der einen Jackentasche, die beiden Schokoriegel aus der anderen. »Die habe ich für uns mitgebracht, aber zu einem Kaffee würde ich nicht Nein sagen.«

»Kommt rein«, bat Isla und öffnete die Tür.

»Aber was ist mit deiner Küche?« Er deutete auf Polly, die schon drauf und dran war, die heiligen Hallen zu stürmen.

»Solange hier nicht für Gäste gekocht wird, ist das kein Problem«, erklärte Isla. »Aber morgen müsst ihr direkt in meine Wohnung kommen.«

Wow, gleich zwei Überraschungen in einem Satz: Erstens rechnete Isla mit erneuten Besuchen und hatte nichts dagegen, und zweitens... »Es gibt noch einen separaten Eingang zu deiner Wohnung? Aber wo ist der?«

»Durch die Garage«, erwiderte sie. »Nutze ich nur selten, ist aber machbar. Zeig ich dir nachher.« Sie zog eine Edelstahlschüssel hervor, füllte sie mit Wasser und stellte sie vor Polly auf den Boden. Dann ging sie zur Kaffeemaschine. »Wie magst du deinen Kaffee?«

»Ein Cappuccino wäre toll, aber einfach nur schwarz geht auch.« Jon beobachtete, wie sich Polly gierig über den Wassernapf hermachte und anschließend den halben Küchenboden einsaute. Isla lächelte nur, zog ein Handtuch aus einer Schublade und wischte dem Hund das nasse Maul ab. »Und ich dachte, du kannst Hunde nicht leiden«, sagte er.

»Ich kann Hunde nicht leiden, die mein heiß geliebtes Kräuterbeet durchwühlen«, rief sie über den Lärm der zischenden Kaffeemaschine hinweg. Sie war gerade dabei,

Milch aufzuschäumen. »Und es geht auch nicht, dass sabbernde und haarende Tiere durch meine Küche laufen, wenn Restaurantbetrieb herrscht. Abgesehen davon liebe ich Hunde – und Polly ganz besonders.« Wie aufs Stichwort lief die Hündin zu ihr und rieb den mächtigen Kopf an ihrer Hüfte. »Autsch! Schätzchen, bitte hier nicht schubbern!«, rief Isla mit leicht schmerzverzerrtem Gesicht. »Ich schätze mal, das war die wenig subtile Frage: ›Und wo bleibt mein Futter?‹«

»Das gebe ich ihr draußen. Wenn du nichts dagegen hast, verstreue ich die Brocken bei dir im Garten, damit sie sie suchen muss. Das war ein Tipp von deinem Dad, damit sie beschäftigt ist und müde wird. Natürlich pass ich auf die Beete auf«, versprach Jon.

»Klar, ich komm gleich mit dem Kaffee nach.«

Als sie kurz darauf durch die Tür trat, nahm ihr Jon das Tablett ab und stellte es auf die Bank, dann musterte er sie besorgt. »Ich hab dich noch gar nicht gefragt, was deine Hüfte macht.«

»Geht schon. Besser als gestern jedenfalls – es sieht allerdings zum Fürchten aus…« Sie seufzte. »Und es schränkt mich auch bei gewissen Bewegungen ein.« Leider ließ sie offen, bei welchen genau, doch ihr Blick sprach Bände. Sie reichte Jon eine Tasse Cappuccino und nahm Platz. »Du hast gesagt, du hättest Redebedarf«, wechselte sie das Thema. »Also, was willst du wissen?«

»Erst will ich dir ein paar Sachen erzählen«, begann er und holte tief Luft. Er hatte das Gefühl, in einer Prüfungssituation zu stecken und sehr schlecht vorbereitet zu sein.

»Ich habe einen Master in Wirtschaftspsychologie und Marketing, das heißt, ich bin ein professioneller Menschen-Manipulator. Diese Fähigkeiten habe ich jahrelang gewinnbringend in der großen Werbeagentur meiner Familie eingesetzt. Ich war gut in meinem Job und habe sehr viel Geld verdient, aber wenn ich ehrlich bin, habe ich jede Minute davon gehasst. Dann kam ein krasser Burn-out. Von einem Tag auf den anderen sind mein Körper und vor allem meine Seele in Streik getreten – eine wirklich nicht sehr nachahmenswerte Erfahrung.«

Er schloss kurz die Augen, sprach aber zügig weiter, weil er auf keinen Fall eine Unterbrechung riskieren wollte: »Das war im Frühsommer. Einige Wochen lang ging gar nichts mehr bei mir, dann hat mein Therapeut gesagt, dass ich nicht auf Besserung zu hoffen brauche, wenn ich mein Leben nicht radikal ändere. Also bin ich von London zurück nach Edinburgh gezogen. Das hat schon etwas geholfen, auch weil ich in der Nähe meiner Familie war, also jedenfalls in der von meinen Eltern und meiner Schwester. Mein Bruder lebt immer noch in London. Aber sosehr mich meine Lieben auch unterstützt haben, es ging bei ihnen immer nur um die Agentur. Was ich auch verstehen kann, denn meine Eltern haben die Firma vor über dreißig Jahren gegründet und ein kleines Imperium daraus gemacht. Klar, dass sie ihnen wichtig ist. Aber es war eben nie mein Ding. Und dann kam der Anruf von Collum, der mir den Pub angeboten hat. Tja, den Rest kennst du.«

Er trank einen großen Schluck Kaffee und fühlte Islas

blaugraue Augen auf sich ruhen. »Ich bin nicht besonders gut in Beziehungen. Genau genommen kann ich nur eine längere vorweisen. Mit Emma war ich vier Jahre zusammen – bis kurz vor meinem Zusammenbruch –, aber wir haben uns redlich bemüht, uns gegenseitig das Leben zur Hölle zu machen. Seitdem bin ich Single, davor war ich ein ziemlicher Aufreißer.« Er stellte seine Tasse ab und nahm ihre Hand. »Ich finde dich toll, Isla. Aber ich habe dir gestern schon gesagt, dass ich keine halben Sachen mehr mache. Hier in Kirkby ist mein neues Leben, ein Leben, das sich zum ersten Mal richtig anfühlt. Das hier soll meine Zukunft werden, und idealerweise will ich diese Zukunft nicht allein gestalten, aber ich trau mir selbst nicht über den Weg. Ach ja, ich hab übrigens am 3. August Geburtstag und bin Löwe.«

Isla hatte ihn die ganze Zeit aufmerksam angesehen, nun weiteten sich ihre Pupillen sichtbar. »Löwe? Ich bin am 8. August geboren und somit auch Löwe! Ich finde, das ist für den Anfang schon mal eine sehr schöne Gemeinsamkeit, oder?« Sie drückte seine Hand.

»Schreckt es dich nicht ab, was ich eben gesagt habe?«, wollte er wissen.

»Höchstens die Tatsache, dass du nicht mit mir schlafen wirst«, gab sie zurück. »Und dass dein Hund sich schon wieder meinem Kräuterbeet nähert.« Sie stieß einen schrillen Pfiff aus, der Polly augenblicklich erstarren und verwundert in Islas Richtung schauen ließ. Ein Handzeichen genügte, und der Hund kam herbei und legte sich vor den beiden Menschen ab.

»Ich habe nie gesagt, dass ich nicht mit dir schlafen werde«, widersprach Jon. »Genau genommen gibt es nichts, was ich im Moment lieber täte.«

»Im Grunde hast du doch gesagt: Lass es uns langsam angehen und uns erst besser kennenlernen, ehe wir irgendwas überstürzen und es am Ende bereuen«, fasste sie seine unausgesprochenen Gedanken verdammt präzise zusammen. »Stimmt's?«

»Hmm«, brummte er. »Stimmt wohl.« Er kratzte sich am Kopf und kam sich ziemlich dämlich vor.

»Es könnte natürlich auch sein, dass ich überhaupt nicht dein Typ bin und du mich nur gut findest, weil ich gerade verfügbar bin.« Sie runzelte die Stirn.

»Was? Das ist jetzt nicht dein Ernst!«, rief er schockiert. Dann nahm er ihre Hand und legte sie auf seine fast schmerzhafte Erektion. Er fand sie superheiß in ihrem Flanellschlafanzug und hätte nichts lieber getan, als sie jetzt sofort in ihrem Schlafzimmer zu verführen. Ja, sie entsprach nicht seinem üblichen – seinem früheren! – Beuteschema, aber das machte es doch nur umso besser. Wahrscheinlich waren die rassigen, kurvigen Schönheiten, die er immer gedatet hatte, genauso falsch für ihn gewesen wie sein Job. Isla berührte Stellen in seinem Inneren, an die noch kein anderer Mensch gekommen war – und außerdem war er unfassbar scharf auf sie. Ein Zustand, den ihre warme Hand auf seiner harten Beule nicht gerade verbesserte ...

»Dein Ständer könnte genauso gut der Beweis für meine These sein«, entgegnete sie, nahm die Hand aber nicht weg, sondern rieb aufreizend über den gespannten Jeansstoff. »Du hast selbst gesagt, dass du seit einem Jahr Single bist, und ich wäre ... zu haben.«

»Du machst mich fertig«, keuchte er und zog ihre Hand wieder weg. »Mich hat noch keine Frau so fasziniert wie du. Ich will alles über dich wissen, dich wirklich kennenlernen, und dann ...« Er rang um die richtigen Worte – ein Problem, das er normalerweise nicht kannte. »Und dann werden wir sehen, ob unsere Löwenherzen kompatibel sind.«

WINKEKATZEN UND ...

»SOLLEN WIR NICHT NOCH EINEN KAFFEE trinken gehen?«, fragte Shona, als sie und Isla ins Auto stiegen.

»Ich hab wirklich keine Lust auf einen Abstecher nach Inverness«, stöhnte Isla genervt. Jons Halbsatz von heute Morgen – »ob unsere Löwenherzen kompatibel sind« – dröhnte immer noch in ihren Ohren. Sie hätte ihm rasend gern bewiesen, wie kompatibel sie waren, doch zum einen hatte er vermutlich recht damit, dass sie es langsam angehen sollten, und zum anderen hätte sie für eine ausführliche Kompatibilitätsprüfung leider auch gar keine Zeit gehabt.

Dieser Dienstag war nämlich für einige Besuche bei Lieferanten geblockt. Sie hatte Termine bei zwei Biobauern für Gemüse und Rindfleisch gehabt und später noch einen mit dem Fischer, der sie seit zwei Jahren mit fangfrischem Fisch und Meeresfrüchten belieferte. Shona hatte sich bei der Tour eingeklinkt, weil eine Glasmanufaktur auf dem Weg lag, bei der sie Prototypen für ihre Whiskyflaschen machen lassen wollte. Flaschen, die sie in frühestens drei Jahren benötigen würde, denn noch hatte sie nicht mal mit dem ersten Brennprozess beginnen können, weil die Renovierungsarbeiten an der Destillerie nur schleppend vorankamen. Aber Hauptsache, die Details stimmten schon. Isla liebte ihre kleine Schwester heiß und innig, fand aber die Art und Weise, wie sie an ihr Geschäft heranging, reichlich fragwürdig. Doch Shona wollte von guten Argumenten nichts wissen. Sie hatte ihren eigenen Kopf und tat, was sie für richtig hielt. Und da sie der unangefochtene Liebling ihres Vaters war, gab es auch keine Diskussionen über die Finanzierung dieser Abenteuer.

Shona hatte sie also den ganzen Tag lang begleitet und die Bauern und den Fischer derart mit ihrem Charme bezirzt, dass die kaum noch auf Islas Fragen hatten reagieren können. Isla würde sich nicht wundern, wenn ihre Produzenten die Hälfte der besprochenen Punkte schon wieder vergessen hätten. Sie nahm sich vor, gleich nach ihrer Rückkehr Mails hinterherzuschicken. Außerdem hatte Shona unablässig geplappert: was für kühne Ideen sie für ihre Destillerie hatte, dass sie neben Whisky auch Gin brennen wollte, welche Trainer sie schon für Highland-Dancing-Workshops angefragt hatte, wie es in der WG mit Hailey und Kristie lief, welche Singlemänner in der Umgebung infrage kamen und welche nicht – Jon war zu Islas Ärger eindeutig auf der Pro-Liste gelandet! – und wie Shonas Pläne für ihre große Eröffnungsparty aussahen. Kurz, Isla bluteten fast die Ohren. Jetzt wollte sie nur noch nach Hause und vielleicht ein Stündchen nichts tun, ehe sie am Abend zu Anna in die Yogastunde ging. Da war ein Zwischenstopp in Inverness zum Kaffeetrinken definitiv das Letzte, wonach ihr der Sinn stand.

»Du bist so eine Spielverderberin«, maulte Shona

prompt. »Du gönnst mir nicht das kleinste bisschen Spaß. Wir könnten Kaffee trinken und uns ein paar Jungs ansehen. Mal andere Typen als die in Kirkby. Ich hätte da auch ein paar Tinder-Matches.«

»Schwesterchen, es steht dir jederzeit frei, zum Jungsgucken und Tindern nach Inverness zu fahren, aber ich habe jetzt einfach weder Lust noch Zeit dazu.«

»Aber ein bisschen Spaß würde dir auch mal guttun«, behauptete Shona großspurig. »Wann hattest du das letzte Mal Sex?«

»Ich weiß nicht, was dich das angeht«, brummte Isla gereizt. Über ihr Liebesleben würde sie ganz bestimmt nicht mit ihrer Schwester diskutieren.

»Das sind nur andere Worte für ›Ich kann mich nicht mehr erinnern‹! Ernsthaft, Isla, du wirst nicht jünger, und der Markt wird nicht größer.«

»Seit wann bist du so besorgt, was mein Liebesleben angeht? Bist wohl mit deinem eigenen nicht ausgelastet«, mutmaßte Isla und fuhr quer durch die Stadt, ohne einen Abstecher zu Shonas bevorzugter Ausgehzone zu machen. »Bereust du es schon, in die Wildnis zurückgekehrt zu sein?« Ihre jüngste Schwester hatte bis Ende letzten Jahres als Whisky-Sommelière in London gelebt und gearbeitet. Die Angebote der Metropole hatte sie dabei nach eigenen Angaben weidlich ausgenutzt und genossen. Alle waren überrascht gewesen, als sie nach Kirkby zurückgekommen war, um dort das gewagte Experiment einer eigenen Destillerie in Angriff zu nehmen.

»Ich bereue gar nichts, auch wenn ich zugeben muss,

dass es hier männermäßig wirklich ziemlich mau aussieht. Aber ich bin noch jung, ich habe alle Möglichkeiten. Wohingegen bei dir langsam, aber sicher die Uhr tickt.«

»Du hast recht, bei mir tickt was. Eine Zeitbombe nämlich, die jederzeit hochgehen kann, wenn meine lästige kleine Schwester weiter so frech ist. Du bist keine vier Jahre jünger als ich, also tu nicht so, als stünde ich schon mit einem Fuß im Grab«, grollte Isla.

»Du bist über dreißig, ich bin unter dreißig – uns trennen auf dem Dating-Markt Welten«, behauptete Shona unbeeindruckt.

»Dann ist es ja gut, dass mich der Dating-Markt so gar nicht interessiert.«

»Magst du keinen Sex, oder was ist los mit dir?«

»Mit mir ist gar nichts los, außer dass mir dieses Gespräch auf die Nerven geht. Dass du mir auf die Nerven gehst! Und wenn du nicht gleich die Klappe hältst, schmeiße ich dich an der nächsten Ecke aus dem Auto, und dann kannst du zusehen, wie du nach Hause kommst. Vielleicht reißt du dir einen Taxifahrer auf oder so.« Es wäre so einfach, Shona die Wahrheit zu erzählen. Dass es nämlich durchaus jemanden gab, der Islas Blut in Wallung und ihre Fantasie zum Glühen brachte. Doch sie kannte ihre Schwester: Shona wäre Feuer und Flamme und würde alles daransetzen, sämtliche Details zu erfahren. Im nächsten Schritt wüsste dann ganz Kirkby Bescheid – und das alles mutmaßlich bis heute Abend. Nein, das konnte und wollte sie nicht riskieren.

»Stehst du auf Frauen?«, wechselte Shona die Taktik.

»Also nicht, dass ich das schlimm fände oder so, aber das würde erklären, warum dich noch nie jemand mit einem Typen gesehen hat. Und als Lesbe hat man es hier auf dem Land sicher noch schwerer, jemanden zu finden.« Sie schaute ihre Schwester mit großen, mitfühlenden Augen an.

»Was an ›Mein Liebesleben geht dich nichts an‹ hast du nicht verstanden?«, knurrte Isla. Übrigens irrte sich Shona in mehr als einer Hinsicht. Es gab in Kirkby mindestens zwei lesbische Frauen – sie war keine davon –, und beide hatten es bei ihr versucht. Anscheinend strahlte sie verwirrende Signale aus. »Außerdem kannst du doch gar nicht beurteilen, mit wem ich mich in den letzten Jahren alles getroffen habe. Du warst bis vor kurzer Zeit ja gar nicht da.«

»Ich nicht, aber Hailey, Tante Alice und Betty Murray. Und das sind nur diejenigen, mit denen ich ausführlich gesprochen habe.«

»Wie beruhigend …« Isla schüttelte den Kopf. Dieses Gespräch war derart absurd, dass sie eigentlich entweder schreien oder lachen müsste. Das waren eindeutig die Nachteile am Dorfleben: Jeder stand unter Beobachtung, niemandem entging irgendwas. Und genau das war auch der Grund, warum sie sich hier bislang Affären verkniffen hatte: weil sie keine Lust auf das Gerede hatte.

»Ich finde das gar nicht beruhigend.« Shona ließ nicht locker. »Es ist unnatürlich. Jeder Mensch hat Bedürfnisse – auch du.«

»Um deine Sorgen ein für alle Mal aus der Welt zu

schaffen: Ich verreise jedes Jahr für mehrere Wochen am Stück – und nutze diese Zeit sinnvoll.« Isla warf ihr einen kurzen, aber hoffentlich bedeutungsschwangeren Blick zu.

»Du warst in Thailand und Vietnam«, stellte Shona stirnrunzelnd fest.

»Ich weiß. Ich war dabei«, entgegnete Isla sarkastisch und musste jetzt wirklich lachen. Ihre Schwester gab einfach keine Ruhe.

»Europäische Sextouristen habe ich mir bisher immer anders vorgestellt.«

»Siehste mal, da kannst du gleich wieder mit ein paar von deinen Vorurteilen aufräumen.« Isla grinste zufrieden und fragte sich, wann der Tratsch in Kirkby die Runde gemacht haben würde. Und wer tatsächlich glauben würde, dass sie sich mit asiatischen Toyboys oder -girls amüsierte.

»Du verarschst mich doch!«, rief Shona empört.

»Das, kleine Schwester, bleibt deiner schmutzigen Fantasie überlassen.«

Drei Stunden später stand Isla frisch geduscht und nackt in ihrem großartigen, aber leider nur spärlich ausgestatteten Ankleidezimmer und überlegte, was sie anziehen sollte – eine Frage, die auf so vielen Ebenen dämlich war, dass sie über sich selbst lachen musste. Es ging nämlich um ein Yoga-Outfit, das aber so gut aussehen sollte, dass sie damit anschließend problemlos *The Wise Pelican* betreten konnte. Als ob sich irgendein Dorfbewohner für ihre Klamotten interessierte! Und Jon schien völlig blind für ihre

Kleidung zu sein. Ihn hatten weder ihre Kochuniform noch die unförmigen Sportklamotten von letzter Woche, ihre übliche Jeans-und-Pulli-Kombi oder ihr Schlafanzug abgeschreckt. Was erstaunlich war, denn er selbst legte offensichtlich größten Wert auf seine Kleidung. Sie war hochwertig, gut geschnitten und sichtbar teuer, das erkannte sogar sie mit ihrem eher unterentwickelten Modeverständnis. Aber ihre modischen Entgleisungen waren ihm offenbar egal, entweder weil er nur auf ihre inneren Werte abfuhr oder weil sie ihn als Frau nicht ernsthaft interessierte. Beide Optionen fand sie fragwürdig bis verstörend – und sie passten auch nicht zu seinem Verhalten heute Morgen.

Mist! Wann hatte ein Mann sie zuletzt derart verunsichert? Sie konnte sich nicht daran erinnern. Normalerweise vermied sie es tunlichst, derart viel Gefühl zu investieren. »Du bist lächerlich!«, schimpfte sie mit ihrem Spiegelbild. Von viel Gefühl konnte ja nun wirklich keine Rede sein. Höchstens von viel Interesse. Genau: Interesse! Ein wunderbar neutrales und doch vielschichtiges Wort. Sie hatte Interesse, das war alles. Und das war kein Grund, sich wegen passender »Ich-geh-zum-Sport-und-dann-in-den-Pub«-Bekleidung den Kopf zu zerbrechen.

Sie betrachtete den riesigen blauen Fleck an ihrer rechten Hüfte, der malerisch am Oberschenkel entlang in Richtung Knie verlief, und beschloss, dass dieser Anblick so abtörnend war, dass auch ein sexy Outfit nichts nützen würde – selbst wenn sie denn eins hätte. Also zog sie einen simplen schwarzen Slip an, ihre schwarzen Sportleggins und ein schwarzes Tanktop. Damit war sie zumindest für die Yogastunde perfekt gekleidet. Statt in die Fleecejacke schlüpfte sie aber in einen weichen lavendelfarbenen Kaschmirpullover mit V-Ausschnitt. Den hatte ihr letzten Herbst Colleen bei einem gemeinsamen Shopping-Ausflug in Inverness aufgeschwatzt. Sie selbst hätte wegen ihrer roten Haare niemals diese Farbe gewählt, musste aber zugeben, dass sie erstaunlich schmeichelhaft war und ihre Augen schön zum Leuchten brachte. Es folgten kuschelige Socken und bequeme Sneakers. Sie schlang sich einen Schal um den Hals, zog ihren Mantel über und eilte dann rasch zu Annas Haus – in der Hoffnung, in den nächsten anderthalb Stunden ein wenig zur Ruhe zu kommen.

Außer ihr war diesmal wieder Kristie und zum ersten Mal Colleen zur Yogastunde erschienen. Isla war ausgesprochen froh, dass Shona offensichtlich andere Pläne hatte. Am Nachmittag hatte die noch überlegt, ob sie mitkommen sollte, schließlich habe sie in London eine Zeit lang einen Yogalehrer gedatet und sei somit ein Profi in »indischer Akrobatik«. Isla nahm an, dass ihre jüngere Schwester Yoga mit Kamasutra verwechselte, hatte es aber nicht weiter kommentiert. Eine Diskussion über Sexstellungen hatte sie nämlich um jeden Preis verhindern wollen – auch weil sie bezweifelte, dass Shona davon mehr Ahnung hatte als sie selbst ... Aber das war eine ganz andere Geschichte. Immerhin hatte die Yogastunde den gewünschten Erfolg: Sie war deutlich ruhiger und fühlte sich zentriert und entspannt, als sie sich von Anna, Kristie und Colleen verabschiedete. Die drei wollten ihre Entspannung noch mit einem gemeinsamen Gin Tonic vertiefen. Doch Isla hatte ein anderes Ziel.

An diesem ersten offiziellen Abend und um diese Zeit waren noch etwa fünf Gäste in *The Wise Pelican*. Isla wollte eigentlich auch nur schnell einen Glücksbringer abgeben, zumindest hatte sie sich das als Anlass eingeredet. Jon stand hinter dem Tresen und strahlte sie an, als sie auf einem Barhocker Platz nahm. »Herzlich willkommen. Was darf ich dir bringen?«

»Eigentlich bin ich nur hier, um *dir* etwas zu bringen«, entgegnete sie und zog eine kleine, goldene chinesische Winkekatze aus ihrer Tasche. »Die soll für Glück und finanziellen Erfolg sorgen.« Sie schob das kitschige Biest in seine Richtung.

»Ich bin gerührt«, sagte er grinsend. Als er nach der Katze griff, strichen seine Finger über Islas Handrücken. »Ich werde sie in Ehren halten – auch wenn sie die sorgsam etablierte Corporate Identity meines Pubs ruiniert. Hier haben ja eigentlich nur Pelikane und farblich abgestimmte Accessoires Platz. Die Mieze passt in keine dieser Kategorien.« Er zwinkerte ihr zu und ließ seine Hand auf ihrer liegen.

»Ich kenne das Problem, aber ich kann dir nur empfehlen, den alten Gastro-Aberglauben nicht leichtfertig abzutun. Ich habe schon in vielen Restaurants gearbeitet, aber erfolgreich waren immer nur diejenigen, die eine Winkekatze hatten.« Das war nicht mal gelogen, auch wenn sie persönlich nicht wirklich glaubte, dass es an der Katze gelegen hatte.

»Wenn das so ist, werde ich natürlich nichts riskieren. Allerdings fällt es mir schwer, zu glauben, dass in deinem durchgestylten Restaurant irgendwo eine Winkekatze steht.«

»Dann täuschst du dich. Selbstverständlich habe ich eine – und sie ist auch für alle sichtbar, wenn man weiß, wohin man schauen muss.« Ihre Katze saß diskret im Spirituosen-Regal und fiel tatsächlich nur auf, wenn man wusste, dass sie da war. Einige Foodblogger hatten sie aber schon entdeckt, und so war sie auf diversen Instagram-Kanälen zu sehen gewesen – zur großen Freude ihres thailändischen Freundes Prasong, der sie ihr einst geschenkt hatte.

»Dann muss ich wohl ganz dringend mal zum Essen zu dir kommen und dabei die Augen offen halten.«

»Das solltest du unbedingt mal tun, aber nun müssen wir einen Platz für deine Katze finden. Ich denke, sie würde sich zu Füßen des Pelikans gut machen.« Isla hatte langsam größte Mühe, ernst zu bleiben. Sie wollte laut loslachen, und vor allem wollte sie Jon umarmen und besinnungslos küssen. Stattdessen hatte sie ihn in diese alberne Winkekatzen-Diskussion verwickelt.

Er nahm seine Hand von ihrer und drehte sich zu dem Pelikan um. »Der perfekte Ort«, befand er und zog dann eine kleine Trittleiter aus einem Fach unter dem Tresen hervor, kletterte hinauf und stellte die Katze zwischen die Beine des Riesenvogels. Es sah absolut albern und grotesk aus, aber Isla hatte keinen Blick dafür. Sie starrte wie hypnotisiert auf Jon, der tatsächlich einen Kilt trug.

Kilt tragende Männer waren ihr nun wahrlich nicht fremd, in der Regel verschwendete sie selten mehr als einen Blick darauf, doch bei Jon war es etwas anderes. Zum einen hatte sie ihn bisher immer nur in Jeans gesehen – auch schon kein ganz schlechter Anblick –, und zum anderen ... blieben ihr die Gedanken irgendwo in den Gehirnwindungen stecken.

»Na, was meinst du?«, rief er ihr von seiner erhöhten Position aus zu.

Was sie meinte? Ihr benebelter Geist fragte sich im Moment eigentlich nur, ob sie wohl überprüfen könnte, wie es bei ihm um die traditionelle Unterbekleidung bestellt war. Aber da das Outfit insgesamt wenig traditionell war, trug er vermutlich eine Unterhose.

»Versuchst du mir etwa unter den Kilt zu gucken?«

»Wie kommst du denn auf die Idee?«, japste sie ertappt und hob den Blick zu seinem Gesicht. Er grinste breit. Natürlich. Was auch sonst? Warum brachte er sie nur so aus dem Konzept?

»Weil du leicht verrenkt auf dem Tresen liegst und glasige Augen hast.« Er stieg von der Leiter und betrachtete sein Arrangement. Die dämliche Katze stand nun auf den Schwimmfüßen des Vogels und winkte fröhlich vor sich hin. Es war völlig absurd. Dann wandte er sich erneut Isla zu, die sich wieder ordentlich auf ihren Barhocker gesetzt hatte.

»Wenn ich glasige Augen habe, liegt das daran, dass ich

dehydriert bin«, behauptete sie. »In diesem Laden kriegt man ja nichts zu trinken.« Sie seufzte melodramatisch und versuchte, sich wieder einigermaßen in den Griff zu bekommen. Es war wirklich mehr als idiotisch, dass sie so stark auf Schlüsselreize reagierte, von denen sie bis eben nicht einmal geahnt hatte, welche Wirkung sie auf sie haben konnten. Jon war schon in Jeans und Pulli ein verdammt gut aussehender Mann, aber die Kombination aus dem körpernahen, salbeifarbenen Langarmshirt und dem Kilt, der in soften Blau- und Grüntönen gemustert war, war schlicht umwerfend. Dazu trug er knöchelhohe Boots und Strümpfe in der gleichen Farbe wie das Shirt. Die waren aber heruntergerutscht – oder womöglich absichtlich zusammengeschoppt? –, sodass man, oder vielmehr frau, einen ungetrübten Blick auf sehnige Waden hatte.

»Diese Farbe«, murmelte sie verstört und schüttelte den Kopf.

»Welche Farbe?« Er hatte ihr ein Glas Wasser hingestellt und hielt gerade zwei verschiedene Flaschen Whisky in den Händen.

»Von deinem Shirt.«

»Was stimmt damit nicht?«

»Nichts. Ich meine, Salbei? Also, dir steht es, aber ...«

»Aber was?«

Sie schloss die Augen und versuchte krampfhaft, ihr amoklaufendes Unterbewusstsein – oder Lustzentrum? – unter Kontrolle zu bekommen. Das wurde langsam mehr als peinlich. »Nichts aber. Es steht dir fantastisch. Punkt. Ich war nur überrascht, dich so zu sehen«, gab sie zu. Sie machte eine vage Handbewegung in Richtung seines Kilts.

Er hob eine Braue, eindeutig mehr als nur ein bisschen amüsiert. »Das ist ein Grant-Tartan. Irgendein historisches Jagdmuster, das ich in der Datenbank entdeckt habe. Die Farben habe ich auch für Wände und Accessoires im Pub verwendet, da war es doch nur logisch, dass ich als Wirt auch einen passenden Kilt brauche, oder?«

»Total logisch.« Sie griff nach dem Wasserglas und leerte es in gierigen Zügen.

Jon schenkte ihr nach und bemerkte dann nonchalant: »Ich finde es übrigens ganz erstaunlich, dass du dir thailändische Sexsklaven hältst.«

Isla, die das Glas gerade erneut zum Mund geführt hatte, verschluckte sich heftig an dem Wasser. Jetzt war ihr auch klar, wo Shona den Abend verbracht hatte. Sie schickte ihrer kleinen Schwester wüste Verwünschungen, die allerdings durch ihren Hustenanfall überdeckt wurden.

»Ein Dementi hört sich anders an«, befand Jon trocken und reichte ihr hilfsbereit eine Serviette. »Whisky?«

»Bitte«, krächzte sie. Eigentlich war sie nicht überrascht. Es war ihr heute Nachmittag im Auto schon klar gewesen, dass Shona dem hingeworfenen Köder nicht würde widerstehen können. Aber dass dieses absurde Gerücht ausgerechnet direkt bei Jon gelandet war, fand sie doch verstörend. Thailändischer Sexsklave? Ernsthaft? Sie trank noch einen Schluck Wasser und sagte dann ruhiger: »Prasong ist kein Sexsklave, sondern ein Spitzenkoch in Bangkok.«

»Das beruhigt mich ungemein.« Breites Grinsen.

»Und ich habe keine Ahnung, warum ich dir das jetzt erzählt habe. Welche Lügen hat meine kleine Schwester denn sonst noch über mich verbreitet?«

»Das kann ich nicht eindeutig beantworten. Aber alles, was sie und Hailey erzählt haben, klang ziemlich ... nun ja ... abenteuerlich. Ob es Lügen waren oder die Wahrheit, kann ich aber nicht beurteilen, dafür kenne ich dich nicht gut genug.«

»Dann sollten wir das dringend ändern, damit du nicht auf Gerüchte angewiesen bist.« Sie griff nach dem Whiskyglas und sah Jon in die Augen. Irgendwie lief an diesem Tag nichts wie geplant. »Hast du eigentlich keine Sperrstunde?«, fragte sie dann und warf einen Blick über die Schulter. Zwei Tische waren noch besetzt. An einem davon brach man aber immerhin gerade auf.

»An meinem allerersten Abend als Wirt? Da müsste die Katze echte Wunder vollbringen können.« Er zwinkerte ihr zu. »Aber wir können uns doch einfach unterhalten. Von mir weißt du ja schon eine ganze Menge. Von dir weiß ich noch nichts – außer dass du fünf Tage nach mir Geburtstag hast und einen thailändischen Spitzenkoch als Liebhaber. Ist es etwas Ernstes zwischen euch?«

»Was? Nein! Wir waren vor Jahren mal ein Weilchen zusammen, als ich in Thailand gearbeitet habe. Seitdem sind wir nur noch befreundet, und wenn ich in der Nähe bin ...«

»Verstehe. Also bist du doch eine Art Sextouristin.« Er schien das wirklich witzig zu finden. Oder?

»Nein, bin ich nicht!«, beharrte sie. »Prasong ist einfach ein guter Freund von mir. Wir hatten damals viel Spaß miteinander und...« Sie schüttelte den Kopf. »Das wird jetzt nicht besser, was?«

»Ich fürchte nicht.« Er lachte, doch es klang etwas gezwungen.

»Stört es dich, dass ich eine Freundschaft mit Extras pflege?«

»Fändest du mich spießig, wenn ich Ja sage?«, kam prompt die Gegenfrage.

»›Spießig‹ ist nicht das richtige Wort. Eher befremdlich. Ich meine, es geht...«

»Es geht mich gar nichts an. Ich weiß.« Er zögerte, dann nahm er ihre Hand. »Aber was, wenn ich gerne hätte, dass es mich was angeht?«

»Das wäre dann etwas anderes. Ich hatte nur bislang nie jemanden, den es etwas angehen durfte.«

»Nie?«

»Nicht im Sinne einer echten Beziehung.«

»Was verstehst du unter ›echter Beziehung‹?«

»Na ja, ich gebe zu, das ist eine gute Frage, denn vermutlich beantwortet sie jeder anders.« Sie zuckte mit den Schultern und fragte sich, wie um alles in der Welt sie sich in diese Sackgasse hatte hineinkatapultieren lassen. Doch da Jon heute Morgen so offen zu ihr gewesen war, schuldete sie ihm womöglich ebenfalls einen Einblick in ihr Innerstes. »Für mich ist es eine echte Beziehung, wenn man sich als Paar fühlt, ein Team ist. Wenn man sein Gegenüber nicht nur mag und sich ihm freundschaftlich verbunden fühlt, sondern ihn oder sie wirklich liebt.« Sie spürte ihren Worten nach. Ja, das passte. Das fühlte sich gut an.

Jon runzelte die Stirn und kratzte sich am Kopf. »Dann warst du noch nie verliebt?«, fragte er schließlich ungläubig.

»Ich weiß nicht. Verknallt war ich schon oft, aber definitiv war ich noch nie so richtig verliebt, so, dass es nichts Wichtigeres in meinem Leben gab als diese eine Person. Und du?«

»Ich dachte, ich hätte das mit Emma gehabt. Aber in der Rückschau...« Er ließ den Satz unbeendet.

»Immerhin warst du vier Jahre mit ihr zusammen. So lange hab ich es nie geschafft. Meine längste Affäre lief vier Monate.«

»Die mit dem thailändischen Küchengott?«

»Nein.« Die mit Rodney Swinton, aber das behielt sie für sich. Sie wollte sich die Stimmung nicht noch mehr verderben.

»Wie kommt's?« Er klang aufrichtig interessiert.

»Es liegt sicher am Job. Seit ich mit kaum achtzehn von hier weggegangen bin, war ich selten länger als ein Jahr an einem Ort. Manchmal waren es nur ein paar Monate. Nur in Thailand und in Kopenhagen war ich etwas länger. Ich weiß nicht, ob du dir vorstellen kannst, wie stressig und lang die Arbeitszeiten in Restaurantküchen sind, zumal in der Spitzengastronomie, aber ich kann dir versichern, da bleibt nicht viel Platz für anderes. Versteh mich nicht falsch, ich habe das immer geliebt. Ich fand's großartig, so viel unterwegs zu sein, ständig andere Kulturen und Menschen kennenzulernen, aber das ist keine gesunde Basis für eine Liebesbeziehung. Natürlich gab es immer wieder Affären mit Kollegen, aber in der Regel lautet die unausgesprochene Vereinbarung, dass man nur so lange zusammen ist, wie beide Spaß haben. Keine Verpflichtung, keine Dramen, nur ...«

»Sex zum Druckabbau?«, schlug Jon mit gehobener Braue vor.

»So ungefähr«, gab Isla zu. Und es stimmte auch – Sex war ein hervorragendes Mittel, um Druck abzubauen, und Kollegen war die Einzigen, deren Arbeitszeiten kompatibel waren. Daran gab es nichts zu beschönigen. »Es ist kein Wunder, dass die Scheidungsrate bei Profiköchen erheblich höher ist als in anderen Berufsgruppen.«

»Ist das nicht ein hoher Preis, den man da zahlt?«

»Mag sein. Wahrscheinlich sogar. Aber ich habe in den zehn Jahren, die ich unterwegs war, nichts vermisst. Meine Prioritäten lagen bei anderen Dingen. Ich wollte lernen und die Welt entdecken.« Sie lächelte bei der Erinnerung an diese intensive Zeit.

»Aber jetzt bist du ja hier. Wie lange schon? Seit drei Jahren?«

»Ja, ziemlich genau. Viel verändert hat sich aber trotzdem nicht für mich. *The Scottish Thistle* ist mein erstes eigenes Restaurant, mein Lebenstraum. Ich habe verdammt hart dafür gearbeitet, dass ich so einen guten Ruf habe, und der Michelin-Stern bedeutet mir unglaublich viel.«

»Aber?«

»Kein Aber.« Das war eine Lüge, das wusste sie, denn wenn sie ehrlich war, war die formale Anerkennung ihrer Kompetenz längst nicht mehr alles. Es gab da diese unspezifische Sehnsucht in ihr, die sie nicht mal vor sich selbst zugeben wollte. »Und außerdem habe ich gerade ein Déjà-vu. Diese Aber-Diskussion hatten wir doch gestern schon.«

»Und du weißt auch noch, wie sie endete?« Ein verführerisches Lächeln machte sich auf seinem Gesicht breit.

»Oh ja!« Wie könnte sie das vergessen? »Ich habe dich geküsst, und dann hast du mich mit verwirrenden Thesen über Sternzeichen traktiert und mich anschließend unverrichteter Dinge nach Hause gehen lassen.«

»Unverrichteter Dinge? Ich habe für dich gekocht, dir Schokolade und Whisky gegeben und …«

»Mich dann nach Hause geschickt, weil du keine halben Sachen machen möchtest.« Sie seufzte. »Ich verstehe deine Sehnsucht, aber ich weiß nicht, ob ich die Richtige dafür bin, sie zu stillen. Ich würde sogar fast darauf wetten, dass ich es nicht bin. Aber … und dieses Aber ist ganz real: Ich würde dich wahnsinnig gern besser kennenlernen.«

Sie sah, wie sein Adamsapfel zuckte, als er trocken schluckte. »Tun wir das nicht schon? Wir reden miteinander und lernen uns kennen.«

»Ich mag nur eine einfach gestrickte Köchin sein, aber Reden reicht mir nicht«, sagte sie leise. »Und ich bin auch nicht hier, um mit dir zu quatschen.«

»Bleibt das jetzt so?«, unterbrach eine laute, fröhliche Stimme den aufgeladenen Schlagabtausch, und Isla fuhr herum. Eine junge, dunkelhaarige Frau mit karierter Schürze hatte sich neben sie gestellt und starrte auf den Pelikan. »Es sieht aus, als würde die Katze dem Vogel die Eier kraulen«, kicherte sie.

Jon verdrehte die Augen. »Jessy, hast du im Biologieunterricht nicht aufgepasst? Vögel haben keine Eier, sie legen nur welche.«

»Wenn du das sagst, Boss.« Sie zwinkerte ihm zu. »Ich wollte auch nicht stören – bei was auch immer –, sondern fragen, ob du mich heute noch brauchst. Der letzte Tisch geht gerade. Alle anderen habe ich bereits sauber gemacht und Geschirr und Gläser in die Spülmaschine gestellt.«

Jon schaute zu den letzten Gästen, die sich tatsächlich gerade erhoben, und rief ihnen hinterher: »Danke, dass ihr da wart. Bis zum nächsten Mal!« Dann wandte er sich an Jessy. »Sei ein Schatz und räum diesen Tisch auch noch ab, dann kannst du Feierabend machen. Wir sehen uns dann morgen um fünf wieder.« Er nahm seiner Kellnerin die schmutzigen Gläser ab und räumte sie in die Glasspülmaschine unterm Tresen, während Jessy Besteck und Teller in die Küche brachte. Dann wischte sie noch den Tisch ab, hängte ihre Schürze an einen Haken hinter der Bar und verabschiedete sich. Jon verriegelte die Tür hinter ihr und löschte fast alle Lichter, ehe er zum Tresen zurückkehrte und sich vor Isla aufbaute. »Wo waren wir gerade stehen geblieben?«

»Dabei, dass ich nicht hier bin, um mit dir zu reden«,

entgegnete sie und fühlte sich mit einem Mal reichlich atemlos. Jon stand nur wenige Zentimeter vor ihrem Barhocker. So nah, dass sie die Körperwärme spüren konnte, die er ausstrahlte, ohne dass er sie berührte. Sein salbeifarbenes Shirt, das an jedem anderen Mann lächerlich gewirkt hätte, spannte sich verheißungsvoll um seinen Oberkörper. Am liebsten hätte sie es aus dem Bund des Kilts herausgezupft und ihre Hände daruntergleiten lassen. Allerdings hatte sie keine Ahnung, ob sie dann die Finger von ihm lassen könnte – oder wie sie reagieren würde, wenn er sie erneut auf Distanz halten wollte. Sie verstand seine Sehnsucht nach etwas Richtigem und Ernsthaftem – tief in sich fühlte sie einen ähnlichen Impuls –, aber ob sie ihm das geben konnte, wusste sie wirklich nicht. Sicher war sie allerdings, dass sie ihn unbedingt näher kennenlernen wollte. »Es gibt auch noch andere Wege, Nähe zu schaffen«, raunte sie leise.

Jon legte ihr eine Hand an die Wange, beugte sich vor und küsste sie. Ganz zart zunächst. »Wir haben uns ja noch gar nicht richtig begrüßt.« Dann trat er den letzten kleinen Schritt auf sie zu und küsste sie richtig.

Isla schlang unwillkürlich die Beine um ihn und zog ihn noch näher an sich. Durch den dünnen Stoff ihrer Sportleggins konnte sie ganz deutlich seine Erektion spüren, und reflexhaft begann sie sich an ihm zu reiben. Mit den Händen krallte sie sich an seinem Shirt fest, mit ihrem Mund saugte sie an seiner Unterlippe. »Bitte schick mich nicht mehr weg«, hauchte sie.

»Das habe ich nicht vor.« Seine Stimme klang rau, und

seine Hände waren plötzlich unter ihrem Pulli, unter ihrem Tanktop. »Aber lass uns hochgehen.« Er versuchte, sich aus ihrer Beinklammer zu befreien.

Fast enttäuscht, ließ sie locker. Die neuerliche Distanz tat ihr beinah körperlich weh, und ein Teil von ihr war erschrocken über diese heftige physische Reaktion, doch sehnte sie sich derart nach ihm, dass sie es zuließ, als er ihre Hand ergriff und sie in Richtung Treppe lotste. Als sie den ersten Stock erreicht hatten, überholte sie ein großer schwarzer Schatten.

»Fuck«, fluchte Jon, der ganz offensichtlich nicht mehr an seinen Hund gedacht hatte. Ehe Isla irgendwie reagieren konnte, bugsierte er sie in das nächstgelegene Gästezimmer und hielt Polly mit aller Macht davon ab, ebenfalls hereinzuschlüpfen. »Gib mir eine Sekunde.« Damit verließ er das Zimmer, und Isla hörte, wie er und Polly die Treppe zum zweiten Stock hinaufpolterten.

Schwer atmend und leicht ratlos sah sie sich um. Was hatte das zu bedeuten? Musste er erst seine Wohnung aufräumen? Oder wollte er sie dort gar nicht haben? Doch ehe aus ihren Fragen echte Irritation werden konnte, war er auch schon wieder bei ihr im Zimmer, warf etwas auf den Nachttisch und riss sie erneut in seine Arme. »Lange Geschichte«, murmelte er, als er ihren fragenden Gesichtsausdruck sah. »Erzähl ich dir nachher.«

Es war mehr als eindeutig, dass Jon Grant im Augenblick nur noch ein Ziel hatte. Mit einer geschickten Bewegung streifte er ihr Pulli und Tanktop über den Kopf und zog scharf die Luft ein, als er ihren nackten Oberkörper sah. Sie trug nur selten BHs – viel zu halten gab es bei ihr nicht, aber ihre kleinen Brüste waren fest und straff und die Nippel erwartungsvoll aufgerichtet. Jon hob Isla hoch, legte sie auf das Bett und begann hingebungsvoll an einer Brustwarze zu saugen. Seine rechte Hand spielte mit der anderen Brust, fuhr dann langsam an ihrem Bauch hinunter und zupfte am elastischen Bund ihrer Sporthose.

Ungeduldig lotste sie seine Hand an die Stelle, wo sie dringend berührt werden wollte. Ganz zart und provozierend trommelte er mit den Fingerkuppen auf ihren immer noch verhüllten Venushügel, und sie stöhnte. »Das Vorspiel war für meinen Geschmack schon viel zu lang«, keuchte sie. »Mehr als vierundzwanzig Stunden sind zu viel.«

Jon lachte und biss spielerisch in ihren Nippel, doch dann hatte er glücklicherweise ein Einsehen und ließ die Hand endlich in ihre Hose und ihren Slip gleiten. Die erste Berührung seines warmen, leicht rauen Zeigefingers ließ ihre Nervenenden aufglühen. »Gott, bist du nass.«

»Glaub mir, Gott hat damit nicht viel zu tun!« Sie brauchte auf der Stelle deutlich mehr von ihm, und vor allem wollte sie ihn nackt haben. So sexy das Salbeishirt und der Kilt auch waren, beides musste weg. Rasch kickte sie sich die Sneakers von den Füßen und zerrte mit zitternden Händen an seinem Shirt, kam jedoch nicht weit. Glücklicherweise verstand er ihren wenig subtilen Hinweis – einen Augenblick später war das Shirt Geschichte, und Isla hatte Gelegenheit, seinen haarlosen, muskulösen Oberkörper zu bewundern, während er mit den Schnallenverschlüssen seines Kilts kämpfte. Er war keine hart gemeißelte Gottheit, aber sehr, sehr appetitlich – und ein Verräter alter schottischer Tradition. Denn als der schwere Tartanstoff zu Boden fiel, kamen enge Boxershorts zum Vorschein. »Das ist ein Sakrileg!«, japste sie.

»Lieber ein Sakrileg als wund gerieben.« Statt sich auch noch die letzte Hülle auszuziehen, wandte er sich ihrer Leggins zu, streifte sie ihr mit einer geschmeidigen Bewegung samt dem Slip ab und kniete sich dann über sie. »Das sieht ganz schön übel aus«, sagte er und strich vorsichtig mit einer Hand über ihre lädierte Hüfte. »Bist du sicher, dass du weitermachen willst?«

Sie liebte und hasste ihn gleichzeitig für diese Worte. Liebte ihn, weil er so aufmerksam war, hasste ihn, weil er anscheinend allen Ernstes immer noch in der Lage wäre aufzuhören. »Nie so sicher wie heute!« Sie wollte sich wieder ein wenig aufrichten und sich an seinen Boxershorts zu schaffen machen, doch er drückte sie zurück auf die Matratze.

»Jetzt bin erst mal ich dran«, bestimmte er. Er küsste sie hungrig auf den Mund und glitt dann aufreizend langsam tiefer. Zentimeter für Zentimeter ihres Oberkörpers bedeckte er mit Küssen und kleinen zärtlichen Bissen. Er schmeckte ihre Haut und atmete ihren Duft ein. Isla glaubte, verrückt zu werden, und als er endlich unterhalb ihres Bauchnabels ankam, wimmerte sie vor Lust. Ihre Mitte pulsierte, sehnte sich nach seiner Berührung, nach Reibung, nach Erlösung – doch er ließ sich weiterhin Zeit. Millimeterweise arbeitete er sich tiefer, und endlich,

endlich leckte er mit der Zungenspitze über ihre Knospe. Sie schnappte nach Luft und brauchte doch so viel mehr. Weit öffnete sie die Beine, und glücklicherweise folgte er ihrer Einladung. Leckend, küssend und saugend trieb er sie ihrem Höhepunkt entgegen. Als sie fast so weit war, drang er mit zwei Fingern in sie ein und löste damit eine unwiderstehliche Kettenreaktion aus. Der Orgasmus schlug wie eine riesige Welle über ihr zusammen, und sie spürte, wie sie sich rhythmisch um seine Finger krampfte. »Oh Gott«, stöhnte sie. »Oh mein Gott.«

»Wie du vorhin schon so clever bemerkt hast, hat Gott verdammt wenig damit zu schaffen«, entgegnete er amüsiert und legte sich auf sie. Er trug immer noch seine Shorts und rieb sich nun seinerseits lasziv an ihr.

In Momenten wie diesem war Isla dankbar, eine Frau zu sein. Auch wenn ihr ganzer Körper noch von dem heftigen Orgasmus bebte, wuchs erneut die Erregung. Sie streichelte seinen Rücken und knetete seine Pobacken. »Willst du mir nicht endlich zeigen, was du wirklich draufhast?«, raunte sie ihm ins Ohr.

»Du bist wirklich unersättlich«, lachte er und rollte sich von ihr hinunter. Neben ihr blieb er liegen und sah sie herausfordernd an. »Du bist dran.«

Isla ließ sich nicht lange bitten. Sie richtete sich auf, kniete sich neben ihn und betrachtete ihn für eine Weile. Er gefiel ihr. Alles an ihm gefiel ihr, doch nun wollte sie ihn genauso quälen wie er sie. Mit ihren kurzen Fingernägeln kratzte sie in aufreizenden Schlangenlinien leicht über seinen Oberkörper, bis er erschauderte. Dann ließ sie

Küsse folgen. Viele Küsse, heiße Küsse, bis er genauso schwer atmete wie sie wenige Minuten – oder waren es Stunden? – zuvor.

Sie hatte jegliches Zeitgefühl verloren und war nur noch darauf konzentriert, Jon köstliche Qualen zu bereiten. Schließlich zog sie ihm die störenden Shorts aus und bewunderte seine männliche Pracht. Zärtlich umfasste sie den heißen Schaft und küsste die Eichel. Jon stöhnte laut auf, als sie ihre Zunge kreisen ließ. Sie saugte hingebungsvoll und massierte ihn, bis er sie festhielt und mit erstickter Stimme keuchte: »Ich hab extra Gummis von oben geholt.« Mit dem Kinn deutete er auf den Nachttisch, und Isla schnappte sich eines der drei Tütchen. Sie grinste – das war ja optimistisch. Ehe er eingreifen konnte, hatte sie ihm das Kondom übergestreift. »Du machst mich fertig!«, kam es von ihm, als sie sich rittlings auf ihn setzte und sich an ihm rieb.

Er stöhnte laut auf, und auch sie selbst kam wieder immer mehr auf Touren. Vorsichtig führte sie ihn ein. Es war ein unbeschreibliches Gefühl der Fülle – und der Vervollständigung. Jon ließ sie nicht aus den Augen. In seinem Blick spiegelten sich Wonne, Wollust und die gleiche ungläubige Freude, die sie selbst empfand. Sachte begann sie, mit dem Becken zu kreisen, und spielte mit ihren Brüsten.

Das war es wohl, was ihn endgültig den Verstand verlieren ließ. Er packte sie mit beiden Händen an den Hüften und zwang ihr einen Rhythmus auf, der nicht nur seine Ekstase weiter anfachte, sondern auch ihre eigene. Sein Atem ging immer schneller und wurde immer flacher –

und es dauerte nicht lange, bis sie erneut über die Klippe stürzte und Jon mit sich in den Lusttaumel zog.

Erst eine ganze Weile später konnte sie wieder einen einigermaßen klaren Gedanken fassen. Sie lag eng an ihn geschmiegt da, den Kopf auf seine Brust gebettet, und lauschte seinem Herzschlag, der sich auch nur ganz langsam wieder beruhigte. »Das war das mit Abstand beste erste Mal in meinem Leben«, erklärte sie leise und sah ihn an. Er musste wissen, dass es etwas Besonderes für sie war. Dass er besonders für sie war.

»Ich wollte gerade sagen, dass es das beste Mal überhaupt in meinem Leben war«, entgegnete er mit dem amüsierten Grinsen, das sie inzwischen so an ihm mochte. »Aber ich freu mich auch über den kleinen Teilerfolg.« Dann nahm er sie wieder in den Arm und küsste sie lange und zärtlich.

»Was war das?«, fragte sie einen Moment später. Ihr war so, als hätte sie einen lang gezogenen Klagelaut gehört. Kurz herrschte Stille, dann ging das Geheul erneut los.

»Fuck, fuck, fuck«, fluchte Jon und rappelte sich hoch. »Ich fürchte, das ist Polly.« Wie der Blitz war er auf den Beinen, angelte sich seine Boxershorts und das Shirt und verschwand im Treppenhaus. Kurze Zeit später hörte Isla, wie zwei- und vierbeinige Schritte die Treppe hinunterhetzten und Jon irgendwas mit »Garten« rief. Wahrscheinlich hatten sie dem armen Tier seine abendliche Toilettenrunde vorenthalten.

Isla verspürte ein leicht schlechtes Gewissen und stand seufzend ebenfalls auf. Sollte sie sich anziehen und nach Hause gehen? Doch dann fiel ihr Blick auf die beiden verbliebenen Kondompäckchen, und sie schlüpfte nur in ihren weichen, langen Kuschelpulli. Barfuß lief auch sie die Treppe hinab und sah die Hintertür offen stehen. Draußen sprang Polly ausgelassen durch den dunklen Garten, ihr Unglück schien sie schon wieder vergessen zu haben. Isla ging zu Jon und schmiegte sich an ihn. »Wird sie uns verzeihen?«

»Ich denke ja«, entgegnete er und küsste sie auf den Kopf. »Allerdings schätze ich, dass die restliche Nacht ein wenig anders ausfällt, als du es dir vielleicht vorgestellt hast.«

»Wird das jetzt die lange Geschichte, die du vorhin nicht erzählen wolltest?«

»Hmm«, brummte er.

»Lass hören. Ich habe nicht vor, irgendwohin zu gehen.«

PROPHEZEIUNGEN

»Du hast ja gute Laune«, begrüsste Nick seine Chefin am nächsten Vormittag, als er zur Arbeit in der Restaurantküche erschien.

Isla verstummte schlagartig und blickte ihren Souschef ein wenig verlegen an. Sie hatte aus voller Kehle einen alten Hit von Starlight Lin mitgesungen, der gerade im Radio dudelte. »Und du hast mich erschreckt«, sagte sie. »Aber wie könnte man bei diesem Wetter keine gute Laune haben?«

Nick sah verwundert nach draußen, wo sich dicke Regenwolken in den Schattierungen Herbstdepressions-Grau und Suizid-Anthrazit über den Himmel schoben und nur nach einem geeigneten Platz für die nächste Entleerung zu suchen schienen. »Hast du was geraucht?«, mutmaßte er skeptisch.

»Es ist das perfekte schottische Wetter, und vor uns liegt eine weitere Woche voller kulinarischer Genüsse, warum sollte ich also miese Laune haben?« Sie strahlte ihn an. »Malcolm hat eine großartige Fischlieferung vorbeigebracht, und er hat sogar an die Lachslebern gedacht, die ich gestern bei ihm bestellt hatte. Wir können also endlich mal wieder geräucherte Lachsleber mit Rote-

Bete-Mousse auf die Karte setzen. Mit der Mousse habe ich schon angefangen, und statt des Brennnesselschaums gibt's heute ein Bärlauchpesto dazu. Michael hat versprochen, dass er uns nachher frische junge Blätter mitbringt. Würdest du bitte die Fischsuppe ansetzen?«

»Mach ich«, brummte Nick, immer noch misstrauisch. »Aber was immer du eingenommen hast, ich hätte auch gern eine Dosis davon.«

Isla antwortete nicht mehr, sondern grinste nur. Die Dosis Endorphine, die ihr System gerade flutete, konnte und wollte sie mit niemandem teilen. Außer vielleicht mit Jon. Die letzte Nacht war wirklich denkwürdig gewesen – auch wenn es nach Pollys Toilettenrunde im Garten tatsächlich nicht so weitergegangen war, wie Isla es sich erhofft hatte.

Sie waren zu dritt in Jons Wohnung gegangen, die im zweiten Stock über den Gästezimmern lag und erst zur Hälfte fertig war. Es gab dort eine kleine Küche, ein geräumiges, schickes Bad mit Badewanne und riesiger Dusche, ein stylishes Wohnzimmer und ein großes Schlafzimmer mit begehbarem Kleiderschrank. Drei weitere Räume waren noch nicht renoviert und durch eine mobile Stellwand abgetrennt. Isla hatte zwar keine Ahnung, wofür Jon so viel Platz brauchte, denn schon die halbe Wohnung war deutlich größer als ihre winzige Butze, aber er hatte nur etwas von »Büro« gemurmelt und das Thema nicht weiter vertieft. Leider hatte er zunächst auch ihr Kennenlernen nicht weiter vertieft, denn er hatte Isla erst noch das ungewöhnliche Schlafarrangement verklickern müssen, das Polly und er pflegten. »Erst tat sie mir so leid, weil sie ja plötzlich von ihrer Mama getrennt in einer fremden Umgebung war, und dann konnte ich ihr nicht mehr klarmachen, dass es keine Dauerlösung sein kann, dass sie in meinem Bett schläft«, hatte er ihr zerknirscht gestanden. Isla musste schon wieder lachen, als sie daran dachte.

Sie hatte sich dann die putzige Hündin vorgeknöpft, ein ernstes Wörtchen mit ihr gesprochen und sie schließlich in ihr eigenes, sehr komfortabel aussehendes Hundebett geschickt. Tatsächlich hatte Polly sich bereitwillig hingelegt und war gleich darauf eingeschlafen. Blöd war nur, dass das Hundebett im Schlafzimmer stand und weder sie noch Jon ernsthaft das Bedürfnis verspürt hatten, dem Tier eine Show zu liefern. Doch es war okay. Es war spät gewesen, sie müde, und so hatten sie sich einfach in harmonischster Löffelchenstellung unter die Decke gekuschelt. Die Jon übrigens frisch bezogen hatte, wie er ihr versichert hatte. Irgendwie war das fast noch intimer gewesen als der Sex im Gästezimmer. Isla war sich zwar sicher gewesen, keine Sekunde schlafen zu können, zu aufregend und zu erregend war alles. Außerdem war sie es nicht gewohnt, mit einem anderen Menschen das Bett zu teilen. Die Fälle, in denen sie bisher mal bei einem ihrer Liebhaber übernachtet hatte, konnte sie bequem an zwei Händen abzählen.

Doch mit Jon war es irgendwie anders. Es fühlte sich herrlich an, in seinen Armen zu liegen, seinen warmen Körper an ihrem zu spüren – und ehe sie sichs versah, war sie in einen tiefen Schlaf gesunken. In den frühen Morgenstunden war sie jedoch völlig überhitzt aufgewacht – kein Wunder, denn sie hatte eingekeilt zwischen Jon und Polly gelegen, die irgendwann ins Bett geklettert sein musste. Polly hatte sich keinen Millimeter bewegt, als Isla sich regte, doch Jon war ebenfalls wach geworden. »Tut mir leid«, hatte er ihr ins Ohr geraunt. »Ich sehe jetzt zwei Möglichkeiten: Entweder wir zetern laut los und schmeißen sie mit Gewalt aus dem Bett, was zur Folge hat, dass sie wach ist und bespaßt werden will. Oder wir schleichen uns eine Etage tiefer.« Letzteres hatten sie getan. Ausführlich getan. Höchst befriedigend getan. Danach war es für Isla leider an der Zeit gewesen, nach Hause zu gehen. Sie erwartete Lieferungen und musste mit den ersten Vorbereitungen für die Arbeitswoche beginnen.

Selten war sie dabei so beschwingt gewesen wie heute – kein Wunder, dass Nick misstrauisch war, doch davon würde sie sich sicher nicht beirren lassen. Sie summte schon wieder mit dem Radio mit und konnte sich gerade noch bremsen, sonst wäre sie durch die Küche getanzt. Vermutlich hätte Nick dann sofort zum Telefon gegriffen und sie einliefern lassen …

»Sollen wir mal ein anderes Schokoladen-Dessert ausprobieren?«, schlug sie vor, während Nick Gemüse für die Fischsuppe schnitt. Er zuckte nur mit den Schultern, und sie fuhr fort: »Unsere dunkle Schokoladenmousse, Pannacotta und dazwischen eine Schicht aus salzigem Karamell, das Ganze mit Krokantsplittern bestreut …« Sie sah ihn erwartungsvoll an.

»Lecker, aber auch ein bisschen gewöhnlich, findest du

nicht? Und wie willst du es präsentieren? Als Schichtdessert im Glas?«

»Nein, das wäre wirklich total fantasielos. Ich habe mir überlegt, die Mousse einzufrieren, damit wir sie in Scheiben schneiden können, und die Pannacotta etwas fester als sonst anzusetzen, damit sie auch besser zu schneiden ist. Dann könnten wir die Desserts unmittelbar vorm Servieren zusammenbauen und sie in ein kleines Nest aus getrockneten Distelblütenblättern setzen. Ich denke, das könnte ziemlich spektakulär werden.«

»Es ist vor allem sehr aufwendig«, brummte Nick. »Willst du das wirklich im laufenden Betrieb einführen?«

Berechtigte Frage, denn normalerweise testete Isla neue Kreationen immer erst intern und verfeinerte sie so lange, bis sie mit dem Ergebnis zufrieden war und die Arbeitsschritte dem Team in Fleisch und Blut übergegangen waren. Doch diesmal wollte sie es wagen. Nick hatte insofern recht, als die Basis tatsächlich recht konventionell war. In diesem Fall kam es vor allem auf die neue Präsentationsform an. »Heute ist doch der perfekte Tag dafür«, behauptete sie. »Wir haben nur sechzehn Gäste. Das ist machbar. Ich würde so einen Stunt auch nicht am Wochenende durchziehen, aber an einem ruhigen Abend wie heute sollte es klappen.« Sie rieb sich entschlossen die Hände und lächelte. »Das wird toll!«

Überhaupt verbrachte sie an diesem Tag erschreckend viel Zeit damit, über Karamell nachzudenken – vor allem in Bezug auf einen gewissen Pubwirt. Zeitweise war sie davon so abgelenkt, dass die erste Ladung Zucker prompt verbrannte, statt zu Karamell zu schmelzen. Das war ihr auch schon lange nicht mehr passiert. Wenn überhaupt. Nein, eigentlich war ihr so ein dämlicher Küchenfehler noch nie untergekommen. Es musste wohl was dran sein am Mythos der verliebten Köche.

Moment, hatte sie eben »verliebt« gedacht?

»Ist was passiert?«, rief Grace erschrocken und starrte auf Isla, der die Kasserolle mit der verbrannten Zuckermasse aus der Hand gerutscht und polternd auf den Boden gefallen war. »Hast du dich verbrannt? Du bist leichenblass!«

Isla schluckte schwer und hatte Mühe, sich wieder zusammenzureißen. Sie bückte sich und hob den Stieltopf auf, dann wandte sie sich mit einem gezwungenen Lächeln an ihre Praktikantin. »Mir ist nur was eingefallen. Geht schon wieder.« Sie schüttelte den Kopf. Nichts ging. Sie sah auf die Uhr. Es war halb sechs. Die ersten Gäste waren für sieben Uhr angekündigt und die Vorbereitungen so gut wie fertig. »Kommt ihr ein paar Minuten alleine klar? Ich muss mal eben … äh … telefonieren.« Sie wartete nicht auf eine Antwort von ihren Mitarbeitern, sondern stellte den Topf ins Spülbecken und hastete die Treppe zu ihrer Wohnung hinauf. Dort warf sie sich schwer atmend auf ihren Lieblingssessel im Erker. Hatte sie sich wirklich in Jon Grant verliebt?

Verknallt war ich schon oft, aber definitiv war ich noch nie so richtig verliebt, so, dass es nichts Wichtigeres in meinem Leben gab als diese eine Person. Ihre Definition von einer Beziehung, wie sie sie gestern Jon erläutert hatte, dröhnte fast höhnisch in ihren Ohren. Nichts Wichtigeres im

Leben als diese eine Person! Sie dachte zurück an die vielen Affären, die sie in den letzten Jahren gehabt hatte. Manche waren sehr aufregend und heiß gewesen, aber keine hatte sie von der Arbeit abgehalten oder gar ihre Konzentration gestört. Keine. Einzige.

Doch heute hatte sie praktisch nichts anderes getan, als an Jon zu denken. Sie wollte sich einreden, dass es an dem heißen Sex lag, den sie letzte Nacht gehabt hatten, aber sie wusste selbst, dass das nicht stimmte. Jon beschäftigte sie seit Tagen ohne Unterlass, und es war fast ein Wunder, dass bislang noch nicht mehr passiert war, als dass sie eine Portion Karamell verbrannt hatte.

Sie schloss die Augen und atmete ein paarmal tief durch. Wäre es so schlimm, verliebt zu sein? Wäre es so schlimm, jemanden zu haben, mit sie ihr Leben teilen konnte – nicht nur ihr Bett? Wäre es nicht sogar traumhaft, wenn dieser Jemand nicht nur greifbar vor Ort wäre, sondern ähnlich bescheuerte Arbeitszeiten wie sie selbst hätte? War es nicht an der Zeit, endlich mal mutig wie eine Löwin zu sein und es schlicht zu wagen?

Ihr Herz pochte wild in ihrer Brust, als sie mit fahrigen Fingern nach ihrem Telefon tastete. *Wenn du heute keine Übernachtungsgäste hast, komm nach Feierabend zu mir. Du musst mein neues Dessert testen und außerdem ... PS: Polly ist herzlich willkommen!*

Jons Antwort kam prompt: *Ich kann's kaum erwarten. Vor allem »außerdem«.*

• • •

Auch anderthalb Wochen später bekam Jon sein breites Lächeln nicht aus dem Gesicht. Es war halb elf am Sonntagabend, und die letzten Gäste verabschiedeten sich gerade. Jessy war bereits in ihren Feierabend abgerauscht, und Jon räumte noch ein paar Gläser weg. Danach würde er sich mit Polly auf den Weg zu Isla machen, die ihn entweder mit ein paar Köstlichkeiten in ihrer Küche oder nackt unter der Dusche erwarten würde. Beides hatte er in den letzten Tagen schon erlebt. Er bekam nicht genug von ihr – und zwar in jeder Hinsicht. Sie war witzig, spitzzüngig, herzlich, unersättlich, anschmiegsam, sexy – und in ihn verliebt!

Das hatte sie ihm am Abend nach ihrer ersten Nacht gestanden und dabei vollkommen schockiert geklungen. Sie war regelrecht fassungslos gewesen, denn offensichtlich passte dieser Zustand so gar nicht in ihr Weltbild. Aber sie hatte ihm feierlich angekündigt, dass sie es »mal ausprobieren würde mit der Liebe«, wenn er es denn auch wollte. Was für eine Frage! Er musste immer noch lachen, wenn er sich an diesen denkwürdigen Abend erinnerte. Jede andere Frau, die den dummen Fehler begehen würde, ihm nach einer ersten heißen Nacht ihre Liebe zu gestehen, würde er als irre Stalkerin empfinden, und er wäre auf der Stelle über alle Berge. Doch bei Isla war es anders – alles war anders mit ihr. »Denkwürdig« war die passende Beschreibung und das nicht nur für den Abend, an dem sie ihm erst ihr neu kreiertes Schokoladen-Pannacotta-Karamell-Dessert serviert und dann von ihrem »Verliebtheits-Dilemma« gesprochen hatte.

Sie hatten vereinbart, es langsam anzugehen. Vielmehr: Sie hatte das beschlossen, jedoch nicht wirklich danach gehandelt. Nicht, dass er sich beschweren wollte, denn dass sie jede Nacht und jede der raren freien Stunden tagsüber miteinander verbrachten, war ganz in seinem Sinn. Er fühlte sich uneingeschränkt wohl in ihrer Nähe und konnte sich kaum mehr vorstellen, wie sich das Leben ohne Isla anfühlte. Aber »langsam« war daran auch nach der tolerantesten Definition nichts. Erstaunlich genug war jedoch, dass es noch niemand in Kirkby mitbekommen hatte. Isla hatte gewettet, dass sie spätestens am ersten Wochenende zum Klatsch-und-Tratsch-Thema Nummer eins avancieren würden, doch selbst jetzt, in den letzten Stunden von Wochenende zwei, hatte ihn noch niemand darauf angesprochen. Ihm war es gleichgültig. Seinetwegen durfte die ganze Welt erfahren, dass er der glücklichste Mann unter der Sonne war.

Lächelnd pfiff er nach Polly, die vor dem Kamin schlummerte, zog seine Jacke über und verließ den Pub. Polly trabte schwanzwedelnd neben ihm her. Sie war mit Sicherheit das seligste Hundemädchen der Welt, denn sie vergötterte Isla und hörte deutlich besser auf sie als auf ihn. Wenn sie bei Isla übernachteten, akzeptierte Polly sogar das Bett-Verbot und schlief stattdessen auf dem weichen Schaffell, das vor Islas Lieblingssessel im Wohnzimmer lag. In seiner Wohnung funktionierte das noch nicht so gut, aber er hatte sich vorgenommen, ebenfalls ein Schaffell zu besorgen. Vielleicht klappte das ja.

Als sie von der Hauptstraße in den kleinen Weg einbogen, der zu Islas Restaurant führte, beschleunigte Polly merklich, und auch Jon legte einen Zahn zu. Er war gespannt, was ihn erwartete. Im Restaurant waren die Lichter bereits gelöscht, also waren keine Gäste mehr da. Er ging um das Haus herum zur Küchentür, wo Polly, die vor ihm durch den Garten geflitzt war, bereits wartete. Durch das Küchenfenster konnte er Isla erkennen. Sie stand mit dem Rücken zum Fenster da, sah mit gerunzelter Stirn auf ihr Handy und hatte die Besucher offenbar noch nicht bemerkt.

Jon klopfte leise und öffnete die Tür einen Spalt weit. »Dürfen wir reinkommen?« Isla nickte nur. Polly drängelte sich an ihm vorbei, doch selbst auf die liebevollen Nasenstüber der Hündin reagierte Isla nicht, sie starrte weiterhin mit grimmiger Miene auf ihr Telefon.

»Alles klar?«, fragte Jon, als er sie von hinten umarmte und ihr einen Kuss in den Nacken drückte.

»Nichts ist klar«, fauchte sie. Die wütende Wildkatze, die er fast schon vermisst hatte, war also wieder zurück. Sie hielt ihm ihr Handy unter die Nase und tippte mit dem Zeigefinger auf ein Instagram-Foto.

Jon erkannte auf einen Blick, dass es sich um den Kanal von Rodney Swinton handelte. Er selbst war damals bei den Strategiebesprechungen dabei gewesen. »Was ist damit?«, fragte er, denn er war immer noch ahnungslos.

»Erkennst du es nicht wieder?«, grollte sie. »Das ist mein neues Dessert! Mein Schichttrio aus gefrorener Schokoladenmousse, Pannacotta und Karamell! Er hat es als seine eigene Kreation ausgegeben. Schon wieder!«

»Das ist uncool«, murmelte Jon – auch weil er nicht wusste, was er sonst dazu sagen sollte. Dass Isla ein Riesenproblem mit Rodney hatte, war ihm längst klar, er war nur noch nicht dahintergekommen, was genau die Ursache dafür war.

»Uncool? Du hast sie wohl nicht alle«, blaffte sie ihn an. »Das ist Diebstahl! Er klaut mir zum zweiten Mal innerhalb weniger Wochen ein Rezept. Bei der Schokomousse mit den Veilchen habe ich mir ja noch einreden lassen, dass er die Kreation in Fachzeitschriften und Foodblogs entdeckt und einfach kopiert hat. Aber das neue Dessert war noch nirgends aufgetaucht. Ich habe mir alle Postings mit dem Hashtag #thescottishthistle aus den letzten zwei Wochen angesehen. Niemand hat das Dessert gepostet. Ich hatte es ja nur zweimal auf der Karte!«

»Aber wie konnte er es dann nachmachen?«, fragte Jon sachte. Er fand die Sache auch ziemlich merkwürdig, war sich aber sicher, dass es eine Erklärung geben musste.

»Das ist die entscheidende Frage. Viele Möglichkeiten gibt es nicht. Entweder hat er mir Gäste als Spione geschickt – was aber schon ein ganz schöner Zufall sein müsste, denn normalerweise ändere ich nicht mal eben unter der Woche mein Menü, sondern kündige das an. Oder ...« Sie schloss die Augen, weil ihr diese Möglichkeit noch weniger gefiel.

»Oder?«

»Oder ich habe einen Maulwurf in den eigenen Reihen.«

»Du denkst, einer deiner Mitarbeiter würde so etwas tun?« Jon starrte sie entsetzt an.

»Ich mag es nicht denken, aber ich weiß auch, was in der Gastronomie alles abgeht – und zu welchen Mitteln Rodney Swinton greift«, entgegnete sie matt. »Außer etwa dreißig Gästen, meinen Mitarbeitern und dir hat niemand das Dessert gesehen. Macht ziemlich genau fünfunddreißig Verdächtige.« Sie schaute ihn mit ihren klaren blaugrauen Augen ernst an, und er meinte eine Mischung aus Misstrauen, Schmerz und Wut darin zu erkennen. Der Twist, den dieser Abend gerade nahm, gefiel ihm gar nicht.

»Ich weiß nicht, was ich dazu sagen soll.« Er schluckte einige Male. Hatte sie ihn ernsthaft in den Kreis der möglichen Verräter aufgenommen? Traute sie ihm zu, dass er sie benutzte und betrog?

»Und ich weiß nicht, was ich denken soll.« Sie schüttelte den Kopf und stützte sich mit einer derart müden und erschöpften Geste an der Arbeitsfläche ab, dass ihre Verzweiflung noch deutlicher wurde. Sie erinnerte ihn in diesem Moment an eine verwundete Löwin: schwer getroffen, aber unberechenbar und immer noch tödlich.

In der freien Wildbahn wäre wohl ein geordneter Rückzug die vernünftigste Reaktion gewesen, doch Jon wollte nicht vernünftig sein. Er trat näher, packte sie mit beiden Händen an den Schultern und drehte sie so, dass sie ihn ansehen musste. »Isla, ich habe keine Erklärung dafür, wie Rodney deine Kreation stehlen konnte«, sagte er langsam und ganz deutlich. »Ich weiß nur, dass ich damit nichts zu tun habe! Hörst du? Ich. Habe. Damit. Nichts. Zu. Tun!«

Sie hielt seinem Blick stand, schien ihn zu scannen und gleichzeitig in sich selbst hineinzuhören. Nach einer gefühlten Ewigkeit entspannte sie sich schließlich minimal und nickte. »Ich glaube dir.«

»Gut. Ich würde nie etwas tun, was dir schadet«, bekräftigte er noch mal.

»Du hast keine Fotos gemacht, und es wäre verdammt schwer, alles so zu beschreiben, dass man es in dieser Form reproduzieren kann.«

Das klang jetzt zwar nicht nach dem ganz großen Vertrauensvorschuss ihrerseits, sondern eher so, als hätte sie pragmatisch seine Möglichkeiten zum Verrat abgewogen, aber Jon beschloss, dass er darauf nicht eingehen würde. Vertrauen konnte man nicht erzwingen, man konnte es sich nur verdienen. »Bleiben also noch vierunddreißig weitere Verdächtige«, sagte er. »Wie willst du mit deinen Mitarbeitern umgehen?«

Sie zuckte mit den Schultern. »Ich habe nicht die leiseste Ahnung. Sie haben sich völlig normal und unauffällig benommen. Und ich kenne sie mit Ausnahme von Grace auch alle lang genug, um sie gut einschätzen zu können. Mit Nick habe ich sogar schon in Kopenhagen zusammengearbeitet. Da war er Jungkoch in meinem Team. Als ich vor drei Jahren vor der Restauranteröffnung stand, habe ich ihn als Souschef angeheuert. Das war ein irrer Karrieresprung für ihn. Er ist fantastisch und ehrgeizig, aber absolut loyal. Tom ist auch schon seit über zwei Jahren bei mir. Er stammt aus dem Ort und hat eine kranke Mutter, deshalb ist er wahnsinnig dankbar, dass er hier einen guten Job hat. Ähnliches gilt für Michael im Service. Er betreibt hier in Kirkby noch einen kleinen Bio-Bauernhof. Ich kaufe einen Großteil seiner Gemüseernte und biete ihm zusätzlich ein sicheres Einkommen. Auch bei ihm kann ich mir nicht vorstellen, dass er mich in die Pfanne hauen würde.«

»Bleibt Grace.«

Isla schüttelte erneut den Kopf. »Ich kann und will das nicht glauben. Grace war schon im November bei mir – das war ihr allererstes Küchenpraktikum überhaupt. Sie wollte nur mal testen, ob es was für sie ist. Es hat ihr irrsinnigen Spaß gemacht, und sie hat sich so gut angestellt, dass ich sie seit Mitte Februar wieder beschäftige. Ich kann mir das nicht vorstellen. Schon allein von ihrem Naturell her nicht. Wenn ihr irgendein kleines Missgeschick passiert, ist sie völlig aufgelöst. Sie könnte niemals so eine krasse Masche abziehen und dann mir gegenüber völlig cool auftreten.« Sie seufzte schwer.

»Dann bleiben also nur noch die Gäste. Das erscheint mir auch am wahrscheinlichsten. Vielleicht war es noch nicht einmal ein bewusster Spionage-Akt. Es könnte doch sein, dass Leute, die zum Essen bei dir waren, ein paar Tage später zu Rodney gefahren sind. Vielleicht irgendwelche Gourmet-Freaks, die von Spitzenrestaurant zu Spitzenrestaurant pilgern.« Isla gab einen verächtlichen Laut von sich. »Damit will ich nicht sagen, dass Rodney ein Spitzenrestaurant betreibt«, beeilte sich Jon hinzuzufügen. Er wusste allerdings, dass Swinton alles dafür tat, dass *Rodney's Bistro* in der Außenwahrnehmung wie ein

Topladen wirkte – dank der cleveren PR-Strategie von Grant & Grant Advertising. Doch das behielt er vorsichtshalber für sich. »Aber ist es nicht so, dass manche Gäste liebend gern von ihren Gourmet-Touren berichten?«

»Doch, das kommt ständig vor«, gab Isla zu, und etwas von dem Misstrauen wich aus ihrem Blick.

»Dann könnte es doch sein, dass Leute, die am Mittwoch bei dir gegessen haben, am Donnerstag oder Freitag bei Rodney waren und ihm – ganz unschuldig und begeistert – von deinem Essen vorgeschwärmt haben. Und vielleicht haben diese Menschen ihm dann auch Fotos von deinem Dessert gezeigt.«

»Das ist zumindest nicht auszuschließen«, murmelte Isla und blickte ihm dann wieder direkt in die Augen.

»Dann bleibt also nur noch die Frage, warum Rodney das macht«, folgerte Jon und fühlte sich fast wie Sherlock Holmes.

»Das kann ich dir beantworten: weil er mich ruinieren will!« Sie meinte das todernst, das sah er ihr an. Trotzdem erschien ihm diese Aussage ziemlich krass und womöglich auch übertrieben.

»Bist du dir sicher? Ich meine, das wäre ganz schön viel Aufwand für – was? Ihr seid doch keine direkte Konkurrenz und könnt problemlos nebeneinander existieren.«

»Ich bin mir ganz sicher«, entgegnete sie mit einer Bitterkeit in der Stimme, wie er sie noch nie bei ihr gehört hatte. »Und natürlich macht er mir Konkurrenz. So viele Menschen gibt es hier auch wieder nicht, die für ein Abendessen hundertfünfzig bis zweihundert Pfund zahlen können. Die überlegen sich schon, wohin sie ihr Geld tragen. Versteh mich nicht falsch, ich hätte gar nichts gegen einen hochwertigen Mitbewerber, denn das würde der Region insgesamt helfen. Doch Rodney ist ein Schaumschläger, ein Blender und ein Betrüger und …« Sie stieß laut die restliche Luft aus ihrer Lunge. »Ich will darüber jetzt nicht diskutieren.« Ihre Schultern sackten resigniert herab.

»Das müssen wir auch nicht.« Jon nahm sie in die Arme und hielt sie eine ganze Weile einfach nur fest an sich gepresst, bis sie seine Umarmung schließlich erwiderte. »Was kann ich tun, damit es dir besser geht?«, fragte er leise.

»Sag mir, dass das Harte an meinem Bauch ein Schokoriegel ist.«

Jon lachte laut auf und ließ sie los. »Heute ist dein Glückstag«, erwiderte er und zog tatsächlich einen ihrer heiß geliebten Karamell-Riegel aus seiner Jackentasche hervor. Er hatte sich angewöhnt, immer mindestens einen dabeizuhaben, wenn er mit Isla zusammen war.

Sie griff danach wie eine Ertrinkende nach einem Schwimmreifen, riss die Folie weg und biss ab. »Oh Gott, ich liebe dich!«, seufzte sie.

»Das hör ich immer gern. Ich hatte zwar eigentlich gehofft, dass ich bei dir etwas zu essen bekomme, aber wenn ich Retter in der Not sein kann, soll es mir auch recht sein.« Er lächelte sie an und küsste sie auf die Stirn – ihr Mund war immer noch beschäftigt.

»Ich hatte gut disponiert, alles ist heute weggegangen«,

erklärte sie schmatzend. »Aber wenn du Hunger hast, brate ich dir gern ein paar Eier. Zu mehr bin ich wirklich nicht mehr in der Lage.« Sie ließ ihre Schultern kreisen, die offenbar sehr schmerzten.

»Alles gut«, entgegnete er. »Ich bin nicht hungrig, nur müde. Lass uns schlafen gehen. Wenn du magst, massiere ich noch deine Schultern.«

»Mir ist heute nicht nach Sex«, stöhnte sie. »Ich will wirklich nur noch unter die Dusche und dann ins Bett.«

»Ich habe auch nichts von Sex gesagt.« Er grinste. »Ich sagte nur etwas von Schultern-Massieren. Rein medizinisch. Vollkommen unerotisch.«

»Ich glaub dir kein Wort«, brummte sie, doch ein kleines Lächeln stahl sich auf ihre Lippen. »Aber lass uns hochgehen. Wo ist eigentlich Polly?« Sie sah sich um.

»Die ist schon vor einem ganzen Weilchen raufgelaufen. Nachdem sie geschnallt hat, dass heute nichts mehr für sie rausspringt, hat sie sich wohl für ihren Schönheitsschlaf entschieden.«

»Das arme Tier.« Isla öffnete eine Schublade und zog einen Hundekeks aus einer Dose. Dann machte sie den Lichtschalter aus und ging voran.

Am nächsten Morgen sah die Welt schon wieder viel besser aus – und das in jeder denkbaren Hinsicht. Die Sonne strahlte ins Schlafzimmer, Isla schlief noch selig in seinen Armen, ein kleines Lächeln auf den Lippen, und Jon war einfach nur glücklich. Er hatte das Gefühl, einen großen Schritt gemacht zu haben. Die Situation gestern Abend hatte ihn erschreckt. Er verstand immer noch nicht genau, welcher Art das Problem zwischen Isla und Rodney war, doch er ahnte, dass deutlich mehr dahintersteckte als bloßer Konkurrenzkampf. Er vermutete aber auch, dass Nachbohren nichts nützen würde. Isla war ein typischer schottischer Sturkopf. Wenn sie nichts sagen wollte, dann würde sie es auch nicht tun.

Viel beängstigender war jedoch der Moment gewesen, als sie ihn allen Ernstes in den Kreis der Verdächtigen aufgenommen hatte. Plötzlich war das Eis unter seinen Füßen verdammt dünn gewesen. Er hatte sich nichts vorzuwerfen, aber sie konnte es ja tatsächlich nicht genau wissen. Sie kannten sich erst wenige Wochen und waren erst seit ein paar Tagen zusammen – und nur, weil sie sich gut verstanden und im Bett unfassbar gut harmonierten, bedeutete das noch lange nicht, dass sie sich schon gut kannten und einander vertrauten. Er war sehr erleichtert gewesen, als die Situation umschifft war, denn die Angst, sie zu verlieren, hatte ihm für einen Moment regelrecht den Atem geraubt.

Intimität bedeutete nicht zwangsläufig Nähe, und Nähe nicht zwangsläufig Vertrauen – das war ihm noch einmal drastisch vor Augen geführt worden. Dabei waren Vertrauen und Nähe die Basis für eine stabile Beziehung, die er sich mehr wünschte als alles andere. Das war es auch gewesen, was er mit »keine halben Sachen« gemeint hatte. Er hatte Isla wirklich erst besser kennenlernen und ihr vor allem die Chance geben wollen, alles über ihn zu erfahren, was wichtig war. Doch sie hatte seine guten Vorsätze auf eine Art torpediert, dass er seine Bedenken schlagartig über Bord geworfen hatte. Nun war er ihr vollkommen verfallen – und wusste nicht, ob das so ganz gesund war. Und das Schlimmste: Das war ihm völlig egal. Er war lächerlich glücklich, geradezu euphorisch, und hatte das Gefühl, es mit der ganzen Welt aufnehmen zu können. Vielleicht war das gestern Abend eine Art Prüfung gewesen? Falls ja, hatte er sie wohl bestanden. Und den Rest des Kennenlernens mussten sie wohl oder übel parallel laufen lassen. Nun ja, es gab schlimmere Schicksale.

»Warum lachst du?«, murmelte Isla verschlafen, als sie die Augen öffnete. Offenbar hatte er sie geweckt.

»Weil du wahnsinnig süß aussiehst, wenn du schläfst«, sagte er und küsste sie zärtlich auf die Nase. »Du lächelst dabei.«

»Ich hab von dir geträumt«, entgegnete sie und schmiegte sich noch enger an ihn.

»So?«

»Hmm. Aber die Realität ist noch viel besser.«

»Dito«, gab er zurück. »Aber du weißt schon, dass wir heute eine große Bewährungsprobe vor uns haben?«

»Haben wir?« Nun war sie ganz wach und schaute ihn aufmerksam an.

»Heute Mittag ist doch das nächste Meeting im Rathaus, wegen der alten Schule und dem Frühlingsfest.«

»Ja und? Also, mal abgesehen davon, dass ich mir schönere Dinge vorstellen kann, die wir an unserem gemeinsamen freien Tag unternehmen könnten, ist das doch nicht so wild.«

»Aber wir werden es danach nicht mehr verheimlichen können, dass wir ... nun ja ...«

»Sex haben?«, schlug Isla vor.

»Ein Paar sind!«

»Sind wir das denn?«

»Du hast mir nach unserer ersten Nacht gestanden, dass du in mich verliebt bist. Ich denke in jeder wachen Minute an dich, wir verbringen jede freie Sekunde miteinander. Ja, ich würde das schon so interpretieren, dass wir ein Paar sind. Aber wenn du eine bessere Definition dafür hast, dann lass es mich gerne wissen.« Wahrscheinlich war es albern, dass er sich so gekränkt fühlte, dachte Jon, aber er konnte nicht aus seiner Haut. Die Frage konnte Isla doch unmöglich ernst gemeint haben, oder?

»Ich weiß nicht, ob wir unbedingt ein Label brauchen, aber wenn du willst, können wir gerne sagen, dass wir ein Paar sind. Ich hatte auch nicht vor, irgendwas zu verheimlichen, aber wir müssen auch keine große Sache draus machen, oder?«

»Also für mich ist es eine große Sache«, beharrte Jon. »Eine vergleichbar große Sache wie mein Umzug nach Kirkby und mein Karrierewechsel!«

»So geht es mir doch auch.« Sie streichelte über seine Brust. »Ich habe so etwas noch nie erlebt. Es sind noch nicht mal zwei Wochen, und ich kann mir nicht mehr vorstellen, dass es jemals anders war – oder jemals wieder anders werden könnte. Mir kommt es nur so schrecklich banal vor, zu sagen, dass wir ein Paar sind. Das meinte ich. Ich weiß nicht, ob es eine bessere Bezeichnung gibt oder nicht, und eigentlich ist es mir auch egal. Und mir ist definitiv egal, was die Leute denken.«

»Dann willst du es also nicht geheim halten?«

»Nein! Warum auch?« Sie sah ihn verständnislos an. »Du etwa?«

»Ich ganz sicher nicht. Es ist mir ernst mit dir. Mit uns. Ich hätte uns nur gern die Chance gegeben, uns erst besser kennenzulernen.«

Isla seufzte und klang nun ein klein wenig ungeduldig. »Wie hätte das ablaufen sollen? Wann genau hätten wir uns die Zeit für tiefsinnige Gespräche nehmen sollen, oder was sonst noch nötig ist, um sich besser kennenzulernen? Bei unseren irren Arbeitszeiten ist das doch fast unmöglich – und es wird in den nächsten Monaten noch schlimmer werden. Zwischen Mai und Mitte Oktober ist hier die Hölle los. Ich garantiere dir, du wirst ununterbrochen ausgebucht sein, mit Übernachtungsgästen, die morgens Frühstück wollen, mittags einen Snack, nachmittags Tee, abends Fish and Chips und vorm Schlafengehen noch einen Absacker. Wann willst du da zwischendurch mit mir flirten? Vor allem, wenn ich selbst jeden Tag von morgens bis abends in der Küche stehe, um meinen Gästen kulinarische Orgasmen zu verpassen. Glaub mir, so ist es besser. Wir haben das ganze sinnlose Vorgeplänkel abgekürzt, für klare Verhältnisse gesorgt und lernen uns nebenbei besser kennen.«

»Hast du gerade ›Orgasmen‹ gesagt?«

»Du bist so ein Kerl!«, schimpfte sie. »Für einen Orgasmus brauchst du weder eine Beziehung noch eine Partnerschaft. Also, welche Bezeichnung du uns auch immer geben willst, mir soll es recht sein.« Sie rappelte sich hoch und schickte sich an aufzustehen, doch er hielt sie fest.

»Du hast schon wieder ›Orgasmus‹ gesagt. Und ich will den Tag mit meiner zukünftigen Frau mit einem beginnen!« Er rollte sich auf sie, sodass sie nicht entkommen konnte.

»Zukünftige Frau?«

»Wenn die nächsten Monate tatsächlich so irre werden, wie du es prophezeist, und wenn wir diese Phase überstehen, dann werde ich dich zweifellos heiraten!« Eine kleine Stimme in Jons Unterbewusstsein fragte ihn zwar, ob er noch ganz bei Sinnen war, dass er solche Töne anschlug, doch sein Herz und sein Bauchgefühl jubelten. »Und jetzt will ich dringend unser Kennenlernen vertiefen und dann frühstücken, ehe wir uns der Meute stellen.«

Falls Isla darauf noch etwas antworten wollte, musste sie sich das für später aufheben, denn er erstickte jede mögliche Bemerkung mit seinen Küssen, die in dieser Situation ohnehin die besten Kommentare waren.

VON SANDWICHKINDERN
UND REISEVÖGELN

»DU UND JON ALSO?« WIE ANNA ES genau angestellt hatte, sie nach dem Meeting im Rathaus beiseitezunehmen und in der Damentoilette zur Rede zu stellen, konnte Isla nicht wirklich nachvollziehen. Viel zu schnell war es passiert. Nun stand sie in einer Kabine, und eine grinsende Ärztin versperrte den Ausgang.

»Verrückt, oder?«, entgegnete sie – weil ihr nichts Besseres einfiel und weil es ja tatsächlich verrückt war.

»Seit wann geht das schon?«, forschte Anna unbarmherzig weiter.

»Seit knapp zwei Wochen. Nach der Yogastunde vorletzte Woche.« Isla ließ sich auf den Klodeckel plumpsen und konnte ein breites Lächeln nicht unterdrücken.

»Ernsthaft? Und dann muss ich es auf diesem Weg herausfinden? Ich dachte, wir sind Freundinnen.«

»Sind wir ja auch. Und ich stelle fest, dass du dich schon perfekt ins Dorfleben eingefügt hast. An vorderster Front der Klatsch-und-Tratsch-Liga.«

»Lenk nicht ab. Ich bin hier die Ärztin, ich muss wissen, wie es meinen Patienten geht. Allein schon, um auf etwaige Komplikationen vorbereitet zu sein.«

»Welche Komplikationen erwartest du denn?«

»Sexunfälle, Geschlechtskrankheiten, Schwangerschaft – die Möglichkeiten sind unendlich.« Anna seufzte dramatisch und musste dann selbst lachen.

»Du bist irre!«

»Ja, irre erfreut. Ehrlich, das sind tolle Nachrichten! Jon ist toll, du bist toll – und ihr seid ein süßes Paar.«

»Finde ich auch«, gab Isla zu und wunderte sich selbst, wie leicht es ihr fiel, es offiziell zuzugeben.

»Und ich beneide dich um deinen Glow! Du strahlst so derart verliebt, und aus jeder Pore sickert Glückseligkeit. Ist er denn gut im Bett?«

»Du treibst es mit unserem Pub-Hottie und erzählst mir, dass du in Thailand die Sextouristin gibst?«, rief Shona, die in diesem Moment in die Damentoilette gestürmt kam.

Colleen, die ihr folgte, konnte den Triumph in ihrer Stimme nicht verleugnen: »Ich hab's gewusst!«, rief sie. »Ich hab schon vor Tagen zu Alex gesagt, dass ich glaube, du bist mit Jon zusammen.«

»Dafür gab es nicht das geringste Anzeichen«, behauptete Shona. »Ich will aber trotzdem wissen, warum du mir so einen Quatsch einredest?«

»Mir war es letzte Woche sonnenklar, als ich morgens zum Kaffeetrinken bei dir war«, wandte sich Colleen erneut an Isla.

Isla lachte nur über die versammelten Freundinnen, die sich gar nicht beruhigen konnten ob der Neuigkeiten. »Jetzt ist die Katze also aus dem Sack, und wir können uns alle wieder auf andere Dinge konzentrieren. Die Eröffnung der alten Schule und das Frühlingsfest beispielsweise.« Sie stand auf und wollte die Kabine verlassen.

»Denkst du ernsthaft, dass du so leicht davonkommst?« Anna verschränkte die Arme vor der Brust und blockierte weiterhin den Fluchtweg.

»Ähm, ja?«

»Denk weiter«, forderte Shona sie auf. »Ohne ein paar richtig saftige Details lassen wir dich nicht raus.«

»Ich habe mich noch nie zu meinem Liebesleben geäußert und werde auch jetzt nicht damit anfangen«, entgegnete Isla und wollte streng klingen, doch das warme Gefühl, das sich bei dem Wort »Liebesleben« in ihr ausgebreitet hatte, zeigte sich zweifellos auch auf ihrem Gesicht.

»Du hattest bislang auch nichts, was sich ernsthaft als Liebesleben qualifiziert hätte«, sagte Shona. »Und komm mir nicht wieder mit deinen Urlaubsabenteuern.«

»Die gab es aber alle.«

»Mag sein, aber die betrafen uns hier nicht.« Das kam von Anna, und Shona nickte zustimmend.

»Das betrifft euch doch auch nicht.«

»Also entschuldige mal, wenn du dir einen der wenigen attraktiven Singlemänner im Ort unter den Nagel reißt, dann betrifft uns das sehr wohl«, plusterte sich Shona auf. »Jetzt können Frauen wie Anna, Hailey, Kristie und ich wieder sehen, wo wir bleiben. Also, ist es was Ernstes zwischen euch, oder können wir uns noch Hoffnungen machen?«

In Islas Ohren klangen noch einmal Jons unglaubliche

Worte von heute Morgen nach. Wollte er sie wirklich heiraten? Nein, darüber konnte sie jetzt nicht nachdenken, und schon gar nicht sollte sie vor diesen drei sensationshungrigen Hyänen irgendwelche Andeutungen machen.

»Ich schätze, es wäre schlau, wenn ihr eure Hoffnungen begrabt«, sagte sie schlicht, und dann entschlüpfte ihr doch noch etwas mehr: »Ich lass ihn ganz bestimmt nie wieder gehen.«

»Oh Isla, ich freue mich so wahnsinnig für dich!«, rief Colleen und drängelte sich an Anna vorbei, um ihre Bald-Schwägerin fest in die Arme zu nehmen.

»Ich mich auch«, bestätigte Anna lachend und schlang ebenfalls die Arme um Isla.

»Na schön, ich freu mich auch.« Shona gab ihr gespieltes Grummeln endgültig auf und schloss sich der Gruppenumarmung an. »Ich hatte mir echt schon Sorgen um dich gemacht, Schwesterchen. Aber so, wie du strahlst, hast du aktuell wohl keinen Sexmangel.«

»Und auch keinen Liebesmangel«, kam es von Anna. »Deine Aura ist komplett verändert. Das hätte mir wirklich schon früher auffallen sollen, aber egal. Ich wünsche euch alles Glück der Welt.«

»Danke.« Isla war gerührt und fühlte sich gleichzeitig so unbeschwert und leicht wie noch nie in ihrem Leben. »Ihr seid lieb – und ich bin froh, dass ich euch habe.« Und dann fiel ihr etwas ein, was sie schon seit Wochen fragen wollte. »Anna, du wolltest doch vor einiger Zeit zwei Sachen von mir. Die eine war Yoga, und die andere hast du mir nie verraten.«

»Das fällt dir jetzt ein?«, lachte Anna vergnügt. »Aber witzig, dass du es von selbst ansprichst, ich wäre sonst in den nächsten Tagen deswegen zu dir gekommen. Ich habe vor ein paar Wochen mit einem Podcast angefangen, den ich ›Highland Happiness‹ getauft habe, und für den wollte ich gerne ein Interview mit dir machen. Unter dem Motto: ›Die Sterneköchin der Highlands‹. Was hältst du davon?«

»Ein Podcast? Das ist ja eine coole Idee. Wie bist du denn da drauf gekommen?«

»Ich mag das Medium, einige meiner Freunde in Edinburgh haben auch welche, und ich dachte mir, vielleicht kann ich mit ihnen und dem Rest der Welt meine Eindrücke aus den Highlands teilen. Ich kenn mich ja noch nicht so richtig gut aus, aber es gefällt mir von Tag zu Tag besser, und ich habe schon so viele wunderbare Menschen getroffen und Dinge entdeckt, die mich glücklich machen. Also, bist du dabei?«

»Klar, sehr gerne. Soll ich morgen vorm Yoga ein bisschen früher zu dir kommen?« Anna nickte begeistert. »Abgemacht. Aber jetzt entschuldigt mich bitte, ich würde meinen freien Tag wahnsinnig gern anders verbringen als mit euch Hühnern auf dem Rathausklo.« Isla grinste in die Runde und schlüpfte zur Tür hinaus, um sich auf die Suche nach Jon zu machen.

• • •

»Du und Isla also?« Bürgermeister Collum McDonald hatte Jon nach dem Meeting in sein Büro gelotst. Weil er noch etwas unter vier Augen mit ihm zu besprechen hatte – und das hatte offensichtlich nichts mit dem Pub oder dem Dorfleben in Kirkby zu tun. Oder nur am Rande.

»Ich und Isla«, bestätigte Jon mit stolzem Lächeln.

»Versteh mich nicht falsch, mein Freund, aber das finde ich ziemlich überraschend.« Collum schien sich von seiner Verblüffung immer noch nicht erholt zu haben. Jon und Isla waren Händchen haltend zur Besprechung ins Rathaus gekommen. Mehr hatten sie nicht getan. Keine Küsse, keine Verlautbarungen – nur diese kleine Geste und die Blicke, die sie sich zugeworfen hatten. Für die bislang so ignorante Dorfbevölkerung hatte das aber wohl ausgereicht.

»Warum? Was ist daran überraschend? Isla ist eine Wahnsinnsfrau, und sie scheint mich auch nicht so schlecht zu finden.«

»Isla ist toll!«, beeilte sich Collum zu versichern. »Ihr Restaurant ist ein Juwel und ein wichtiger Tourismusfaktor für Kirkby. Aber sie ist auch … nun ja … speziell. Und außerdem so ziemlich das Gegenteil von deinem üblichen Beuteschema.«

»Welches Beuteschema? Als wir gemeinsam auf dem College waren, war ich nun wirklich nicht auf einen besonderen Typ Frau festgelegt. Und was meinst du mit ›speziell‹?«

»Deine Frauen waren allesamt hip, stylish, anschmiegsam und kurvig. Du hattest den Ruf, dass du unter Körbchengröße D keine datest! Das kannst du jetzt nicht leugnen. Ich habe einmal zwei Mädels darüber diskutieren hören, welcher Push-up-BH wohl noch ein paar Zentimeter mehr Volumen vorgaukeln würde.« Collum sah ihn herausfordernd an. »Ich kann mir beim besten Willen nicht vorstellen, dass du deine Vorlieben in der Zeit nach dem College so drastisch geändert haben solltest. Deine Emma hat all diese Klischees ja auch perfekt erfüllt. Isla ist praktisch der fleischgewordene Gegenentwurf dazu. Und selbst wenn man die Optik mal außen vor lässt, sind ihr Verstand und ihre Zunge genauso scharf wie ihre Küchenmesser, und sie ist – wenn auch auf etwas anderer Ebene – genauso störrisch und schwierig wie ihr Vater.«

»Bist du fertig?«, entgegnete Jon gelassen, aber mit einem Hauch von Eis in der Stimme. Es gefiel ihm nicht, mit seinem alten Image konfrontiert zu werden – vor allem deswegen, weil alles stimmte, was Collum vorbrachte. Aber noch weniger gefiel ihm das Bild, das Collum offensichtlich von Isla hatte. »All die vielen Frauen, die angeblich meinem Beuteschema entsprachen – die üppigen, stylishen, anschmiegsamen –, haben mich nicht glücklich gemacht. Keine einzige von ihnen. Auch und vor allem Emma nicht – und ich schätze mal, dass sie mit mir genauso unzufrieden waren. Isla dagegen macht mich sehr glücklich. Extrem glücklich, wenn du es genau wissen willst.«

Collum schien nicht überzeugt zu sein, sondern musterte ihn mit gerunzelter Stirn. »Wie kannst du das nach so kurzer Zeit wissen?« Er schüttelte den Kopf. »Ich gönne dir dein Glück von Herzen – genau wie Isla –, aber ich sehe einfach nicht, wie das funktionieren soll.«

»Dann wirst du dich wohl überraschen lassen müssen. Ich kann dir nur sagen, dass ich es einfach weiß. Dass ich für Isla mehr und intensiver empfinde als für alle Frauen zuvor. Ich habe mich immer darüber lustig gemacht, wenn Leute davon geschwärmt haben, ›es einfach gewusst‹ zu haben, aber es ist so. Ich kann es dir nicht anders erklären.«

»Okay, du hast recht. Ich habe vermutlich wirklich keine Ahnung.« Collum hob entschuldigend die Hände. »Und wahrscheinlich sprechen nur Vorurteile und Neid aus mir.« Er lächelte etwas bedröppelt.

»Du findest sie auch gut, was?«, wagte Jon einen Schuss ins Blaue.

»Schuldig im Sinne der Anklage.« Collum zuckte mit den Schultern. »Aber keine Sorge, das ist Schnee von vorgestern. Wir haben das schon vor drei Jahren geklärt. Also, sie hat mir auf nette, aber eindeutige Weise zu verstehen gegeben, dass ich mir meine Ambitionen abschminken kann.«

»Dann ist sie nicht die Richtige für dich. Glaub mir, so ziemlich das Letzte, wonach mir der Sinn stand, als ich nach Kirkby gezogen bin, war eine neue Beziehung. Ich wollte – und will! – einfach nur mein Leben wieder auf die Reihe bekommen. Ich habe es sicher nicht darauf angelegt, aber gegen dieses Naturereignis von Frau habe ich keine Abwehrkräfte.«

»Dann war's vielleicht Schicksal oder Fügung, dass du deinen Burn-out hattest und hier gelandet bist?«, mutmaßte Collum und lächelte wieder – sein übliches spitzbübisches Bürgermeister-Grinsen. Er schien also wieder ganz der Alte zu sein. »Ich wünsche euch von Herzen alles Gute und hoffe sehr, dass auch Kirkby von dieser fruchtbaren Partnerschaft profitiert.«

»Ganz so weit sind wir dann doch noch nicht«, lachte Jon.

»Ich meine doch keine Kinder, sondern kulinarische Synergien! Mit Kristies Bäckerei, die sie jetzt übrigens tatsächlich eröffnen will, könnten wir Kirkby zur Gourmet-Metropole in den Highlands machen.« Collum war wieder voll im Modus des geschäftstüchtigen Bürgermeisters. »Und da du ja inzwischen so brillante Beziehungen zur Familie Fraser pflegst, könntest du bei ihnen mal für meine Idee mit dem Outlander-Erlebniscenter werben. Das würde unserem Ort dann endgültig den großen Kick geben.«

»Ich werde mal sehen, was ich tun kann«, versprach Jon, aber hauptsächlich, um das Gespräch so schnell wie möglich beenden zu können. »Aber wenn du nichts anderes zu besprechen hast, würde ich meinen freien Tag gerne anders verbringen als mit meinem alten Kumpel, dem Bürgermeister, im Rathaus.«

● ● ●

Isla hatte die drei wild schnatternden Frauen hinter sich gelassen und sah sich um. Wo konnte Jon wohl stecken? Er würde doch bestimmt auf sie warten, oder? Ehe sie sich ernsthaft auf die Suche machen konnte, öffnete sich eine Tür, und Polly rannte begeistert auf sie zu, dicht gefolgt von Jon, der sich noch von Collum verabschiedete.

»Wurdest du auch in die Mangel genommen?«, wollte sie wissen, nachdem er sie geküsst hatte.

»Allerdings. Wusstest du, dass dein Verstand und deine Zunge als so scharf wie deine Messer gelten?«

»Das kann ich nur als Kompliment werten, denn meine Messer sind verdammt scharf.« Sie grinste. »Hat Collum das gesagt?«

»Hat er. Und er traut mir offenbar nicht zu, dass ich mit so viel Schärfe klarkomme. Dabei ahnt er noch nicht einmal, wie scharf du sonst noch bist.« Er legte ihr einen Arm um die Schultern und drückte sie an sich. »Und wer hat dich gelöchert?«

»Anna hat mich zur Toilette gezerrt und mich in einer Kabine eingeschlossen. So viel Gewaltbereitschaft hätte ich unserer menschenfreundlich-esoterischen Ärztin gar nicht zugetraut. Sie war regelrecht empört, dass ich ihr noch nichts erzählt hatte, was offenbar ein massives Versäumnis meinerseits war, denn so konnte sie sich noch nicht auf etwaige Sexunfälle, Geschlechtskrankheiten und Schwangerschaften vorbereiten ...«

»Das hat sie gesagt?« Jon verdrehte die Augen. »Die Leute hier in Kirkby haben doch alle einen an der Waffel.«

»Da sprichst du ein großes Wort gelassen aus«, seufzte Isla. »Dabei ist Anna nur unwesentlich länger hier als du – aber schon voll assimiliert. Es kamen dann übrigens noch Colleen und Shona dazu. Colleen ist entzückt und hat es angeblich schon letzte Woche gewusst, aber Shona war einigermaßen fassungslos. Ich glaube, sie war insgeheim scharf auf dich.« Sie zwinkerte ihm zu.

»Nicht nur insgeheim. Ihr Fraser-Frauen habt erfrischend wenig Scheu, eure Bedürfnisse zu artikulieren«, entgegnete er mit einem ziemlich selbstzufriedenen Grinsen. »Aber ich habe ihr sehr deutlich zu verstehen gegeben, dass ich kein Interesse habe.«

»Hast du nicht? Dabei ist sie doch so viel hübscher, sexyer und jünger als ich.« Ihr Herz wusste, dass sie keine Angst haben musste, aber ihr Verstand brauchte Bestätigung, deshalb fixierte sie Jon genau.

»Ich will nicht lügen«, begann er. »Bis vor Kurzem wäre Shona genau der Typ Frau gewesen, auf den ich angesprungen wäre. Doch seit ich dich kenne, ist das ganz anders. Sollte ich jemals ein Beuteschema gehabt haben, wie Collum mir unterstellt, hat es sich geändert. Es lautet jetzt eindeutig und ausschließlich ›Isla Fraser‹!« Er erwiderte ihren Blick ohne Zurückhaltung, und sie sah nichts als Aufrichtigkeit darin.

»Dann ist's ja gut.« Sie stellte sich auf die Zehenspitzen, schlang die Arme um seinen Hals und küsste ihn so, dass er verstehen musste, wie gut sie das fand.

»Könnt ihr nicht woanders knutschen?«, unterbrach eine lachende Shona den Kuss. Sie, Anna und Colleen hatten sich auf der Toilette offenbar ausgequatscht und standen nun grinsend um das Paar herum. »Ehrlich, ihr braucht uns frustrierten Singles nicht auch noch vorzuführen, was wir verpassen.«

»Wir sind schon weg«, entgegnete Isla kichernd und nahm Jon bei der Hand. »Ich hätte nie gedacht, dass diese Verliebtes-Pärchen-Nummer so einen Spaß macht«, sagte sie zu ihm, als sie vor dem Rathaus in der Sonne standen. »Sonst hätte ich vielleicht früher damit angefangen.«

»Ich bin froh, dass du damit auf mich gewartet hast.« Jon blinzelte ins Sonnenlicht. »Was machen wir jetzt mit dem schönen Tag? Gehen wir zu mir oder zu dir?«

»Wir machen einen Ausflug! Du kennst noch viel zu wenig von deiner neuen Heimat, und das müssen wir ändern. Außerdem wäre es eine Sünde, wenn wir das wundervolle Wetter nicht ausnutzen. Lass uns ein Picknick machen. Ich kenne da eine wundervolle kleine, geschützte Lichtung im Wald.«

Anderthalb Stunden später saßen sie auf einer karierten Picknickdecke und genossen die warmen Sonnenstrahlen, die sich auf die malerische Lichtung wagten. »Warm« war natürlich ein eher relativer Begriff für einen schottischen Frühlingstag Mitte April, aber Isla fror nicht. Das lag sicher an ihrer warmen Kleidung und an Polly, die sich freundschaftlich und sehr flauschig an sie gekuschelt hatte, vor allem aber lag es an Jon, der ihr Herz und ihre Seele erwärmte.

Sie hatte in ihrer Küche einige Sandwiches gezaubert, eine Thermoskanne mit Tee vorbereitet und eine Dose mit Shortbread eingepackt, die Kristie ihr am Samstag vorbeigebracht hatte. Jons Beitrag zum Picknick bestand vor allem aus Schokoriegeln und blendender Laune. Normalerweise hätte sie die Tour zur Lichtung als kleine Wanderung zu Fuß oder zu Pferd angetreten, aber da Jon nicht reiten konnte und sie sich nicht sicher waren, wie lang das Wetter halten würde, waren sie mit seinem Auto die alte Forststraße entlanggefahren und hatten dann nur noch knapp zehn Minuten laufen müssen.

»Es ist wirklich herrlich hier. Wie in einem verwunschenen Märchenwald«, befand er. »Scheinbar komplett jenseits jeder Zivilisation, aber dann doch ziemlich einfach zu erreichen.«

»Du musst mir versprechen, keiner Seele etwas von diesem Platz zu verraten«, bat sie ihn. »Das ist quasi ein heiliger Ort für unsere Familie. Und eine meiner frühesten Kindheitserinnerungen stammt von hier. Wir haben meinen dritten Geburtstag gefeiert, und es gibt Fotos davon, wie wir hier alle zusammensitzen, essen und spielen. Wir sind damals hergeritten. Ich saß bei meinem Dad im Sattel, meine Mutter hatte Lennox vor sich, und Alex war auf seinem Pony unterwegs.«

»Lennox?«

»Ja, mein jüngerer Bruder.«

»Du hast ihn noch nie erwähnt. Und deine Mum auch nicht.«

»Meine Mutter ist schon lange tot. Sie ist kurz nach Shonas Geburt an Krebs gestorben.« Sie seufzte. »Ich habe fast keine Erinnerungen mehr an sie – außer der von meinem dritten Geburtstag. Keine zehn Monate danach war sie tot.«

»Das tut mir wirklich leid«, sagte Jon mitfühlend, nahm ihre Hand und drückte sie sanft. »Das war keine leichte Zeit für euch, was?«

»Nein, vermutlich nicht. Für meinen Dad und Alex war

sie sicher viel schlimmer. Ich war noch sehr klein und Lennox und Shona sowieso.«

»Ich finde es aber schön, dass ihr, nach allem, was ich so mitbekomme, ein gutes Verhältnis habt. Also du, deine Geschwister und euer Dad.«

»Ja, das ist wahr. Aber ich vermisse Lennox sehr«, antwortete sie und konnte die Traurigkeit nicht aus ihrer Stimme heraushalten.

»Was ist mit ihm? Er ist doch nicht etwa ebenfalls gestorben?«

»Nein, er lebt, und wenn seine letzte Nachricht stimmt, dann geht's ihm auch gut.« Sie drückte seine Hand. Über ihren kleinen Bruder zu sprechen, fiel ihr nicht leicht. »Lennox und ich standen uns als Kinder wahnsinnig nah. Er ist nur knapp anderthalb Jahre jünger als ich, und manchmal haben wir uns fast wie Zwillinge gefühlt. Meine Großmutter hat immer gesagt, er hätte eine alte Seele – was auch immer das bedeutet. Lennox ist aber mit Sicherheit der Komplexeste und Sensibelste von uns Geschwistern. Er ist hochbegabt und kann einfach alles. Gut im Sport, gut in allen Schulfächern, beliebt bei seinen Freunden – ihm stand die Welt offen. Er hätte wirklich alles machen können.«

»Aber?«

»Letztlich hat er nichts auf die Reihe bekommen. Er hat drei Studiengänge angefangen und dann wieder abgebrochen – Jura, Astrophysik und Philosophie. Nichts davon konnte ihn reizen. Wahrscheinlich lag es daran, dass er versucht hat, seine wahre Leidenschaft zu verdrängen. Lennox liebt Musik. Er hat sich mehrere Instrumente selbst beigebracht und schon als Teenager angefangen, eigene Songs zu komponieren. Musik hat ihn immer glücklich gemacht.«

»Ich ahne schon wieder ein Aber«, sagte Jon, als die Pause in Islas Erzählung länger wurde.

»Unser Vater war dagegen – und ich verstehe bis heute nicht, warum. Dad hat uns alle bei unseren Berufswünschen unterstützt und gefördert, wo er nur konnte, aber bei Lennox war er so sehr gegen ein Musikstudium, dass sie sich darüber vollkommen entzweit haben. Sie hatten schon immer ein schwieriges Verhältnis, aber daran ist es endgültig zerbrochen. Lennox ist zeitgleich mit mir nach London gegangen. Ich war da knapp achtzehn und hatte gerade meinen Highschool-Abschluss. Er war erst sechzehn, hatte aber mit mir den Abschluss gemacht. Er hat zwei Klassen übersprungen. Während ich mein erstes Praktikum in einer Restaurantküche absolviert habe, hat er sich an der Uni für Jura eingeschrieben. Dad hat uns eine kleine Wohnung finanziert und auch dafür gesorgt, dass wir genügend Geld zum Leben hatten. Doch Lenny hat die Uni kaum von innen gesehen und stattdessen die meiste Zeit in irgendwelchen Clubs gespielt. Ich hatte dann die Chance, nach Italien zu gehen, und danach war ich viele Jahre in Asien unterwegs. In der Zeit haben wir uns etwas aus den Augen verloren, aber ich habe mitbekommen, dass er es noch mit zwei weiteren Studiengängen versucht hat, dann hat ihm Dad den Geldhahn zugedreht. Seitdem hält er sich mit kleineren Gigs und als

Straßenmusiker über Wasser. Zurzeit scheint er in Spanien zu sein, aber angeblich will er im Sommer wieder nach Schottland kommen, um auf den Festivals zu spielen.«

»Du klingst wirklich traurig«, sagte Jon mitfühlend. »Ich hoffe, dass ich ihn bald kennenlernen werde – ich bin mir sicher, ich würde ihn mögen.«

»Das fände ich auch schön, aber ich schätze, er wird eher nicht hierherkommen. Er war seit Jahren nicht mehr in Kirkby.«

»Habt ihr denn regelmäßig Kontakt?«

»Ab und zu. Meist schickt er nur mal eine Textnachricht, nach Telefonieren ist ihm nicht so oft. Zumindest nicht, seit ich wieder hier lebe. Als ich auch noch in der Welt unterwegs war, haben wir oft stundenlang gequatscht, und er hat mich auch immer besucht, wenn es irgendwie ging. Ich schätze, er will nichts davon hören, wie es hier ist.« Sie schluckte und brauchte ein Weilchen, bis sie sich wieder im Griff hatte. »Aber nun zu dir. Erzähl mir von deiner Familie.«

»Das Wesentliche weißt du ja schon. Meine Eltern leben glücklicherweise beide noch. Sie haben vor vielen Jahren die Agentur Grant & Grant Advertising gegründet, die inzwischen mehrere Niederlassungen hat. Mit meinem älteren Bruder Robert habe ich jahrelang die Niederlassung in London geleitet. Meine jüngere Schwester Carla arbeitet im Stammsitz in Edinburgh, wo meine Eltern noch immer die Zügel festhalten. Ich kann mich eigentlich nicht beschweren. Ich hatte eine schöne Kindheit und Jugend und flog immer ein wenig unterm Radar.

Robert war als Erstgeborener der große Star der Familie und Carla als einziges Mädchen und jüngstes Kind natürlich der absolute Liebling. Und ich war halt auch da.« Er lachte. »Das klingt jetzt etwas verbittert, aber so meine ich das gar nicht. Ich hatte dadurch alle Freiheiten – und vielleicht konnte ich deshalb auch dem Familienbetrieb entfliehen? Keine Ahnung.« Er zuckte mit den Schultern. »Ich schätze, meine Lieben glauben immer noch, dass mein ›Selbstfindungsabenteuer‹, wie sie es nennen, bald vorbei ist und ich wieder in den Schoß der Familie zurückkehre.«

»Fluch und Segen des Sandwichkindes«, bestätigte Isla lachend. »Ich kann es gut nachfühlen. Alex war ja fast wie ein Einzelkind – er ist sieben Jahre älter als ich, das ist schon ein ziemlich großer Abstand. Zwischen Shona und mir sind es keine vier Jahre, und dazwischen ist ja auch noch Lennox. Also bin ich einerseits ein echtes Sandwich, aber gleichzeitig auch die Älteste von den Kleinen. Und weil Lennox immer schon schwierig war und Aufmerksamkeit abgezogen hat und Shona Daddys unerreichter Liebling ist, war ich auch eher so ein ›Unterm-Radar‹-Kind.«

»Kein Wunder, dass wir beide in der Gastronomie gelandet sind…«

»Was hat das denn damit zu tun?«

»Na ja, der Begriff ›Sandwichkind‹. Wobei die Bezeichnung sogar eher schmeichelhaft ist, denn was ist das Beste an einem Sandwich? Der Belag! Und ich finde, wir sind Premium-Beläge.«

»Absolut!« Isla grinste ihn an und schob dann der immer hungrigen Polly den letzten Happen von ihrem Sandwich ins Maul. »Findet dein Hund auch.« Sie kraulte die flauschigen Ohren der Hündin.

»Ich glaube übrigens, dass Polly mittlerweile vergessen hat, dass sie mein Hund ist. Sie liebt dich heiß und innig – was ich ihr nicht verdenken kann – und würde sich vermutlich immer für dich statt für mich entscheiden.«

»Eifersüchtig, weil sie aktuell mich wärmt und nicht dich?«

»Eher, weil du dich von ihr wärmen lässt und nicht von mir.« Er beugte sich zu ihr und küsste sie leicht auf den Mund.

»Ich schätze, sie will sich gut mit mir stellen, damit ich ihr wieder erlaube, bei uns im Bett zu schlafen«, mutmaßte Isla. »Stimmt's, Polly? Aber das kannst du wirklich vergessen. Du bekommst so viele Schaffelle und Hundebetten, wie du willst, aber das Menschenbett ist tabu. Jedenfalls dann, wenn ich auch darin schlafe. Oder liege. Oder andere Dinge mache.«

»›Oder andere Dinge‹ klingt gut.«

»Hat dir schon mal jemand gesagt, dass du sexbesessen bist, Jon Grant?«, fragte Isla mit gespielter Empörung, musste aber gleich lachen.

»Heute noch nicht.« Er zwinkerte ihr zu. »Stand für dich eigentlich schon immer fest, dass du Köchin werden wolltest?«

Huch, das war jetzt aber ein abrupter Themenwechsel. »Ich weiß es nicht«, gab Isla zu. »Als Kind habe ich mir auch andere Berufe vorstellen können. Das Übliche halt, Opernsängerin, Raumschiffkapitänin, solche Sachen.«

»Ich finde nicht, dass das so schrecklich üblich ist«, entgegnete Jon. »Opernsängerin ist doch ziemlich exotisch für ein schottisches Highland-Mädchen, oder?«

»Warum? Ich habe immer schon wahnsinnig gern gesungen. Aber mein Dad hätte mich lieber zur NASA als in die Musikschule geschickt.«

»Marlin scheint wirklich etwas seltsam zu sein. Was hat er nur gegen Musik? Vor allem singt er doch selbst ständig. Jedes Mal, wenn ich ihn zufällig irgendwo treffe, summt er irgendeine Melodie vor sich hin.«

»Du kannst ihn ja mal fragen. Vielleicht bekommst du eine Antwort.« Isla winkte ab. »Egal, das Thema hatte sich schnell erledigt. Ich habe nämlich recht bald festgestellt, dass man in der Küche noch viel mehr Spaß haben kann. Schon als kleines Mädchen habe ich gern meiner Oma geholfen und nach ihrem Tod dann Tante Alice. Dabei habe ich gelernt, dass man wahnsinnig kreativ sein und gleichzeitig etwas erschaffen kann, an dem viele Menschen Freude haben. Das sind bis heute meine Hauptantriebskräfte. Mich fasziniert einfach, was man aus vergleichsweise simplen Zutaten alles zaubern kann.«

»Ja, das kann ich nachvollziehen. Mich macht es auch glücklich, für andere Menschen zu kochen. Aber ich wäre nie auf die Idee gekommen, daraus eine Karriere zu machen.«

»Tust du das nicht gerade?«

»Nein, ich stehe ja nicht in der Küche. Ich meine, ich

würde es tun, wenn Not am Mann wäre, und ich denke, dass ich im kleinen Rahmen auch zurechtkäme, aber es ist etwas vollkommen anderes, für eine Familie zu kochen, als wenn man das für ein ganzes Restaurant macht.«

»So groß sind die Unterschiede nicht«, behauptete Isla. »Aber ich verstehe, was du meinst. Wir haben beide eine Leidenschaft fürs Kochen, aber für dich ist es ein Hobby – für mich ist es mein Beruf. Außerdem habe ich den Eindruck, dass du lieber im Rampenlicht stehst und direkten Kontakt zu deinen Gästen hast.«

»Erzähl mir nicht, dass du nicht jeden Abend deine Küche verlässt und dich von deinen Gästen beklatschen lässt«, neckte Jon sie.

»Klatschen ist peinlich, aber natürlich drehe ich meistens eine Runde und erkundige mich, ob alles okay war. Aber ganz ehrlich – ich mache das nur, weil die Leute es von mir erwarten. Meinetwegen müsste das nicht sein. Ob es ihnen geschmeckt hat oder nicht, erfahre ich auch vom Service. Aber du brauchst die Bewunderung für deinen sexy Kilt und deinen glutvollen Augenaufschlag.«

»Glaubst du wirklich, dass ich so oberflächlich bin? Mal abgesehen davon, dass ich nur deine Bewunderung brauche.« Täuschte sie sich, oder klang er gekränkt?

»Ich halte dich ganz sicher nicht für oberflächlich, ganz im Gegenteil. Ich bewundere vielmehr dein Talent, Menschen für dich einzunehmen. Es hat ja keine zwei Wochen gedauert, da war das ganze Dorf in dich verliebt.«

»Alle, nur du nicht.«

»Ich bin halt nicht so leicht zu haben wie alle.« Sie

schob Pollys Kopf von ihren Beinen und krabbelte auf Jons Schoß. »Aber schließlich bin ich auch eingeknickt, und das sagt einiges über deine Menschenfänger-Qualitäten aus.« Sie strich ihm eine dunkle Haarsträhne aus dem Gesicht und küsste ihn. »Zufrieden?«

»Sehr«, murmelte er.

»Woher hast du eigentlich deinen wundervollen Teint?«, erkundigte sie sich.

»Ah, die Frage nach meinen Wurzeln ...« Er verdrehte die Augen.

»Wenn du es nicht erzählen willst, kannst du es gerne für dich behalten.« Isla war überrascht, dass Jon so empfindlich reagierte.

»Nein, natürlich nicht. Es nervt nur, wenn man immer gefragt wird, woher man denn kommt, und dann ist keiner mit der Antwort zufrieden. Du sagst: ›Ich komme aus den Highlands‹, und jeder akzeptiert es. Ich sage: ›Ich stamme aus Edinburgh‹, und jeder will wissen, wo denn meine eigentlichen Wurzeln sind.« Er seufzte.

»Hältst du mich für rassistisch? Es spielt für mich nicht die geringste Rolle, aber da wir jetzt über unsere Kindheitserfahrungen und Berufswünsche gesprochen haben, war ich einfach neugierig.«

»Entschuldige, du hast ja recht. Ich bin da einfach ein bisschen sensibel, dabei gibt es keinen vernünftigen Grund, denn es ist kein Geheimnis.« Er zog sie näher zu sich und drückte ihr einen Kuss auf die Wange, ehe er weitersprach: »Ich komme aus Edinburgh, und meine Eltern sind beide in Schottland geboren. Mein Vater ist der zweite Sohn eines Earls, was den Vorteil hatte, dass er sich im Gegensatz zu seinem älteren Bruder, also meinem Onkel, nicht um das heruntergekommene und überschuldete Familienanwesen kümmern musste, sondern tun konnte, was er wollte. In seinem Fall war das Werbung. Der Vater meiner Mutter stammt aus Somalia, ihre Mutter aus Indien. Die beiden haben sich in Edinburgh kennengelernt und eine Familie gegründet. Wenn du meine Mutter fragst, sagt sie immer, dass sie eine waschechte Schottin ist, nur besser aussieht als der Durchschnitt.« Er lachte.

»Da hat sie vermutlich sogar recht«, meinte Isla und lächelte. »Ich finde, das klingt sehr sympathisch und nach einem guten Sinn für Humor.«

»Den kann man ihr nicht abstreiten. Manchmal ist er aber auch etwas speziell...«

»Jedenfalls hat sie dem schottischen Genpool viel Gutes getan«, lobte Isla und betrachtete Jons schöne Gesichtszüge mit einem zärtlichen Blick. »Dafür sollte ich ihr bei Gelegenheit mal danken.«

»Das wird sie sicher gerne hören.«

»Und habt ihr dann zu Hause auch viele indische oder somalische Gerichte gegessen?«

»Currys gab es bei uns oft – aber nur, wenn meine Großmutter gekocht hat. Sie lebt übrigens noch, und ab und zu stellt sie sich auch heute noch an den Herd.«

»Warst du schon mal in Indien oder in Somalia?«

»Nein, und ganz ehrlich, ich bin noch nicht mal auf die Idee gekommen, dorthin zu reisen.«

»Echt nicht?«

»Nein. Wie gesagt, mich verbindet mit diesen Ländern nichts – außer Currygerichten womöglich.«

»Aber deswegen kann man doch trotzdem hinfahren.« Das war etwas, was Isla nicht verstand. Für sie gab es nichts Schöneres, als die Welt zu entdecken und zu bereisen.

»Hm.«

»Ich war bisher nur einmal in Indien, aber es hat mir unglaublich gut gefallen. Da will ich unbedingt noch mal hin. Afrika kenne ich fast gar nicht. Ich war nur mal in Kapstadt bei einer Veranstaltung und einmal in Marokko. Das zählt nicht. Lass uns doch gemeinsam nach Somalia und Indien reisen. Vielleicht im nächsten Winter, wenn mein Restaurant geschlossen ist.« Sie strahlte ihn an. Die Vorstellung, mit Jon durch die Welt zu reisen, machte sie lächerlich glücklich. Auch eine Neuerung, denn bisher war sie fast immer allein unterwegs gewesen und hatte ihre Unabhängigkeit genossen. Aber gemeinsam neue Kulturen zu entdecken, klang plötzlich wahnsinnig reizvoll.

Jons verschlossener Gesichtsausdruck hellte sich langsam auf. »Mit dir fahre ich überallhin«, sagte er mit leichter Verwunderung in der Stimme.

»Bist du nicht gern unterwegs?«

Er zuckte mit den Schultern. »Ich habe jahrelang in London gelebt und hatte da das Gefühl, dass alle Kulturen der Welt auf einem Fleck zusammen sind. Das ist toll. Aber auch verdammt anstrengend. Ich gebe zu, dass ich mich hier viel wohler fühle. Geerdet, voller Energie.

Wahrscheinlich hältst du mich für den totalen Spießer.« Er lächelte entschuldigend.

»Nein, gar nicht. Ich finde es spannend. Du wirkst nur so unglaublich weltgewandt, dass ich mich im Vergleich dazu wie eine langweilige Landpomeranze fühle.«

»Du bist eine Menge, aber ganz bestimmt weder langweilig noch eine Landpomeranze.«

»Ich kann übrigens nachvollziehen, dass du dich hier geerdet und voller Energie fühlst«, erklärte sie, ohne auf seinen letzten Kommentar einzugehen. »Für mich ist es genauso. Das war auch der Grund, warum ich wieder nach Hause gekommen bin. Hier kann ich mich vollkommen entfalten. Aber ich brauch trotzdem immer meine regelmäßige Dosis von der großen, weiten Welt, um mein Fernweh zu stillen und mich inspirieren zu lassen. Reisen ist für mich wie eine Wundertüte, aber die Erlebnisse sind im Nachklang, wenn ich wieder zu Hause bin, noch schöner.«

»So habe ich das noch nie betrachtet. Das klingt toll. Was war denn deine schönste Tour?«

»Das kann ich gar nicht so genau sagen. Und es ist auch ein Unterschied, ob man zum reinen Vergnügen irgendwohin in den Urlaub fährt oder dort arbeitet. Ich merke aber, dass es mich immer wieder nach Asien zieht. Ich genieße die Sonne – auch wenn ich dafür in UV-Schutz baden muss – und das Essen. Ich habe in thailändischen und vietnamesischen Garküchen schon aufregendere Dinge probiert als in europäischen Sternerestaurants.«

»Wahrscheinlich gibt's in Europa weniger Krabbeltiere in den Eintöpfen«, mutmaßte Jon.

»Quatsch!«, rief sie empört. »Aber es ist spannend, welche Zutaten verwendet werden und mit welcher Hingabe die Straßenköche ans Werk gehen. Ich habe mir da die tollsten Tricks abschauen können. Und die meisten sind wahnsinnig nett und hilfsbereit, wenn man sich mit ihnen unterhält.«

»Aber wie unterhältst du dich mit thailändischen Straßenköchen? Die wenigsten sprechen wohl Englisch.«

»Na, in Thai halt.«

»Du sprichst Thai?« Er starrte sie mit tellergroßen Augen an.

»Ja, ich hab ja mal anderthalb Jahre in Bangkok gearbeitet, da ist was hängen geblieben. Sprechen klappt fast fließend, beim Lesen und Schreiben bin ich leider immer noch auf Anfängerniveau«, entgegnete sie bedauernd.

»Du sprichst fließend Thai?«, fragte er noch mal und schien es nicht fassen zu können.

»Ich spreche auch fließend Dänisch, seit meiner Zeit in Kopenhagen. Aber das ist keine große Sache. Mir fiel es schon immer leicht, Sprachen zu lernen. Nicht, dass einen Thai und Dänisch wahnsinnig weiterbringen würden, global gesehen.« Sie lachte über seinen entgeisterten Gesichtsausdruck.

»Und welche Sprachen kannst du sonst noch?«

»Mein Schulfranzösisch ist ganz okay, aber ich war nie länger in Frankreich, um es auszubauen. Schon seltsam, dass es mich nicht ins Mutterland der Haute Cuisine gezogen hat, was?« Sie grinste, und als er nichts dazu sagte, fuhr sie fort: »Italienisch, Deutsch und Portugiesisch.

Aber bevor du jetzt Schnappatmung bekommst, da sind meine Kenntnisse nur ganz rudimentär. Ich kann mich im Alltag durchschlagen, aber keine tiefsinnigen Gespräche führen. Ach ja, und dann spreche ich natürlich noch die Geheimsprache, die Lennox und ich uns als Kinder ausgedacht haben. Was ist los? Du siehst mich an, als wäre ich ein Alien.«

»Kann es sein, dass nicht nur dein Bruder hochbegabt ist?«

»Nein, kann es nicht. Ich wurde auch getestet – wegen der Sache mit der Geheimsprache. Wir haben uns monatelang nur so unterhalten, sodass uns keiner verstanden hat. Dann mussten wir beide zum Psychologen. Ich bin ganz normal intelligent, ich habe nur ein gutes Gefühl für Sprachen. Jetzt guck nicht so, das ist nicht so aufregend. Ich hab doch sonst nicht viel Ahnung. Ich habe keine Hochschulausbildung, sondern war immer nur in den Küchen der Welt zu Hause. Vermutlich bin ich intellektuell gesehen sogar weit unterm Durchschnitt.«

»In einem Punkt bin ich mir absolut sicher: Bei dir ist rein gar nichts unterdurchschnittlich!« Jon betrachtete sie mit einem merkwürdigen Gesichtsausdruck, den sie nicht deuten konnte. »Du bist mit weitem Abstand die aufregendste, intelligenteste und komplexeste Frau, die ich jemals getroffen habe.«

»Ist das gut? Die meisten Männer stehen ja nicht so auf Intelligenz und Komplexität.«

»Dann kannst du froh sein, dass ich nicht die meisten Männer bin. Ich finde das wahnsinnig anziehend. Und ich finde auch, dass dieses Kennenlernen im Alltag ganz gut läuft. Isla Fraser – für dich mag die Welt eine Wundertüte sein, für mich bist du eine.« Und damit strahlte er sie derart verliebt an, dass sie all ihre Zweifel vergaß.

FRÜHLINGSGEFÜHLE

MANCHMAL LIEBTE ISLA KIRKBY MEHR als sonst. Heute war so ein Tag. Das große Frühlings-Cèilidh inklusive Eröffnung der alten Schule und mit dem traditionellen Frühlingsbasar, der in diesem Jahr zum ersten Mal in der Schule stattgefunden hatte, lief schon seit Freitagabend und hatte sich, dem Vernehmen nach, als absoluter Tourismusmagnet entpuppt. Colleen hatte ihr erzählt, dass samstags und sonntags jeweils über dreihundert Tagestouristen da gewesen waren, plus die, die im Bed & Breakfast und im Pub logierten. Der Basar war am Sonntagmittag komplett ausverkauft gewesen, und einige freiwillige Helfer hatten ihre Grills zum Dorfplatz gekarrt, um die vielen Gäste mit Steaks und Würstchen zu versorgen. Das Catering, das Jon und Helen zusammen mit Alex, Tante Alice und Kristie geplant hatten, war dem Ansturm einfach nicht gewachsen gewesen. Kristie hatte die ganze Nacht von Samstag auf Sonntag mit Betty Murray in der Backstube verbracht, um wenigstens ausreichend Brot und Gebäck vorrätig zu haben.

Von alldem hatte Isla nichts mitbekommen, weil in ihrem Restaurant Normalbetrieb herrschte – mittags und abends jeweils komplett ausgebucht. Das war zwar einerseits erfreulich, andererseits aber auch ein bisschen schade, denn so hatten die tollen Aktionen und die Party am Samstagabend ohne sie stattgefunden. Doch dann war Collum irgendwann am Sonntag auf die schlaue Idee gekommen, dem Frühlings-Cèilidh eine spontane Verlängerung zu gönnen. Er hatte eine Band aufgetrieben, war am Montagvormittag persönlich zum Großmarkt in Inverness gefahren, um Würstchen, Bier und Whisky zu kaufen, und hatte mittags Colleen und seine Rathaussekretärin Leslie losgeschickt, damit sie all jene Dorfbewohner für den Abend einluden, die er selbst nicht per Mail oder Telefon erreicht hatte.

Und so strömten an diesem Montagabend aus fast allen Häusern die Menschen in Richtung alte Schule, um eine eigene Party nur für Kirkby zu feiern. Isla freute sich wahnsinnig darauf, weil sie sonst bei den meisten Dorffesten nicht dabei sein konnte. Und vor allem, weil sie seit dem frühen Freitagmorgen Jon nicht mehr gesehen hatte. Der war rund um die Uhr eingespannt gewesen und hatte auch heute den ganzen Tag mitgeholfen, das Event zu organisieren. So lange waren sie noch nie voneinander getrennt gewesen, und Isla hatte die drei einsamen Nächte fürchterlich gefunden.

Bevor sie ihren Liebsten aber wieder in die Arme schließen konnte, hatte sie noch eine andere Mission: ihren Vater einzusammeln, der das Wochenende bei seinen Schafen und im Pferdestall verbracht hatte, weil ihm der Tumult zu viel war. Richtig gut gelaunt schien der alte Herr immer noch nicht zu sein, wenn sie Alex' Nachricht richtig interpretiert hatte: Offensichtlich hatte er sich geweigert, mit Sohn, Enkel und zukünftiger Schwiegertochter zur alten Schule zu gehen.

Isla betrat Harriswood House, das große Gutshaus, in dem sie aufgewachsen war und das jetzt nicht nur das Herzstück von Alex' Bed & Breakfast bildete, sondern in dem Marlin, Alex, Colleen und Aidan auch wohnten. Es war beinahe gespenstisch ruhig – kein Topfgeklapper aus der Küche, keine fröhlichen Gäste beim Whisky in der Bibliothek, keine Fernsehgeräusche aus dem Familienwohnzimmer im ersten Stock – nichts. Doch Isla wusste, wo sie ihren Vater finden würde. Entschlossen stieg sie die Stufen zum Speicher hoch. Dort hatte sich Marlin vor vielen Jahren einen Raum als Rückzugsort eingerichtet. Keiner durfte ihn betreten, und keiner wusste so recht, was Marlin da trieb, doch alle respektierten seine Eremitenklause. Heute würde er mit seiner Exzentrik aber nicht durchkommen, nahm sich Isla vor.

»Dad? Bist du da?«, rief sie durch die geschlossene Tür, nachdem sie einige Male geklopft hatte. Sie hörte leises Rascheln, aber ihr Vater antwortete nicht. »Dad, ich höre, dass du da drin bist, und ich will, dass du rauskommst und mit mir zum Fest gehst.«

»Nein! Ich habe schon deinem Bruder und Colleen gesagt, dass ich nicht mitgehe«, kam es knurrig.

»Daddy, sei nicht so«, schmeichelte sie ihm. Diese Masche funktionierte für Shona immer fantastisch. »Ich würde es mir so sehr wünschen. Ich konnte am Wochenende ja nicht dabei sein, aber das heutige Cèilidh ist doch nur für uns Kirkbys. Ohne dich ist es einfach nicht komplett.« Ihr Vater liebte Partys wie jeder andere im Ort, aber er hasste es, wenn zu viele fremde Menschen dabei waren. Warum das so war, hatte Isla immer noch nicht verstanden, denn eigentlich war Marlin Fraser überhaupt nicht menschenscheu, sondern stand sogar ganz gerne im Mittelpunkt. Aber eben seltsamerweise nur im Kreise der Menschen, die er kannte.

»Das ist mir egal.«

»Mir aber nicht. Und auch sonst niemandem. Daddy, bitte. Wir sind alle da – auch Onkel Rupert und Tante Alice. Wie ich gehört habe, wollen Hailey, Kristie und Shona auch eine kleine Tanzperformance zeigen, das kannst du dir doch nicht entgehen lassen. Du schuldest mir überhaupt noch einen Tanz. Bei Ians Hochzeit an Weihnachten hast du mir einen versprochen, aber dann kam es nicht mehr dazu. Bitte!« Sie wartete. Wenn das jetzt nicht half, wusste sie auch nicht weiter, und viel länger würde sie ihn auch nicht mehr anflehen, denn viel lieber als mit ihrem Dad wollte sie mit Jon tanzen – und das eher früher als später.

Wieder Rascheln, diesmal lauter, und einen Augenblick später öffnete Marlin die Tür. »Du bist ganz schön hartnäckig.«

»Das hab ich von dir«, gab sie grinsend zurück und drückte ihm einen Kuss auf die Wange. »Aber ich seh schon, ich hätte mir die Mühe sparen können.« Sie musterte ihn. Marlin trug einen Kilt, ein sauberes weißes Hemd und sogar blank polierte Schuhe.

»Wieso?«

»Ach, nur so ein Gedanke. Ich kann mich auch irren. Vielleicht sitzt du ja immer ausgehfertig in deinem Mönchsrefugium.«

»Hm.«

»Na komm schon. Ich will keine Sekunde verpassen.« Sie wandte sich zur Treppe und winkte ihm ungeduldig zu.

»Du siehst sehr hübsch aus«, sagte er zwischen dem ersten Stock und dem Erdgeschoss. »Das wird deinem jungen Mann bestimmt gefallen.« Er hatte sie eingeholt und legte ihr einen Arm um die Schultern. »Aber er wird sich noch ein bisschen gedulden müssen, denn erst gehörst du mir.«

»Natürlich, Daddy«, spottete sie liebevoll, freute sich insgeheim aber wahnsinnig über das Kompliment. Nachdem ihr alle versichert hatten, dass es für sie rein gar nichts zu tun gab bei der Partyvorbereitung, Jon dagegen komplett eingespannt war, hatte sie sich kurz entschlossen mittags ins Auto gesetzt und war nach Inverness gefahren. Da ihr Kleiderschrank nichts Brauchbares zu bieten hatte – zumindest nichts, was zur Situation und zu ihrer aktuellen Stimmungslage gepasst hätte –, war sie tatsächlich shoppen gewesen. Nun trug sie ein weit schwingendes, taubenblaues Neckholder-Kleid, das sie ein wenig an alten Hollywood-Glamour aus den Fünfzigerjahren erinnerte. Es war viel zu dünn für die Jahreszeit, viel zu unpraktisch für die raue Gegend – und einfach wunderschön. Sie fühlte sich regelrecht sexy darin – auch eine neue Erfahrung. Ihre langen roten Haare hatte sie von einem Friseur zu einer spektakulären Hochsteckfrisur zaubern lassen, und gegen die Kälte hatte sie eine weiche Tartanstola um die Schultern geworfen.

»Bist du glücklich?«, wollte Marlin wissen, als sie Arm in Arm in Richtung Schule marschierten.

»Sehr«, entgegnete sie und strahlte ihren Vater an.

»Das sieht man«, behauptete er. »Ich freu mich für dich. Du hast es so sehr verdient, jemanden zu treffen, der dich glücklich macht. Jon scheint mir ein Guter zu sein. Ich hoffe, er versaut es nicht.«

»Er ist ein Guter«, bestätigte sie im Brustton der Überzeugung. »Ich bin froh, dass du dich mit mir freust.«

»Das tu ich, mein Schatz. Sehr sogar. Allerdings hätte ich mir nie vorstellen können, dass ihr zwei zueinanderfindet, ich hätte eher darauf gewettet, dass Shona ihn sich schnappt. Aber seit ich ihn besser kenne, ist mir klar, dass ihr perfekt zueinander passt. Wie zwei Zahnräder.«

Isla fand den Vergleich zwar etwas schräg, war aber dankbar, dass ihr Dad so positiv reagierte. Sie dachte immer noch mit Grauen an den Tag zurück, als sie mit fünfzehn ihren ersten Freund nach Hause gebracht hatte. Selten war Marlin Fraser so sehr in den Löwenvater-Modus geraten wie damals. Dieses Erlebnis war ein weiterer Grund dafür, dass sie ihr Liebesleben in den folgenden Jahren diskret und weit entfernt von Kirkby ausgelebt hatte. Wäre Marlin gegen die Beziehung zu Jon, würde sie das zwar auch nicht abhalten, schließlich war sie kein Teenager mehr, sondern eine erwachsene Frau Anfang dreißig, aber trotzdem fühlte sie sich bestätigt. »Zahnräder?«, fragte sie.

»Ich habe den Eindruck, dass ihr euch ergänzt. Ihr gebt dem anderen die Dinge, die ihm fehlen.«

Isla hätte gerne nachgehakt, welche Dinge ihr nach Meinung ihres Vaters wohl fehlten, doch sie waren bei der alten Schule angekommen und wurden von lauter Musik und vielen fröhlichen Menschen begrüßt. »Wow, es ist wirklich das halbe Dorf hier«, stellte Isla verblüfft fest. »An einem Montagabend und nachdem viele schon am Wochenende gefeiert haben.«

»Ein anständiges Fest muss drei Tage laufen, ein perfektes vier«, behauptete Pfarrer Jack McTavish, der Islas letzten Satz gehört hatte.

»Kein Widerspruch von mir«, gab Isla zurück. »Ich finde, das hat unser Bürgermeister schon gut eingefädelt. Stimmt's, Dad?«

Marlin brummte etwas Unverständliches. Bloß nicht in die Verlegenheit kommen, dem verhassten Bürgermeister recht geben zu müssen. »Du wolltest doch mit mir tanzen«, fügte er brüsk hinzu und zog seine Tochter mitten hinein ins Getümmel.

Isla konnte gerade noch ihre Stola in Colleens Arme werfen, dann legte Marlin auch schon los. Man traute es dem alten, oftmals so mürrischen Mann nicht zu, aber wenn er tanzte, wirkte er wie Anfang zwanzig und hatte Moves drauf, die jeden Hobbytänzer vor Neid erblassen ließen. Isla genoss jede Sekunde davon, doch als die Band von heißen Salsa-Rhythmen zu einem schmusigen Jazz-

Klassiker wechselte, schob Marlin sie in die Arme von Jon, der urplötzlich am Rand der Tanzfläche aufgetaucht war. »Das ist jetzt dein Job«, sagte er dabei ein wenig schroff.

»Hi, schöne Frau«, raunte Jon ihr ins Ohr, als sie sich schwer atmend an ihn schmiegte. »Ich hab dich vermisst.« Er küsste sie zart am Ohr, und eine Gänsehaut zog sich umgehend über ihren ganzen Rücken.

»Ich dich auch«, murmelte sie gegen seine weiße Hemdbrust. »Du ahnst gar nicht, wie sehr.«

• • •

»Du ahnst gar nicht, wie sehr.«

Doch, er ahnte es. Also jedenfalls dann, wenn er seine eigene Sehnsucht als Maßstab heranzog. Wie konnte man sich so schnell an einen anderen Menschen gewöhnen, dass einem eine dreitägige Trennung wie ein körperlicher Schmerz erschien? »Ich weiß, dass es uns schlau vorkam – du mit deinen harten Kücheneinsätzen, ich mit den beiden Partyabenden –, aber ich glaube nicht, dass ich in den drei kurzen Nächten ohne dich besser geschlafen habe als mit dir.«

»Du hättest ja bei mir übernachten können«, sagte sie und strahlte ihn mit ihren klaren graublauen Augen an, die ihn in diesem Moment an einen Bergsee in der Morgensonne erinnerten. Und allein für diesen Vergleich sollte er sich auf der Stelle in die nächste Klapse einliefern lassen.

»Ich wollte dich nicht wecken. Freitag und Samstag

war es jeweils drei Uhr morgens, bis ich ins Bett kam, und letzte Nacht halb eins. Und um sieben musste ich schon wieder Frühstück für die Übernachtungsgäste machen.« Er gähnte. Kurze Nächte wie diese hatte er früher besser weggesteckt.

»Ich hab auch nicht gut geschlafen«, gab sie zu und kuschelte sich noch enger an ihn. »Das müssen wir zukünftig anders regeln.«

»Jetzt müssen wir erst mal tanzen«, bestimmte er. »Noch so ein beeindruckendes Talent von dir. Du bewegst dich geschmeidig wie eine Katze. Aber der Apfel fällt wohl nicht weit vom Stamm. Dein Vater ist ja der Knaller.«

»Allerdings. Traut man dem alten Zausel nicht zu, aber beim Tanzen gibt es für ihn keine Tabus.«

»Kommt mir auch so vor. Schau mal.« Er machte eine elegante Drehung, sodass sie sehen konnte, was ihn gerade so erheitert hatte: Marlin Fraser, der die imposante Betty Murray in vollendeter Eleganz übers Parkett schob.

»Sie ist gut einen halben Kopf größer als er«, kicherte sie.

»Scheint ihn nicht zu stören.« Jon hatte erneut die Richtung gewechselt, sodass er das ungewöhnliche Paar beobachten konnte. »Läuft da was zwischen den beiden?«

»Zwischen meinem Dad und Betty?«, rief Isla ungläubig. »Nie im Leben! Wie kommst du auf so etwas?«

»Nur so ein Gefühl.«

»Mein Dad hat seit dem Tod meiner Mutter keine Frau mehr gedatet – zumindest nicht offiziell. Aber Betty? Die passen doch überhaupt nicht zusammen.«

»Das sagen gewisse Leute auch über uns«, gab Jon amüsiert zu bedenken.

»Aber wir wissen, dass es bei uns nicht stimmt!«

»Vielleicht wissen es die beiden auch?«

»Hör auf, so einen Unsinn zu verzapfen, Jon Grant! Erzähl mir lieber, was es für mich in den letzten Tagen sonst noch zu vermissen gab – also, außer dir.«

»Es war ein Mordsspektakel. Keine Ahnung, wie Collum es fertiggebracht hat, das Frühlingsfest derart zu promoten, dass so viele Leute gekommen sind, aber für meinen Geschmack war es fast zu viel. Immerhin kam so viel Geld in die Kasse, dass der heutige Abend komplett davon finanziert werden konnte. Das Essen und alle Getränke gehen auf Gemeindekosten.«

»Ach, deshalb sind auch alle da.« Isla lachte. »Dann hat es sich ja gelohnt. Du siehst übrigens gut aus in deinem roten Kilt.«

»Das ist sozusagen mein Ausgeh-Kilt«, behauptete er. »Den habe ich seit ewigen Zeiten. Das ist ein klassisches Grant-Muster. Mein neuer hat gestern etwas gelitten …«

»Will ich wissen, was passiert ist?«

»Ich glaube nicht. Nur so viel vielleicht, dass große Mengen Whisky, zu viele Bratwürste und ein chinesischer Tourist involviert waren …«

»Okay, keine weiteren Fragen.«

»Ich glaube, ich hab noch nicht erwähnt, dass du umwerfend aussiehst, oder?«

»Jedenfalls nicht mit Worten.«

»Das ist unverzeihlich, du siehst nämlich absolut göttlich aus, und wenn ich nicht aus Überzeugung Pazifist wäre, müsste ich zur Waffe greifen und mindestens ein Dutzend Männer umnieten, die dich auf vollkommen unangemessene Art und Weise anstarren. Ein paar Frauen übrigens auch.«

Sie vergrub lachend ihr Gesicht an seiner Brust. »Du übertreibst schamlos.«

»Eher untertreibe ich noch. Ich frage mich, wie lange wir wohl hierbleiben müssen, denn nonverbal bin ich mit meinen Komplimenten noch viel besser.« Er presste sie kurz gegen seinen Unterleib, damit sie seinen wenig subtilen Hinweis verstand.

»Ich bin gerade erst fünf Minuten hier und hab noch einiges aufzuholen. Im Gegensatz zu gewissen anderen Leuten habe ich nicht schon drei Tage Dauerparty hinter mir.«

Die Band verschärfte ihren Rhythmus wieder, und für die nächsten Minuten war an Tanzkonversation nicht zu denken. Jon war ausschließlich damit beschäftigt, sich und Isla unfallfrei zwischen den wogenden Leibern des Partyvolks hindurchzunavigieren. So müde und erschöpft er sich auch fühlte, er war trotzdem wie elektrisiert. Die Lebensfreude und die Fröhlichkeit, die in Kirkby herrschten, steckten ihn an. Natürlich war hier kaum jemand so lässig, stylish oder cool wie in den Londoner Clubs, in denen er früher seine Abende verbracht hatte, aber so viel Spaß hatte er dort nie gehabt. Selbstverständlich waren auch hier die Äußerlichkeiten nicht völlig egal, aber statt sich uniform in irgendwelche gerade angesagten Klamotten zu stecken, trugen die Leute, worauf sie Lust hatten. Viele Männer hatten Kilts an, einige waren im Smoking aufgelaufen, andere in ihren Arbeitsklamotten – und es war alles okay. Bei den Frauen war es ganz ähnlich. Vom Abendkleid bis zur Kittelschürze war buchstäblich alles vertreten. Doch keine Frau sah so gut aus wie Isla.

Als er sie vorhin erspäht hatte, am Arm ihres Vaters, hatte ihm buchstäblich der Atem gestockt. Bislang hatte er sie vorwiegend in ihrer Küchenkleidung, in Jeans, Sporthosen oder Pyjamas erlebt – und immer hatte sie ihm gefallen. Doch die Anmut, die sie in diesem Kleid ausstrahlte, haute ihn regelrecht um. Und offensichtlich nicht nur ihn: Er hatte nicht übertrieben, als er vorhin die bewundernden, teilweise ungläubigen und zum Teil sogar gierigen Blicke diverser Männer im Raum erwähnt hatte. So war Isla Fraser wohl noch nicht oft in Erscheinung getreten – und die Vorstellung, dass sie sich vor allem für ihn so hübsch gemacht hatte, machte ihn unglaublich glücklich. Schade nur, dass sie noch bleiben wollte.

»Können wir ein kurzes Päuschen einlegen?«, keuchte sie flehend, als der übernächste Tanz vorbei war. »Ich brauch dringend was zu trinken.«

Gemeinsam bummelten sie zur Bar, wo sie erst ein großes Glas Wasser hinunterstürzte und sich dann eine Flasche Bier geben ließ. Jon tat es ihr gleich. »Cheers!«

»Cheers.« Sie trank einen Schluck und sah sich um. »Es ist wirklich super geworden. Der Raum hat die perfekte Größe für Partys, ich denke, da werden in nächster Zeit noch viele schöne Events stattfinden.«

»Ganz bestimmt. Hast du eigentlich den ersten Stock schon gesehen? Da fanden am Wochenende die ersten Workshops statt, und auch der Tauschladen ist schon eingezogen.«

»Nein, wann auch? Würde mich aber interessieren.« Sie zwinkerte ihm zu, und ihm schien es, als könne sie seine Gedanken lesen.

Im ersten Stock würde heute wohl nichts los sein. Vielleicht fand sich sogar eine stille Ecke ... Himmel, was war los mit ihm? War er sechzehn oder sechsunddreißig? »Dann lass uns mal raufgehen«, schlug er betont lässig vor.

»Wo ist eigentlich Polly?«, wollte Isla wissen, als sie an Jons Hand die Treppe hinaufstieg.

»Die hat vorhin mit ein paar Kindern und Hunden draußen gespielt. Ich schätze mal, da ist sie immer noch. Oder aber sie liegt in einer Ecke und schläft. Das arme Tier ist auch fix und fertig von der Feierei.«

»Huch«, rief Isla. Sie waren in der nur spärlich beleuchteten ersten Etage angekommen und prompt auf ein heftig knutschendes Teenagerpärchen gestoßen. »Geht doch wenigstens in einen der Räume«, sagte sie lachend, als die beiden erschrocken auseinanderfuhren.

»Ähm ...«, stammelte der Junge, nahm dann aber seine Freundin an der Hand und lief rasch die Treppe hinunter.

»Amateure«, kicherte Isla.

»Eher Anfänger. Da muss man tolerant sein«, entgegnete Jon grinsend – und verabschiedete sich mental von seinen eigenen Ambitionen. Hier war definitiv nicht der richtige Ort, um Isla ...

»Ist das Colleen da im Tauschladen?«, unterbrach Isla seine pubertären Gedankengänge. Sie strebte zu dem Laden, der so groß war wie die umliegenden Seminarräume, aber ein riesiges Fenster bekommen hatte, durch das man die gesammelten Schätze bewundern konnte.

Tatsächlich stand Colleen im Laden und wirkte ein bisschen verloren. Nein, genau genommen wirkte sie, als sei etwas ganz und gar nicht in Ordnung mit ihr. »Das sieht nicht gut aus«, rief Jon, und im nächsten Augenblick musste er zuschauen, wie Colleen schwankte und dann umkippte.

»Um Gottes willen!« Isla rannte durch die Tür und war Sekunden später an Colleens Seite. Glücklicherweise war sie halb auf dem Sofa gelandet und schien sich bei dem Sturz zumindest nicht ernsthaft verletzt zu haben.

»Colleen? Colleen!«, rief Jon und tastete an ihrem Hals nach einem Puls. Der schlug beruhigend kräftig, aber sie war unnatürlich blass, und ihr Gesicht war von einem feinen Schweißfilm überzogen. Er legte sie mit Islas Hilfe richtig auf die Couch und schob ihr drei Kissen unter die Beine. An viel konnte er sich aus seinem letzten Erste-Hilfe-Kurs nicht mehr erinnern, aber bei Kreislaufbeschwerden die Beine hochzulegen, kam ihm sinnvoll vor. Isla hielt Colleens Hand und streichelte ihr über den Arm. »Bleib du bei ihr«, bat er, »dann hol ich Anna und Alex.« Isla nickte nur.

»Willst du noch zur Party zurück?«, fragte Jon Isla eine Stunde später.

Er hatte Anna glücklicherweise direkt am Treppenabsatz gefunden, und als er mit ihr in den Laden zurückgekommen war, hatte Colleen die Augen bereits wieder geöffnet und etwas mehr Farbe im Gesicht gehabt. Wenige Minuten später war sie auch stabil genug gewesen, dass sie sie in Annas Praxis hatten bringen können. Jon war dann sofort in die alte Schule zurückgekehrt und dort direkt Alex in die Arme gelaufen.

»Eigentlich nicht. Ich werde nur schnell Aidan suchen und ihn heimschicken, das habe ich Alex versprochen. Danach würde ich lieber zu dir gehen.« Sie sah ihn mit einem ziemlich rätselhaften Blick an. »Und wir sollten unbedingt diskret sein. Es muss nicht sofort das ganze Dorf wissen, dass ...«

»Dass du Tante wirst«, vervollständigte Jon ihren Satz. Colleen war nicht krank, sie war schwanger, wie Anna sehr schnell herausgefunden hatte. Das turbulente Wochenende hatte auch bei ihr Spuren hinterlassen, daher war sie einfach zusammengeklappt. Abgesehen davon ging es ihr gut. Jon hatte es sehr angerührt, Alex' Reaktion auf die gute Nachricht zu erleben. Dem Betreiber des Bed & Breakfast, der auf den ersten Blick ähnlich spröde wirkte wie sein Vater Marlin und seine Schwester Isla, waren die Glückstränen in die Augen geschossen, und auch Colleen selbst war fassungslos vor Freude. Die beiden waren ein wirklich tolles Paar und sehr innig und liebevoll miteinander. Zweifellos würden sie wunderbare Eltern werden – Erfahrung auf dem Gebiet hatte Alex dank seinem Sohn Aidan ja schon reichlich.

Jon hatte sich mit ihnen mitgefreut – aber auch einen kleinen, neidvollen Stich verspürt, was seltsam war, denn er hatte bislang nie darüber nachgedacht, ob er in absehbarer Zeit Vater werden wollte. Andererseits hätte er es vor wenigen Wochen ja auch noch für komplett ausgeschlossen gehalten, dass er sich derart Hals über Kopf verlieben würde. Soweit er wusste, waren Alex und Colleen auch noch nicht so schrecklich lange zusammen ...

»Ich freu mich so für die beiden«, sagte Isla. »Colleen wird eine tolle Mama werden. Du hättest sehen sollen, wie sie letzte Weihnachten gar nicht die Finger vom kleinen Sohn meines Cousins Ian lassen konnte.« Sie lächelte. Ein bisschen wehmütig?

»Dein Dad wird sich auch sehr freuen. Vor ein paar Tagen ist er mit deiner Tante Heather über die Enkelkinderfrage richtig in Streit geraten. Ich dachte schon, ich muss dazwischengehen, aber dann hat ihn Pfarrer Jack glücklicherweise wieder beruhigt.«

»Dad und Heather waren bei dir im Pub und haben sich über Enkelkinder gestritten?« Isla war so verblüfft, dass sie stehen blieb und Jon mit großen Augen ansah.

»Die Kartenrunde vom Pfarrer ist vor drei Wochen in *The Wise Pelican* umgesiedelt. Hab ich dir das nicht erzählt? Und da ging's zwischen deinem Dad und deiner Tante heiß her.«

Isla schüttelte den Kopf. »Ich krieg überhaupt nichts mehr mit. Aber ich kann mir gut vorstellen, wie Heather ihm das aufs Brot schmiert. Sie ist die Jüngste von den drei Geschwistern und hat enkelkindertechnisch alle überholt. Ian hat ja letztes Jahr seinen Sohn bekommen, seine Schwester Robin hat die kleine Tochter ihres Mannes adoptiert und wird in ein paar Wochen selbst Mutter. So kommt Heather bei nur zwei eigenen Kindern innerhalb kürzester Zeit auf drei Enkel, wohingegen mein Vater mit vier Kindern erst einen hat.« Isla verdrehte die Augen. »Das ist seit Jahren das Topthema bei allen Familienfeiern.«

Jon lachte. »Ich weiß, was du meinst. Meine indische Großmutter ruft auch seit Jahren nach Urenkeln. Aber mein Bruder ist mit einem Mann verheiratet, und soweit ich weiß, gibt's da keine Adoptionspläne, und meine kleine Schwester denkt nur an ihren Job. Aber dein Dad kann sich doch locker machen, schließlich haben Hailey und Kristie auch noch keine Kinder. Insofern steht Rupert im Enkel-Ranking noch dürftiger da.«

»Ich bin echt beeindruckt, dass du inzwischen meine ganze Sippe im Kopf hast.«

»Das ist meine Superkraft. Du bist gut in Sprachen, ich bin gut mit Menschen.« Er zuckte mit den Schultern. »War schon immer so. Aus irgendwelchen Gründen kann ich mir alles merken, was mir die Leute erzählen.«

»Wahnsinn. Ich weiß aber ehrlich gesagt nicht, ob das ein Glücksfall oder eher eine Last ist.«

»Das kann ich dir auch nicht beantworten. Aber zurück zu deiner Familie und den schönen Nachrichten. Dein Dad wird begeistert sein, und was ist mit dir?« Keine sehr subtile Frage, das war ihm auch klar, aber plötzlich war es ihm wahnsinnig wichtig, wie Isla zum Kinderthema stand.

»Ich bin eine erstklassige Tante, frag Aidan«, entgegnete sie, doch das war nicht die Antwort, die er hören wollte.

»Das glaube ich sofort, aber das meinte ich nicht.«

»Ich weiß, was du meintest, nur ...« Isla blieb erneut stehen und schloss kurz die Augen, so als müsste sie sich sammeln. »Du willst wissen, wie es um meinen Kinderwunsch bestellt ist, stimmt's? Ich hab beobachtet, wie du Alex und Colleen angesehen hast, und ich kenne auch dein Keine-halben-Sachen-Dogma, aber ...« Sie zögerte, und ihm rutschte das Herz in die Hose – oder vielmehr in den Kilt –, und von dort aus taumelte es im freien Fall dem Abgrund entgegen.

»Aber?« Er wollte kein Aber hören. Jon wusste, dass es vollkommen irrational war, doch er wünschte sich gerade nichts sehnlicher, als dass sie sich in seine Arme warf, ihm ewige Liebe und ein halbes Dutzend Kinder versprach. Vermutlich sollte er dringend mal mit seinem Therapeuten telefonieren.

»Ich fühle mich gerade ziemlich überfordert«, begann sie, und ihm schien es so, als müsste sie sich vorsichtig von Wort zu Wort tasten. »Das mit uns geht so rasend schnell – und ja, ich weiß, dass ich das Tempo vorgelegt habe. Dieses ›uns‹ gibt es doch erst seit ein paar Wochen – und ich kann mir schon kaum mehr vorstellen, wie es anders sein könnte. Wir haben uns jetzt drei Tage nicht gesehen, was absolut grauenvoll war. Es erschreckt mich, wie abhängig ich von dir bin. Von deiner Nähe ... von allem. Das macht mir Angst – und ich weiß nicht mal so genau, warum. Und als wir vorhin in Annas Praxis standen, habe ich mir für einen kleinen Moment nichts sehnlicher gewünscht, als an Colleens Stelle zu sein. Himmel, Jon, ich habe nie über Kinder nachgedacht, aber plötzlich würde ich am liebsten auf der Stelle ein Baby mit dir machen.«

»So geht es mir auch.«

»Siehst du! Und genau das ist das Problem! Wir sind doch nicht bei klarem Verstand im Moment. Das sind die Hormone und alles. Wir können doch nicht solche lebensverändernden Entscheidungen aus einer Laune heraus treffen. Jon, du bist mein Ein und Alles, aber das geht mir gerade alles viel zu schnell. Mal abgesehen davon, dass ich keine Ahnung habe, wie wir eine Familie mit unseren Jobs vereinbaren könnten.«

Er wusste, dass sie recht hatte. Mit allem. Er sollte dankbar sein, dass wenigstens Isla noch zu einem Mindestmaß an rationalem Denken fähig war. Und doch taten ihre Worte unerwartet weh. »Okay, du hast recht«, sagte er schließlich trotzdem. »Lass uns Aidan und Polly suchen, und dann gehen wir heim und lassen uns Zeit.« Er lächelte schief.

»Wir können ja ein bisschen üben.« Sie zwinkerte ihm zu und schien erleichtert zu sein. Jon fand zwar, dass sie schon ziemlich versiert waren, aber andererseits war Üben besser als alle Alternativen.

NESSIE IM KLEE

LANGSAM PENDELTE SICH ALLES EIN: die Tourismussaison, die Abläufe im Restaurant und im Pub und Islas Beziehung zu Jon. Natürlich war gerade letztere immer noch unglaublich aufregend, und Isla fragte sich jeden Tag, ob das alles normal war. Wie rasant sie in diese Beziehung hineingeschlittert war, kam ihr fast beängstigend vor. Anna und Colleen waren in dieser Hinsicht keine guten Ratgeberinnen. Colleen, die den Hormonrausch der Frischverliebten kaum hinter sich hatte, stand nun voll unter der Knute der Schwangerschaftshormone und hatte nichts Besseres zu tun, als Isla zu beknien, unbedingt ebenfalls auf der Stelle schwanger zu werden und Jon zu heiraten. Sie fabulierte von Doppelhochzeit im Herbst und gemeinsamer Babypause im nächsten Jahr.

Anna war kaum besser. Sie erzählte Isla ständig, dass sie sich nicht sorgen müsse. »Es« sei nun mal geschehen, und wenn »es« geschehe, könne man sich genauso gut kopfüber hineinstürzen, denn »es« würde gut werden. »Es« stand in diesem Fall für die einzig wahre, große Liebe, die man – oder im konkreten Fall Isla und Jon – füreinander empfand. Angeblich spielte es dabei keine Rolle, wie lange man – oder Isla und Jon – sich schon kannte, denn dass »es« für immer war, stand fest. Woher Anna ihre prophetische Gabe hatte, war Isla nicht ganz klar. Und es war ihr auch egal – sehr hilfreich fand sie das Ganze jedenfalls nicht. Stattdessen hätte sie sich gewünscht, dass eine ihrer Freundinnen einen kühlen Kopf zeigte – wenn schon ihr eigener meist von Leidenschaft benebelt war.

Sie seufzte und sah auf die Uhr. Es war Montagmorgen. Jon hatte einen Termin mit Sarah vom Tourismusverband, und sie selbst stand in ihrer Küche und testete zwei Rezeptideen, die ihr in den Sinn gekommen waren. Nachher wollte Jon sie zu einem kleinen Ausflug abholen. Wenn sie an ihrem einzigen gemeinsamen freien Tag zu Hause blieben, schaute garantiert irgendjemand vorbei und wollte etwas – das hatten sie schon schmerzlich erfahren. So kam es, dass sie montags immer etwas unternahmen. Jon kannte sich nach wie vor nicht besonders gut aus in der Gegend, und Isla hatte es sich zum Ziel gesetzt, ihm die Schönheiten der Highlands und all ihre Lieblingsplätze zu zeigen.

Sie hatte nie groß darüber nachgedacht, was sie an ihrer Heimat so mochte, es war eher ein unwiderstehlicher, instinktiver Impuls gewesen, wieder nach Hause zurückzukehren. Doch seit sie mit Jon zusammengekommen war und auch seit dem Podcast-Interview mit Anna wurde ihr mehr und mehr bewusst, wie besonders das schottische Hochland war und welch kraftvollen Zauber diese raue Landschaft auch auf sie selbst immer noch ausübte. Sie genoss es, ganz bewusst und mit offenen, neugierigen

Augen über vertrautes Terrain zu gehen und ganz neue Eindrücke aufzusaugen. Das hatte sie auch auf neue Ideen für ein Sommermenü gebracht. Gerade experimentierte sie mit frischen Kräutern, die sie heute früh bei ihrer Gassirunde mit Polly gesammelt hatte. Auch das war eine neue Routine: Morgens ging sie meist allein mit Polly, da sich Jon um seine Frühstücksgäste kümmern musste. Inzwischen waren sie und die Hündin beste Freundinnen – und hatten glücklicherweise auch das Schlafarrangement geklärt. Es kam nur noch ganz selten vor, dass die Neufundländerin nachts heimlich ins Bett kroch.

»Grace? Was machst du denn hier?«, fragte Isla erstaunt, als ihre junge Praktikantin plötzlich vor dem Küchenfenster auftauchte. Grace schien ihrerseits nicht damit gerechnet zu haben, ihre Chefin in der Küche stehen zu sehen, denn sie wirkte ein wenig ertappt.

»Ähm ... Also ... Ich wollte ein bisschen üben«, sagte sie, während sie durch die offen stehende Tür eintrat. »Du hast uns das doch erlaubt an den freien Tagen ... Aber ich wollte nicht stören.«

»Du störst nicht.« Isla musterte Grace, die flammend rote Wangen hatte und sichtlich verlegen war. Sie wusste, dass Grace noch bei ihren Eltern lebte, in einem kleinen Häuschen in Drumnadrochit. Dort gab es vor allem eine Mikrowelle, um Fertiggerichte aufzutauen – und für Grace keine Möglichkeit, außerhalb ihrer Arbeitszeit selbst zu kochen. Isla hatte all ihren Mitarbeitern die Erlaubnis erteilt, die Restaurantküche an den freien Tagen zu nutzen. Getan hatte es bislang niemand, oder zumindest hatte sie nichts davon mitbekommen. Aber sie fand Grace' Engagement bewundernswert und lächelte sie nun freundlich an.

»Was machst du denn da?«, fragte die Praktikantin prompt neugierig.

»Ich probier nur was aus. Für die Sommerkarte will ich ein paar neue Gerichte testen.«

»Echt? Wow. Nick und Tom fragen sich schon die ganze Zeit, wann es etwas Neues gibt.«

»Tun sie das?« Isla runzelte die Stirn, dabei kannte sie die Antwort selbst.

»Na ja, Nick sagt, du seist im Moment recht zurückhaltend mit Innovationen.«

Ja, das klang eindeutig nach ihrem ehrgeizigen Souschef. Isla fragte sich, was ihre Mitarbeiter sonst noch so besprachen, wenn sie nicht dabei war. Und vor allem, wann genau. »Es macht nicht so viel Spaß, mir etwas Neues auszudenken und es dann drei Tage später auf Rodneys Instagram-Kanal zu entdecken«, brummte sie.

Das war derzeit in der Tat der größte Wermutstropfen in ihrem Leben. Seit dem Experiment mit dem Schichtdessert vor ein paar Wochen hatte sie sich strikt an ihre etablierten Klassiker gehalten. Das war nicht weiter dramatisch, denn *The Scottish Thistle* stand für saisonale Menüs, die nicht allzu oft wechselten. Aber normalerweise baute Isla fast immer kleine Überraschungen und Variationen ein – was die wenigen Stammgäste freute, die häufiger kamen, und vor allem sie selbst vor zu viel Routine und Langeweile bewahrte. Doch zurzeit scheute sie sich vor Experimenten. Diese Strategie hatte zumindest insofern den gewünschten Erfolg gehabt, als keine weiteren von ihr geklauten Kreationen auf Rodneys Karte aufgetaucht waren. Wohl aber hatte sie darauf erst gestern das Austerntrio entdeckt, das sie Anfang März im *Oyster Club* in Perth nicht gegessen hatte. Der Mann hatte einfach nicht das geringste Schamgefühl. Vermutlich sollte sie den Kollegen Dave Hutton in Perth darüber informieren und auch mal recherchieren, ob Rodney noch bei weiteren Restaurants wilderte. Doch eigentlich war ihr dafür ihre Zeit zu schade. Zeit, die ohnehin knapp bemessen war.

Wem machte sie etwas vor? Sie hatte sich jetzt wochenlang eingeredet, dass sie wegen Jon abgelenkt war, aber in Wirklichkeit hatte sie vor allem Angst vor der Möglichkeit, dass sie tatsächlich einen Maulwurf in den eigenen Reihen hatte. Inzwischen platzte sie jedoch fast vor unterdrückter Kreativität, und als sie heute Morgen taufrischen jungen Klee und andere Kräuter entdeckt hatte, hatte sie einfach mit einem Korb und einer Schere zurückkehren und das appetitliche Grünzeug ernten müssen. Im Moment experimentierte sie mit einem Gelee und ihrer ganz eigenen Variation eines Wildkräuterlamms.

»Das sieht aber toll aus«, unterbrach Grace eifrig ihre düsteren Gedanken. »Was wird das alles?«

»Ich habe aus dem Klee eine intensive Essenz gekocht, daraus will ich ein Gelee machen. Eine Kräutersuppe in Würfelform, wenn du so willst. Auf einem Kräuterbett. Das muss ich noch ein bisschen austesten, damit es gut harmoniert. Und das Lamm bekommt eine Kräuterhülle und wandert dann für ein paar Stunden bei achtzig Grad in den Vakuumgarer. Da probiere ich auch einige unterschiedliche Sachen aus, aber ich schätze mal, das könnte ziemlich gut werden.«

»Ganz bestimmt sogar«, bestätigte Grace. »Hast du alles aufgeschrieben?« Sie sah zu dem großen, ledergebundenen Notizbuch, in dem Isla seit Jahren all ihre Ideen notierte und auch sämtliche Arbeitsschritte und Mengenangaben präzise dokumentierte. Sobald sie ein Rezept für ausgereift erklärte, schrieb sie es ins Reine und legte es in ihrer Online-Datenbank ab.

»Klar, aber ich bin erst ganz am Anfang der Testreihe. Unwahrscheinlich, dass heute schon der ganz große Wurf dabei ist. Na ja, ich werde es heute Abend wissen, wenn die Lammstücke und das Gelee fertig sind.« Sie lächelte zufrieden.

»Wenn du Hilfe brauchst oder ein Versuchskaninchen zum Verkosten, sag Bescheid.«

»Jon wird es abends essen müssen«, entgegnete Isla. »Und für heute bin ich fast durch. Ich mache morgen vielleicht noch einen weiteren Testlauf. Wenn du magst, komm einfach vorbei, dann probieren wir zusammen ein bisschen herum. Aber jetzt solltest du heimgehen und deinen freien Tag genießen.«

»Das werde ich. Aber es wäre toll, wenn ich morgen dabei sein dürfte. Ich hab das Gefühl, dass ich noch so viel lernen muss. Echt doof, dass ich daheim keine Möglichkeit zum Kochen habe.«

»Ja, das ist schade, aber keine Sorge, du hast Talent und

wirst deinen Weg machen«, versprach Isla. »Hast du keine Freunde, bei denen du mal kochen kannst?«

»Doch, aber die arbeiten an meinen freien Tagen.« Grace seufzte. »Manchmal lassen mich aber auch Nick oder Tom bei sich kochen, und bei Michael auf der Farm war ich auch schon ein paarmal.«

»Siehst du, wenn man etwas wirklich will, dann findet man auch eine Lösung. Und morgen experimentieren wir einfach zusammen, ja?«

»Ich freu mich«, erwiderte Grace dankbar und linste mit einem sehnsüchtigen Blick auf das geöffnet daliegende Notizbuch.

Isla lächelte und hatte plötzlich einen Geistesblitz. »Warte einen Moment«, rief sie, als sie die Treppe zu ihrer Wohnung hinaufeilte. Minuten später kam sie mit einer flachen Schachtel zurück und überreichte sie Grace. »Für den erfolgreichen Start deiner eigenen Küchenkarriere.«

»Was ist das?«

»Mach's auf.« Isla beobachtete, wie Grace den Deckel des Kartons abhob und das in bordeauxrotes Leder gebundene, nagelneue Notizbuch hervorholte. Sie hatte es vor ein paar Jahren in Italien entdeckt und sich als Nachfolger für ihr aktuelles gekauft. Doch da war immer noch genügend Platz, sodass sie es in absehbarer Zeit nicht brauchen würde.

»Ist das schön!«, schwärmte Grace und strich mit den Fingern zärtlich über den weichen Einband.

»Jeder gute Koch hat seine eigenen Messer und seine eigene Rezepte-Sammlung«, erklärte Isla. »Ich finde, es ist an der Zeit, dass du dich selbst als richtige Köchin wahrnimmst.«

»Ich weiß gar nicht, was ich sagen soll.« Grace' Stimme krächzte verdächtig, und ihre Augen schimmerten.

»Gar nichts. Mach mich stolz. Und vor allem dich selbst.« Isla nahm ihre völlig überwältigte Praktikantin kurz in den Arm.

»Das werde ich. Tausend Dank.« Grace wischte sich eine Träne aus dem Augenwinkel und drückte dann das Buch an die Brust. »Und dieses Buch werde ich auf ewig in Ehren halten.«

»Mach das. Meines ist mein Heiligtum – und intimer als jedes Tagebuch.«

»Was ist intimer als jedes Tagebuch?«, unterbrach Jon die beiden Frauen. Isla hatte ihn gar nicht kommen hören.

»Das ist unser Geheimnis«, behauptete Isla grinsend und zwinkerte Grace zu.

»Was habt ihr heute noch vor?«, erkundigte sich die junge Frau, deren Wangen bei Jons Ankunft schon wieder einen rosigen Schimmer angenommen hatten.

»Wir fahren zum Loch Ness«, erklärte Jon, mit einem vielsagenden Stirnrunzeln beim Blick aus dem Fenster.

»Bei dem Wetter?« Grace verzog prompt angewidert das Gesicht.

Am frühen Morgen hatte es noch nach einem freundlichen Tag ausgesehen, aber inzwischen jagten wieder dunkle Regenwolken über den Himmel. »Das ist für das authentische Monster-Erlebnis ohnehin besser«, meinte Isla lachend. »Vielleicht zeigt sich Nessie ja?«

»Dann viel Vergnügen. Wir sehen uns morgen«, verabschiedete sich Grace und schlüpfte zur Tür hinaus.

»Hallo, meine Schöne«, raunte Jon, umarmte Isla von hinten und küsste sie auf den Nacken. »Was zauberst du denn da? Variationen vom grünen Schleim?« Er deutete auf die drei Schalen mit grasgrüner Flüssigkeit.

»Das wird Klee-Essenz-Gelee«, belehrte sie ihn grinsend. »Und es wird sehr lecker. Du darfst es heute Abend testen.«

»Klee-Essenz-Gelee – was für ein sperriges Wort. Ich bin gespannt, wie es schmeckt. Was wollte Grace eigentlich hier?«

»Üben. Aber das machen wir morgen gemeinsam. Wo ist Polly?«

»Die wartet im Auto auf uns. Brauchst du noch lange? Dann hol ich sie raus. Das mit Sarah ging doch schneller als geplant.«

»Nein, ich muss nur noch das Gelee in den Kühlschrank stellen und das Lamm in den Vakuumgarer packen, dann können wir los. Gib mir zehn Minuten. Magst du in der Zwischenzeit einen Kaffee?«

»Ich mach ihn mir schon«, winkte er ab, als sie zur Kaffeemaschine gehen wollte. »Du auch?«

»Nur einen Espresso bitte.« Während Jon sich an der Maschine zu schaffen machte, verfrachtete sie ihre Speisen in den Kühlschrank und das Gargerät. »Ich zieh mich noch schnell um«, kündigte sie an, als sie die Arbeitsflächen abgewischt und die Spülmaschine angestellt hatte.

Er reichte ihr die Espressotasse. »Brauchst du Hilfe

beim Umziehen?«, fragte er mit einem eindeutig zweideutigen Unterton.

»Ich schaff das schon.« Sie kippte die heiße, bittere Flüssigkeit hinunter und lief dann grinsend und betont mit den Hüften wackelnd die Treppe zu ihrer Wohnung hoch.

»Du weißt gar nicht, was dir entgeht«, rief er ihr hinterher, doch sie lachte nur. Für Umzieh- oder besser Ausziehhilfe war heute Abend noch genug Zeit. Nun musste sie dafür sorgen, dass der immer noch erschreckend ahnungslose Neu-Highlander in die Mythen seiner Wahlheimat eingeführt wurde.

»Bereit?«, rief sie, als sie wenige Minuten später in Jeans, Boots, dickem Pulli und Regenjacke die Treppe wieder herunterkam. Jon stand an der Arbeitsfläche und blätterte fasziniert in ihrem Notizbuch.

»Das ist dann wohl das Allerheiligste von *The Scottish Thistle*«, stellte er mit einer gewissen Ehrfurcht in der Stimme fest.

»So ungefähr«, gab sie zu, schnappte sich das Notizbuch und brachte es rasch in ihre Wohnung.

»Durfte ich nicht reinschauen?«, wollte er wissen, als sie wieder auftauchte – offensichtlich hatte er ihre Reaktion richtig interpretiert. »Tut mir leid, wenn ich eine Grenze überschritten habe.« Er klang aufrichtig zerknirscht.

»Nein, schon gut. Es ist vermutlich albern, aber dieses Buch ist meine persönliche Schatzkammer und ...« Sie suchte nach den richtigen Worten.

»Und intimer als ein Tagebuch?«, mutmaßte er.

»So ungefähr. Oder auch wieder nicht. Ach, ich weiß nicht. Ich habe idiotisch reagiert.«

»Nein, hast du nicht. Ich war übergriffig. Tut mir wirklich leid.« Er nahm sie in die Arme und küsste sie.

»Muss es nicht. Ehrlich. Keine Ahnung, warum ich so komisch reagiert habe. Sorry.«

»Du musst dich ganz sicher nicht entschuldigen. Mir tut's leid, dass ich dich in so eine blöde Situation gebracht habe.« Er küsste sie noch einmal, auf die Wange. »Aber jetzt sollten wir uns dem nächsten Abenteuer widmen. Ich habe das eindeutige Gefühl, dass wir heute das Ungeheuer von Loch Ness zu sehen bekommen.«

• • •

Jon musste insgeheim zugeben, dass er den Tag lieber anders verbracht hätte als damit, bei gerade mal acht Grad im strömenden Regen am Ufer des sagenumwobenen Sees entlangzuspazieren. Immerhin hatte Isla ein Einsehen gehabt und großmütig auf die Schiffstour verzichtet. Eine kleine Horde unerschrockener Touristen war trotzdem aufgebrochen, aber diese Form des Sightseeings musste er heute wirklich nicht haben. Zumal es auch nicht viel zu sehen gab. Die Regenwolken stauten sich an den umliegenden Bergen und hingen so tief, dass man kaum das andere Ufer erkennen konnte. Doch er wollte sich nicht beklagen. Er war mit seinen beiden Lieblingsfrauen in der Natur unterwegs, und beide schienen sich nichts aus dem schlechten Wetter zu machen. Die schwarzhaarige lief vergnügt hin und her, sprang in jede Pfütze und buddelte mal hier, mal da. Die rothaarige blieb ständig stehen, zupfte an Grünzeug herum und probierte es – mal mit einigem Stirnrunzeln, mal mit einem verzückten Lächeln. Auch wenn er selbst erheblich lieber mit einem Stück Kuchen und einer Tasse Tee im Warmen gesessen hätte, steckte ihn der Enthusiasmus der beiden doch an.

»Bist du sicher, dass man das alles essen kann?«, fragte er, als Isla ein paar zarte Triebe von einem Strauch pflückte und konzentriert darauf herumkaute.

»Absolut. Du glaubst gar nicht, was alles essbar ist. Genau genommen fast alles, was hier wächst. Viele gefährliche Giftpflanzen gibt es hier nicht.«

»Da bin ich ja beruhigt.« Als er ihre glänzenden Augen sah, musste er lächeln. »Es ist schön, zu erleben, wie viel Spaß dir das alles macht. Ich wäre niemals auf die Idee gekommen, dass ein Spaziergang durch den Wald zu einer kulinarischen Expedition werden könnte. Also, für Menschen. Für Polly ist ja alles eine kulinarische Expedition.« Er blickte zu seinem Hund, der gerade wieder an etwas herumkaute. Es schien ein Stück Rinde zu sein, deshalb schimpfte er nicht.

»Ich bin da in meiner Zeit in Kopenhagen drauf gekommen«, erklärte sie ihm. »Im *Noma* verfolgt man ja ähnliche Ansätze. Ausgehend davon, dass die Menschen früher mit einer viel kargeren Auswahl an Nahrungsmitteln auskommen mussten, experimentieren René Redzepi und seine Leute seit Jahren mit den ungewöhnlichsten Zutaten.« Jon wusste inzwischen, wie sehr sie ihre zwei Jahre bei dem dänischen Küchenchef geprägt hatten. »Ich dachte mir, das kann ich auch für Schottland adaptieren – und es funktioniert wirklich gut. In der thailändischen Küche muss man sich bei den Zutaten zwar nicht so sehr beschränken, einfach weil es diesen tropischen Überfluss gibt, aber wie man dort Nahrungsmittel auf völlig neue Arten miteinander kombiniert oder auf unkonventionelle Weise zubereitet, fasziniert mich immer wieder. Auf den ersten Blick haben die nordische und die Thai-Küche so gar nichts miteinander zu tun, aber ich entdecke doch ständig Parallelen.« Sie strahlte ihn an.

»Ich hab zwar keine Ahnung, wovon du sprichst, aber es klingt toll«, entgegnete er lächelnd. Er liebte es einfach, sie so in ihrem Element zu erleben. Menschen, die einer Leidenschaft nachgingen, waren immer inspirierend – und es gab wenig, was Isla nicht mit Leidenschaft und Hingabe betrieb.

»Du bist süß. Es ist aber gar nicht wichtig, dass meine Gäste – oder du – meine Philosophie verstehen, die Hauptsache ist, dass ich weiß, was ich tue, und einen klaren Plan dafür habe, in welche Richtung sich meine Küche entwickelt. Entscheidend für die Konsumenten ist letztlich nur, dass ihnen mein Essen schmeckt. Wenn ich das nicht hinbekomme, hilft mir auch die ausgefuchsteste Philosophie nichts.«

»Da hast du zweifellos recht. Aber da mir immer schmeckt, was du zauberst, und ich mich wahnsinnig fürs Kochen interessiere, höre ich dir auch gerne zu, wenn du dich in kulinarische Rage redest. Und jetzt lass mich auch mal von diesen Knospen probieren.«

Eine ganze Weile spazierten sie einträchtig durch den Wald. Polly stöberte ab und zu einen Vogel auf, Isla bückte sich nach irgendwelchen Moosen, und Jon hing einfach seinen Gedanken nach. Es war Ende Mai, er lebte nun seit knapp drei Monaten in Kirkby, sein Pub war seit fast acht Wochen offen, und fast ebenso lang waren er und Isla ein Paar. Er konnte es kaum glauben, wie natürlich und unkompliziert sich alles gefügt hatte und wie gut sie sich verstanden. Es fühlte sich an, als wären sie schon viel länger zusammen. Einerseits. Andererseits gab es da diese Momente wie den vorhin bei ihr in der Küche, als er in ihrem Notizbuch geblättert hatte und sie deswegen so entsetzt gewesen war, dass er immer noch das Gefühl hatte, einen schweren Fehler begangen zu haben – egal, was sie offiziell dazu sagte. Sie kannten sich eben doch noch nicht gut genug, um sich wirklich einschätzen zu können.

Resolut schob er diesen unangenehmen Gedanken sofort wieder aus seinem Kopf. Davon würde er sich nicht den freien Tag verderben lassen. Er liebte die Arbeit in *The Wise Pelican*. Seine Gäste liebte er ebenfalls – die aus Kirkby und die Touristen –, auch wenn sich nicht von der Hand weisen ließ, dass es ein verdammt fordernder Job war. Feierabend hatte er im Grunde nie. Theoretisch war er auch nachts für seine Übernachtungsgäste da, was praktisch tatsächlich schon das ein oder andere Mal vorgekommen war. Einem Amerikaner hatte er erst letzte Woche klarmachen müssen, dass es in einem schottischen Pub nicht üblich war, hungrigen Gästen nachts um halb drei ein paar Spiegeleier zu braten.

Isla hatte also recht gehabt mit ihrer Ankündigung, dass er während der Saison kaum eine Minute Zeit zum Luftholen haben würde. Er hatte sich das nicht vorstellen können, aber nun war er mittendrin im Getümmel – und es würde noch mindestens bis Ende September oder Mitte Oktober in dieser irren Taktung weitergehen. Besonders beziehungs- oder gar familienfreundlich war dieses Leben wirklich nicht.

»Alles klar?«, wollte Isla wissen, der sein schweigsames Grübeln aufgefallen war.

»Alles bestens. Ich habe nur an deine Worte gedacht, als du mich gewarnt hast, wie fordernd die Monate der Tourismussaison sein würden«, gab er unverblümt zu.

»Und? Bereust du es schon, deinen gemütlichen Agenturjob in der großen Stadt gegen ein Dasein als Wirt im Hinterland eingetauscht zu haben?« Sie wollte wohl ironisch klingen, doch er hörte echte Sorge in ihrer Stimme. Womöglich galt ihr Unbehagen aber auch gar nicht seinen Arbeitszeiten, sondern ihrer Beziehung?

»Keine Sekunde!«, sagte er daher mit fester Stimme. »Es war definitiv die beste Entscheidung meines Lebens. Niemals würde ich zurückgehen zur Hektik in der Agentur, wo es übrigens alles andere als gemütlich war. Hier habe ich echte, greifbare Arbeit, und es dreht sich um real existierende, aber vor allem um lösbare Probleme und nicht um überspannte Kunden, die sich permanent mehr Benefit von ihrem Budget wünschen. Es ist nur einfach eine Umstellung, aber die bekomme ich hin. Zumindest, solange du an meiner Seite bist.« Er ergriff ihre Hand und hielt sie fest. »Manchmal bin ich wirklich geneigt, an Annas Karma-Theorie zu glauben. Sie ist ja überzeugt davon, dass ich von einer höheren Macht nach Kirkby gelotst wurde, um ein neues Leben zu beginnen und dir zu begegnen.«

»Ja, das klingt nach Anna«, entgegnete Isla leichthin. »Aber war es nicht eher Collum, der dich nach Kirkby gelotst hat? Ich meine, ich trau unserem Bürgermeister wirklich einiges zu, aber Schicksalsbote wäre mir doch zu hoch gehängt für ihn.«

»Mach du nur Witze. Collum ist natürlich nur das Werkzeug der Schicksalsboten gewesen, weil sie ja nicht aktiv mit uns Sterblichen interagieren können. Aber ich bin mir absolut sicher, dass es kein Zufall war, dass ich hier gelandet bin und wir uns begegnet sind.«

Isla lächelte geheimnisvoll, sagte jedoch pragmatisch: »Wer immer dahintersteckt, ich will mich nicht beklagen. Oh, schau, der Regen ist weniger geworden.«

Sie waren aus dem Waldstück herausgekommen, und tatsächlich hatte sich der gepflegte Landregen in ein eher sanftes Nieseln verwandelt. Jon fand das zwar nicht wesentlich angenehmer, aber für die Eingeborenen schien so etwas bereits einen erwähnenswerten Wetterwechsel einzuläuten. Er musste grinsen. Seine Landsleute sprachen wirklich wahnsinnig gern übers Wetter – egal, ob in Edinburgh oder London –, aber so versessen auf meteorologische Ereignisse wie in den Highlands war man nirgends sonst. Immerhin gingen einem so nie die Gesprächsthemen aus.

Der See lag nun wieder direkt vor ihnen. Eine lang gezogene, düstere, bleigraue Fläche, bei der nicht viel Fantasie nötig war, um sich die absonderlichsten Scheußlichkeiten auszumalen, die unter der Oberfläche schlummern konnten. »Was ist eigentlich dran am Ungeheuer von Loch Ness?«, hörte er sich allen Ernstes fragen.

»Vor allem ist es seit vielen Jahren ein sensationeller Tourismusmagnet und lockt viele Besucher an«, lachte sie. »Wir alle profitieren davon. Und natürlich auch von Jamie aus *Outlander*.«

»Das ist wohl nicht abzustreiten – auch ohne das Erlebniszentrum, das Collum plant. Eine der besten Investitionen war es, für mich und meine Service-Jungs Kilts machen zu lassen. Die ausländischen Gäste sind versessen drauf.«

»Nicht nur die ausländischen Gäste …« Isla grinste verschmitzt. »Schade, dass du heute keinen anhast.«

Ihm lag schon eine passende Replik auf der Zunge, doch dann fiel sein Blick auf den See. Etwa fünfzehn Meter vom Ufer entfernt ragte etwas aus dem Wasser, das gerade eben noch nicht da gewesen war. »Was ist das?«, rief er und lief näher an den Rand des Lochs.

»Ich habe keine Ahnung.« Isla klang genauso verblüfft, wie er sich fühlte. »Es sieht aus wie Nessie.«

Tatsächlich schien es ein Tier zu sein. Ein merkwürdiges Tier mit langem Hals und großen, panischen Augen. »Ich habe mir das Ungeheuer irgendwie größer vorgestellt«, sagte Jon und kratzte sich ratlos am Kopf. »Und ohne Ohren …«

»Oh Gott, jetzt geht es wieder unter«, rief Isla erschrocken. »Wir müssen ihm helfen!«

»Aber wie …« Jon überlegte noch fieberhaft, was man tun könnte, als Polly auf den Plan trat. Unerschrocken und wie von einem unwiderstehlichen Instinkt getrieben sprang die Hündin ins kalte Wasser und schwamm geradewegs auf das immer panischere Tier zu, das zweifellos Todesangst hatte. Unklar war nur, ob vor dem Ertrinken oder ob vor dem sich nähernden Hund.

»Polly wird doch nicht etwa …«, rief Isla halb fasziniert, halb entsetzt.

Jon erinnerte sich noch an den letzten größeren Schwimmausflug der Neufundländerin. Damals, als sie beinahe im kleinen Loch Leary ertrunken war und er sie hatte retten müssen. Seitdem hatte sie ihre Bade-Eskapaden vorwiegend in Pfützen ausgelebt oder war maximal bis zum Bauch in den See hineingewatet. Doch nun schwamm sie unbeirrbar dem verzweifelten Tier entgegen. Automatisch zog er seine Jacke aus und nestelte schon an den Schuhen, um erneut seinen Hund und notfalls auch das Monster zu retten, aber Isla legte ihm eine Hand auf die Schulter.

»Schau mal, sie hat das voll im Griff.«

Polly war zu dem verängstigten Tier geschwommen und hatte es am Hals gepackt. Das sah fürchterlich aus, aber was auch immer das für ein Geschöpf war, es schien sich in sein Schicksal zu ergeben und hielt ganz still. Polly grunzte vor Anstrengung, doch sie kämpfte sich tapfer in Richtung Ufer.

»Bravo, Polly!«, feuerte Isla sie an.

»Du schaffst das, mein Mädchen«, rief nun auch Jon. Einen Augenblick später war Polly so nah beim Ufer, dass er ihr auf dem letzten Meter bei der Rettungsaktion helfen konnte. Das vermeintliche Ungeheuer entpuppte sich als ...

»Das ist ein Alpaka!«, rief Isla überrascht und half Jon und Polly, das entkräftete, aber glücklicherweise lebendige Tier an Land zu bringen.

Polly schüttelte sich kräftig, keuchte heftig, wirkte aber sehr zufrieden mit sich selbst. »Das hast du ganz toll gemacht, Schätzchen«, lobte Jon seinen Hund. »Und du armer Wurm, was machst du im Loch Ness?«

Erwartungsgemäß verweigerte das durchnässte Alpaka jede Auskunft. Zitternd lag es am Strand, rührte sich aber ansonsten nicht.

»Was sollen wir jetzt machen?«, sprach Isla aus, was er selbst dachte.

»Wir können es auf gar keinen Fall sich selbst überlassen«, entgegnete er. »Ich frag mich, was ein Alpaka hier zu suchen hat.« Er legte dem Tier seine Regenjacke über, um es vor weiterem Auskühlen zu schützen. »Und wie es dann auch noch auf die irre Idee kommen konnte, ein Bad im See zu nehmen.«

»Es gibt hier in der Gegend etliche Alpakas«, wusste Isla. »Viele Schafzüchter halten welche, weil sie wohl besser auf Schafe aufpassen als Hunde. Mein Dad hat auch schon überlegt, ob er sich welche anschaffen soll.«

Polly leckte dem Alpaka freundschaftlich übers Gesicht,

was seine Lebensgeister weckte. Panisch versuchte es, sich aufzurappeln. »Alles gut«, bemühte sich Jon, das ängstliche Tier zu beruhigen. »Polly tut dir nichts. Sie hat dir vermutlich das Leben gerettet.« Er kraulte ihm den Hals. »Es ist bis auf die Haut durchnässt. Wenn wir es nicht ins Trockene bringen, holt es sich noch den Tod.« Ein Experte für Tierwohl war er nun wahrlich nicht, aber selbst ihm war klar, dass dies kein optimaler Zustand war.

»Wir müssen es irgendwie zum Auto schaffen, und dann bringen wir es am besten zu Onkel Rupert in den Stall. Dort können wir es trocknen und einen Tierarzt rufen. Vielleicht finden wir dann auch heraus, ob hier in der Gegend jemand ein Alpaka vermisst.«

»Wir sind fast zwei Stunden gelaufen, das schaffen wir nie«, entgegnete Jon besorgt und kramte nach seinem Telefon. »Ich werde mal Collum anrufen.«

»Wir müssen nicht denselben Weg nehmen, auf dem wir gekommen sind. Wir haben eine große Schleife gemacht, und wenn wir hier entlanggehen, sind wir in einer Viertelstunde bei deinem Auto.« Isla deutete auf einen schmalen Feldweg, der landeinwärts führte. »Bis Collum hier wäre, würde es definitiv länger dauern.«

»Okay, dann versuchen wir es.« Jon wollte das Alpaka hochheben, doch dabei sprang es staksig auf seine langen, dünnen Beine. »Keine Angst, wir wollen dir doch nur helfen.«

»Es ist vielleicht sowieso besser, wenn es selbst läuft. Ich glaube nicht, dass du es die ganze Strecke tragen kannst.« Isla kratzte sich am Kopf, dann öffnete sie ihre

Jacke und zog rasch den Gürtel aus den Schlaufen ihrer Jeans. »Wenn es zahm oder zumindest halbzahm ist, dann könnte es auch an ein Halfter gewöhnt sein«, erklärte sie Jon, der sie stirnrunzelnd beobachtete. Sie legte dem nassen Elend vorsichtig den Gürtel um den Nacken und fixierte ihn so, dass er das Alpaka nicht würgen konnte, aber fest genug saß, um ihm nicht über den Kopf zu rutschen. Dann zupfte sie vorsichtig am langen Ende des Gürtels und machte aufmunternde Geräusche. Tatsächlich folgte ihr das Alpaka mit unsicheren Schritten. »Das scheint zu klappen«, stellte sie erfreut fest. »Halt es mal«, bat sie Jon und breitete seine Jacke wie eine Pferdedecke über den Rücken des armen Tieres. Die Ärmel verknotete sie vorn an der Brust.

»Dann lasst uns gehen«, sagte Jon, der Islas beherztes Handeln recht beeindruckend fand. Es war offensichtlich, dass sie mehr Ahnung von Tieren hatte als er selbst. Er reichte ihr das Gürtelende zurück und nahm stattdessen Polly an die Leine, damit die unterwegs nicht auf die Idee kam, irgendwelche weiteren Extratouren zu unternehmen. Immerhin schien die junge Hündin die Rettungsaktion gut überstanden zu haben und wirkte immer noch ziemlich unternehmungslustig.

Isla hatte recht gehabt, es war keine Viertelstunde zu Fuß bis zu seinem Wagen, doch als sie dort angekommen waren, stellte sich die Frage, wie sie das Alpaka transportieren sollten. Die Vorstellung, dass ein nasser Hund und ein nasses Alpaka die lederbezogene Rückbank ruinieren würden, stimmte Jon nicht allzu hoffnungsfroh – wobei es auch schon fast egal war, Polly hatte schließlich bereits im Alleingang für reichlich Patina gesorgt. Er zweifelte jedoch daran, dass das Alpaka sich da besonders wohlfühlen würde.

»Ich setz mich mit den Tieren auf die Ladefläche«, sagte Isla entschlossen. Offensichtlich war sie zu ähnlichen Überlegungen gekommen wie er selbst.

»Oder ich geh auf die Ladefläche, und du fährst«, schlug er vor.

»Auf keinen Fall. Du bist doch auch schon total nass, und ich will nicht, dass du dich erkältest oder dir am Ende noch eine Lungenentzündung holst!«, bestimmte sie. »Ich schicke in unsere Familien-Chat-Gruppe eine Nachricht, dass wir zu Rupert unterwegs sind und dass sich jemand bereithalten und schon mal den Tierarzt anrufen soll.«

»Okay, wenn du dir sicher bist.« Jon entfernte die Abdeckung von seiner Ladefläche und half Isla beim Hochklettern. Polly, die das offensichtlich total aufregend fand, sprang mit einem großen Satz ebenfalls hinauf, und schließlich schaffte er es, auch das Alpaka noch irgendwie hochzuwuchten, das weit weniger begeistert von dem anstehenden Transport zu sein schien. Das Tier war jedoch so erschöpft, dass ihm die Beine einknickten und es sich nicht mehr wehrte, als Isla es halb auf ihren Schoß zog und so festhielt, dass es während der Fahrt nicht aufspringen konnte. Polly schmiegte sich eng an die beiden, so als müsse sie aufpassen, dass Isla und dem Alpaka nichts passierte. Das war ein derart herzerweichender Anblick, dass Jon schnell ein Foto von den dreien machte, ehe er noch eine Decke hervorkramte und sie über das ungewöhnliche Trio legte. Der Regen war wieder stärker geworden, und sie hatten mindestens zwanzig Minuten Fahrt vor sich, eher mehr, da er langsam fahren musste. »Bist du sicher, dass es so geht?«, erkundigte er sich besorgt bei Isla, die ihn aufmunternd anlächelte.

»Wir schaffen das. Fahr vorsichtig, und zu Hause wärmen wir uns dann richtig auf.«

Es war gefühlt eine der längsten halben Stunden seines Lebens, und als er schließlich auf den Hof von Rupert Fraser fuhr, fühlte sich Jon ziemlich ausgelaugt – obwohl sein einziger Job darin bestanden hatte, seine Fracht möglichst vorsichtig in Sicherheit zu bringen. Immerhin war ihm wieder etwas wärmer – Sitz- und Innenraumheizung sei Dank –, aber er mochte sich nicht vorstellen, wie sich Isla fühlen musste, mit zwei nassen Tieren im Regen.

Kaum hatte er seinen Pick-up geparkt, kam die halbe Fraser-Sippe aus dem Stall gelaufen. Islas Alarm schien also funktioniert zu haben. Er war noch nicht ganz ausgestiegen, da rannten Marlin und Rupert schon zur Ladefläche.

»Was haben wir denn da?«, hörte er Marlin fragen.

»Ich glaube, es ist ein junges Alpaka«, erwiderte Isla, und Jon war sehr erleichtert, dass sie noch lächeln konnte.

Die beiden alten Männer hoben das Alpaka herunter und trugen es sofort in den Stall. Polly folgte ihnen auf dem Fuß, offensichtlich wollte sie ihren neuen Freund keine Sekunde aus den Augen lassen.

»Wie geht's dir?«, erkundigte sich Jon, als er Islas Hand ergriff und ihr beim Aussteigen half. Die Hand war eiskalt, und sie war blass, aber ansonsten machte sie einen stabilen Eindruck.

»Mir geht's gut«, entgegnete sie. »Ich mach mir nur Sorgen um das Alpaka. Es hat fürchterlich gezittert und schien immer schwächer zu werden. Polly hat aber nach Kräften versucht, es zu wärmen.«

»Hier, nehmt mal diese Decken«, mischte sich Islas Tante Alice ein und reichte den beiden je eine Pferdedecke. »Irgendwas hast du mit ertrinkenden Tieren«, sagte sie dann lächelnd zu Jon.

»Ich weiß auch nicht, woran das liegt.« Er grinste schief. »Immerhin musste ich diesmal nicht selbst zum Rettungsschwimmer werden, sondern Polly hat das übernommen. Unglaublich, wie sie das gemacht hat – als wüsste sie genau, was zu tun ist.«

»Das liegt in ihren Genen.« Damit scheuchte Alice sie beide ebenfalls in den Stall. In einer Box in ihrer Nähe rieben Rupert und Shona das nasse Alpaka mit Handtüchern und Stroh halbwegs trocken. Marlin ließ Polly die gleiche Behandlung angedeihen.

»Was für eine Aufregung«, stellte Colleen fest, die mit Hailey neben der Box stand und das Spektakel beobachtete.

»Allerdings«, gab Jon zu. »Und ich habe mich auf ein geruhsames, entspanntes Landleben gefreut.«

Für diese Aussage erntete er eine Reihe mitleidiger Blicke, und Rupert brummte: »Armer Irrer«, ehe er schließlich fachmännisch feststellte: »Es ist definitiv eine junge Alpakastute, noch nicht ganz ausgewachsen. Ich gehe davon aus, dass sie sich erholt. Sie ist zwar ein bisschen dünn, wirkt aber schon wieder recht munter. Der Tierarzt will nachher mal vorbeischauen.«

»Soll ich mit Nessie in die Trocknungsbox gehen?«, schlug Shona vor, die ganz verliebt in das Tierchen zu sein schien.

»Nessie?«, fragten Jon, Rupert und Colleen gleichzeitig.

»Na ja, sie kommt doch aus dem Loch Ness.«

»Stimmt – und als wir sie entdeckt haben, hätte man sie auf den ersten Blick auch für das Ungeheuer halten können«, bestätigte Jon und musste lachen. »So gesehen ist das der perfekte Name.«

»Vermutlich heißt sie aber ganz anders«, mischte sich Rupert ein. »Das mit der Trocknungsbox ist keine schlechte Idee«, sagte er zu seiner Nichte. »Bleib bei ihr, und biete ihr schon mal was zu fressen an. Ich frag mal im lokalen Bauernnetzwerk nach, ob jemand eine dunkle Alpakastute vermisst.«

»Aber wenn nicht, dann werden wir sie doch behalten, oder?«, fragte Shona. »Nicht wahr, Schätzchen? Dann bleibst du bei uns. Hier wirst du ein gutes Zuhause haben.«

Nessie schien das ebenso zu sehen, denn sie drückte ihren Kopf vertrauensvoll an Shonas Seite und folgte ihr gleich darauf in die Trocknungsbox am anderen Ende des Stalls, wo Colleen schon die Wärmelampen angestellt hatte.

»Wenn das mal nicht der Beginn einer großen Liebe ist«, sprach Alice aus, was Jon dachte. So hatte er Islas kleine Schwester noch nie erlebt. Dann wandte sich Alice an ihn und Isla: »Und ihr beiden solltet jetzt schleunigst aus euren nassen Klamotten kommen, sonst holt ihr euch den Tod. Hier gibt's für euch sowieso nichts mehr zu tun, wir haben das im Griff.« Damit nahm sie den beiden die Pferdedecken wieder ab und trieb sie aus dem Stall.

Polly ließ sich ein wenig bitten, sie schien nach wie vor sehr um ihr erstes »Rettungs-Opfer« besorgt zu sein, aber trotzdem saßen sie gleich darauf zu dritt in seinem Auto und fuhren zu Isla.

»Langweilig wird's hier nie, oder?«, fragte Jon ein paar Stunden später, als sie frisch geduscht und gründlich aufgewärmt an einem hübsch gedeckten Tisch im Restaurant saßen und die aufregenden Klee- und Kräuterkreationen testeten, die Isla am Vormittag vorbereitet hatte.

»Selten. Wobei das heute schon eine besondere Nummer war. Ein Alpaka im See.« Sie lachte leise. »Nur gut, dass wir den Ausflug gemacht haben, oder?«

»Absolut. Aber jetzt weiß ich auch, wie der Monster-Mythos von Loch Ness entstehen konnte. Vermutlich war jede Sichtung einfach nur ein Alpaka in Seenot.«

»Wer weiß das schon so genau ...« Sie schenkte noch einen Schluck Wein nach. »Auf Nessies Rettung!«

»Und auf dein neues Sommermenü. Ich bin mir sicher, das wird für Furore sorgen.« Jon meinte das ganz ernst. Die Lammstücke, die eigentlich zu lange in ihren unterschiedlichen Kräutermänteln gegart hatten, waren absolut göttlich gewesen – genau wie das grasgrüne Suppengelee.

»Ja, ich denke, es ist ein vielversprechender Ansatz«, entgegnete Isla mit einem zufriedenen Lächeln. »Ich muss mir nur noch Gedanken über die passende Begleitung machen.«

»Da wird dir bestimmt etwas einfallen.«

»Sicher. Aber nicht mehr heute.« Sie gähnte. »Was hältst du davon, wenn ich das Dessert oben serviere? Vorm Kamin oder gleich im Bett?«

DISTELN AM GAUMEN

»NA, WIE FINDEST DU ES?«, FRAGTE Shona drei Wochen später. Es war Anfang Juni, und sie stand vor ihrer frisch renovierten Destillerie und bewunderte strahlend die Außenfassade.

»Es ist toll geworden«, sagte Isla. »Aber bist du sicher, dass ›Alpaca Golden Distillery‹ der beste Name ist?« Sie musterte ihre kleine Schwester prüfend, doch beim Anblick der strahlenden grauen Augen, die im Sonnenschein fast violett schimmerten, und der rosigen Wangen war ihr klar, dass jede Intervention ihrerseits absolut sinnlos wäre. Zumal es ja ohnehin schon zu spät war: Der Name samt einem elaborierten Logo prangte in meterhohen Lettern an der Außenwand, und, wie Isla ihre Schwester kannte, hatte die auch schon alle anderen Materialien mit dem extravaganten Markennamen darauf bestellt.

»Das ist der perfekte Name«, schwärmte Shona dann auch erwartungsgemäß. »Dass Nessie in mein Leben getreten ist, war ein Wink des Schicksals. Ich bin ewig nicht aus dem Quark gekommen, weil ich mich einfach nicht entscheiden konnte, wie ich meine Destillerie nennen soll. Doch seit Nessie …« Sie kraulte das Alpaka, das ihr seit seiner Rettung nicht mehr von der Seite wich.

»Was für ein Glück also, dass wir sie damals gefunden haben.« Isla schmunzelte, als sie sah, wie das dunkelgraue, wollige Tier an Shonas T-Shirt zupfte. Trotz ausführlicher Recherche hatte sich niemand gefunden, der eine Alpakastute vermisste, und Shona hatte ihr Versprechen wahr gemacht und Nessie adoptiert. Isla hätte nur niemals erwartet, zu was für Auswüchsen es dabei kommen würde. Shona hatte das Tier – gegen den Widerstand ihres Vaters und ihres Onkels – mit nach Hause genommen, wo Nessie nun lebte wie ein Hund. Hailey und Kristie, mit denen Shona als Wohngemeinschaft in einem gemütlichen Cottage wohnte, waren nicht gefragt worden, hatten sich aber angeblich mit dem neuen Haustier arrangiert. Wo Nessie schlief und ob sie auch nur ansatzweise stubenrein war, wusste Isla nicht und vermied auch tunlichst alle Nachfragen.

Immerhin war festzustellen, dass Shona in den letzten drei Wochen eine erstaunliche Metamorphose durchgemacht hatte: Plötzlich war sie voll auf ihre Destillerie fokussiert und hatte dafür gesorgt, dass es ordentlich voranging. Erstaunlich, wie schnell sich die Dinge entwickelten, wenn man nur mit dem nötigen Drive dahinterstand. Die Brennanlage war seit anderthalb Wochen komplett fertig, und Shona testete bereits.

»Nessie ist in mehrfacher Hinsicht der totale Glücksfall für mich, und ich bin extrem froh, dass ihr sie gerettet habt.«

»Fein, aber das ist sicher nicht der Hauptgrund dafür, dass du mich hierherzitiert hast, oder?«

»Ich habe dich nicht zitiert, ich habe dich gebeten, das ist ein großer Unterschied«, behauptete Shona. »Aber ich wollte dich tatsächlich etwas fragen.«

»Ich bin ganz Ohr, Schwesterherz.« Isla war gespannt. Shona hatte schon immer ein unwiderstehliches Talent dafür gehabt, ihre Geschwister und eigentlich alle Familienmitglieder für Dinge einzuspannen, auf die sie selbst keine Lust hatte. Zuletzt hatte sie sogar Jon in die Riege ihrer Opfer aufgenommen und ihn dazu überredet, praktisch nebenbei eine Werbe- und Markenstrategie für die Destillerie zu entwerfen. Man musste ihm allerdings zugutehalten, dass er sich von ihr nicht völlig hatte einwickeln lassen, sondern ihr lediglich ein paar – wenn auch sehr wertvolle – Hinweise gegeben hatte. Unter anderem hatte er ihr den Künstler aus Inverness empfohlen, der für ihn das Pub-Schild designt und angefertigt hatte. Der hatte sich tatsächlich um das Logo gekümmert – bestehend aus einem Alpaka und der typischen Distel, die in keinem Fraser-Betrieb fehlen durfte. Danach jedoch hatte Jon ihr klargemacht, dass sie für weitere Beratung gern die Profis in der Agentur seiner Familie anheuern könne – für ein entsprechendes Honorar selbstverständlich.

»Ich brauche deinen Rat und einen Gefallen.«

»Oho, auch einen Rat …«, erwiderte Isla ironisch.

»Es wird ja mindestens drei Jahre dauern, bis ich den ersten Whisky abfüllen kann. Die Zeit bis dahin muss ich irgendwie überbrücken«, begann Shona und ging gar nicht auf den schwesterlichen Sarkasmus ein.

»Du könntest Alpaka-Dompteurin werden«, schlug Isla grinsend vor.

»Sei nicht so albern«, schimpfte Shona. »Ich sagte, ich will deinen Rat.«

»Und den hast du bekommen.«

»Ich meine deinen Rat als Profi!«

»Ich könnte recherchieren, wie man Alpakas am besten zubereitet, aber es täte mir schon ein bisschen leid um Nessie.«

»Mann, du nervst!«, rief Shona. »Ehrlich, seit du mit Jon zusammen bist, hast du immer viel zu gute Laune. Kannst du nicht mal ernst bleiben und mich ausreden lassen?«

»Meine Lippen sind versiegelt«, gelobte Isla und verkniff sich mit Mühe ein Lachen. Offensichtlich hatte ihre kleine Schwester tatsächlich ein Problem, sonst ließe sie sich nicht so leicht aus der Fassung bringen.

»Während ich also auf die Reifung des Whiskys warte, will ich Gin herstellen.«

Isla sagte nichts. Hatte sie ja versprochen.

»Warum antwortest du nicht?«

»Was denn? Das war eine Feststellung und keine Frage. Außerdem verstehe ich es nicht ganz. Das mit dem Gin hattest du ja bereits erwähnt. Aber nur weil du drei Jahre keinen Whisky verkaufen kannst, heißt das doch nicht, dass du in der Zwischenzeit nichts zu tun hast – oder willst du immer nur einmal jährlich ein paar Fässer befüllen? Die Produktion läuft doch das ganze Jahr über.«

»Natürlich tut sie das, aber es bedeutet eben auch, dass

ich drei Jahre lang nur Ausgaben habe – für Rohstoffe und Mitarbeiter – und keine Einnahmen.«

»Da wird Daddy doch mit Sicherheit einspringen ...« Marlin Fraser war bei seinen Kindern wirklich großzügig. Er hatte Alex bei der Renovierung des Bed & Breakfast unterstützt und sie selbst beim Bau und bei der Ausstattung ihres Restaurants. Allerdings hatten sowohl ihr Bruder als auch sie selbst den größten Teil dieser Darlehen zurückgezahlt. Und beide Projekte waren längst nicht so kostspielig gewesen wie die Destillerie. Shona hatte bislang auch keine Scheu gezeigt, das väterliche Geld einfach so anzunehmen, daher war Isla wirklich verwundert über ihre Sorge wegen der mangelnden Einnahmen. Diese Phase hatte Marlin garantiert mit eingepreist.

»Du hältst mich echt für einen total verwöhnten Fratz, oder?«, rief Shona empört.

»Stimmt, das ist nicht fair. Du kannst schließlich nichts dafür, dass du Daddys Liebling bist. Aber jetzt weiter im Text. Du willst also nicht nur Whisky, sondern auch Gin machen, um kurzfristig Einnahmen zu generieren. Gin ist vergleichsweise unkompliziert herzustellen. Ich habe in Kopenhagen ja ein Weilchen in einer Micro-Distillery mitgearbeitet und ... Ah, daher weht der Wind.«

»Nein, es ist nicht so, wie du glaubst«, beharrte Shona ungeduldig. »Ich weiß selbst sehr gut, wie man Gin herstellt. Ich bin schließlich Brennmeisterin, schon vergessen?«

Wie sollte sie das vergessen können? Dieses historische Ereignis war auf Marlins Betreiben hin schließlich ausführlich gefeiert worden.

»Ich weiß natürlich, wie man Gin macht! Es ist super-easy. Eigentlich. Aber wenn man einen wirklich guten und speziellen Gin machen will, kommt's auf die Aromen an. Mir schwebt ein Geschmack vor, der Kirkby repräsentiert – oder noch präziser: unsere Familie. Zwingend muss Distel mit rein, aber alle Versuche von mir waren fürchterlich. Mir fehlt die Vorstellung davon, wie Distel schmecken sollte – oder anders formuliert, wie ein Gin mit Distelaroma schmecken sollte. So, dass er lecker ist.«

»Und was erhoffst du dir da von mir?«

»Na ja, du bist doch die Aromakönigin und Kräuterhexe schlechthin. Wenn jemand weiß, wie man bestimmte Geschmackserlebnisse erzeugen kann, dann du.«

»Ähnliche Herausforderungen hast du doch aber auch beim Whisky. Auch da musst du schon bei oder besser noch vor der Herstellung eine Vorstellung davon haben, wie er am Ende schmecken soll.«

»Ja, klar, aber das ist ein ganz anderer Prozess. Da spielen komplett unterschiedliche Faktoren eine Rolle, und vor allem: Damit kenne ich mich aus! Ich kann auch einen ordentlichen Gin herstellen, aber das will ich nicht, ich will einen sensationellen, phänomenalen, einzigartigen Gin haben.«

»Der nach Disteln schmeckt?«

»Der fantastisch schmeckt und eher an die Schönheit von Disteln erinnert als an ihren Geschmack.« Shona sah Isla nun regelrecht flehend an. »Ich kann das nicht, aber du! Würdest du mir dabei helfen?«

»Also doch nur ein Gefallen, kein Ratschlag?« Isla hob

eine Braue – und konnte doch nicht verhindern, dass sie schon zu überlegen anfing. Das war in der Tat eine knifflige Herausforderung. Andererseits war sie selbst ein großer Gin-Fan und konnte sich vorstellen, dass so ein extravaganter Drink auch bei ihr im Restaurant Anklang finden könnte. Vermutlich könnte man diesen Gin sogar für einige Gerichte verwenden ...

»Ehrlich, bei Dad und Alex funktioniert diese Masche viel besser«, schmollte Shona.

»Zweifellos«, lachte Isla. »Aber die beiden haben keine Ahnung von der Gin-Produktion. Okay, ich finde die Idee gar nicht blöd. Wirklich nicht. Und ich habe schon ein paar Ideen, die man mal testen könnte.«

»Aber?«

»Aber ich will auf jeden Fall eine Umsatzbeteiligung haben. Sagen wir, fifty-fifty.«

»Fifty-fifty? Bist du irre? Ich habe an zehn Prozent gedacht.«

»Und ich hätte siebzig verdient, denn ohne mein Rezept wird es keinen Spezial-Gin geben. Ganz einfach. Du brauchst auch gar nicht so waidwund zu gucken. Du weißt selbst ganz genau, dass es so ist. Also, wenn du willst, dass ich in das Gin-Projekt einsteige, das mich verdammt viel Zeit kosten wird, die ich eigentlich nicht habe, dann nur zu meinen Bedingungen.«

»Du bist ein verdammt harter Knochen«, grummelte Shona.

»Ich könnte auch ohne Gin leben. Oder ihn notfalls im Alleingang herstellen«, gab Isla zu bedenken.

»Na schön. Deal!« Shona streckte ihrer großen Schwester die Hand entgegen, und Isla schlug erst ein und nahm sie dann in die Arme.

»Ich freu mich. Das wird toll!«

»Ich habe gehört, du gehst jetzt unter die Gin-Hersteller«, sagte Jon später am Abend zu Isla, als sie nach der Yogastunde bei Anna in den Pub kam. Es war nicht mehr viel Betrieb, und Isla war dankbar dafür, denn seit der Kurs in der alten Schule stattfand und die Schar der Yoga-Jünger signifikant gewachsen war, hatte die Ärztin den Schwierigkeitsgrad ordentlich gesteigert. Es fühlte sich jetzt tatsächlich wie Sport an, und Isla war komplett verschwitzt und sehnte sich nach einer Dusche.

»Kann Shona wirklich gar nichts für sich behalten?«, fragte sie und ließ sich stöhnend auf einem Barhocker nieder. »Wir haben das erst heute Nachmittag beschlossen, und ich habe noch nicht einmal mit den ersten Experimenten anfangen können.«

»Sie war vorhin da und hat sich schon Vorbestellungen bei mir gesichert. Bei einem Bestellvolumen von mindestens zwanzig Flaschen hat sie mir einen Rabatt von fünfzehn Prozent zugesichert und mir die Erlaubnis gegeben, die Flaschen auch an interessierte Gäste zu verkaufen«, erklärte er amüsiert. »Deine kleine Schwester ist wirklich sehr geschäftstüchtig.«

Isla verdrehte die Augen. »Hat sie auch gesagt, wann sie mit der Auslieferung beginnen will?«

»Hat sie. Spätestens Anfang August. Sie hofft aber

darauf, dass es schon ein paar Wochen früher klappt.« Er sah sie mitfühlend an.

»Schön, dass sie so freizügig mit meiner Zeit umgeht.« Isla trank einen großen Schluck Wasser aus dem Glas, das Jon ihr hingestellt hatte. »Ich muss unbedingt unter die Dusche. Soll ich vorher noch schnell eine kurze Runde mit Polly machen?«

»Das wäre super«, freute er sich. »Hier wird's nicht mehr lange dauern. Ich komm dann gleich hoch – und muss dich um einen Gefallen bitten.« Täuschte sie sich, oder wirkte er bei diesen Worten etwas angespannt?

Isla hob eine Braue, entschied sich dann aber dafür, nicht nachzufragen. »Solange ich für dich nicht auch innerhalb von zwei Atemzügen einen eigenen Gin kreieren muss, kannst du fast alles von mir haben.« Dann ließ sie sich vom Barhocker gleiten, pfiff nach Polly und ging mit ihr hinaus in den milden, immer noch recht hellen Juni-Abend.

Es war die perfekte Sommernacht: ungewöhnlich lau für schottische Verhältnisse, mit schweren, sinnlichen Aromen in der Luft. Es roch nach Blüten, Kräutern, feuchter Erde, nach Verheißung und Versprechen. Eine Nacht, in der man nicht schlafen, sondern sich ganz dem Zauber der Natur hingeben sollte. Doch Isla fühlte sich erschöpft – körperlich und ein wenig auch seelisch. Für beides hatte sie keine wirkliche Erklärung. Es lief doch alles wundervoll. Sie war glücklich mit Jon, fühlte sich zum ersten Mal in ihrem Leben komplett, dazugehörig und wirklich geerdet. Das Restaurant lief fantastisch. Sie war bis Mitte August fast permanent ausgebucht und hatte für beinah jeden Abend eine längere Warteliste. In den letzten Wochen waren auch keine kruden Aktionen mehr von Rodney gekommen – zumindest keine, die sie in den Fokus genommen hätten. Sie zweifelte zwar daran, dass all seine angeblich neuen und innovativen Kreationen tatsächlich von ihm stammten, doch von ihr hatte er sie jedenfalls nicht geklaut.

Sie freute sich, dass Kristies Bäckerei, die vor ein paar Wochen eröffnet hatte, so gut angenommen wurde, und vor allem darüber, dass sie Brot und Dessert-Kekse nun nicht mehr selbst backen musste, sondern diese Köstlichkeiten von ihrer Cousine beziehen konnte. Das sparte ihr tatsächlich eine Menge Zeit und Energie – Ressourcen, die sie nun schön für das Gin-Projekt nutzen konnte. Shona hatte sie heute zwar regelrecht übertölpelt, doch wenn sie ehrlich war, freute sie sich auch auf diese Herausforderung. Eine Aromakönigin und Kräuterhexe hatte ihre Schwester sie genannt und damit den Nagel verdammt präzise auf den Kopf getroffen. Es gab tatsächlich kaum etwas, was ihr mehr Befriedigung verschaffte, als aus Speisen – und Getränken – die letzten Geschmacksnuancen herauszukitzeln.

So gesehen war wirklich alles gut, warum dann also dieses seltsame Gefühl? Sie hatte keine Erklärung dafür. Dass sie sich körperlich angeschlagen fühlte, mochte am Schlafmangel liegen. Früher war sie meist zwischen sieben und halb acht aufgestanden. Seit sie die Nächte fast ausschließlich bei Jon verbrachte, klingelte der Wecker spätestens um halb sieben, meist noch früher, damit er sich um das Frühstück für seine Übernachtungsgäste kümmern konnte. Oft half sie ihm dabei. Das war eine Ausnahmesituation, klar, denn eher früher als später wollte er sein Personal so aufstocken, dass es ein eigenes Frühstücksteam gab, doch für den Moment musste er auf die Finanzen achten. Und da ihre Nächte selten vor Mitternacht oder ein Uhr morgens begannen, war es verdammt wenig Schlaf für verdammt viel Arbeit.

Sie ließ ihre verspannten Schultern kreisen. Nach zwei freien Tagen und einer Yogastunde sollte sie im Nacken keine solche Schmerzen haben – wie sollte das erst in ein paar Tagen aussehen? Nun ja, eine heiße Dusche, eine Ibuprofen und ein paar Streicheleinheiten von Jon würden sicher helfen. Sie rief nach Polly, die gerade in einem dichten Gebüsch herumschnüffelte, und wandte sich dann wieder in Richtung Pub. Dort waren die letzten Gäste inzwischen gegangen, und Jon räumte noch auf und machte die Kasse. Isla lief rasch hoch in die Wohnung, um schon geduscht zu haben, wenn ihr Liebster kam. Die Streicheleinheiten durften gerne intensiver ausfallen, dachte sie – dann könnte sie sich womöglich auch die Schmerztablette sparen.

Als sie kurze Zeit später, nur mit einem Handtuch bekleidet, aus dem Bad kam, war das Wohnzimmer noch hell erleuchtet, und Jon saß vollständig bekleidet auf dem Sofa, die Stirn gerunzelt und das Smartphone in der Hand. Sie seufzte unwillkürlich, als ihr einfiel, dass er ja vorhin noch so ominös eine Bitte um einen Gefallen angekündigt hatte.

Sie trat in den Raum. »Geht es schnell, oder soll ich mir lieber etwas anziehen?«, fragte sie.

»Was?« Er fuhr hoch – offensichtlich war er in Gedanken gewesen und hatte sie gar nicht gehört. Sie klappte provozierend das Handtuch auf, und ein Grinsen schob sich auf sein Gesicht. Allerdings erreichte es nicht seine Augen, und so wickelte Isla das Handtuch wieder fest um sich.

»Ist irgendwas passiert? Du wolltest mich um einen Gefallen bitten«, erinnerte sie ihn und ließ sich neben ihm auf die Couch plumpsen.

»Denkst du, du könntest es irgendwie hinkriegen, für Donnerstagabend einen Vierertisch für meine Eltern, meine Schwester und ihren Freund bei dir zu organisieren?«, fragte er mit einem erstaunlich gequälten Gesichtsausdruck.

Isla musterte ihn einen Moment lang intensiv, als ob sie dadurch den unausgesprochenen Subtext seiner Bitte ergründen könnte, doch sie kam nicht drauf. Jon hatte immer liebevoll von seiner Familie geredet und es durchaus schon öfter bedauert, dass sie ihn noch nicht in Kirkby besucht hatten. Dass sie jetzt kommen und auch noch in ihrem Restaurant essen wollten, sollte ihn doch freuen, oder? Sie wusste nur nicht, ob sie ihm den Wunsch erfüllen konnte, denn die Buchungssituation war wirklich angespannt. »Dazu müsste ich in mein Buchungssystem schauen«, sagte sie und angelte sich ihr Tablet, das auf dem Tisch lag. Zumindest die Online-Reservierungen und -Stornierungen konnte sie damit überprüfen. Ansonsten bestand noch die Möglichkeit, dass Gäste telefonisch abgesagt hatten, doch den Anrufbeantworter konnte sie erst morgen abhören. »Wie kam es so plötzlich dazu, dass sie dich besuchen wollen?«, fragte sie, während sie sich in das Programm klickte.

»Sie haben wohl in der Gegend zu tun und dachten, es wäre eine gute Gelegenheit«, murmelte er und klang nach wie vor nicht besonders begeistert.

»Sieh an, sieh an, da gibt's also auch in den Highlands Kunden, die Bedarf an einer hippen Großstadt-Agentur haben«, bemerkte sie mit einem ironischen Lächeln. Dabei war das nicht weiter verwunderlich, denn allein die zahlreichen großen Whisky-Destillerien hatten enorme Werbebudgets. »Mehr Glück als Verstand, Mr. Grant«, fügte sie noch hinzu. »Ich habe tatsächlich eine Absage. Zwar nur ein Zweiertisch, aber das kriegen wir schon hin. Ich habe auf der Warteliste übrigens auch eine Anfrage für vier Personen auf den Namen Grant.«

»Ja, die war von meiner Mutter. Sie hat sich vorhin bei mir beklagt, dass sie nur eine automatische Antwort bekommen hat und auf weitere Nachfragen niemand reagiert habe...« Er verdrehte die Augen und wirkte ganz und gar nicht glücklich.

»Ich kann ihr gern eine Mail schreiben und ihr den Tisch offiziell zusagen«, bot sie an und verschob den Wartelistenposten »Grant« in die Reservierungsabteilung.

»Das wäre nett. Aber nur, wenn es dir nicht zu blöd ist. Und...« Er zögerte.

»Und?«

»Und mach das mit der Reservierung wirklich nur, wenn es keine Umstände verursacht. Wenn es nicht geht, dann geht es eben nicht.«

»Das klingt fast so, als fändest du es nicht gut, wenn deine Familie zu mir ins Restaurant kommt.«

»Ja. Nein. Also, natürlich habe ich nichts dagegen, wenn sie bei dir essen. Dann haben sie mir definitiv ein Erlebnis voraus ...«

»Ich kann bestimmt auch noch einen fünften Platz für Donnerstag organisieren, wenn du dich von deinem Pelikan losreißen möchtest.« Langsam wurde es ihr zu bunt. Sie verstand nicht, was Jons Problem war. So hatte sie ihn noch nie erlebt.

»Würde ich gerne, aber das klappt nicht.« Er räusperte sich und fuhr dann fort. »Es ist wirklich toll, dass du das ermöglichen kannst. Danke.«

»Okay«, sagte sie gedehnt. »Ich schicke jetzt noch schnell die Bestätigungsmail raus, und danach geh ich ins Bett. Falls du mir dann noch erzählen willst, was dich so irritiert, bin ich ganz Ohr.«

»Nein, alles gut. War nur ein langer Tag«, beeilte er sich abzuwiegeln. Isla glaubte ihm zwar kein Wort, hatte aber auch nicht den Nerv, weiter nachzuhaken. »Außerdem kann ich mir Schöneres vorstellen, als über meine Familie und Tischreservierungen zu quatschen.« Er zupfte spielerisch an ihrem Handtuch und küsste ihre nackte Schulter.

● ● ●

Der Donnerstagmorgen begann mit einem kurzen, aber heftigen Gewitter – und Jon war geneigt, das als düsteres Omen zu verstehen. Im Laufe des Nachmittags würde seine Familie hier in Kirkby aufschlagen. Irgendwie hatte seine Mutter es geschafft, für eine Nacht eines der Cottages in Alex' Bed & Breakfast zu ergattern, obwohl der eigentlich genauso ausgebucht war wie er selbst. Er wusste nicht, ob er enttäuscht oder froh darüber sein sollte, seine Lieben nicht in *The Wise Pelican* beherbergen zu können, war aber erleichtert, dass das Schicksal ihm die Entscheidung abgenommen hatte. Außerdem war es ja auch ein Beweis dafür, dass sein neues Leben funktionierte – was seine Familie nach wie vor nicht zu glauben schien.

Erschwerend kam hinzu, dass seine Sippe tatsächlich wegen eines Kunden hier in der Gegend war. Er hatte es vorgestern nur vermieden, diesen Kunden Isla gegenüber namentlich zu erwähnen. Es handelte sich nämlich um Rodney Swinton, der sein Werbebudget erheblich aufgestockt hatte – mit dem Ziel, »der neue Jamie Oliver« zu werden. Dagegen war grundsätzlich nichts einzuwenden, und er selbst war ja auch nicht daran beteiligt, doch er konnte sich lebhaft vorstellen, wie Isla reagieren würde, wenn sie davon erfuhr. Das war auch der Grund, warum er ihr nichts davon gesagt hatte – vorgestern nicht, aber auch schon früher nicht, wenn die Sprache auf Swinton gekommen war.

Ihre heftigen Reaktionen auf ihn hatten Jon immer davon abgehalten. Er war sich sicher, dass mehr dahintersteckte als eine reine Konkurrenzsituation. Fast hatte er das Gefühl, dass es etwas erheblich Persönlicheres war – doch auch da hatte er nie nachgefragt. Warum nur? Sollte es ihn nicht interessieren, ja musste er es nicht sogar wissen, als ihr Freund, ihr Partner? Die Antwort war klar: Ja, er sollte die Hintergründe ihrer Antipathie kennen, und sie sollte wissen, dass seine Familie für den »Feind« arbeitete. So einfach war die Theorie. Die Praxis sah leider ganz anders aus. Er traute es Isla nämlich jederzeit zu, ihn in Sippenhaft zu nehmen, und die Vorstellung, sie könnten sich deswegen einander entfremden, machte ihm Angst. Doch die kleine Stimme in seinem Kopf, die ihm einflüsterte, dass es noch viel schlimmer kommen könnte, wenn sie nicht rechtzeitig Bescheid wusste, ließ sich auch nicht länger ignorieren.

Isla war vorhin zu Jason Miller gefahren, einem ehemaligen Bauern, dem ausgedehnte, naturbelassene Ländereien gehörten, die seit einigen Jahren nicht mehr kultiviert wurden. Darauf gediehen große Mengen der Wildkräuter, die Isla für ihre Sommerkarte verwenden wollte. Sie stand mit dem jungen Mann, der im Hauptjob ein IT-Start-up betrieb und seine Felder hauptsächlich aus Sentimentalitätsgründen weder verpachtet noch verkauft hatte, schon seit ein paar Tagen in Kontakt, und gestern hatte er kurzfristig einem Treffen zugestimmt. An ihrem freien Montag waren sie schon vor Ort gewesen und hatten sich alles angesehen. Isla setzte nun große Hoffnungen in diesen Termin, denn damit stand oder fiel ihr neues Küchenkonzept. Sie wollte ihre Kreationen um jeden Preis mit echten

Wildkräutern realisieren und nicht auf Anbauware zurückgreifen – zumal sich einige Kräuter gar nicht richtig kultivieren ließen, wie sie behauptete.

Jon war wie so oft gebannt gewesen von der Beharrlichkeit, mit der sie ihr Ziel verfolgte. Und von ihrer unbedingten Leidenschaft. Wenn sie erst einmal eine Geschmacksvision hatte, ruhte sie nicht eher, als bis das Ergebnis ihrer Vorstellung entsprach. Das unterschied sie wohl von vielen anderen Köchen – und ganz besonders von einem wie Rodney Swinton, der in erster Linie auf große Effekte setzte. Die ließen sich zwar gut vermarkten und reproduzieren, hatten aber längst nicht die subtile Finesse, die Islas Küche auszeichnete. Manchmal fragte er sich jedoch, ob es auch genügend Menschen gab, die diesen Unterschied zu würdigen wussten – falls sie ihn überhaupt wahrnahmen. Bei seiner Familie hatte er so seine Zweifel ...

Essen hatte für die Grants nur zwei Zwecke zu erfüllen: satt werden oder große Show. Selbst zu kochen sah in seinem Elternhaus in der Regel so aus, dass eine Tiefkühlpizza aufgebacken oder eine Konservendose geöffnet wurde. Eine Ausnahme gab es nur, wenn seine Großmutter indische Currys kochte – doch auch da hatte er in der Rückschau den Eindruck, dass ihre Kompetenzen sehr überschaubar waren. Ansonsten holte man sich Takeaway-Mahlzeiten oder ging zum Essen aus. Letzteres gerne und häufig – und immer in irgendwelchen stylishen und coolen Läden, in denen es vor allem darum ging, gesehen zu werden und zu sehen, wer das Restaurant ebenfalls frequentierte. Zu besonderen Anlässen musste es dann vor allem teuer, fancy und exklusiv sein – ob es gut war, spielte dagegen eine untergeordnete Rolle.

Auch in dieser Hinsicht hatte er sich längst von seiner Familie entfernt. Schon während seines Studiums hatte er angefangen, selbst zu kochen, ganz einfache Gerichte zunächst, aber mit viel Spaß an der Sache. Als er dann in die Agentur eingestiegen war und fünfzig, manchmal sechzig Stunden in der Woche gearbeitet hatte, war Kochen für ihn zu einer kleinen Realitätsflucht geworden. Während Freunde von ihm zum Golfen gingen, hatte er Kochkurse besucht oder sich zumindest Kochshows im Fernsehen angesehen. So hatte er sich über die Jahre ein durchaus beeindruckendes Know-how und solide technische Fähigkeiten angeeignet, allerdings war ihm, seit er Isla kannte, bewusst geworden, wie unterentwickelt sein eigener Geschmackssinn noch war – und wie empfänglich er sich für Effekthaschereien zeigte.

Doch da lernte er immer mehr hinzu. Glücklicherweise war Helen, seine Köchin im Pub, eine glühende Verfechterin des Weniger-ist-mehr-Prinzips. Sie legte großen Wert auf gute Zutaten und achtete darauf, dass ihre Gerichte in der Zubereitung so simpel wie möglich waren. Vor ein paar Jahren hätte ihn dieser Ansatz noch wahnsinnig gestört, und er hätte auf der Verwendung von Kinkerlitzchen wie Trüffelöl und schwarzem Lavasalz aus Hawaii bestanden. Inzwischen war ihm jedoch klar, dass Einfachheit die wahre Meisterklasse war. Dass tolle Grundprodukte keinen Schnickschnack brauchten, sondern nur eine angemessene Zubereitung. Diese Erkenntnis in Verbindung mit Islas Philosophie hatte seine eigene Einstellung zum Essen und zum Kochen noch einmal grundlegend geändert. Auf dieser Basis lehnte er Rodney Swintons Küchenansatz inzwischen ab – aus seiner eigenen Überzeugung heraus und nicht nur deshalb, weil Isla ihn so verachtete.

Allerdings war er sich ganz sicher, dass seine Familie das nicht würde nachvollziehen können, falls sie sich überhaupt die Mühe machen sollten, seinen Argumenten zuzuhören. Und selbst wenn – Swinton war für sie ein Kunde, und das Kundenwohl stand immer im Vordergrund. Vielleicht würde ihnen der Unterschied aber ganz von selbst auffallen, wenn sie heute Islas Menü äßen, das pure Sinnlichkeit und reiner Geschmack war?

Er seufzte frustriert. Wem machte er etwas vor? Carla würde sich fragen, wie viele Kohlenhydrate das Essen hatte, würde jedes Stückchen Brot verschmähen und auf das Dessert verzichten. Der Fokus seiner Mutter läge vor allem auf der Präsentation der Speisen und der Einrichtung des Restaurants, und sein Vater würde sich schlicht an die enorme Whisky-Auswahl halten.

Er nahm sein Telefon und rief Isla an. Er musste ihr auf der Stelle reinen Wein einschenken. Es klingelte etliche Male, dann sprang die Mailbox an. Verdammter Mist! Vermutlich hatte sie ihr Telefon wieder im Auto liegen lassen, während sie mit zweifellos andächtiger Miene über die Kräuterwiesen marschierte und alles dafür tat, einen Deal einzutüten. »Kannst du mich bitte anrufen, wenn du die Nachricht hörst? Ich muss dir dringend etwas sagen!«, sprach er ihr aufs Band.

»Es hat geklappt«, rief Isla eine knappe Stunde später, als sie mit einem breiten Lächeln und glänzenden Augen in die Gaststube von *The Wise Pelican* gerauscht kam.

Es war kurz nach elf, und im Pub war nichts los. Das Frühstück war seit halb zehn vorbei, und die Mittagsgäste erwartete Jon frühestens ab halb zwölf. Er stand hinterm Tresen und polierte Gläser, eine stumpfsinnige Arbeit – und vor allem unnötig, weil sie längst poliert waren –, die ihn aber einigermaßen abgelenkt hatte. »Wird dir Jason seine Kräuter verkaufen?«, fragte er.

»Wird er. Er hat sogar zwei Leute an der Hand, die das Ernten übernehmen können, aber mit denen muss ich noch reden. Ich freu mich so! Das werden ein paar fantastische Wochen werden. An einer Stelle habe ich junge Disteln entdeckt, noch mit ganz zarten Blättern. Die könnte man fast roh essen, aber ich werde sie wahrscheinlich in einem cremigen Soufflé verarbeiten.«

»Und wie schmeckt junge Distel?«, wollte er wissen – bezaubert und angesteckt von ihrem Enthusiasmus.

»Das ist ganz schwer zu beschreiben, das musst du selbst erleben. Aber ich habe jetzt eine ungefähre Vorstellung davon, wie man dieses Aroma in einen Gin hineinbringt – und mit welchen zusätzlichen Geschmacksnoten es am besten zur Geltung kommt.«

»Das klingt toll. Freut mich, dass dein Vormittag so ein Erfolg war. Hast du meine Nachricht bekommen?«

»Deswegen bin ich hier«, entgegnete sie schlicht. »Es klang ein wenig ominös, und das wollte ich lieber persönlich und nicht am Telefon hören.« Ihr glückliches Lächeln war einem abwartenden Gesichtsausdruck gewichen, und Jon verfluchte sich, seine Eltern, Rodney Swinton und überhaupt das ganze verdammte Schicksal.

»Ich muss dir sagen, wer der Kunde ist, wegen dem meine Eltern in der Gegend sind«, begann er und hoffte, dass es ein guter Einstieg war.

»Eine der großen Destillerien, nehme ich an.«

»Nein. Es ist Rodney Swinton.« Jetzt war es raus. Stille. Er sah sie an, doch Islas sonst so lebhaftes Mienenspiel war wie eingefroren. Fuck. Mist. »Ich wollte nur, dass du Bescheid weißt. Und auch, dass klar ist, dass ich nichts damit zu tun habe.«

»Aha«, erwiderte sie emotionslos.

Aha? War das alles? Das konnte doch nicht alles sein!

»Ich muss dann mal in mein Restaurant und mit den Vorbereitungen für heute Abend anfangen.« Sie straffte die Schultern und drückte ihm noch einen kurzen Kuss auf die Wange. »Wir sehen uns.«

Wir sehen uns? Was war das denn für eine Abschiedsformel? Und überhaupt, warum reagierte sie so seltsam? Er hatte mit einem mittleren bis schweren Wutausbruch gerechnet, mit einer temperamentvollen Szene, aber doch nicht damit. »Na, heute Abend doch. Nach der Schicht. Oder?«, rief er ihr nach, denn sie hatte sich bereits umgedreht und ging in Richtung Tür.

Sie sagte nichts, sondern schüttelte nur kaum wahrnehmbar den Kopf, und das traf ihn mehr als lautstarke Anschuldigungen. Jon lief ihr hinterher, doch ehe er sie erreichen konnte, klingelte das Telefon. Hin- und hergerissen zwischen dem Impuls, die Lage mit Isla zu klären, und der Pflicht, sich um seinen Job zu kümmern, verharrte er einen Moment zu lang. Isla stieg in ihr Auto und fuhr davon. Er hastete zurück an den Tresen und erreichte den Anrufer gerade noch. Ein Spirituosen-Vertreter, der ihm sein Sortiment präsentieren wollte – insbesondere eine brandneue Gin-Sorte. Was für eine bescheuerte Ironie! Er lehnte dankend ab und war drauf und dran, Isla zu ihrem Restaurant zu folgen, doch da öffnete sich erneut die Tür, und eine Horde Menschen trat ein. Offensichtlich hatte ein Reisebus haltgemacht.

Die klärenden Worte mussten noch warten.

FAMILIENBANDE

ISLAS HERZ POCHTE, DOCH IHR KOPF fühlte sich seltsam hohl und leer an. Jons Familie arbeitete für Rodney Swinton. Auch Stunden später wusste sie noch nicht, wie sie diese Neuigkeit aufnehmen sollte. Sie ging davon aus, dass große Werbeagenturen aus der Liga von Grant & Grant Advertising reichlich Kunden hatten, mit denen sie persönlich nichts anfangen konnte. Firmen, die sie aus diversen Gründen ablehnte, deren Produkte oder Geschäftsgebaren sie verwerflich fand. Doch sie konnte ja schlecht verlangen, dass Jons Eltern ihre Kunden nach irgendeinem Moralkodex auswählten. Himmel, sie hatte auch schon oft genug Gäste gehabt, die sie verachtete. Politiker, großspurige Lokalprominenz oder irgendwelche penetranten, wichtigtuerischen Influencer. Natürlich hatte sie diese Leute genauso zuvorkommend behandelt wie alle anderen Gäste und sich insgeheim ihren Teil gedacht. Es konnte also gut sein, dass die Grants das mit ihren Kunden ähnlich handhabten. Sie mussten Rodney Swinton nicht mögen, um einen anständigen Job für ihn zu machen. So weit, so gut. Aber warum war es Jon dann so furchtbar wichtig gewesen, ihr das mitzuteilen? Und warum hatte er so verdammt nervös und schuldig dabei gewirkt?

Isla wollte sich einreden, dass es auch dafür eine sinnvolle Erklärung geben musste. Nur welche? Selbstverständlich fand sie es nicht toll, dass seine Familie ausgerechnet für ihre persönliche Nemesis arbeitete, doch das konnte sie ja wohl kaum Jon ankreiden – und er sollte wissen, dass sie nicht so engstirnig und kleingeistig war. Außer er steckte in irgendeiner Form mit drin. Das wiederum wäre verstörend. Verdammt verstörend ...

»Isla? Ist alles in Ordnung?«, riss Grace sie aus ihren Überlegungen. »Du bist ganz blass.«

»Hm?« Es fiel ihr schwer, sich auf das Geschehen außerhalb ihrer Gedanken zu konzentrieren. Was hatte Grace gesagt?

»Geht's dir nicht gut?«

»Ich hab leichte Kopfschmerzen«, behauptete Isla und versuchte ein kleines Lächeln. Es war nicht mal eine Lüge, denn das Gefühl der Leere hinter ihrer Stirn hatte sich in einen dumpfen Schmerz verwandelt.

»Hast du wieder zu viele unbekannte Kräuter genascht?«, fragte Nick schmunzelnd. »Wie damals in Kopenhagen, als wir von diesem fermentierten Pilz regelrecht high gewesen sind?«

Sie lachte matt – das war ein ziemlich spezielles Erlebnis gewesen, vor fast fünf Jahren. »Das war vielleicht was«, sagte sie. »Wir hätten damals fast den Laden nicht aufmachen können, weil wir alle so zugedröhnt waren. Aber keine Sorge, ich hab mich zurückgehalten. Vielleicht hätte ich die Distel aber nicht roh probieren sollen ...« Sie wusste, dass ihre Schmerzen nicht von der Distel oder den anderen Kräutern stammten, sondern von den ziemlich neuen Zweifeln bezüglich Jon und seiner Familie – und dem schon länger andauernden unguten Gefühl, dass irgendetwas ganz und gar nicht in Ordnung war.

»Du hast eine Distel gegessen?«, fragte Tom – halb fasziniert, halb angewidert. »War das nicht unangenehm im Hals?«

»Ich hab nur ganz zarte Blättchen probiert«, erklärte sie. »Aber du solltest deine Vorurteile in den Griff bekommen und auch mal mit offenen Sinnen durch die Natur laufen. Da wirst du die tollsten Dinge erleben.«

»Meine Sinne sind offen, aber meine Lippen bleiben bei Disteln geschlossen.« Er lachte gutmütig und widmete sich wieder seiner Arbeit.

Vermutlich war das die schlauste Art, mit der Situation umzugehen: zu arbeiten und abzuwarten, was tatsächlich passierte. Häufig geschah nämlich nicht ansatzweise so viel wie befürchtet, denn das meiste spielte sich nur in ihrem Kopf ab, wo sich ihre blühende Fantasie leider nicht auf die überraschende Kombination von extravaganten und scheinbar alltäglichen Zutaten beschränkte. Sie überlegte kurz, ob sie ihrem Küchenteam sagen sollte, dass heute die Grants bei ihr aßen, entschied sich jedoch dagegen. Es waren Gäste wie alle anderen. Punkt. Sie ging jedoch zu Michael in den Gastraum und ließ sich zeigen, wo er welche Gäste platzieren wollte. Falls ihn das wunderte, ließ er es sich nicht anmerken. Für Familie Grant hatte er den schönen Tisch im Erker vorgesehen.

»Verwandte von Jon?«, fragte er lässig.

»Seine Eltern und seine Schwester samt Freund«, antwortete sie knapp.

»Irgendwelche Spezialwünsche?«

»Nicht dass ich wüsste.«

»Ich meine, von dir«, erläuterte Michael.

»Nein, warum? Es sind Gäste wie alle anderen.«

»Na ja, sie sind Jons Familie, deine zukünftige Familie.«

Was abzuwarten wäre, dachte sie, sagte jedoch: »Ganz normale Gäste, keine Extratouren.«

»Zahlen sie, oder lädst du sie ein?«

War Michael schon immer so pingelig gewesen, oder war er einfach nur neugierig? Das fehlte ihr gerade noch, dass sie Jons Sippe einlud. Nicht unter diesen Vorzeichen. Aber allmählich verstand sie Michaels Nachfragen. Wenn jemand aus ihrer Familie offiziell bei ihr aß – was selten genug vorkam –, war sie natürlich immer großzügig. Doch in diesem Fall sah sie keinen Grund dafür, noch kannte sie Jons Familie schließlich nicht. Sie würde dafür sorgen, dass sie einen schönen Abend hatten – wie alle Gäste. Würde sie offiziell begrüßen – wie alle Gäste. Und würde vielleicht einen besonderen Whisky als Digestif aufs Haus anbieten – wie nur bei wenigen Gästen. Aber das musste der Verlauf des Abends zeigen. »Sie zahlen ganz normal«, sagte sie daher. »Und falls ich mich spontan anders entscheide, geb ich rechtzeitig Bescheid.« Damit verschwand sie wieder in der Küche, um sich ihren weiteren Vorbereitungen zu widmen.

Sie schaffte es, ihre finsteren Gedanken den restlichen Nachmittag und Abend über im Zaum zu halten. Jon hatte zwei WhatsApp-Nachrichten geschickt: die erste mit einem Foto vom brechend vollen Pub, der von den fünfzig Rentnern einer Bustour geflutet worden war. Die zweite war eine reine Textnachricht vor wenigen Minuten gewesen: *Meine Familie checkt gerade bei Alex ein und macht sich dann auf den Weg zu dir. Sie freuen sich schon sehr. Bitte sag, dass dein »Wir sehen uns« heute Abend bedeutet. Bitte.*

Sie hatte kurz überlegt und war dann zu dem Schluss gekommen, dass die Aussicht auf eine einsame, schlaflose Nacht schwerer wog als das diffuse Unbehagen, das sie seit seiner seltsamen Offenbarung heute Vormittag empfand. Daher hatte sie ihm *Wir sehen uns heute Abend!* geantwortet und ein Kuss-Smiley hinzugefügt. Nun war sie bereit für den Abend.

Der begann wie jeder andere auch. Ihre Küchenmannschaft funktionierte wie ein gut geöltes Räderwerk und schaffte es, die anspruchsvolle Menüfolge immer perfekt auf den Punkt auf die Tische des voll besetzten Restaurants zu bringen. Auch die diversen Sonderwünsche hatten sie wie immer gut im Griff. Michael hatte ihr wiederholt signalisiert, dass alle zufrieden waren – auch Familie Grant, die sich mehrfach lobend geäußert habe. Wunderbar, alles ganz nach Plan also.

Gegen halb zehn waren die meisten Tische mit ihren Hauptgerichten fertig, und Isla begann mit ihrer üblichen Runde, um die Gäste zu begrüßen.

»Herzlich willkommen in *The Scottish Thistle*«, sprach sie die Grants an, als sie an deren Tisch trat. »Ich hoffe, Sie haben den Abend bisher genossen.« Das war ihr übliches Sprüchlein, doch warum sollte sie auch eine Ausnahme machen? Sie wusste ja nicht einmal, ob Jon seinen Eltern überhaupt etwas von der Art ihrer Beziehung gesagt hatte. Vielleicht hatte er das genauso für sich behalten wie die Info, dass seine Familie für Rodney arbeitete.

»Wir hatten einen fantastischen Abend«, lobte Jons Vater Duncan und strahlte sie so warmherzig und freundlich an, dass sie sich ein wenig entspannte. Natürlich hatte sie die vier zwischendurch schon von der Küche aus beobachtet. Jons Mutter Anula war, obwohl weit jenseits der sechzig, eine atemberaubende Schönheit. Groß gewachsen, schlank, wunderbare Wangenknochen und eine makellose samtbraune Haut. Duncan dagegen sah aus wie ein kerniger, rotwangiger Landjunker und wirkte dank seiner wirr verstrubbelten blond-grauen Haare und seinem spitzbübischen Lächeln trotz seines Alters fast jungenhaft. Isla mochte ihn sofort. Jon schien die perfekte Mischung aus seinen Eltern zu sein – schön wie seine Mutter und fröhlich-freundlich wie sein Vater.

Bei seiner jüngeren Schwester Carla schien es eher umgekehrt zu sein. Sie war zwar superstylish gekleidet und hatte eine gute Figur, aber optisch kam sie eindeutig nach dem Vater. Nur den kühlen, leicht abschätzigen Blick hatte sie von ihrer Mutter geerbt.

»Sie sind also die Frau, die sich Jonathan geangelt hat«, sagte nun Anula, nachdem sie ihre Musterung beendet hatte, und schüttelte irritiert den Kopf. »Ich habe Sie mir ganz anders vorgestellt. Sie sind überhaupt nicht sein Typ.«

»Ich hab dir doch ihr Foto im Internet gezeigt, Mum«, schaltete sich Carla ein. »Aber da wolltest du es nicht glauben.«

»Fotos können ganz schnell einen falschen Eindruck erwecken«, behauptete Anula und zeigte einen seltsamen Gesichtsausdruck. Vermutlich sollte es ein Stirnrunzeln sein, das aufgrund gut gesetzter Botox-Injektionen aber nicht klappte.

»Ich kann gern wieder in der Küche verschwinden, wenn Sie lieber über mich statt mit mir reden wollen«, warf Isla ein und gab sich nicht mal Mühe, den Sarkasmus aus ihrer Stimme rauszuhalten.

Die beiden Grant-Frauen wirkten ertappt, doch Isla konnte sich des Eindrucks nicht erwehren, dass auch das inszeniert war. Stand sie etwa gerade auf einer Art Prüfstand?

»Sorry, das war unhöflich von uns. Ich bin Carla – und das Essen war toll. Ich hatte es mir nur ganz anders vorgestellt.«

Bitte? Das wurde ja immer besser. Isla versuchte, locker zu bleiben. »Oh, das tut mir leid. Welche Erwartungen habe ich denn noch enttäuscht?« Okay – doch nicht locker. Es war eine Sache, wenn ihr Aussehen nicht den Erwartungen ihrer Gäste entsprach, aber eine ganz andere, wenn es ihre Küchenkreationen betraf.

Duncan warf seiner Tochter einen warnenden Blick zu und sagte dann freundlich zu Isla: »Lassen Sie sich nicht verunsichern, Ms. Fraser. Das Menü war geschmacklich phänomenal, nur in der Präsentation vielleicht eine Spur zu puristisch.« Er tätschelte ihr gönnerhaft den Arm, und Isla nahm ihren ersten, positiven Eindruck von ihm direkt wieder zurück.

»Aha« war alles, was sie antworten konnte, ohne ausfallend zu werden.

»Schätzchen, bei dem Anspruch, den Ihr Restaurant hat, und bei den Preisen, da erwartet man als Gast schon etwas mehr Spektakel«, kam es nun von Anula.

»Spektakel?« Und das »Schätzchen« konnte sich Mama Grant auch zügig irgendwohin schieben – doch das behielt Isla glücklicherweise für sich. Wenn auch mit viel Mühe.

»Es fängt schon beim Geschirr an. In einem Sternerestaurant erwarte ich elegantes, feines Porzellan, und dann ...«

»Aber Anula, *The Scottish Thistle* hat seinen Stern für das Gesamtkonzept bekommen, das explizit die etwas rustikale Präsentation einschließt. So kann man es in der Begründung des Gault-Millau nachlesen«, mischte sich Carlas Freund ein, von dem Isla nicht wusste, wie er hieß.

»Guide Michelin«, korrigierte sie ihn.

»Bitte?« Vier Paar Augen starrten sie fragend an.

»Es ist der Guide Michelin, der Sterne für Restaurants vergibt, aber im Gault-Millau sind wir ebenfalls gelistet. Und es ist in der Tat so, dass wir nicht nur bei unseren Zutaten ausschließlich auf lokale und regionale Bioqualität setzen, sondern auch bei der Ausstattung des Restaurants. Unser Geschirr ist handgefertigte Keramik aus einer kleinen Töpferei hier im Ort. Das Design gibt es exklusiv nur in *The Scottish Thistle*. Die polierten Schieferplatten, auf denen wir die Horsd'œuvre servieren, stammen ebenfalls aus der Gegend. Das Besteck kommt aus einer Schmiede im Nachbarort, die Gläser von einem Glaskünstler. Und so geht es weiter, bis hin zu den Leinenservietten, den Möbelstoffen und allen kleinen Accessoires.«

»Es sagt ja niemand, dass es nicht hübsch ist«, beschwichtigte Anula. »Doch in der Spitzengastronomie erwarten die Menschen eben ein wenig mehr Raffinesse und Kultiviertheit. Aber vielleicht wird das auf dem Land ein bisschen lockerer gesehen.«

»Daran wird es wohl liegen«, entgegnete Isla kühl. »Aber nun entschuldigen Sie mich bitte, ich möchte noch die anderen Gäste begrüßen. Michael wird in wenigen Minuten das Dessert servieren. Noch einen angenehmen Abend und vielen Dank für Ihren Besuch.« Bei den letzten beiden Sätzen hatte sie wieder in die Rolle der verbindlichen Gastgeberin zurückgefunden. Auf keinen Fall würde sie sich die Blöße geben, sich mit diesen ignoranten Menschen auf weitere Diskussionen einzulassen. Sie lächelte und wandte sich dann dem Nachbartisch zu, wo sie von begeisterten Stammgästen für das heutige Menü gelobt wurde.

»Definitiv kein Preisnachlass für Familie Grant!«, raunte sie Michael zu, als sie kurze Zeit später ihre Runde beendet hatte und in Richtung Küche ging. »Und als Digestif nur eine Runde vom Hauswhisky.«

Michael hob eine Braue, verkniff sich aber glücklicherweise jeden Kommentar.

»Und?«, wollte Nick wissen, als sie wieder in die Küche

kam. Natürlich hatte Michael es nicht für sich behalten können, dass Jons Familie heute Abend zu Gast war, und so war auch ihr Küchenteam auf deren Reaktionen gespannt.

»Allen hat's geschmeckt, aber Familie Grant vermisst Raffinesse und Kultiviertheit«, sagte sie und winkte dann ab. »Frag nicht. Lasst uns die Desserts an den Start bringen, und danach ist für heute Feierabend.«

»Kultiviertheit und Raffinesse«, murmelte Nick mit einem seltsamen Gesichtsausdruck und einem schiefen, halb unterdrückten Grinsen. Isla konnte es ihm nicht verdenken, sie wusste auch nicht genau, ob sie laut schreien oder einfach nur lachen sollte.

Die meisten Restaurantbesucher hatten heute das »Tea Time«-Dessert geordert – ein zauberhaftes Arrangement aus einem Mini-Scone, einem winzigen Shortbread-Happen, geeister Clotted Cream, einem Kleckschen hausgemachter Erdbeermarmelade und einem Schwarztee-Gelee. Arrangiert war alles auf kleinen Etageren. Isla strahlte beim Anblick dieser Nachspeisen-Parade, auf die sie lächerlich stolz war. Auch die Etageren stammten aus der Töpferei in Kirkby. Sie unterschieden sich in subtilen kleinen Details wie Farben und Verzierungen voneinander, nur die Metallgestelle, die aus der gleichen Werkstatt wie das Besteck kamen, sahen gleich aus. Es war fürchterlich unpraktisch, weil die Etageren zum Reinigen mühsam auseinandergebaut werden mussten, aber Isla liebte sie – und ihre Gäste ebenfalls. Aber vermutlich war auch das wieder zu provinziell für Familie Grant.

Nein, sie wollte sich von diesen Ignoranten nicht den Spaß verderben lassen. Sie ließ einen letzten prüfenden Blick über die Desserts schweifen, dann durfte Michael servieren. Nick half mit. Normalerweise ließ Isla es sich nicht nehmen, selbst einige Teller zu reichen – bevorzugt bei netten Stammgästen –, doch heute verzichtete sie darauf. Dann lieber Töpfe schrubben.

Während der nächsten halben Stunde waren sie vorwiegend damit beschäftigt, die Küche sauber zu machen und die Espressomaschine laufen zu lassen, danach leerte sich das Restaurant rasant. Islas Befürchtung, dass die Grants noch einmal mit ihr würden sprechen wollen, erfüllte sich glücklicherweise nicht. Sie zahlten ebenfalls zügig, nicht ohne Michael gönnerhaft ein üppiges Trinkgeld zu überreichen. Als sie gegangen waren, fühlte sich Isla gleichermaßen erleichtert wie bleiern erschöpft und war froh, dass der Abend vorbei war.

Als alles aufgeräumt war, schickte sie ihre Mitarbeiter nach Hause und stellte sich in ihrer Wohnung unter die Dusche. Ihr Bett, seit Wochen beinahe unberührt, wirkte heute unglaublich verlockend. Sie könnte sich jetzt einfach unter die weiche Decke kuscheln und schlafen, ohne weitere Gespräche zu führen. Sogar ausschlafen, denn sie musste ja nicht so früh aufstehen wie Jon. Doch sie hatte ihm versprochen, zu ihm zu kommen – und sie wollte das seltsame Gespräch von heute Vormittag nicht zwischen ihnen stehen lassen. Also pustete sie sich mit dem Föhn rasch die rote Mähne trocken und schlüpfte in ihre Lieblingsjeans und ein kuscheliges Sweatshirt. Ein Outfit, das zweifellos weder raffiniert noch kultiviert war, ja nicht einmal stilsicher. Doch es war bequem, und sollte sie wider Erwarten doch noch einem anderen Grant als Jon über den Weg laufen, dann musste der Betreffende eben mit einer weiteren Enttäuschung klarkommen. Ein letzter sehnsüchtiger Blick auf ihr Bett, dann knipste sie das Licht aus und lief zum Pub.

Als einzige Gäste waren nur noch Pfarrer Jacks Kartenrunde und ein Pärchen da, das vor dem Kamin Whisky trank – von irgendwelchen stylishen Grants glücklicherweise keine Spur. Von Jon seltsamerweise auch nicht. Isla gesellte sich zu den Kartenspielern und begrüßte ihren Vater mit einem Küsschen auf die Wange. »Na, wer gewinnt?«, wollte sie wissen.

»Betty, wie immer«, brummte Marlin und schmiss seine Karten auf den Tisch. »Ich bin raus für heute.« Zwei der anderen taten es ihm nach, nur Betty Murray lachte.

»Ihr seid vielleicht Memmen«, beklagte sie sich fröhlich, sammelte dann aber ihre Spielchips ein. »Keine Revanche mehr?«

»Heute nicht«, gähnte Pfarrer Jack.

»Habt ihr aufgehört, um Geld zu spielen?«, wollte Isla wissen.

»Offiziell schon. Jon hat es uns verboten – von wegen öffentliches Glücksspiel und so«, erklärte Betty. »Inoffiziell geht's aber immer noch um Cash.«

»Ausgefuchst.« Isla grinste und sah bewundernd auf den großen Haufen vor Betty. »Das ist ja schon ein hübsches kleines Vermögen.«

»Und das ist nur von heute«, knurrte Marlin. Es klang halb verärgert, halb bewundernd. »Die Frau ist so was von abgezockt, da fällt dir nichts mehr ein. Aber auch diese Strähne wird irgendwann reißen.«

»Oder auch nicht. Vielleicht bin ich deine persönliche Schicksalsbotin, damit du ein wenig Demut lernst. Könnte doch sein, Marlin.« Betty warf ihre weiße Mähne in den Nacken und funkelte ihn mit blitzenden blauen Augen an. In diesem Moment wirkte sie so jugendlich und unbeschwert, dass Isla sich fragte, was mit dem hübschen jungen Mädchen passiert war, das Betty Murray früher gewesen sein musste. Seltsam, was einem manchmal so durch den Kopf ging…

»Demut? Marlin?«, schaltete sich lachend seine Schwester Heather ein, die mit ihrem Mann George ebenfalls beim Kartenspielen dabei war. »Wenn irgendwann die Hölle zufriert, könnte es bei ihm so weit sein. Vielleicht.« Dann wandte sie sich an Isla: »Du siehst müde aus, war es ein harter Abend im Restaurant?«

»Nicht härter als sonst, aber ich hab zurzeit etwas Schlafmangel«, gab Isla zu.

»Das glaub ich gerne«, entgegnete ihre Tante. »Mit so einem hübschen Kerl käme ich auch nicht zum Schlafen…«

Der ganze Tisch begann zu gackern wie eine Horde pubertierender Teenager.

»Ihr seid vielleicht albern.« Isla verdrehte die Augen. »Ich frage mich übrigens, wo der hübsche Kerl überhaupt ist.« Sie schaute sich um. Seit sie *The Wise Pelican* betreten hatte, war von Jon keine Spur zu sehen gewesen. Ungewöhnlich.

»Der taucht schon wieder auf«, sagte Heather. »Aber setz dich mal zu mir, damit ich dir Fotos von unserem neuesten Enkel zeigen kann.« Heather und George waren vor ein paar Tagen aus San Francisco zurückgekommen, wo ihre beiden Kinder lebten und wo ihre Tochter Robin kürzlich einen kleinen Jungen zur Welt gebracht hatte.

»Robin versorgt mich zwar täglich mit Updates, aber ich schau sie mir gerne an.« Sie unterdrückte ein Seufzen, nahm neben ihrer Tante Platz und bewunderte die zahllosen Babyfotos, zwischen denen ab und zu auch Bilder von Ians Sohn Niklas und Robins Adoptivtochter Ayana auftauchten.

»Sind sie nicht süß, die drei?«, fragte Heather enthusiastisch.

»Zauberhaft.« Isla gähnte herzhaft.

»Schätzchen, vielleicht solltest du weniger arbeiten und dir stattdessen auch ein Baby zulegen? Ich bin mir sicher, dass der schöne Jon ganz hinreißenden Nachwuchs zeugen wird.«

»Das würde er zweifellos, aber wenn man den Aussagen meiner Cousine Glauben schenken darf, fand sie ihre Sechzigstundenwoche als Anwältin weniger stressig und ermüdend als das Leben mit zwei kleinen Kindern«, gab Isla schroff zurück. Sie hatte keine Lust, mit ihrer Tante – oder sonst wem – über ihr Privatleben zu diskutieren. Also stand sie auf und verabschiedete sich. »Ich wünsch euch noch einen schönen Abend!«

»Robin ist zwar müde, aber auch wahnsinnig glücklich!«, rief ihr Heather noch hinterher.

Das wusste Isla selbst, denn ihre Cousine teilte auch diese Erkenntnis großzügig. Sie gönnte Robin ihr Glück von Herzen – auch Colleen, die sich schon wahnsinnig auf ihr Baby freute. Sie wusste nur nicht, ob sie es jemals wagen konnte, sich ernsthaft mit dem Thema Familie auseinanderzusetzen. Die latente Sehnsucht, die sie seit ein paar Wochen in sich spürte, ließ sich zwar nicht leugnen, aber ihr Leben war auch ohne Kinder schon anstrengend und aufreibend genug. Und eins war klar: Lange würde sie den kräftezehrenden, schlafraubenden Rhythmus, den sie zurzeit mit Jon erlebte, nicht gut verkraften. Doch wo Abstriche machen? Sie musste dringend mit Jon sprechen – ihm konnte es nicht viel anders gehen als ihr selbst.

Wo war er nur? Die Küche war verwaist, und auch in dem kleinen Lagerraum, der demnächst in ein Büro umgewandelt werden würde, fand sie ihn nicht. Von Polly war ebenfalls nichts zu sehen. Isla überlegte gerade, ob er oben in der Wohnung sein könnte oder womöglich im Keller Getränke checkte, da hörte sie durch die nur angelehnte Tür, die zum Garten führte, gedämpfte Stimmen. Genau genommen war es nur eine – Jon schien zu telefonieren. Isla verstand fast nichts von dem, was er sagte, aber sie konnte an seiner Tonlage erkennen, dass er ziemlich aufgeregt war. Unwillkürlich beschleunigte sich ihr Herzschlag, denn sie hatte das ungute Gefühl, dass es in dem Gespräch um sie ging.

»Das kann sie ruinieren!«, hörte sie ihn plötzlich klar und deutlich brüllen, dann folgten wieder einige leisere Sätze, die sie nicht verstehen konnte. Vermutlich lief er im Garten auf und ab, denn die Lautstärke schwoll an und ab. Schließlich kam er näher, und obwohl er nun in normaler Stimmlage sprach, oder sogar ein bisschen leiser, hörte sie wieder jedes Wort: »Nur damit das unmissverständlich klar ist – wenn es zum Äußersten kommt, weiß ich, wo ich stehe. Gute Nacht.« Er klang so resigniert und geschlagen, dass sich Angst wie eine eiskalte Klaue um ihr Herz legte. Einen kleinen Moment lang stand sie wie festgewachsen da, hin- und hergerissen zwischen mehreren widersprüchlichen Impulsen: ihn zur Rede stellen oder nach Hause fliehen? Zu beidem fühlte sie sich nicht in der Lage.

Also drehte sie sich um und lief so lautlos wie möglich die Treppe hoch, zog sich rasch aus und kroch ins Bett. Bis Jon nach oben kam, würde es noch ein Weilchen dauern. Bis dahin war sie vielleicht einfach eingeschlafen oder hatte sich wenigstens beruhigt. Hoffen durfte man ja, oder? Sie kuschelte sich unter die Decke und fühlte sich seltsam getröstet vom vertrauten Duft nach dem Mann, dem sie ihr Herz geschenkt hatte und von dem sie nicht wusste, ob er auf ihrer Seite stand oder ob er sie gerade verraten hatte.

● ● ●

In Jons Ohren rauschte es, und sein Herz schlug stakkatoartig in seiner Brust, als er das Telefonat mit seiner

Schwester beendet hatte. Er hatte Mühe, all die Dinge zu rekapitulieren und einzuordnen, die ihm Carla gesagt hatte, doch die Kernaussage ließ sich in einer einzigen steilen These zusammenfassen: Die Region Loch Ness war nicht groß genug für zwei Spitzenrestaurants – und da Rodney Swinton Kunde von Grant & Grant Advertising war, würde Isla Fraser den Kürzeren ziehen. Und das eher früher als später.

Seine Familie war heute also in Islas Restaurant gewesen, um sich ein präzises Bild von der Konkurrenzsituation zu machen. Seine schlimmsten Befürchtungen hatten sich bestätigt. Am Nachmittag hatte er sich noch eingeredet, dass sie an seinem Leben interessiert wären – an seinem Pub in Kirkby, seinem neuen Lebensmittelpunkt, und an Isla, der Frau, mit der er zusammen alt werden wollte. Es hatte ihn getroffen, dass sie an *The Wise Pelican* fast gar kein Interesse gezeigt hatten. Nach der Tour durch das ganze Haus hatten sie gutmütig und nachsichtig gelächelt, wie bei einem kleinen Kind, das stolz sein neuestes selbst gemaltes Bild präsentierte. Haha, was für eine skurrile Spinnerei – eine Phase, die vorübergehen würde, die man nicht unbedingt ernst nehmen musste. So hatte er ihre Reaktion empfunden. Doch dieser Tiefschlag war nichts gegen den, den er jetzt zu spüren bekam.

Die Abfälligkeit, mit der sich seine Schwester über Isla geäußert hatte, erschütterte ihn zutiefst. Es waren Adjektive wie »provinziell«, »langweilig«, »uninspiriert« und »gewöhnlich« gefallen – bezogen auf sie persönlich und auf ihr Restaurant! Mehrfach hatte Carla erwähnt, dass

Isla »doch gar nicht sein Typ« wäre, und gefragt, ob sein »sexueller Notstand wirklich so groß« sei, dass er auf eine »langweilige Dörflerin« zurückgreifen müsse. Er wusste nicht, woher diese Bosheit kam. Carla war schon immer spitzzüngig gewesen, das hatte sie eindeutig von ihrer Mutter geerbt, auch wenn ihr dabei deren Eleganz fehlte. Aber zu einem solchen verbalen Exzess hatte sie sich noch nie hinreißen lassen – zumindest nicht, soweit es ihn betraf. Er hatte keine Erklärung für dieses Verhalten. Angst konnte es doch wohl kaum sein, oder? Wovor sollte sie Angst haben? Grant & Grant stand gut da und arbeitete mit etlichen Konzern-Etats, es konnte also nicht sein, dass sie sich um den verhältnismäßig überschaubaren Account von Rodney Swinton sorgte. Doch was war es dann?

Carla hatte dann noch wortreich ausgeführt, warum Isla keine ernst zu nehmende Konkurrenz für Rodney sein konnte. Ihr fehle es an Charisma, ihren Gerichten an Spektakel und ihrem Restaurant an Glamour. Da könne auch die unbestreitbare Qualität ihrer Speisen nicht helfen, das sei mittel- bis langfristig einfach zu wenig. Jon hatte fast ein Schleudertrauma bekommen vor lauter fassungslosem Kopfschütteln. Immerhin war seiner kulinarisch ignoranten Familie aufgefallen, dass Islas Essen besser schmeckte als das von Rodney. Das fand er bemerkenswert. Vor allem aber war er besorgt, dass ihre Strategie aufgehen könnte, auch wenn er nicht genau wusste, was sie vorhatten.

Islas eigene Werbestrategie war ausgesprochen zurückhaltend – um es vorsichtig zu formulieren. Genau genommen hatte sie keine. Sie trat nicht in TV-Kochshows auf, gab selten und nur für ausgewählte Publikationen Interviews und war noch nie auf die Idee gekommen, irgendwelche Influencer zu Gratis-Essen einzuladen. Sie betrieb einen eigenen Instagram-Account, den sie zwar sehr gekonnt, aber leider nur sporadisch bestückte. Das war es auch schon an medialem Erscheinen. Ihr Erfolg war rein organisch. Die Guide-Michelin-Auszeichnung hatte sicher geholfen, und etliche Gäste kamen aus reiner Neugier, aber soweit er wusste, hatte sie einen treuen Kreis von Stammgästen, darunter auch prominente Namen, die auf ihren Social-Media-Kanälen von Besuchen in *The Scottish Thistle* schwärmten. Das war gut. Aber ob es ausreichen würde, wenn Carla ihre Kampagne für Rodney startete? Er musste unbedingt mit Isla sprechen.

Polly stupste ihn an. Sie war mit ihm in den Garten gegangen, während er mit Carla telefonierte, doch nun wollte sie wieder rein. Er kraulte seinem Hund die seidenweichen Ohren. Auch Polly hatte bei Carla und seiner Mum nicht landen können – die Damen hatten Angst vor Hundesabber auf ihren sündteuren Designerkleidern. Nur Dad hatte sie gestreichelt, und Jon meinte eine Spur von Bedauern im väterlichen Blick gesehen zu haben. Sein Vater hätte auch immer gern einen Hund gehabt, doch Mum war stets dagegen gewesen, wie überhaupt gegen so vieles, was Spaß machte ... »Hast ja recht, Süße, wir können nicht ewig hier draußen sein«, sagte er und öffnete die Tür. Polly flitzte die Treppe hinauf, aber er selbst ging erst noch in den Gastraum.

Die Kartenrunde des Pfarrers war in Aufbruchstimmung, und Jessy räumte noch auf.

»Gute Nacht, Jon«, rief Pfarrer Jack, als er schon an der Tür stand. »Bis spätestens nächsten Donnerstag.«

»Ist das eine Drohung oder ein Versprechen?«, mischte sich Betty ein, und Jon musste lachen, denn während der letzten zwei Wochen war Jack fast jeden Abend im Pub gewesen. Man hätte fast annehmen können, dass ihm im Pfarrhaus die Decke auf den Kopf fiel.

»Kommt gut heim«, verabschiedete sich Jon.

»Und du sieh zu, dass du nach oben kommst und Isla ein Baby machst«, sagte Heather mit einem verschwörerischen Lächeln – und er hatte das Gefühl, etwas verpasst zu haben.

»Ist sie schon da?«, fragte er überrascht.

»Seit ungefähr einer halben Stunde, und vor ungefähr zehn Minuten hat sie sich von uns verabschiedet«, berichtete Marlin. Seine kühlen graublauen Augen, die er Isla vererbt hatte, flackerten, als er Jon musterte. »Beeil dich besser, sonst schläft sie schon, und ich muss noch länger auf ein weiteres Enkelkind warten.« Damit hob er die Hand zum Gruß und verließ hinter den anderen den Pub.

Jon sah ihnen etwas ratlos nach. Nachwuchs war so ziemlich das Letzte, worüber er sich aktuell Gedanken machen sollte – auch wenn es die reizvollste Option war. Doch erst musste er ...

»Kann ich noch was tun, Boss?« Jessy hatte seine unfokussierten Gedankengänge unterbrochen und sich vor ihm aufgebaut.

»Ähm …« Er sah sich um. Sämtliche Tische waren abgeräumt und abgewischt.

»Alles erledigt«, fasste die junge Kellnerin zusammen. »Die Spülmaschine läuft, und das Geschirr fürs Frühstück habe ich auch schon hergerichtet. Wenn du magst, kann ich noch schnell eindecken.«

Jon schüttelte den Kopf. »Nein, das macht morgen früh Rita, wenn sie hier durchgewischt hat. Mach ruhig Feierabend.«

»Na dann, gute Nacht, Boss, und viel Spaß beim …« Sie machte eine eindeutig obszöne Handbewegung und verschwand grinsend in der Dunkelheit.

Hatten sich jetzt alle gegen ihn verschworen? Er schloss die Tür ab und knipste sämtliche Lichter aus, dann ging er langsam die Treppe hoch und fühlte sich dabei wie ein Verbrecher auf dem Weg zum Schafott.

Als er oben ankam, hob Polly den Kopf und sah ihn anklagend an. Sie lag zusammengerollt vor seiner Tür. Hatte Isla sie nicht gehört? Offenbar nicht. Er öffnete die Tür, und Polly huschte in die dunkle, nur vom Mondlicht beleuchtete Wohnung. Das war wirklich seltsam. Isla wartete sonst immer im Wohnzimmer auf ihn, doch das Sofa war genauso verwaist wie die Küche. Leise ging er ins Schlafzimmer und konnte ihre schmale Gestalt unter der Decke erahnen. Sie musste völlig erschöpft sein, wenn sie jetzt schon schlief. Hatte ihr der Abend so zugesetzt? Er hatte keine Ahnung, was genau im Restaurant abgelaufen war, aber er vermutete, dass es für Isla nicht angenehm gewesen sein konnte. Und da er ihr Temperament kannte …

Es rührte ihn, sie so daliegen zu sehen. Wach bestand sie vor allem aus ihrer überbordenden Persönlichkeit, doch nun wirkte sie so zart und verletzlich, dass ein archaischer Beschützerinstinkt in ihm erwachte. Er würde nicht zulassen, dass dieser Frau irgendein Unheil geschah – auch und schon gar nicht vonseiten seiner Familie.

Auf Zehenspitzen verließ er das Schlafzimmer wieder, ging erst in die Küche, wo er sich einen kleinen Whisky einschenkte, um seine tobenden Gedanken zu beruhigen, und dann ins Bad. Als er zwanzig Minuten später bettfertig, wenn auch nur unwesentlich entspannter zurück ins Schlafzimmer kam, lag sie immer noch genauso da. Auf die Seite gerollt, das schöne Gesicht von ihren üppigen roten Haaren verdeckt und die Decke bis zum Hals hochgezogen. Vorsichtig glitt er ebenfalls darunter, schmiegte sich an sie und umarmte sie. Unwillkürlich kuschelte sie sich eng an ihn und legte ihre Hand auf seine, schien aber weiter fest zu schlafen.

Er vergrub sein Gesicht in ihren weichen, duftenden Haaren und beruhigte sich ganz allmählich. Egal, was passierte, egal, welche Hürden das Leben für ihn bereithielt, mit Isla an seiner Seite und in seinen Armen konnte er der ganzen Welt trotzen. »Ich liebe dich«, raunte er ihr ins Ohr, und ganz leicht drückte sie seine Hand.

KLARE AN- UND AUS- UND ABSAGEN

ISLA WURDE WACH, ALS SONNENSTRAHLEN sie an der Nase kitzelten – sie hatte gestern Abend vergessen, die Vorhänge zu schließen, und auch Jon hatte das wohl nicht für nötig gehalten. Aber entscheidend war, dass sie überhaupt geschlafen hatte. Sogar erstaunlich gut – was ihr nach den ereignisreichen Stunden gestern völlig unmöglich erschienen war. Eigentlich hatte sie noch mit Jon sprechen wollen, aber ihre Erschöpfung hatte gesiegt. Ganz am Rande hatte sie noch mitbekommen, wie er zu ihr ins Bett geschlüpft war und sie in den Arm genommen hatte. »Ich liebe dich«, hatte er gesagt. Oder hatte sie das nur geträumt? »Und ich liebe dich«, raunte sie ihre Antwort mit mehreren Stunden Verspätung.

Er hielt sie immer noch fest – hatten sie so tatsächlich die ganze Nacht verbracht? Sie nahm seine Hand und küsste sie, dann drehte sie sich um.

»Guten Morgen«, begrüßte er sie leise und lächelte sie an.

»Du bist wach?«, fragte Isla überrascht.

»Erst seit ein paar Minuten.« Er betrachtete sie eingehend und strich dann zärtlich mit dem Zeigefinger über ihre Brauen. »Du bist so schön«, hauchte er und zog sie fest an sich. »Wer das nicht erkennen kann, ist ein blinder Narr.«

Für einen kurzen Moment genoss sie das Gefühl, Jon so nah zu sein, sich in seinen Armen derart geborgen zu fühlen. Doch dann kam ihr noch schlaftrunkenes Gehirn langsam auf Touren. »Lass mich raten, deine Familie hält mich für genauso unkultiviert wie mein Essen«, erwiderte sie bitter.

Er seufzte, öffnete und schloss mehrfach den Mund, als ob er etwas sagen wollte, es jedoch nicht könnte.

»Und ich wusste gar nicht, dass du eigentlich Jonathan heißt.«

»So nennt mich auch nur meine Mutter«, brummte er und hatte offensichtlich die Sprache wiedergefunden. »Isla, ich weiß nicht, was gestern Abend bei dir im Restaurant passiert ist, und ich habe keine Ahnung, was konkret in meine Schwester gefahren ist, aber es tut mir unendlich leid, wenn sie dich verletzt haben. Dafür gibt es keine Entschuldigung, und ich schäme mich für sie. Ich weiß nur, dass ich, egal was passiert, auf deiner Seite stehe. Bitte glaub mir das«, beschwor er sie mit einer Intensität, die Isla fast schon unheimlich fand.

»Das klingt jetzt sehr unheilschwanger«, entgegnete sie und rückte ein bisschen ab, damit sie ihn besser sehen konnte. »Muss ich mir ernsthaft Sorgen machen?«

»Ehrlich gesagt weiß ich es nicht, aber möglich ist es. Swinton bringt zwar nur einen kleinen, höchstens mittleren Etat mit, aber aus irgendwelchen Gründen scheint er für meine Schwester wirklich wichtig zu sein. Sie hat mir gestern eröffnet, dass ihrer Meinung nach hier in der Region nur für ein Spitzenrestaurant Platz ist.«

»Da gebe ich ihr vollkommen recht. Doch da Rodneys Laden nicht in diese Kategorie fällt, brauche ich mich wohl nicht zu ängstigen, oder?« Isla wäre froh gewesen, wenn sie sich so selbstsicher gefühlt hätte, wie ihre Worte klangen. Denn eins war klar: Sie hatte Angst. Eine Scheißangst sogar, um es zu präzisieren. Sie war so stolz auf ihr Restaurant und auf das wohldurchdachte, fein austarierte Konzept, das dahinterstand. Doch die Worte von Jons Familie gestern hatten sie getroffen.

Es war vermutlich etwas Wahres daran, dass eine nicht unerhebliche Zielgruppe sich vor allem von Spektakel anziehen ließ. Die meisten Menschen fuhren nun mal auf Schnickschnack ab, ließen sich eher von Glanz und Glamour betören und umgarnen als von wahrer Qualität. Das könnte sie natürlich als oberflächlich und ignorant abkanzeln, aber das wäre verdammt kurzsichtig. Die meisten dieser Menschen waren ja nicht bewusst ignorant – sie kannten es nicht anders. Sie hatten keinen Sinn für wahre Esskultur und für Erlebnisse, die mehr Sensibilität erforderten, als ihre trägen, von industriellen Geschmacksverstärkern verseuchten Gaumen hergaben. Das machte sie den Leuten auch nicht zum Vorwurf, vielmehr bemühte sie sich um Aufklärung und Inspiration. Und wie beglückend war es, wenn sie bei einigen von ihnen ein Aha-Erlebnis auslösen konnte! Diese Gäste kamen dann aus Überzeugung wieder und brachten ihrerseits

Freunde und Familien dazu, *The Scottish Thistle* ebenfalls zu besuchen.

Bisher hatte dieses organische Wachstum funktioniert – zusätzlich befeuert von der Auszeichnung mit dem Stern des Guide Michelin und der sehr wohlwollenden Berichterstattung in Fachmagazinen. Während der Sommermonate war sie auch konstant zu mindestens neunzig Prozent gebucht, aber übers Jahr gesehen könnte sie durchaus eine etwas breitere Auslastung vertragen. Selbstverständlich ließ sich die nötige Aufmerksamkeit dafür auch künstlich erzeugen, und ganz sicher könnte sie schnell gute Erfolge erzielen, wenn sie sich selbst mehr in den Fokus stellen würde. Kochbücher, Kochshows – solche Dinge. Wie oft hatte sie in den letzten zwei Monaten schon Einladungen zu irgendwelchen Events abgesagt, bei denen sie mit anderen internationalen Spitzenköchen ihre Kreationen hätte präsentieren können? Vielleicht einmal zu viel.

Sie wusste das alles. Das Problem war nur, dass sie an diese Maßnahmen nicht glaubte. Sie wollte keinen kurzfristigen Hype erzeugen, der dann nach ein, zwei Jahren wieder zu Staub zerfiel, weil es unmöglich war, das Tempo zu halten und die Ansprüche zu erfüllen. Lieber wollte sie langsamer wachsen, aber dafür nachhaltig. Wollte sich eine solide Basis schaffen und dann davon ausgehend die Welt erobern.

Vor der Eröffnung von *The Scottish Thistle* hatte Isla einen Fünfjahresplan erstellt: Nach zwei Jahren wollte sie sich ihren ersten Stern erkocht haben, nach vier den zweiten, und im fünften Jahr sollte erst eine kleine Bistro-Dependance in Inverness entstehen und einige Monate später eine weitere in Edinburgh. Doch Pläne hatten die lästige Eigenschaft, häufig eine eigene Dynamik zu entwickeln. Der erste Stern war bereits nach einem Jahr gekommen und hatte ihren Ehrgeiz ungesund angefacht. Bei diesem Tempo wäre der zweite Stern letzten Herbst fällig gewesen, und die Enttäuschung darüber, dass es nicht passiert war, nagte insgeheim immer noch an ihr. Das war lächerlich, das wusste sie auch, doch mit einem zweiten Stern hätte sie jetzt nicht das Problem mit Rodney und den Grants, da war sie sich sicher. Aber ändern konnte sie für den Moment weder das eine noch das andere. Komplett verschwunden waren hingegen ihre Ambitionen, sich zu vergrößern. Sie hatte keinerlei Interesse daran, ständig nach Inverness und Edinburgh zu fahren, um dort ebenfalls präsent zu sein. Ihr Restaurant sollte ein exklusiver Solitär bleiben – und sich mittelfristig idealerweise mit einem halbwegs geregelten Familienleben vereinbaren lassen.

»Ich sage nicht, dass du Angst haben musst, sondern nur, dass du vorsichtig sein solltest«, nahm Jon den Gesprächsfaden wieder auf.

Mist, das hatte sie befürchtet. Sie hatte sich gewünscht, dass er ihre heimlichen Sorgen zerstreuen konnte, stattdessen befeuerte er sie noch mehr. Frustriert schloss sie die Augen. Sie ertrug seinen liebevoll besorgten, von Mitgefühl geprägten Blick nur schwer. »Ich werde es versuchen«, murmelte sie und kuschelte sich wieder enger an ihn. Was wäre der schlimmste Fall, der eintreten konnte? Dass sie ihr Restaurant aufgeben müsste? Nein, das wäre zweifellos entsetzlich, aber nicht das Schlimmste. Die größte denkbare Katastrophe wäre, wenn sie ihr Restaurant an oder durch Rodney Swinton verlieren würde. Allein der Gedanke daran ließ sie schockiert nach Luft schnappen.

»Was ist los?« Jon schob ihr eine Hand unters Kinn und hob ihren Kopf an, sodass er sie ansehen konnte.

»Ich habe mir vorgestellt, wie Rodney mir mein Restaurant wegnimmt«, sagte sie mit vor Panik erstickter Stimme. »Das darf niemals passieren! Lieber schließe ich den Laden freiwillig.«

»Hey, alles gut. Das wird nicht passieren«, versuchte Jon sie zu trösten. »Weder das eine noch das andere.«

»Ich glaube, du weißt nicht, mit was für einem Gegner ich es zu tun habe.« Nun begann sie am ganzen Leib zu zittern. »Und wenn Rodney von deiner Familie unterstützt wird...« Wo kam nur diese plötzliche Panik her? Diese entsetzliche und vollkommen irrationale Gewissheit, dass ihr Lebenswerk vor dem Aus stand? Und war es nicht überhaupt völlig paranoid, mit Anfang dreißig schon von einem Lebenswerk zu sprechen – oder so zu denken?

»Ich gebe zu, das sind wirklich keine besonders berauschenden Aussichten«, redete er beruhigend auf sie ein. »Aber du bist nicht allein! Ich bin an deiner Seite. Und willst du mir nicht mal sagen, was genau das Problem zwischen dir und Rodney ist?«

Nein, das wollte Isla ganz und gar nicht. Sie schüttelte vehement den Kopf.

»Weißt du, es fällt mir unglaublich schwer, zu glauben, dass das zwischen euch einfach nur eine normale Konkurrenzsituation sein soll. Dafür sind deine Reaktionen einfach zu heftig. Ich könnte dir vielleicht besser helfen, wenn ich wüsste, was der wahre Grund ist«, sprach er sachte weiter, mit einer regelrechten Therapeutenstimme.

»Der Grund wird dir nicht gefallen«, murmelte sie, das Gesicht an seine Brust gepresst.

»Es kann kaum schlimmer sein, als den Grund nicht zu kennen. Habt ihr gemeinsame Leichen im Keller?«

»So ungefähr.«

»Ach?«

Es hatte wohl keinen Zweck. Jon würde nicht lockerlassen, ehe er nicht herausfand, was genau zwischen ihr und Rodney lief. Sie seufzte und ließ sich auf den Rücken rollen. »Rodney Swinton und ich haben eine gemeinsame Geschichte – und die ist nicht nur für ihn wenig schmeichelhaft«, begann sie und berichtete dann von der Affäre mit Rodney, die sie mit achtzehn gehabt hatte, als sie gemeinsam in dem Londoner Restaurant gearbeitet hatten – er als Jungkoch, sie als Praktikantin. Wie er ihr Talent erkannt und ihre Ideen als die seinen ausgegeben hatte. Wie lange es gedauert hatte, bis ihr das klar geworden war, und wie schwierig, ja fast unmöglich es sich dargestellt hatte, sich dagegen zu wehren. »Rodney hat alles dafür getan, mich schlecht dastehen zu lassen, und er hat mich so lange manipuliert, bis ich es beinahe selbst geglaubt habe. Fast hätte ich das Handtuch geworfen, hätte meinen Traum schon nach wenigen Monaten aufgegeben.« Sie machte eine Pause und sprach dann aus, was ihr eben durch den Kopf geschossen war. »Was wäre wohl aus mir geworden, wenn es so gekommen wäre? Vielleicht wäre ich heute glücklicher?«

»Das glaubst du doch selbst nicht«, widersprach Jon und nahm ihre Hand. »Ich kenne dich noch nicht so fürchterlich lang, und es gibt zweifellos vieles, wovon ich keine Ahnung habe, aber in einem Punkt bin ich mir ganz sicher: Du liebst das, was du tust! Kochen macht dich glücklich. Mit Kräutern und anderen Zutaten zu experimentieren macht dich glücklich. Für andere Menschen zu kochen und sie für deine Philosophie zu begeistern macht dich glücklich. Also egal, was damals passiert ist, lass nicht zu, dass es heute noch Macht über dich hat«, beschwor er sie. »Aber jetzt will ich wissen, wie es weitergegangen ist.«

Sie lächelte über die Vehemenz seiner Worte und die tiefe Überzeugung, mit der er sie ausgesprochen hatte. Und er hatte ja recht – sie liebte all das und konnte sich ein Leben ohne ihre Küchen-Alchemie nicht vorstellen. »Was denkst du denn, wie es weiterging?«, fragte sie und wartete die Antwort auf diese rhetorische Frage gar nicht erst ab. »Mein Kampfgeist ist zum Leben erwacht. Mein Kampfgeist und mein Gerechtigkeitssinn. Ich habe mich zu einer anderen Station versetzen lassen – von den Vorspeisen zum Dessert –, und bald schon konnte jeder erkennen, dass die Qualität bei Rodney nachließ und die Desserts aufregender wurden. Er hat es dann tatsächlich mit einem Sabotage-Akt bei den Desserts versucht, indem er Fischsoße unter die Schokoladencreme gemischt hat, aber er wurde auf frischer Tat erwischt. Fristlose Kündigung und die Drohung von unserem Boss, dass er in keinem anderen Londoner Restaurant jemals wieder einen Job bekäme.«

»Krasse Geschichte«, befand Jon. »Und deswegen ist er sauer auf dich, nehme ich an?«

»Vermutlich. Aber das war auch längst nicht alles. Einige Jahre später haben wir uns in Singapur wiedergesehen. In einem wirklich wahnsinnig exklusiven Laden. Mich hat es ehrlich gesagt gewundert, dass er da einen Job bekommen hat, aber ich war geneigt, anzunehmen, dass er sich geändert hatte. Ich hatte mich ja schließlich auch verändert. Aber schon bald sind mir wieder die gleichen Verhaltensmuster bei ihm aufgefallen, nur war nicht ich das Opfer, sondern zwei andere junge Köchinnen. Diesmal habe ich nicht lange gewartet, sondern ihn zur Rede gestellt. Totale Ignoranz auf seiner Seite, Ignoranz und grenzenlose Überheblichkeit. Ob ich denn ernsthaft dächte, dass unser Chefkoch mir oder den anderen Frauen glauben würde? Der würde Frauen doch nur in der Küche beschäftigen, damit er willige Betthäschen am Start hätte, und nicht, weil er meinte, dass sie auch kochen könnten.

Wie sich herausstellte, war unser Chef jedoch nicht halb so misogyn wie Rodney selbst und ließ sich sehr wohl von Fakten überzeugen. Diesmal ging es für Rodney noch übler aus als in London. Ich wurde befördert und er ist mal wieder rausgeflogen. Und wieder wollte ich die

Sache einfach vergessen und auf sich beruhen lassen. Bis er vor einem Jahr dieses Bistro in Fort Augustus eröffnet hat. Das war kein Zufall, das war und ist reine Berechnung. Er will sich für all die Schmach, die ich ihm angetan habe, rächen. Und wie mir scheint, ist er diesmal besser vorbereitet als je zuvor.«

»Was für ein Arschloch«, knurrte Jon wütend. »Und ich bin ihm einst voll auf den Leim gegangen.«

»Du und viele, viele andere Menschen auch«, entgegnete sie matt. »Er ist ein Blender, Betrüger, Saboteur und im Kern ein echter Frauenhasser – aber er sieht fantastisch aus und ist irre charmant. Das hilft.«

»Ich finde nicht, dass er so gut aussieht.«

Sie lächelte schwach. »Aber du weißt, worauf ich hinauswill. Er ist zu allem bereit.«

»Aber findest du nicht, dass das Ganze arg aufwendig ist für einen persönlichen Racheakt? Dafür hätte er doch kein Restaurant eröffnen und keine teure Werbeagentur beauftragen müssen.«

»Sag du's mir. Ich habe keine Ahnung, was in einem gekränkten Männerhirn alles vor sich gehen kann. Aber so, wie ich ihn kennengelernt habe, wird er auf maximale Öffentlichkeit setzen. Außerdem schlägt er dadurch zwei Fliegen mit einer Klappe: Er kann sich als Marke positionieren und mich vernichten. Erfolg auf der ganzen Linie.« Isla war selbst erstaunt, wie abgeklärt sie klang. Seit einem Jahr hatte dieses dumpfe, diffuse Gefühl der Bedrohung an ihr genagt, ohne dass sie es richtig hätte greifen können. Ihr war die ganze Zeit über klar gewesen, dass es mit Rodney zusammenhing, aber sie hatte es immer vermieden, gedanklich in die ganz dunklen Ecken zu gehen. Hatte sich selbst eingeredet, sie wäre paranoid – vor allem, weil Freunde, Familienmitglieder und Mitarbeiter mit wachsender Verständnislosigkeit reagiert hatten, sobald sie sich über Swinton aufregte. Doch das war nun vorbei. Es tat ihr gut, mit Jon darüber zu reden. Indem sie alles aussprach, kamen ihre Ängste ans Licht – und wirkten dort nicht mehr ganz so bedrohlich wie in der Dunkelheit.

»Obwohl ich schon in wirklich viele Abgründe geschaut habe, bin ich immer wieder schockiert, zu welchen Scheußlichkeiten Menschen fähig sind«, stellte Jon fest und klang hilflos und wütend zugleich. »Und dass meine Familie dabei eine Rolle spielt, finde ich unerträglich.«

Isla zuckte mit den Schultern, auch wenn sie das im Bett liegend nicht halb so effektvoll hinbekam wie sonst. Seltsam, je mehr Jon die Fassung verlor, desto mehr gewann sie ihre zurück.

»Was sollen wir jetzt machen?«, fragte er.

»Abwarten?« Sie fand diese Option ausgesprochen unbefriedigend, denn Reaktion war immer schwieriger als Aktion, aber im Moment sah sie keine gute Alternative. »Was soll ich auch sonst tun? Meinerseits eine große PR-Aktion anleiern? Plötzlich anfangen, in Kochshows aufzutreten, und eine große Social-Media-Charmeoffensive starten? Nein, das passt nicht zu mir. Ich kann und will bei diesem Zirkus nicht mitmachen. Weißt du, Nachhaltigkeit ist für mich viel mehr als nur ein Modewort. Und auch mehr als regionale Biozutaten und handgetöpfertes Geschirr. Es bedeutet für mich, einen langen Atem zu haben und die Dinge langsam wachsen zu lassen. Mir ist bewusst, dass das in unserer schnelllebigen Zeit vielen absurd erscheinen muss, vermutlich ist es wirtschaftlich betrachtet sogar ziemlich idiotisch, aber nur das fühlt sich gut für mich an. Wenn ich mein Restaurant nicht mehr so führen kann, wie ich es für richtig halte, dann würde ich lieber aufhören, als Kompromisse zu machen.«

Jon wirkte nun wieder deutlich entspannter und lächelte sie liebevoll an. »Weißt du, wie oft es vorkommt, dass Kunden einer Werbeagentur so klare Vorstellungen von ihren Werten, Visionen und Zielen haben wie du?«

»Keine Ahnung.«

»So gut wie nie. Die allermeisten tauchen nur mit der vagen Idee auf, etwas verändern und verbessern zu müssen. Möchten besser dastehen als die Konkurrenz. Wollen mehr Geld verdienen und schnell Erfolge sehen. Das ist alles legitim, und einiges davon ist dir auch nicht fremd. Was den Leuten aber in der Regel fehlt, ist eine solide Basis. Das ist für jeden Werber die ideale Spielwiese, denn so kann er sich mit seinen eigenen Ideen und Visionen austoben. Im Idealfall gibt es gute Synergien, wenn es aber blöd läuft, fühlt sich das Ergebnis der Bemühungen hohl und falsch an. Du wärst der Albtraum für jede Agentur.« Er lachte.

»Bitte?«, rief sie indigniert.

»Du bist im denkbar besten Wortsinn beratungsresistent. Du kennst deine Branche, du kennst die Mechanismen, du weißt, was funktioniert und was nicht. Aber vor allem weißt du ganz genau, was du tust und wohin dein Weg führen soll. Was soll man so jemandem raten?«

»Weiß nicht. Man könnte mein persönliches Image polieren?« Eigentlich war das mehr Feststellung als Frage, denn tatsächlich betraf es den einzigen wunden Punkt, bei dem sie sich unsicher war. Sie wusste, dass sie oft etwas spröde wirkte und dass es ihr an Charme und Geschmeidigkeit fehlte, wenn es um Small Talk mit einflussreichen Menschen ging. Nicht, weil sie nichts zu sagen gewusst hätte, sondern weil sie keine Lust auf diese Oberflächlichkeiten hatte. Die kaum verbrämten Spitzen von Mutter und Tochter Grant gegen ihr Äußeres gestern hatten sie ebenfalls getroffen. Wäre es wirklich ein Verrat an ihrer Authentizität, wenn sie an ihrer Erscheinung arbeiten würde? Im Küchenalltag wäre es nicht praktikabel, aber sonst...

»Isla, ich glaub, du hast gar keine Ahnung, wie du auf andere Menschen wirkst!«, rief er. »Du bist pure Persönlichkeit! Ich wüsste nicht, was man da noch polieren könnte.«

»Das sagst du nur, weil du...« Sie brach ab. *Weil du scharf auf mich bist*, hatte sie einwenden wollen, doch sie wusste selbst, dass das Jons Gefühle trivialisieren würde und ihr selbst auch nicht gerecht wurde.

»Ich sage es, weil ich in dir sehe, was du bist: eine Visionärin, eine Kämpferin, eine Königin, eine Löwin!«

»Wow.«

»Und es ist wichtig, dass du dich selbst so siehst und

dich nicht verunsichern lässt. Vergiss alles, was meine Mutter und meine Schwester zu dir gesagt haben. Ich weiß nicht, was es war, aber sicher war es nicht persönlich. Du warst und bist für sie Teil ihres Jobs – Teil des Problems ihres Kunden. Damit will ich sie nicht in Schutz nehmen, ganz sicher nicht, ich will es nur für dich einordnen.«

»Okay«, erwiderte sie gedehnt. »Heißt das, ich brauche mich nicht zu fürchten vor dem, was da kommen mag?« Sie ärgerte sich ein wenig darüber, wie hoffnungsvoll sie klang, wie sehr sie sich nach Bestätigung sehnte.

»Nein, das heißt es nicht«, gab er zu und wirkte plötzlich wieder ziemlich niedergeschlagen. »Ich weiß leider, wie gut meine Schwester in ihrem Job ist. Und wenn Rodney so wütend und gekränkt ist, wie du glaubst, dann besteht verdammt viel Grund zur Sorge.«

»Aber wie du vorhin sagtest, bin ich eine Kämpferin. Ich werde mich nicht einfach so geschlagen geben!« Isla wusste nicht, woher dieser plötzliche Energieschub kam, aber sie begrüßte ihn freudig. Sie drehte sich wieder auf die Seite und schaute Jon an. »Und mit dir bin ich bereit, in jede Schlacht zu ziehen.« Sie lächelte ihn keck an und stemmte sich hoch auf einen Ellbogen – eigentlich nur, um sich gleich darauf auf Jon fallen zu lassen, doch blöderweise erspähte sie dabei den Wecker. »Mist«, entfuhr es ihr. »Wir haben jetzt so lange gequatscht, dass es nicht mehr für einen Morgenquickie reicht.«

»Das ist ausgesprochen bedauerlich«, murmelte er, packte sie und zog sie über sich. »Vielleicht können meine

Gäste ihren Hunger noch ein paar Minuten im Zaum halten? Bei mir sieht's da nämlich eher schlecht aus.« Er bewegte sein Becken, sodass sie seine massive Erektion an ihrem Bauch spürte, und dann küsste er sie so, dass sie auf der Stelle alle Gedanken an Rodney, Rache-Aktionen und hungrige Pub-Besucher vergaß.

Eine halbe Stunde später standen sie einträchtig nebeneinander in der Küche, brieten Eier, Speck und Würstchen, rührten im Porridgetopf und warfen sich ständig verliebte Blicke zu. Isla ahnte zwar, dass dies nur die Ruhe vor dem Sturm war, aber sie wusste auch, dass sie dem kommenden Orkan nicht allein ausgeliefert war. Sie hatte ihre Familie, ihre Freunde, ihre Mitarbeiter – und vor allem hatte sie Jon.

»Du stellst dich wirklich nicht blöd an«, lobte sie ihn lächelnd. »Aus dir könnte noch ein halbwegs brauchbarer Koch werden.«

Er lachte und zwinkerte ihr zu. »Ich werde dich bei Gelegenheit daran erinnern.« Dann nahm er schwungvoll die ersten Teller und trug sie nach draußen in den Gastraum.

Isla sah sich in der Küche um, die wirklich fantastisch ausgestattet war, und es juckte sie in den Fingern. Hier könnte sie Dinge ausprobieren, die in ihrem eigenen Restaurant nicht möglich waren. Echte, solide Hausmannskost – mit internationalem Einschlag. Das war der einzige Wermutstropfen in *The Scottish Thistle*: dass sie sich auf Zutaten beschränken musste, die in der Region gediehen –

oder in ihrem eigenen Kräutergarten wuchsen. Aber in *The Wise Pelican* könnte sie auch indische und afrikanische Einflüsse auf die Karte bringen. Das würde zu Jons Herkunft passen und ihr irrsinnigen Spaß machen. Sie musste lachen – vielleicht wollte sie doch expandieren? Nicht mit Bistros in Inverness und Edinburgh, sondern direkt hier in Kirkby. Womöglich ließ sich diese Idee auch mit einer eigenen Familie verknüpfen. Nicht sofort, aber in einer nicht allzu fernen Zukunft ...

»Warum lachst du so?«, wollte Jon prompt wissen, als er wieder die Küche betrat.

»Ich habe gerade neue Pläne geschmiedet. Aber von denen erfährst du erst, wenn wir ein paar ruhige Minuten haben.« Sie stellte sich auf die Zehenspitzen und küsste ihn auf die Lippen. »Jetzt muss ich leider los, gleich kommt meine Fischlieferung.« Sie pfiff nach Polly, und die Hündin begleitete sie, wie fast jeden Tag, freudig wedelnd nach draußen.

• • •

Jon war froh, dass Isla ganz offensichtlich ihr Gleichgewicht wiedergefunden hatte. Er war wirklich besorgt gewesen, denn sie hatte in den letzten paar Wochen zunehmend erschöpft und gestresst gewirkt. Das hatte er sich selbst zum Vorwurf gemacht, denn schließlich war es seine Schuld, dass sie deutlich weniger Schlaf bekam als sonst. Abends hielten sie sich meist gegenseitig vom Schlafen ab, und morgens musste er früh raus, um seine Übernachtungsgäste zu versorgen. Da hätte Isla zwar theoretisch noch weiterschlafen können, doch praktisch stand sie immer mit auf. Manchmal trank sie nur in Ruhe einen Kaffee und aß ein bisschen Porridge, ehe sie mit Polly zu einer großen Morgenrunde aufbrach, ab und zu half sie ihm aber auch in der Küche. In der Regel immer dann, wenn sie spät dran waren, so wie heute. Wenn seine Gäste ahnen würden, dass ihr Frühstück des Öfteren von einer Sterneköchin zubereitet wurde, könnte er vermutlich höhere Preise verlangen.

Seltsamerweise hatte ausgerechnet die immer konkreter werdende Bedrohung aus Rodney Swintons Richtung dazu geführt, dass Isla wieder ganz zu sich selbst gefunden hatte. Jon dachte immer noch mit größter Bewunderung daran, wie die Transformation in seinem Bett am Freitagmorgen abgelaufen war. Vielleicht war sein Psychologiestudium doch nicht ganz sinnlos gewesen? Zumindest hatte er es irgendwie geschafft, sie dazu zu bringen, sich ihren Ängsten zu stellen und sich absolut klar darüber zu werden, wer sie war, wofür sie stand und was sie wollte.

Er hatte nicht übertrieben, als er sie im besten Wortsinn beratungsresistent genannt hatte. Menschen wie Isla, mit einer derart eindeutigen Vision, waren rar. Er selbst war ja das genaue Gegenteil davon. Alle Entscheidungen, die er in den letzten Monaten gefällt hatte, waren reine Instinkthandlungen gewesen – der Pub, der Umzug nach Kirkby, sein Auto, für das er nach wie vor von allen ausgelacht wurde, sein Hund, seine Beziehung zu Isla. Hätte er nur in einem Punkt rational überlegt, wäre es zu keiner dieser Errungenschaften gekommen. Er wollte sich ganz sicher nicht beklagen, und inzwischen vertraute er seinem Unterbewusstsein mehr als seinem rationalen Verstand, aber er beneidete Isla auch um ihre Klarheit und die Übereinstimmung von Herz, Kopf und Bauchgefühl, die bei ihr offensichtlich herrschte.

Leider hatte er an jenem Morgen nicht übertrieben, als er die ganz reale Gefahr benannt hatte, die ihr drohte. Er wusste nur zu gut, welche Ergebnisse eine Kampagne von Grant & Grant erzielen konnte. Seine Familie war bestens vernetzt. Da ging es nicht mehr nur um irgendwelche Events, PR-Aktionen oder konkrete Werbemaßnahmen – es ging um Einfluss. Speziell seine Mutter und Carla verfügten über ein riesiges Netzwerk aus Kontakten in der Medienbranche. Anula war auf die klassischen Medien spezialisiert, Carla auf die neuen. Wenn nur die richtigen Leute zum richtigen Zeitpunkt das Richtige sagten oder taten, konnte das eine Wahnsinnswirkung für den Kunden haben – und mögliche Gegner vernichten. Da halfen dann auch die schönste Philosophie und persönliche Integrität nichts mehr. Er wusste nur nicht, wie der Schlag ausgeführt werden würde, sonst könnte er sich und Isla darauf vorbereiten. Mit seiner Familie konnte und wollte er nicht darüber sprechen. Denn selbst wenn sie seine Bedenken verstehen würden – Rodney Swinton war ihr Kunde, und ihre Loyalität galt eher geschäftlichen Beziehungen als Menschen aus Fleisch und Blut.

Seine Lieben waren unfähig oder zumindest unwillig zu akzeptieren, dass er sich sein Leben endgültig hier in Kirkby eingerichtet hatte. Am Freitagvormittag, kurz nachdem Isla mit Polly aus dem Pub verschwunden war, waren seine Eltern noch einmal bei ihm aufgetaucht, um ihm ein letztes Mal ins Gewissen zu reden. Carla und ihr Freund waren da schon auf dem Weg in Richtung Fort Augustus gewesen, um mit Rodney das weitere Vorgehen zu besprechen. Sein Dad, der seine Kindheit auf dem Landsitz seiner Familie in Südschottland verbracht und sich, seit Jon denken konnte, über das provinzielle Leben dort aufgeregt hatte, hatte sich tatsächlich einige lobende Worte über Kirkby abringen können. Er fand das Dorf »originell« und die Landschaft »urwüchsig«, doch dass jemand in dieser Gegend mehr als nur paar Tage Urlaub verbringen wollte, konnte er nicht nachvollziehen. Das Urteil von Jons Mutter war noch vernichtender gewesen, und sie hatte ihm großes persönliches Unglück prophezeit, wenn er hier sein Leben verschwendete. Mehr oder weniger unverblümt hatte sie angedeutet, dass sein Burn-out ihrer Meinung nach schlecht behandelt worden sei und dass er vielleicht lieber ein paar Wochen stationäre Therapie in einer renommierten psychiatrischen Anstalt in Erwägung ziehen sollte als ein freiwilliges Exil in der Einöde.

Warum war ihm die Engstirnigkeit seiner Familie früher nie aufgefallen? Weil er diesem Trott selbst so sehr verhaftet gewesen war? Dieser künstlichen Scheinwelt, in der sie sich – wie es ihm selbst ja auch ergangen war – so oft aufhielten, dass sie gar kein Bewusstsein mehr für die eigenen Bedürfnisse hatten? Er wusste es nicht und wollte auch nicht darüber nachdenken. So schmerzhaft es war, lieber würde er einen Bruch mit seiner Familie in Kauf nehmen, als noch einmal seine Seele zu verkaufen. In Kirkby hatte er eine echte Aufgabe, hatte Freunde – und er hatte Isla.

Zu ihr hatten sich seine Eltern kaum geäußert. Dad hatte sie als »ein wenig herb, aber durchaus apart« bezeichnet, und Mum hatte ihre Kompatibilität mit ihm in Zweifel gezogen. »Sie passt nicht zu dir!«, so lautete die Losung, die sie mehrfach ausgesprochen hatte, ohne sie aber ernsthaft zu erklären. Als erneut das Wort »provinziell« gefallen war, war ihm der Kragen geplatzt. Isla Fraser hatte von der Welt deutlich mehr gesehen als die gesamte Familie Grant zusammen – auch die Tatsache, dass sie sieben Sprachen beherrschte, war in seinen Augen ein eindeutiges Indiz für ihre Weltläufigkeit. Doch selbst das hatte Anula nur am Rande interessiert: »Schatz, sie ist ganz sicher ein nettes Mädchen, aber keine Frau für dich!«

Nein, auf dieser Basis wollte er für den Moment nichts mit seiner Sippe zu tun haben. So blieb ihm nur das Vertrauen darauf, dass Isla eine große Kämpfernatur war und sich nicht so leicht unterkriegen ließ – egal welche Geschütze Rodney Swinton zusammen mit Grant & Grant auffahren würde. Jon würde an ihrer Seite stehen – komme, was wolle.

Er sah auf die Uhr. Es war Montagmittag, und er wartete darauf, dass Isla von ihrem Termin zurückkam. Sie hatte ihm heute Morgen nicht gesagt, was sie vorhatte, nur dass sie bis mittags wieder zurück sein wollte, um dann mit ihm zu ihrem montäglichen Ausflug aufzubrechen. Angeblich hatte sie sich dafür etwas ganz Besonderes vorgenommen. Was auch immer es war, er freute sich darauf – auch wenn ihn das mulmige Gefühl, das ihn seit letzter Woche quälte, nicht mehr losließ. Wann endlich würde Rodney seinen ersten Zug machen?

»Na, was sagst du jetzt?«, fragte Isla und strahlte ihn an. Sie waren nicht weggefahren, sondern lediglich zum Pferdehof ihres Onkels Rupert gelaufen. Ehe Jon sichs versah, hatte er einen Rucksack mit Proviant auf dem Rücken und einen Führstrick in der Hand gehabt. An dessen Ende hing ein gigantisches Riesenpferd. Genau genommen war es eher so, dass er, Jon, an dem Seil hing, während das Vieh – Pardon: die liebreizende Rowena – ausgelassen herumtänzelte. Und ständig blickte sich die braune Stute nach ihrem Nachwuchs um, einem langbeinigen Hengstfohlen, das neugierig die Welt eroberte.

Isla war nämlich plötzlich der Meinung, Jon müsse dringend seine Vorbehalte gegenüber Pferden abbauen. Deshalb hatte sie vorgeschlagen, mit zwei Pferdemüttern – sie selbst war in Begleitung einer kolossalen Stute, die auf den putzigen Namen Mayflower hörte – und deren Fohlen durch Wiesen und Wälder zu spazieren. Angeblich sei das auch total wichtig, damit die Jungtiere »andere Umweltreize« kennenlernten. Einer dieser Reize war Polly, die nach anfänglicher Zurückhaltung ausgelassen mit den beiden Fohlen herumtobte, was zumindest Mama Rowena etwas nervös zu machen schien.

»Ähm ...« Jon wusste nicht genau, was er sagen sollte.

Er fand es unheimlich, knapp achthundert Kilo fröhliches Lebendgewicht an seiner Seite zu wissen und keine Ahnung zu haben, ob ihm diese wirklich wohlgesinnt waren oder ihn im Zweifel einfach umnieten und platt walzen würden. Doch Isla schien glücklich zu sein und wirkte gelöst und entspannt. Vorhin war sie mit glänzenden Augen und leicht geröteten Wangen bei ihm im Pub aufgekreuzt – und langsam regte sich ein Verdacht in ihm.

»Ich find's herrlich«, schwärmte sie. »Wir haben das früher oft gemacht, dass wir mit den Stuten und ihren Fohlen stundenlang durch die Gegend gelaufen oder geritten sind. Ein richtiger Familienausflug. Ich habe mir gedacht, dass dir das auch gefallen könnte.«

Der Verdacht erhärtete sich immer mehr. »Sag mal, kann es sein, dass du mir gerade auf etwas ungewöhnliche Weise klarmachen willst, dass ich Vater werde?« Sein Herz begann, rasend schnell zu schlagen.

»Was?«, rief sie und lief knallrot an. »Wie kommst du denn auf diese Idee?«

»Na ja, ›Familienausflug‹ war so ein Triggerwort. Und die beiden Fohlen und deine glänzenden Augen und dein geheimnisvolles Getue und so ...« Jetzt kam er sich doch etwas blöd vor.

»Ich war vorhin tatsächlich bei Anna in der Sprechstunde«, gab Isla zu. »Aber ich bin nicht schwanger!«, rief sie schnell. »Noch nicht jedenfalls. Ich habe doch die Spirale, da wäre es verdammt unwahrscheinlich und auch ziemlich blöd, wenn ich schwanger wäre.«

»Aber?«

»Aber ich habe gefragt, wann ich sie ihrer Meinung nach idealerweise entfernen lassen sollte, damit wir im November oder Dezember nächsten Jahres ein Baby haben könnten.« Nun war sie wirklich dunkelrot, und Jon hätte in diesem Augenblick nichts lieber getan, als sie in seine Arme zu reißen und bis zur Besinnungslosigkeit zu küssen. Dummerweise gab es dabei buchstäblich schwerwiegende Hindernisse.

»Dann hast du also schon ganz genau geplant, wann unser Kind zur Welt kommen darf?«, fragte er stattdessen.

»Na ja, Herbst oder früher Winter wäre ideal. In den Wintermonaten ist hier absolut tote Hose, und ich könnte das Restaurant problemlos von November oder Dezember bis Mitte, notfalls Ende März schließen und erst im Frühjahr wieder öffnen. Mit dem Pub dürfte es ähnlich laufen – zumindest wirst du in dieser Zeit kaum Übernachtungen haben. Und dann könnten wir uns ein paar Wochen lang ausschließlich um unser Baby kümmern. Was meinst du?«

Was er meinte? Wie konnte sie da auch nur die geringsten Zweifel haben? Leider kam er nicht dazu, ihr all das zu sagen, was ihm gerade durch den Kopf schoss, denn in diesem Augenblick klingelte ihr Handy. Sie meldete sich, runzelte die Stirn, drückte ihm den Führstrick von ihrem Elefanten in die Hand und wanderte ein paar Schritte den Weg hinunter, sodass er kaum hören konnte, was sie sprach. Einige Minuten später war sie wieder da – mit einem ungläubigen Gesichtsausdruck.

»Ist irgendwas passiert?«

»Es ist entweder ein ganz seltsamer Zufall, oder es geht los«, murmelte sie und sah ihn fassungslos an.

Er brauchte nicht zu fragen, was »es« sein könnte, das war sonnenklar. Trotzdem wurde er noch nervöser als vor wenigen Minuten, als er gedacht hatte, er würde Vater werden. »Komm schon, raus mit der Sprache!«, forderte er sie auf.

»Das war Olivia Branch, eine freiberufliche Fernsehjournalistin. Ich kenne sie, sie hat schon zweimal bei mir im Restaurant gedreht. Einmal einen kurzen Beitrag, als ich meinen ersten Stern verliehen bekommen habe, und einmal, nicht lang danach, eine etwas längere BBC-Reportage über mich und das Restaurant. Olivia behandelt vorwiegend Gastrothemen und kennt sich wirklich gut aus. Jetzt hat sie eine Anfrage von Netflix bekommen, ob sie nicht Lust hätte, berühmte Restaurantkritiker bei ihrer Arbeit zu begleiten und das in einer Miniserie zu verpacken. Es sollen drei Restaurants in England und Wales gegeneinander antreten, drei Restaurants in Irland und Nordirland und drei in Schottland. Die jeweiligen Sieger aus den drei Regionen kommen in die nächste Runde, in der es dann um den Titel ›Bestes Restaurant in Großbritannien und Irland‹ geht.«

»Wow«, sagte er. »Das klingt erst mal toll. Und lass mich raten, zwei der drei schottischen Restaurants sind *The Scottish Thistle* und *Rodney's Bistro*.«

»Ganz genau. Das dritte ist der *Oyster Club* in Perth.« Isla hibbelte fast so nervös herum wie die beiden Pferde, die Jon mühsam im Zaum hielt. »Das klingt nach einer richtig coolen Sache. Die Kritiker, die als Jury daran teilnehmen, sind auch absolut seriös und keine von diesen Promi-Foodies, die man sonst oft in irgendwelchen Kochshows sieht. Es fällt mir wahnsinnig schwer, zu glauben, dass es eine Finte von Rodney sein soll, mit der er mir eins auswischen will. Damit würde er sich doch ins eigene Fleisch schneiden. Wenn seriöse und unabhängige Tester die Restaurants prüfen, kann er gar nicht gewinnen! Er hat weder gegen mich noch gegen Dave Hutton vom *Oyster Club* eine Chance. Vielleicht ist es wirklich ein glücklicher Zufall oder Schicksal? Mit einem fairen Wettstreit könnte ich gut leben – und falls ich in die nächste Runde käme, wäre das sicher keine ganz schlechte Sache.«

Wenn es denn ein fairer Wettstreit wird, dachte Jon grimmig. Es klang einfach zu gut, um wahr zu sein – und er war sich fast sicher, dass Carla und seine Mutter dahintersteckten und irgendetwas vorhatten. Aber er brachte es nicht übers Herz, seine Bedenken auszusprechen – auch weil er keine Ahnung hatte, wie genau sie diesen Stunt eingefädelt haben sollten. Womöglich hatte Isla ja auch recht, und es wäre die Lösung aller Probleme? Doch eine Sache nagte an ihm: »Ich finde auch, dass es toll klingt, aber wenn Rodney keine Chance gegen dich und diesen Hutton hat, warum sollte er dann an so einem Wettbewerb teilnehmen?«

»Weil er keine Ahnung hat, wie schlecht er ist«, entgegnete Isla schlicht. »Genau das ist ja das Hauptproblem bei ihm: Er kann sich und seine Fähigkeiten überhaupt nicht einschätzen, und deshalb agiert er immer aus der Position des zu Unrecht unterschätzten Genies heraus. Deswegen ist er auch so sauer auf mich. Ich bin überzeugt davon, dass er immer noch glaubt, ich hätte seine glanzvolle Karriere ruiniert. Und das gleich zweimal.«

»Aber das ist doch vollkommen irre«, sagte Jon kopfschüttelnd, obwohl er sich nicht wirklich wunderte. Derart narzisstisch verblendete Persönlichkeiten waren ihm in seinem Werberjob dutzendfach untergekommen. Das Schlimme war, dass solche Menschen, die oftmals mit unglaublicher Rücksichtslosigkeit agierten, häufig verdammt erfolgreich wurden. Er fragte sich, ob Carla durchschaut hatte, mit wem sie sich da einließ.

»Irre und komplett unnötig. Rodney könnte mit seinem Selbstvermarktungstalent wahnsinnig erfolgreich sein. Es gibt so viele Geschäftsmodelle in der Gastronomie, mit denen man leichter Geld verdienen kann als mit einem Sternerestaurant. Er könnte Kochschulen eröffnen, Snackketten, was weiß ich? Dafür wäre er wie geschaffen, denn er kann – wie du ja weißt – sehr einnehmend sein. Aber er hat sich in den Kopf gesetzt, dass er ein berühmter und anerkannter Spitzenkoch sein möchte.«

»Puh.« Jon fand Islas haarscharfe Analyse verstörend. Doch egal, wie die Sache lag, irgendwie mussten sie damit klarkommen. »Eins weiß ich jedenfalls ganz sicher«, fügte er noch hinzu und ignorierte tapfer, dass ihn Mayflower gerade auf höchst irritierende Art und Weise am Kragen beschnupperte. »Bei Grant & Grant gibt es talentierte Werber, die alle Tricks kennen, aber keiner von ihnen hat ernsthaft Ahnung vom Kochen. In diesem Punkt kann

Rodney also keine Unterstützung erwarten. Und wenn es so ist, wie du sagst – und ich glaube dir das ohne Zweifel –, dann könnte es auch gut sein, dass Carla und meine Mutter der Meinung sind, Rodney sei ein wahrer Meisterkoch, und ihn bei diesem Gedanken noch bestärken.«

»Das wäre im Grunde die beste Nachricht des Tages«, erwiderte Isla grinsend. »Dann brauche ich nämlich wirklich keine Angst zu haben, denn die drei Kritiker sind definitiv in der Lage, die Unterschiede zu erkennen.«

Für Jon war die beste Nachricht des Tages zwar Islas Ankündigung gewesen, mit ihm eine Familie gründen zu wollen, aber gerade war wohl nicht der richtige Moment dafür, wieder davon anzufangen. »Dann glauben wir jetzt einfach daran, dass es so laufen wird. Wann soll es denn losgehen?«

»Schon in zwei Wochen. Gedreht wird an einem Schließtag, Montag oder Dienstag, denn im normalen Betrieb würde das ja nicht funktionieren. Es soll aber ein ganz normaler Ablauf dargestellt werden, also das aktuelle Menü, und damit es nicht seltsam leer aussieht, werden ein paar Tische mit Statisten besetzt, die ebenfalls das ganze Menü bekommen. Aber die Details muss ich noch mit Olivia besprechen. Ich habe mit ihr vereinbart, dass ich mich morgen bei ihr melde und wir alles festklopfen.«

»Klingt toll. Aber dürfte ich dich um einen großen Gefallen bitten?«

»Klar, was denn?«

»Könntest du mich bitte von einem dieser Höllenrösser befreien?« Der Koloss namens Mayflower hatte das

Schnuppern aufgegeben und zupfte nun mit den Zähnen an Jons Hemdkragen herum. Mit verdammt großen Zähnen, die seinem Hals gefährlich nahe kamen.

Isla lachte und klang dabei so unbeschwert wie lange nicht mehr. »Du brauchst keine Angst zu haben, Pferde sind reine Vegetarier. Und sie findet dich halt genauso zum Anbeißen wie ich. Das ist übrigens eine freundschaftliche Geste bei Pferden.«

»Aha«, sagte er schwach, als die weichen Nüstern seine Wange streiften.

»Und jetzt küsst sie dich auch noch«, kicherte Isla und ging dann glücklicherweise dazwischen. Sie nahm den Führstrick und schob sich zwischen das Pferd und ihn. Die freie Hand legte sie ihm ans Gesicht und sah ihn liebevoll an. »Danke.« Damit stellte sie sich auf die Zehenspitzen und küsste ihn auf eine Art, die ihm tausendmal lieber war als sämtliche Pferdeknutscher der Welt.

ESKALATIONSSTUFEN

DIE NÄCHSTEN TAGE VERFLOGEN IN einem Rausch der Vorbereitungen. Isla fühlte sich zuversichtlich, ja schon fast ausgelassen. Da aus Rodneys Richtung kein weiteres Störfeuer kam, ging sie davon aus, dass auch er sich auf das kommende Event vorbereitete. Der Zeitplan sah wie folgt aus: Am Montag würde ihr großer Abend sein, am Dienstag war Rodney an der Reihe, und am Mittwoch wollten die Tester und das Fernsehteam zu Dave nach Perth fahren. Die Restaurants in England und Wales waren schon diese Woche dran, Irland kam in der Woche nach Schottland. Unmittelbar danach würde bekannt gegeben werden, wer die drei Regionalgewinner waren, die dann in der Hauptrunde gegeneinander antraten. Der ganze Wettbewerb würde ab dem Herbst als zehnteilige Serie auf Netflix zu sehen sein. Genau zu dem Zeitpunkt, zu dem der Guide Michelin die neue Sterneverteilung für Großbritannien verkünden würde. Wenn alles gut lief, könnte das ein grandioses Saisonfinale werden, dachte Isla.

Letzte Woche war Olivia schon zweimal mit ihrem Kamerateam da gewesen, für ein paar kurze O-Töne von Isla und ihren Mitarbeitern und einige »Ambiente-Bilder«, die die Beiträge untermalen sollten. Isla hatte das zu ihrem großen Erstaunen sehr genossen. Bisher war sie vor der Kamera immer eher unsicher gewesen, aber das einfühlsame Team und Olivias klare Ansagen hatten ihr rasch die Scheu genommen. Auch Jungkoch Tom und Praktikantin Grace waren begeistert bei der Sache gewesen. Nur ihr Souschef Nick hatte sich geziert. Beim ersten Termin hatte er sich damit herausgeredet, dass er nicht vorbereitet sei, beim zweiten hatte er sich entschuldigt, weil er angeblich zum Zahnarzt musste. Isla hatte das schmunzelnd zur Kenntnis genommen. Normalerweise war Nick nicht schüchtern, aber offensichtlich litt er an größerer Kamerascheu als sie selbst.

Es war Samstagmorgen – noch zwei ausgebuchte Tage im Normalbetrieb, und dann würde die Show beginnen. Sie hatte beschlossen, ihr neues Sommermenü vorzuziehen, und experimentierte seit ein paar Tagen mit den Kräutern. So waren auch die Pub-Übernachtungsgäste schon einige Male in den Genuss von Omeletts mit frischen Kräutern zum Frühstück gekommen. Isla war voller Elan, fühlte sich gut vorbereitet und sicher, dass alles gut laufen würde. Gleiches galt für ihre Küchenmannschaft. Was sollte jetzt noch schiefgehen?

Zwei Stunden später bereute sie diesen Gedanken zutiefst. Sie stand in der Küche und bereitete gerade die Kräuter für das Lammfleisch vor, als Grace einen erstickten Laut ausstieß.

»Alles klar?«, fragte Isla besorgt und sah zu der jungen

Praktikantin hinüber, die gerade eine Kaffeepause machte und dabei an ihrem Handy gespielt hatte.

»Ähm ... nein«, krächzte Grace und zeigte Isla das Display ihres Telefons. Zu sehen war darauf der Instagram-Kanal von Rodney Swinton, genauer gesagt eins von zwei Fotos, die Isla gestern früh selbst geschossen hatte. Es zeigte einen Würfel Klee-Gelee, der auf einem Kräuterbett angerichtet war. Sie hatte gestern zwei unterschiedliche Varianten arrangiert und Fotos davon gemacht, weil sie sich nicht entscheiden konnte, welche besser aussah. Diese Bilder hatte sie Jon, Nick und Grace per WhatsApp geschickt. Wie war dieser qualitativ wirklich schlechte Schnappschuss bei Rodney gelandet?

»Wie kann das sein?«, stammelte sie entsetzt.

»Und sein unsäglicher Kommentar erst«, ergänzte Grace gequält und las vor: »›Grüner Glibber im Sternerestaurant! So verarscht Isla Fraser ihre Gäste.‹«

Isla starrte sie stumm und voller Entsetzen an. Sie wusste einen Moment lang nicht, was sie denken, sagen oder fühlen sollte. Dann fiel ihr polternd das Messer aus der Hand. »Was ... ich versteh es nicht.«

»Dieser gottverdammte Wichser!«, rief Tom wütend, und Nick hatte nur ein tonloses »Oh« übrig – Isla konnte es ihm nicht verdenken.

»Oh?«, schnauzte Tom. »Oh? Mehr fällt dir dazu nicht ein?«

»Doch, aber was würde das bringen? Das ist ganz große Scheiße!« Nick war so blass geworden, wie Isla sich fühlte.

»Das ist doch unser Geschirr«, stellte Tom in bester

Privatdetektiv-Manier fest. »Das heißt, irgendjemand von uns hat dieses Foto gemacht.«

»Ich war's«, erklärte Isla schwach. »Ich habe dieses und noch ein zweites Foto gestern früh geschossen, weil ich mich nicht entscheiden konnte, wie wir das Gelee am besten anrichten sollen.«

»Aber du hast es doch sicher nicht an Rodney geschickt, oder?« Tom sah sie irritiert an.

»Nein. Habe ich nicht. Ich habe es Nick geschickt.« Sie machte eine kurze Pause und schluckte. »Und Jon.«

»Und mir«, hauchte Grace entsetzt und schlug sich eine Hand vor den Mund.

»Das sind keine sehr attraktiven Schlüsse, die man da ziehen kann«, fasste Tom das Gehörte sarkastisch zusammen und starrte seine beiden Kollegen mit finsterem Blick an. Dann wandte er sich wieder an Isla: »Ich sollte beleidigt sein, weil du mir die Bilder nicht geschickt hast, aber im Moment ...«

»Grace hat mir damals bei der Entwicklung des Gelees geholfen«, entgegnete Isla defensiv und versuchte zu begreifen, was gerade passierte.

»Grace trau ich auch keinen Verrat zu«, sprach Tom stirnrunzelnd weiter und sah dann in Richtung Nick.

»Du willst doch nicht etwa andeuten, ich hätte das Bild an Swinton weitergeleitet«, blaffte Nick seinen jüngeren Kollegen an.

»Denkst du etwa, Jon würde Isla das antun?« Tom funkelte Nick herausfordernd an.

»Das ist jedenfalls erheblich wahrscheinlicher, als dass

ich es war«, behauptete Nick herablassend. Er schien seine Fassung sehr schnell wiedererlangt zu haben. »Isla und ich arbeiten seit fünf Jahren zusammen. Wir sind ein Team. Ich will mich nicht mit fremden Federn schmücken, aber ich habe ganz sicher einen nicht unerheblichen Anteil am Erfolg von *The Scottish Thistle*. Wohingegen Jon erst vor ein paar Monaten hier aufgekreuzt ist und sich seitdem vor allem wichtigmacht.«

»Inwiefern macht er sich bitte schön wichtig?« Tom, der ein großer Jon-Fan war, plusterte sich mächtig auf. »Er mischt sich doch überhaupt nicht in unser Geschäft ein.«

»Und warum wird er dann um Rat dazu gefragt, wie unsere Teller auszusehen haben, und nicht etwa du?«, gab Nick kühl zurück. »Wir sollten außerdem nicht vergessen, dass Jons Familie für Rodney arbeitet. Blut ist dicker als Wasser, da wäre es doch nicht verwunderlich, wenn er seiner Schwester einen kleinen Tipp gegeben hätte, oder?«

»Jons Familie arbeitet für Rodney?«, fragte Grace schockiert.

Isla, die der Diskussion ihrer Mitarbeiter gefolgt war, während ihre Gedanken rotierten, hatte auf einmal eine weitere schockierende Erkenntnis. »Ja, Jons Familie betreibt die Werbeagentur von Rodney Swinton. Aber das habe ich niemandem erzählt. Auch dir nicht, Nick.« Sie starrte ihn mit eisigem Blick an.

»Du hast es mal erwähnt«, behauptete er. »Oder ich habe es woanders aufgeschnappt.«

Isla konnte zwar nicht mit absoluter Sicherheit ausschließen, dass sie Nick gegenüber doch mal eine Bemerkung hatte fallen lassen, aber das spielte plötzlich keine Rolle mehr für sie. Sie war über sich selbst schockiert, weil sie einen kurzen und extrem schmerzhaften Moment lang ernsthaft in Erwägung gezogen hatte, Jon könnte das Leck sein. Er war es nicht, das fühlte sie tief in sich. Allerdings war die Alternative kaum angenehmer. Sie hatte nicht genügend Fantasie, um Grace einen derartigen Vertrauensbruch zuzutrauen. Blieb Nick. Es war, wie er gesagt hatte: Sie kannten sich seit gut fünf Jahren, waren immer ein tolles Team gewesen. Sie hatte ihn gefordert und gefördert und ihm in ihrem Restaurant einen guten Job angeboten. Er hatte ihr Vertrauen mit Loyalität, Kreativität und Zuverlässigkeit zurückgezahlt. Sie konnte sich nicht erinnern, dass er in der ganzen Zeit jemals unentschuldigt gefehlt hätte, und auch die Zahl seiner Krankentage war unglaublich gering.

Ungewöhnlich war höchstens, dass er schon so lange bei ihr war. Drei Jahre hatte es sie selbst nie an einem Ort gehalten, und in ihrer Branche war es üblich, dass gerade junge, abenteuerlustige Köche viel häufiger die Stelle wechselten. Allein schon, um viele unterschiedliche Erfahrungen zu machen. Sie hatte es jedoch darauf geschoben, dass er sich bei ihr wohlfühlte und immer noch Entwicklungsmöglichkeiten sah. Welche das allerdings sein sollten, konnte sie selbst nicht beantworten. Eine höhere Stellung als Souschef konnte sie ihm in ihrem kleinen Betrieb nicht anbieten – das hatte sie ihm mehrfach klargemacht.

Nick hatte, anders als beispielsweise Tom, auch keine

familiären Wurzeln hier in der Gegend, die ihn dazu bringen konnten, bleiben zu wollen. Genau genommen wusste sie überhaupt recht wenig darüber, wie, wo und mit wem Nick seine Freizeit verbrachte. Aber warum sollte er sie betrügen wollen? Sie an ihren schlimmsten und ärgsten Konkurrenten verraten?

Doch nicht etwa, weil sie vor zwei Jahren seine schüchternen Avancen zurückgewiesen hatte? Nick war vier Jahre jünger als sie, sah gut aus und hatte einen guten Humor – sie mochte und schätzte ihn sehr, aber als Mitarbeiter, nicht als Mann! Früher hatte sie bei jeder Arbeitsstelle die eine oder andere Affäre mit Kollegen mitgenommen, aber natürlich nicht in ihrem eigenen Restaurant. Dieser Gedanke war völlig abwegig. Das hatte sie ihm damals erklärt, auf charmante Art und Weise, wie sie dachte. Es war auch kein Thema mehr gewesen. Nach ein, zwei leicht peinlichen Tagen hatte sie es fast schon vergessen gehabt. Nicht völlig, dafür hatten die Blicke gesorgt, mit denen er sie betrachtete, wenn er sich unbeobachtet fühlte. Diese Blicke hatten noch lange eine andere Sprache gesprochen, doch waren sie nie so offensiv geworden, dass Isla darauf hätte reagieren müssen. Sie hatte es ignoriert und so getan, als sei nichts. Mit der Zeit waren dann auch die Blicke weniger geworden, und ihr Verhältnis hatte sich endgültig normalisiert. Zumindest hatte sie das geglaubt.

Sie erinnerte sich zurück an die Rodney-Vorfälle der letzten Monate. Erst die Veilchen-Schokoladenmousse, dann das Schichtdessert. Bei Letzterem war ihr eigentlich schon klar gewesen, dass entweder Jon oder einer ihrer

Mitarbeiter der Maulwurf sein musste. Aber sie hatte entschieden, Jon zu vertrauen, aus Liebe und aus Überzeugung, und daran würde sie auch jetzt nicht rütteln. Was ihre Mitarbeiter betraf, war sie damals mental auf Tauchstation gegangen, hatte sich eingeredet, dass es einer ihrer Gäste gewesen sein musste, der die Idee zu ihrer Kreation weitergetragen hatte. Ernsthaft geglaubt hatte sie das schon damals nicht, aber es war die einfachere Lösung gewesen. Doch nun war der Sachverhalt eindeutig – und sie hatte nicht die leiseste Ahnung, wie sie damit umgehen sollte. Sie konnte nicht auf Nick verzichten. Nicht am Wochenende und schon gar nicht am Montag, wenn sie für die Tester kochen musste. Aber genauso wenig konnte sie zulassen, dass er auch nur eine Minute länger für sie arbeitete.

»Was wirst du jetzt machen?«, stellte Tom die Frage, die sie selbst quälte. Sie hatte das Gefühl, stundenlang gegrübelt zu haben, aber vermutlich waren erst ein paar Sekunden, höchstens Minuten vergangen. Genau genommen hatte ihr Unterbewusstsein das alles schon gewusst oder zumindest geahnt, und jetzt war das fehlende letzte Puzzlestück an seinen Platz gefallen.

»Nick, ich möchte, dass du deine Sachen nimmst, mir deinen Schlüssel gibst und auf der Stelle mein Restaurant verlässt«, sagte sie mit erstaunlich ruhiger, eiskalter Stimme.

Grace schnappte bei ihren Worten erschrocken nach Luft, und Tom grunzte zufrieden.

»Das ist jetzt nicht dein Ernst, Isla«, protestierte Nick.

»Ich hab nichts Falsches gemacht. Und ich kann es nicht fassen, dass du nicht mal in Erwägung ziehst, dass dein Stecher dich verraten haben könnte.«

»Raus«, sagte sie, nun deutlich drohend. »Ich will dich hier nie wieder sehen. Du kannst froh sein, wenn ich auf rechtliche Schritte verzichte.«

»Das solltest du dir aber gründlich überlegen«, mischte sich Tom ein, doch Isla brachte ihn mit einer unwirschen Handbewegung zum Schweigen.

»Glaubst du wirklich, du hast ohne mich eine Chance in diesem Wettbewerb?«, fragte Nick höhnisch, während er seinen Schlüsselbund aus der Hosentasche hervorzog und den Restaurantschlüssel vom Ring fummelte. »Mit diesen beiden Anfängern überlebst du nicht mal den heutigen Mittagstisch, geschweige denn den Abend. Und am Montag wirst du endgültig untergehen. Ich mache dir ein Angebot: Du bezahlst mich noch bis Ende des Monats, ich bleibe bis einschließlich Montag bei dir und helfe euch, damit der Abend ein Erfolg wird. Aus alter Freundschaft zu dir.«

»Raus hier! Auf der Stelle.« Ihre Stimme war ganz leise geworden, aber ihre Worte durchbohrten Nick wie ein Dolch. Er zuckte zusammen, legte den Schlüssel auf die Arbeitsfläche und verließ ohne ein weiteres Wort die Küche.

Als er verschwunden war, begann Isla unkontrolliert zu zittern. So heftig, dass Grace ihre Chefin hilflos in den Arm nahm und Tom erst fluchte und schimpfte und dann einen Anruf tätigte. Isla bekam das alles nur ganz diffus mit. Ihr Kopf fühlte sich an, als sei er mit Watte gefüllt, ihre Ohren rauschten wie tief unter Wasser. War hier soeben eine der schlimmsten denkbaren Katastrophen passiert?

»Hier, trink das«, drang Toms resolute Stimme durch das Rauschen, und das rauchige Aroma ihres Lieblingswhiskys kitzelte ihre Nase.

Ohne groß nachzudenken, griff sie nach dem Glas und kippte den Inhalt hinunter. Der starke Alkohol brannte ihr in der Kehle, doch in ihrem Magen wurde es angenehm warm. Sie merkte, wie das Rauschen langsam nachließ und sich die Watte in ihrem Kopf Stück für Stück verflüchtigte. Leider bedeutete die Fähigkeit, klar zu denken, auch, dass ihr die Wucht des eben Geschehenen so richtig bewusst wurde: Ihr langjähriger Mitarbeiter, ihr Souschef, ihre rechte Hand, ihr Vertrauter, hatte sie betrogen und verraten. Und sie hatte ihn fristlos vor die Tür gesetzt und hatte jetzt gleich mehrere Riesenprobleme. »Mehr«, japste sie und wedelte mit dem Glas.

»Ähm, Chefin, also das ist vielleicht keine so gute Idee«, piepste Grace nervös.

Sie hatte recht. Natürlich hatte sie recht, das wusste Isla. Und sie wusste auch, dass sie dringend einen klaren Kopf behalten musste. Das Mittagsgeschäft mit dem Drei-Gänge-Menü und den vier verschiedenen À-la-carte-Gerichten konnten sie in der kleinen Besetzung irgendwie schaffen, aber sicher nicht die Abendrunde – vor allem, weil sie heute zum ersten Mal ihre neuen Kräuter-Kreationen testen wollte. Sie brauchte dringend ... »Wo ist der weiße Ritter, wenn man ihn braucht?«, murmelte sie sarkastisch und atmete tief gegen die aufsteigende Panik an.

»Soeben auf den Hof getrabt«, entgegnete Tom mit einem zufriedenen Lächeln.

Kaum hatte Isla den Kopf gehoben, um nach draußen zu schauen, kam auch schon Jon schwer atmend in die Küche gestürmt und riss sie in seine Arme.

»Wow, Alter, das war schnell. Bist du gerannt?«, fragte Tom beeindruckt.

Das war mehr als offensichtlich, so wie er keuchte, dachte Isla, aber sie genoss es einfach, für einen Augenblick Trost und Geborgenheit an Jons Brust zu finden. Dann schob sie ihn ein Stückchen von sich weg und berichtete ihm alles.

»Dieses miese kleine Wiesel«, knurrte er wütend, als sie fertig war. »Okay, was machen wir jetzt?«

»Wir?« Sie lächelte schwach. Jon war die beste moralische Unterstützung, die sie sich wünschen konnte, aber in diesem Fall eben nur das. Konkret helfen konnte er nicht.

»Ich bin zu allem bereit!«, kündigte er an. »Ich kann dir Helen rüberschicken.«

»Aber dann hast du niemanden in deiner Küche.« Sie schüttelte den Kopf. An Helen hatte sie zwar auch schon gedacht, aber das war keine Lösung. Schon gar nicht heute, wo im Pub eine Party stattfand, für die die Gäste ein spezielles Catering bestellt hatten. Dann kam ihr eine Idee. »Ich rufe Alice an.« Schon wollte sie nach ihrem Telefon greifen, wandte sich jedoch erst noch an ihre Mitarbeiter. »Tom, Grace, das kommt jetzt vielleicht überraschend, aber ich will euch ein Angebot machen, das über den aktuellen Ausnahmezustand hinausgeht. Tom, du wirst mein neuer Souschef, und Grace, du bekommst eine Festanstellung als Jungköchin. Wenn ihr das auch wollt«, fügte sie noch hinzu, als sie von zwei leicht perplexen Augenpaaren angestarrt wurde.

»Aber ich bin doch erst seit ein paar Monaten Praktikantin«, warf Grace ungläubig ein.

»Und Souschef? Ich? Wow!«

»Ihr habt es drauf, schließlich habt ihr von den Besten gelernt.«

»Von *der* Besten«, korrigierte Jon sie.

»Nein, das wäre unfair. Nick ist wirklich gut. Er ist eine intrigante Schlange, und ich werde vielleicht nie erfahren, was ihn dazu gebracht hat, mich ausgerechnet an Rodney zu verraten, aber trotzdem ist er verdammt gut.«

»Auch er hat von dir gelernt«, beharrte Jon.

»Er war hoffnungslos in dich verknallt«, sprach Tom das aus, was Isla insgeheim vermutet hatte.

»Was?«, riefen Jon und Grace synchron.

»Jetzt wird's hier langsam ein bisschen lächerlich, wenn wir alle gleichzeitig reden«, sagte Isla und verdrehte die Augen. Eigentlich hatte sie keine Lust, über Nicks unerfüllte Liebe zu ihr zu sprechen. Mit niemandem.

»Das war mir vom ersten Tag an klar«, behauptete Tom. »Und außerdem hat er es mir verraten, als wir mal zusammen einen trinken waren.«

»Ich hab mir so was auch gedacht«, schlug Jon in

dieselbe Kerbe. Seine sonst so sanften und liebevollen dunklen Augen wirkten düster umwölkt und irgendwie gefährlich. »Die ersten Male war er scheißfreundlich zu mir, aber als er mitbekommen hat, dass wir zusammen sind, war es plötzlich vorbei mit der Kumpeltour. Er ist danach auch nie mehr im Pub gewesen.«

»Da sage noch einer, nur Frauen würden tratschen«, warf Grace mit gerunzelter Stirn ein.

»Genau, Schluss mit dem Gequatsche«, fuhr Isla dazwischen, ehe die Männer noch weiter über Nick herziehen konnten. »Nick ist Vergangenheit, in meinem Leben und in meinem Restaurant. Jetzt beginnt die Zukunft. Und zwar auf der Stelle.« Sie nahm ihr Telefon, rief ihre Tante an und erklärte ihr mit knappen Worten das Problem. »Sie wird heute und morgen ab vier Uhr hier sein«, berichtete sie ihrer Truppe. »Am Montag kann sie nicht, da hat sie einen wichtigen Arzttermin, auf den sie monatelang gewartet hat. Aber das ist am Montag, und darum kümmern wir uns dann. Jetzt ist entscheidend, dass wir das Wochenende gut überstehen.«

»Dann wirst du die Teilnahme an dem Wettbewerb nicht absagen?«, fragte Grace erstaunt.

»Und damit genau das tun, was Rodney und Nick vielleicht erwartet haben? Nur über meine Leiche!« Islas Kampfgeist war nun endgültig erwacht. Sie dachte ja gar nicht dran, klein beizugeben. »Außerdem geht es am Montag nur um das Menü, keine anderen Gerichte und maximal fünfzehn Portionen für die Tester und die Statisten. Das kriegen wir notfalls auch zu dritt hin.« Gut, das war eine kühne These, aber sie hatte sich dazu entschlossen, erst das Wochenende zu bewältigen und dann das nächste Problem in Angriff zu nehmen. Sie würde sich jetzt ganz sicher nicht den Kopf über Montag zerbrechen.

»Aber wir können nicht das geplante Menü präsentieren«, gab Tom zu bedenken. »Rodneys Instagram-Post... und wenn Nick noch tiefer drinsteckt, hat er ihm am Ende auch noch deine Rezepte verraten.«

Ein weiterer Tiefschlag, und leider nicht von der Hand zu weisen. Isla sah in die bedröppelten Gesichter von Tom, Grace und Jon. »Da ist was Wahres dran«, gab sie zu. »Aber das ist ebenfalls ein Problem für Montag. Für das Wochenende können wir keine großen Änderungen mehr vornehmen, sondern müssen mit dem ›grünen Glibber‹ und den anderen Kräuter-Ideen improvisieren. Und jetzt ran an die Arbeit. Jon, du auch. Du hast heute diese große Party und musst dich um deinen Laden kümmern.«

»Aber wenn du mich brauchst...«

»Ich weiß, aber das kriegen wir schon hin.« Sie stellte sich auf die Zehenspitzen, küsste ihn kurz auf die Lippen und scheuchte ihn dann aus ihrer Küche. Ab jetzt galt: volle Konzentration auf die anstehende Arbeit der nächsten Stunden.

● ● ●

Für Jon war das Wochenende eine einzige Tortur. Im *Wise Pelican* war zwar die Hölle los gewesen, sodass er gut beschäftigt war und nicht ununterbrochen über die Ereignisse bei Isla nachdenken konnte, doch gleichzeitig hatte ihn genau das noch nervöser gemacht. Er wünschte sich nichts mehr, als ihr irgendwie helfen zu können, aber er wusste nicht, wie. Für ihn gab es nur die Rolle des Trösters und ohnmächtigen Beobachters. Nein, ganz stimmte das nicht. Er könnte eine Menge tun. Sich die beiden Arschlöcher Rodney und Nick vorknöpfen beispielsweise. So richtig. Aber das vertrug sich erstens nicht mit seiner pazifistischen Grundhaltung, und zweitens hätte Isla was dagegen.

Er könnte auch mit seiner Schwester reden und ihr die Augen über die Machenschaften ihres Klienten öffnen, doch auch das hätte ganz sicher nicht den gewünschten Effekt. Er hatte seit dem unseligen Besuch vor ein paar Wochen nicht mehr mit ihr gesprochen, und außerdem war Carla im Job vor allem pragmatisch und professionell: Wenn eine Kampagne angelaufen war und sich nicht gerade dramatische, kriminelle Umstände ergaben, dann wurde sie auch durchgezogen. Auf moralische Verwerfungen wurde eher keine Rücksicht genommen. Zumal Carla hier ziemlich sicher auch keine erkennen würde. Konnte er ihr das zum Vorwurf machen? Vermutlich nicht, denn früher hätte er in einer vergleichbaren Situation ähnlich reagiert.

Jon war also weitgehend zur Untätigkeit verdammt, und das machte ihn rasend. Gleichzeitig bewunderte er Isla für ihren unerschütterlichen Kampfgeist. Der kurze Moment der Schwäche, als sie sich verzweifelt an ihn geklammert hatte, nachdem er auf Toms Anruf hin zu ihr gerannt war, war das einzige und letzte kleine Zugeständnis an ihre Verzweiflung gewesen, das sie sich gegönnt hatte. Eine Verzweiflung, die in seinen Augen absolut angemessen war. Er kam nicht umhin, sich wieder und wieder die Frage zu stellen, wie er selbst in einer solchen Situation reagieren würde, mit dem Rücken zur Wand. Für Isla hatte es nur eine Option gegeben – weitermachen! Sie hatte die möglichen Alternativen nicht einmal in Erwägung gezogen: Sie hätte sich aus dem Wettbewerb zurückziehen können, sie hätte Rodney und Nick bei der Produktionsfirma oder der Polizei oder bei sonst einer zuständigen höheren Instanz melden können, sie hätte ihrerseits eine Schmutzkampagne gegen die beiden anzetteln können. Ihm selbst wären noch etliche Varianten von Reaktionsmöglichkeiten eingefallen, doch für Isla gab es nur eine einzige Richtung: vorwärts!

Nun lag sie in seinem Arm und schlief. Das Wochenende mit seinen vier Menüschichten hatte sie mit ihrer Rumpfcrew und mit Unterstützung von Alice überstanden – nach eigener Aussage bravourös –, doch die eigentliche Bewährungsprobe stand noch bevor. In wenigen Stunden würde es um nichts Geringeres gehen als ihren guten Ruf und womöglich auch ihre Zukunft.

Natürlich hatte er versucht, den Wettbewerb kleinzureden: Es sei letztlich nur eine Fernsehshow. Dass dieses Argument Quatsch war, wusste er selbst. Er hatte sich ein bisschen schlaugemacht. Sämtliche der neun teilnehmenden Restaurants spielten in der britischen beziehungsweise irischen Topliga mit – von Rodneys Laden mal abgesehen –, und die Gastrokritiker waren tatsächlich renommiert und einflussreich. Ihr Wort hatte Gewicht, und er war sich sicher, dass ihr Urteil auch die Tester von Guide Michelin und Gault-Millau nicht völlig unbeeindruckt lassen würde. Außerdem wusste er um die Macht der Bilder. Zweifellos würde das Ergebnis eine aufwendig produzierte, mit wunderbaren Bildern gespickte Show sein, die mit großem Aufwand auch in den sozialen Medien begleitet werden würde. Und er wusste ebenfalls, welchen Effekt solche Aktionen auf viele Menschen hatten. Galt ein Laden, eine Marke, ein Restaurant erst einmal als hip und angesagt, dann kamen die Kunden von ganz allein.

Eigentlich war es ein Geniestreich von seiner Schwester, dass sie es geschafft hatte, Rodney in diesem Zirkel unterzubringen, aber Jon hoffte trotzdem inständig, dass der Schuss nach hinten losgehen würde. Es durfte einfach nicht passieren, dass Rodney weiterkam und Isla das Nachsehen hatte! Er seufzte, leise, um Isla nicht zu wecken, und war überzeugt, dass er selbst in dieser Nacht keine Minute Schlaf würde finden können. Ihm war es absolut schleierhaft, wie sie schlafen konnte, obwohl sie immer noch nicht wusste, was sie morgen überhaupt kochen sollte. Das angedachte Kräutermenü kam ja nun definitiv nicht infrage – selbst wenn Rodney mit Nicks Hilfe eine ganz andere Speisenfolge geplant hatte.

Jon konnte nur hoffen, dass sie noch ein oder mehrere Asse im Ärmel hatte, um diesen bösartigen Taugenichts ein für alle Mal in seine Schranken zu weisen.

Er musste dann doch ein paar wenige Stunden geschlafen

haben, aber als er am Montagmorgen erwachte, fühlte er sich wie zweimal ausgeweidet und falsch wieder zusammengesetzt. Keine ganz idealen Voraussetzungen für die Rolle des strahlenden Ritters, die er um jeden Preis übernehmen wollte. Sein Zustand war jedoch völlig zweitrangig, entscheidend war, wie es Isla ging. Er beugte sich zu ihr und drückte ihr einen kleinen Kuss auf die Wange. »Guten Morgen, meine Schöne«, raunte er ihr ins Ohr.

Sie rekelte sich verschlafen und schlug dann die Augen auf. »Guten Morgen.« Sie drehte sich um, sodass sie nun frontal vor ihm lag, und kuschelte sich an ihn.

Nie fand er sie hinreißender als am Morgen, wenn sie noch ganz schlaftrunken und anschmiegsam war, wenn noch nicht die scheinbar unerschöpfliche Energie durch sie pulsierte. Doch heute war leider nicht die Zeit dafür, diesen Zustand zu genießen. »Wir sollten langsam in die Gänge kommen«, murmelte er leise in ihr Haar. »Ich muss meine Gäste versorgen, und du musst dir vielleicht mal Gedanken über dein Menü machen.«

»Das ist schon erledigt«, behauptete sie. »Ich hab alles im Kopf und habe gestern bei Malcolm noch eine außerplanmäßige Fischlieferung bestellt. Ich hoffe, er hat heute Nacht alles gefangen, was ich brauche.«

»Wow, ich bin beeindruckt«, sagte er und war es wirklich. »Dann hätte ich mir ja nicht die halbe Nacht Sorgen machen müssen.«

»Du hast dir Sorgen gemacht?«, fragte sie verwundert, und aus irgendeinem Grund ging ihm ihre Verblüffung wahnsinnig gegen den Strich.

»Natürlich habe ich mir Sorgen gemacht! Ich mache mir seit vorgestern ununterbrochen Sorgen!«

»Aber Sorgen helfen doch niemandem weiter. Ganz im Gegenteil, sie blockieren das logische Denken und töten jede Kreativität.« Sie gähnte und streckte sich. Und dann war sie wieder da, die Kraft, die aus allen Poren zu strahlen schien. »Ich hab mal irgendwo gelesen, dass Ärzte und Soldaten in akuten Krisenzuständen nicht über Probleme grübeln, sondern sich ausschließlich um die Problemlösung kümmern. Ich werde das genauso machen. Wenn der heutige Tag überstanden ist, kann und werde ich über strategische Dinge nachdenken und Ursachenforschung betreiben, aber am Wochenende habe ich das nicht getan und werde es heute erst recht nicht tun. Also sei bitte ein Schatz und verschon mich mit deinen Sorgen. Ich weiß es zu schätzen, aber es hilft mir überhaupt nicht weiter. Verstehst du das?« Isla fixierte ihn mit ihren klaren blaugrauen Augen, in denen er nichts als Entschlossenheit lesen konnte.

Auch der Subtext ihrer Aussage war klar: *Wenn du nicht aufhörst, mich zu nerven, hältst du dich am besten den restlichen Tag über von mir fern.* Er schluckte den dumpfen Schmerz, den diese unausgesprochenen Worte bei ihm auslösten, hinunter und beschloss, auch seinen Stolz zu zügeln. Es ging hier nicht um ihn. Es ging nur um Isla, und wenn sie keinen strahlenden Retter-Ritter brauchte, dann würde er sich eben mit der Rolle des stummen Bewunderers zufriedengeben. »Ich verstehe es«, sagte er und hoffte, dass er aufrichtig klang. »Aber nur noch mal fürs

Protokoll, ich stehe jederzeit auch für die niedersten Dienste zur Verfügung.« Dann küsste er sie noch einmal richtig und stand auf.

Dass ihr Hilferuf so schnell kommen würde, hätte er jedoch nicht erwartet. Um zehn Uhr klingelte sein Telefon, und eine aufgebrachte Isla stammelte ihm Unverständliches ins Ohr. Offenbar war etwas mit der Fischlieferung schiefgegangen. Auch wenn er nicht begriff, wo genau das Problem lag, machte er sich sofort auf den Weg zu ihr.

Als er bei *The Scottish Thistle* ankam, herrschte in der Küche helle Aufregung. Isla hing am Telefon und war offensichtlich in eine hitzige Diskussion mit ihrem Haus-und-Hof-Fischer Malcolm verwickelt. Tom und Grace standen mit bedröppelten Gesichtern daneben, und auch Jason, der Kräuterbauer, der gerade seine Kiste vorbeibrachte, konnte nichts anderes tun, als ratlos und fragend in die Runde zu starren.

»Was ist los?«, fragte Jon sachte, als eine bebende Isla ihr Telefonat beendet hatte.

»Wir bekommen keinen Fisch«, sagte sie tonlos.

»Aber du hast doch gestern noch mit Malcolm telefoniert und dir versichern lassen, dass alles klappt«, rief Tom fassungslos.

»Ja, und es hat ja auch alles geklappt. Malcolm hat heute Nacht alles erwischt, was wir gebraucht hätten – in Topqualität.«

»Wo ist dann das Problem?« Grace klang regelrecht atemlos vor Aufregung.

»Das Problem ist, dass Nick gestern Abend, angeblich in meinem Namen, noch einmal bei Malcolm angerufen und angekündigt hat, er würde den Fisch heute Morgen persönlich bei ihm abholen, damit es nicht am Ende noch ein Transportproblem gäbe. Und Nick war heute früh um acht da und hat die Ware in sein Auto geladen.« Isla schüttelte verwirrt den Kopf, so als könnte sie das komplette Ausmaß des Irrsinns noch immer nicht ganz begreifen. Was vermutlich auch stimmte. »Malcolm hatte keine Ahnung, dass Nick nicht mehr bei uns arbeitet, deshalb hat er sich nichts dabei gedacht.«

»Ich bring diesen widerlichen Wurm um! Höchstpersönlich und mit bloßen Händen«, hörte Jon sich selbst knurren.

»Dann musst du dich aber beeilen, wenn du ihn vor mir erwischen willst!«, rief Tom und fuchtelte mit dem Messer herum, das er in der Hand hielt.

Diese sinnlosen Gewaltandrohungen schienen wenigstens den Effekt zu haben, dass sie Isla aus ihrem Schockzustand rissen. »Niemand macht sich an Nick oder sonst jemandem die Hände schmutzig!«, fuhr sie energisch dazwischen und nahm Tom das Messer ab. »Wir brauchen jetzt auf der Stelle einen neuen Plan!«

»Aber wir haben uns doch schon auf Fisch und Meeresfrüchte eingeschossen«, jammerte Grace. »Oh Gott, wir sind komplett erledigt.«

»Wir sind erst erledigt, wenn ich sage, dass wir erledigt sind. Oder wenn wir im Wettbewerb den letzten Platz machen. Was nicht passieren wird!« Isla klang kämpferisch, aber Jon meinte, eine Spur von Panik in ihrer Stimme zu hören.

»Wie wäre es, wenn ich sämtliche Fischhändler durchtelefoniere? Ich würde mit meinem anfangen, der mich im Pub beliefert. Notfalls fahre ich sofort nach Inverness oder an die Küste«, bot er an, doch Isla winkte ab.

»Das ist wirklich lieb, aber dein Lieferant hat nicht die Qualität, die ich hier brauche. Die hat nur Malcolm – und der ist für heute ausverkauft. Nein, das Thema Fisch ist durch. Wir brauchen einen neuen Plan.«

»Wären Flusskrebse und Forellen eine Alternative?«, mischte sich Jason ein.

»Theoretisch schon«, begann Isla, und Jon sah, wie es in ihr arbeitete. »Aber Tiere aus Zuchtfarmen kommen mir nicht in die Küche, und es dürfte noch schwieriger werden, auf die Schnelle geeigneten Wildfang zu bekommen, als qualitativ hochwertige Meeresfrüchte.«

»Das würde ich so nicht sagen«, entgegnete Jason schmunzelnd. »Durch meine Ländereien fließt ja auch ein kleiner Fluss, für den mir die Fischereirechte gehören. Darin tummeln sich massenhaft Forellen, und an einer Stelle habe ich auch schon Flusskrebse gesehen.«

Isla schüttelte den Kopf. »Das mit den Krebsen ist mir zu riskant. Wir bräuchten zu viele, aber die Forellen...« Sie schloss die Augen und schien im Geiste ihre Möglichkeiten zu sondieren. »Auch das dürfte schwierig werden. Ich bräuchte mindestens zwanzig Stück. So schnell bekommt die einer allein ja gar nicht aus dem Wasser.«

»Einer allein nicht, aber wenn mehrere Leute mitmachen? Ihr kennt doch garantiert einen ganzen Haufen ambitionierter Fliegenfischer und Hobbyangler, oder?«

»Mein Dad, Onkel Rupert, Alex...«, begann sie aufzuzählen.

»Ich!«, rief Jon.

»Du?«

»Es ist schon ein paar Jahre her, aber ein Kunde hat mich mal zu einer Angelwoche eingeladen – Fliegenfischerkurs inklusive. Keine Ahnung, ob ich es noch draufhabe, aber damals habe ich mich nicht blöd angestellt. Und soweit ich weiß, ist Collum ein wahrer Meister.«

»Okay, überredet. Ich ruf schnell meinen Vater an, der soll den Rest der Sippe und alle Bekannten zusammentrommeln. Und du fragst bitte den Bürger- oder Angelmeister Collum.« Sie sah schon wieder ein bisschen hoffnungsfroher aus. »Gegen eins kommt das Kamerateam, da wäre es gut, wenn wir die Fische nicht viel später hätten.«

»Das kriegen wir hin«, behauptete Jason vergnügt. Zumindest ihm schien die ganze Sache großen Spaß zu machen. »Wollt ihr mal schauen, was ich sonst noch mitgebracht habe? Vielleicht bringt euch das auf noch ganz andere Ideen.«

»Eine Sekunde«, rief Isla und wandte sich wieder ihrem Telefon zu. Sie rief ihren Vater an und instruierte ihn in wenigen Sätzen.

Jon erreichte auch Collum sofort, der versprach, auf der Stelle sein Rathaus zu verlassen und mit doppelter Angelausrüstung zum Restaurant zu kommen, um ihn einzusammeln.

»So, was ist nun in deiner Kiste?«, wollte Isla von Jason wissen, und der lüftete den Deckel des großen Frischhaltebehälters.

Neben fein säuberlich gebündelten Sträußchen von Grünzeug, das Jon nicht im Ansatz identifizieren konnte, gab es auch eine große Schale voller dunkelroter, winziger ... »Sind das Erdbeeren?«, fragte er unnötigerweise.

»Das sind Walderdbeeren«, erklärte Isla, nahm sich eine der kleinen Früchte und steckte sie in den Mund. »Fantastisch. Die sind früh dran«, bemerkte sie.

»Es ist ja ziemlich warm gewesen in den letzten zwei Wochen«, erklärte Jason. »Und wo die herkommen, gibt's noch viel mehr. Wäre das was?«

Ein kleines Lächeln umspielte Islas Lippen, das von Sekunde zu Sekunde breiter wurde. »Ich glaube, das könnte alles ändern«, kündigte sie an. »Die Legende besagt, dass der Name Fraser von dem französischen Wort ›fraise‹, also Erdbeere, herstammt. Insofern sind Erdbeeren quasi meine Wappenfrucht. Und angesichts der aktuellen Lage bin ich sehr geneigt, das als gutes Omen zu werten. Falls es also wirklich mehr davon gibt, dann nehme ich die. So viele wie möglich. Und bitte auch mindestens ein Kilo junger Blätter. Die kann man nämlich auch wunderbar verarbeiten.« Nun strahlte sie übers ganze Gesicht.

»Wird erledigt«, versprach Jason.

»Na, wie ist die Lage?«, fragte Michael, der soeben mit zwei großen, gut gefüllten Körben angekommen war.

»Vor wenigen Minuten noch völlig verzweifelt, inzwischen deutlich optimistischer«, fasste Isla zusammen und brachte ihren Service-Chef auf den aktuellen Stand.

Der musste erst einmal tief durchschnaufen, nachdem er von der neuerlichen Hiobsbotschaft gehört hatte. »Was für ein Arsch«, befand er dann und schüttelte den Kopf. »Aber gut, dass er sein wahres Gesicht gezeigt hat.«

Dem konnte Jon zwar grundsätzlich zustimmen, fand das Timing aber trotzdem fragwürdig.

»Du hast also Forellen, Erdbeeren, Kräuter, mein junges Gemüse«, fuhr Michael fort und deutete auf seine Körbe. »Das ist schon mal ein guter Anfang. Aber reicht das? Ich weiß, dass du nicht das ursprünglich geplante Kräuterlamm machen willst, aber wie wäre es mit Wild? Da könnten wir auch den tollen Rotwein servieren, den wir neu bekommen haben.«

»Keine schlechte Idee. Hat dein Onkel …?«, fragte sie hoffnungsfroh.

»Hat er«, entgegnete Michael. »Drei Rehböcke, ganz frisch. Ich ruf ihn gleich mal an und finde raus, ob sie noch zu haben sind. Willst du die Lebern auch, falls er sie noch hat?«

»Unbedingt.« Sie seufzte, doch diesmal vor Erleichterung. »Ich glaube, das könnte wirklich was werden.«

»Dann sollten wir wohl mal los«, sagte Jason, als vom Parkplatz her ein fröhliches, mehrstimmiges Hupen zu hören war. »Das dürfte die Anglertruppe sein. Wir geben Gas und werden pünktlich liefern. Forellen und Erdbeeren!«, versprach er.

»Kommst du klar?«, wandte sich Jon noch einmal an

Isla. »Und darf Polly hierbleiben? Ich glaube, ich sollte sie nicht zum Fischen mitnehmen.«

»Wir kommen klar, und Polly darf draußen bleiben«, bestätigte Isla und linste in den Garten, wo die Neufundländerin entspannt in der Sonne döste. Inzwischen hatte Polly verinnerlicht, dass das Umgraben von Kräuter- und Blumenbeeten keine gute Idee war. »Petri Heil«, wünschte Isla noch und küsste Jon zum Abschied.

Wie vertrackt konnte ein einzelner Tag eigentlich sein? Wenige Stunden später war es gerade früher Nachmittag, und Jon hatte bereits ein Wechselbad von Gefühlen hinter sich, das normalerweise für ein ganzes Lebensjahrzehnt gereicht hätte. Der Angelausflug war erfolgreich gewesen. Die insgesamt sieben Angler hatten innerhalb von zwei Stunden fünfundzwanzig wunderschöne Forellen gefangen. Währenddessen hatten Jason und seine Praktikanten, die normalerweise in seiner IT-Firma Programme codierten, so viele Erdbeeren und Erdbeerblätter gesammelt, dass eine halbe Armee davon satt werden könnte. Zumindest waren Jason und Jon wahnsinnig zufrieden gewesen, als sie gegen halb zwei mit ihrer üppigen Beute zu Islas Restaurant zurückkamen.

Das Kamerateam war bereits da, doch die Geschäftigkeit, die in der Küche herrschte, erweckte nicht den Eindruck konzentrierter Vorbereitung auf den großen Abend. Genau genommen herrschte helle Aufregung, denn die nächste Katastrophe hatte sich ereignet: Tom hatte sich beim Zerlegen der Rehe so unglücklich in die Hand geschnitten, dass die klaffende Wunde in seiner linken Handinnenfläche von Anna genäht werden musste. Keine Chance auf einen weiteren Einsatz.

An Islas Stelle hätte Jon spätestens jetzt einen Nervenzusammenbruch bekommen – vor laufender Kamera und allem –, doch seine Löwenkönigin war wie im Tunnel. Sie fand tröstende Worte für Tom und beruhigte auch Grace, die verzweifelte O-Töne ins Mikrofon des TV-Teams schluchzte. Dann fiel Islas Blick auf ihn, und in ihren Augen schimmerte wieder nichts als unerschrockene Entschlossenheit. »Hast du heute noch was vor?«, wollte sie wissen.

»Ähm ... nein?«

»Dann bist du ab sofort unser Assistent. In der Mitarbeiterumkleide müsste noch mindestens eine saubere Kochuniform von Tom hängen. Zieh dich um, wasch dir die Pfoten und halte dich bereit für den Küchenritt deines Lebens!« Sie schenkte ihm ein kleines Lächeln und scheuchte ihn dann mit einer Geste nach nebenan.

Jons Gedanken rasten. Alles, was er sich gewünscht hatte, würde sich nun erfüllen: Er durfte ernsthaft in der Küche eines Sternerestaurants mitarbeiten – und er konnte doch der Retter-Ritter seiner Holden sein! Jetzt musste er nur genauso cool bleiben wie sie. Als er in die karierte Hose und die schwarze Kochjacke von Tom geschlüpft war, die glücklicherweise einigermaßen passten, und sich ein schwarz-weiß kariertes Baumwolltuch im Piratenstil um den Kopf gebunden hatte, fühlte er sich bereit für die kommende Herausforderung.

Es war halb eins in der Nacht, als er den nächsten klaren Gedanken fassen konnte. Bis dahin hatte er einfach nur funktioniert. Isla hatte es geschafft, ihn und die nervöse Grace so in ihren eigenen Tunnel zu ziehen, dass sie präzise alles erledigten, was anlag. Wie Isla das hinbekommen hatte, war ihm ein Rätsel, auch wie sie den Überblick bewahrt und alles gleichzeitig unter Kontrolle gehabt hatte. Aber irgendwann war es vorbei gewesen. Vor einer Stunde hatte das Kamerateam seine Sachen gepackt und war gefahren, die drei Kritiker und die Gast-Statisten waren schon länger weg, und vor wenigen Minuten waren auch Michael und Grace gegangen, mit denen sie vorher noch eine Flasche Wein und eine Runde Whisky getrunken hatten.

»Weißt du, was das Allerirrste an der Sache ist?«, fragte er Isla, die ziemlich erschöpft, aber mit einem zufriedenen Lächeln in ihrem Stuhl hing.

»Keine Ahnung. Ich fand den ganzen Tag ziemlich irre.«

»Ich habe den gesamten Nachmittag und Abend über mit Zutaten hantiert, geschnippelt, gerührt, püriert, aber wenn mich jetzt jemand fragen würde, was es zu essen gab, könnte ich es nicht sagen.« Es war wirklich so, er hatte sich immer auf die gerade vor ihm liegende Aufgabe konzentriert und dabei völlig den Blick fürs Ganze verloren. Aber vermutlich war das auch besser so.

»Dafür hast du zwischendurch aber ziemlich launige Interviews gegeben«, entgegnete sie mit einem amüsierten Lächeln.

»Hab ich? Ich kann mich an nichts erinnern.« Er schüttelte den Kopf. »Aber ich glaube, es war ein voller Erfolg, oder? Zumindest angesichts der chaotischen Umstände.«

»Es war auch absolut gesehen ein Erfolg. Ich würde sogar behaupten, dass unser Not-Menü besser war als das geplante.« Sie lehnte sich zurück und massierte mit leicht schmerzverzerrtem Gesicht ihren Nacken. »Wenn das die Tester nicht überzeugt hat, haben wir uns wenigstens nichts vorzuwerfen.« Sie gähnte.

»Soll ich dir vielleicht den Nacken kraulen?«, bot er an. »Oder magst du Schokolade?« Er zog einen Karamell-Riegel aus seiner Brusttasche und hielt ihn ihr verführerisch vor die Nase.

»Oder? Ich sehe hier kein Oder!« Sie schnappte sich den Riegel und verputzte ihn voller Gier und mit verzückt geschlossenen Augen. Dann stand sie auf und reichte Jon die Hand. »Komm mit, jetzt ist der Nacken dran.«

BIS IN DIE KNOCHEN

DAS WARME GEFÜHL DES TRIUMPHS hatte leider ziemlich schnell nachgelassen. Isla fühlte sich bis in die Knochen erschöpft und verdammt demoralisiert. Ersteres war verständlich, aber für Letzteres hatte sie keine wirkliche Erklärung.

Sie schnappte sich ein Schälchen mit den restlichen Walderdbeeren, pfiff nach Polly, die durch den Garten wuselte, und machte sich in Richtung Harriswood House auf den Weg. Sie musste jetzt einfach mit jemandem sprechen. Jon war vor einer halben Stunde zum Pub gerannt, um sich um seine Übernachtungsgäste zu kümmern, hatte ihr Hilfsangebot jedoch vehement abgelehnt. »Schlaf noch eine Runde, und erhol dich ein bisschen«, hatte er zum Abschied gesagt. Doch an Schlaf war nicht mehr zu denken gewesen.

Stattdessen sickerten langsam all die erschreckenden Ereignisse der letzten Tage in ihr Bewusstsein und lösten ein beängstigendes Gedankenkarussell aus. Damit hatte sie zwar gerechnet, doch nun sehnte sie sich nach dem mentalen Tunnel zurück, in dem sie während der letzten Stunden gestern einfach nur funktioniert hatte. Denken und Fühlen waren viel anstrengender und überwältigender als Handeln.

»Da kommt ja die Heldin der Stunde!«, rief Tante Alice, als Isla die große, heimelige Küche betrat. »Aber was machst du um diese Zeit schon hier? Solltest du dich nicht ein bisschen von dem ganzen Stress erholen?«

Isla drückte ihrer Tante wortlos die Schale mit den Erdbeeren in die Hand, goss sich eine Tasse Tee ein und setzte sich an den Tisch, um den schon Alex, Colleen, Aidan und ihr Dad versammelt waren, die sie erwartungsvoll anstarrten. Vielleicht war es doch keine so gute Idee gewesen, ausgerechnet die Gesellschaft ihrer Familie zu suchen? Polly dagegen war begeistert und positionierte sich in strategisch günstiger Lage zwischen dem Herd und dem Durchgang zum Frühstücksraum des Bed & Breakfast.

»Ich ...«, begann Isla mit einem dürftigen Erklärungsansatz, brach dann aber gleich wieder ab.

»Iss erst mal, das hilft!« Alice servierte ihr einen großen Teller mit Rührei und Speck sowie ein Schälchen Porridge, über den sie einige der Walderdbeeren gestreut hatte.

»Danke«, murmelte Isla und probierte einen Happen Ei. Sie aß langsam und schweigend, merkte aber, wie sie sich Bissen für Bissen mehr entspannte. Ihre Familie bohrte nicht weiter, sondern unterhielt sich über all die Dinge, die an diesem Tag anstanden. Herrlich normale Sachen. Aidan stand kurz vor den Sommerferien, Colleen hatte heute eine Gemeinderatssitzung vor sich, und Alex wollte in einer Stunde mit zwei Stammgästen ausreiten. Nach der zweiten Tasse Tee und mit gut gefülltem Magen fühlte sich Isla gestärkt genug, um auch etwas zu sagen: »Ich bin völlig am Arsch!«

»Kein Wunder, nach dem Horrortrip der letzten Tage«, erwiderte Colleen mitfühlend und legte ihre Hand auf Islas. »Aber du hast das fantastisch gemeistert. Dein gestriges Menü war eine absolute Sensation. Ich habe nie etwas Besseres gegessen.«

Alex, Colleen, Tante Alice und Islas Vater waren gestern als Dummy-Gäste im Restaurant gewesen – genau wie Anna und Collum –, aber Isla hatte am Abend keine Gelegenheit gehabt, wirklich mit ihnen zu sprechen. Das Fernsehteam hatte lediglich gefilmt, wie sie vor dem Dessert ihre übliche Runde durchs Restaurant gemacht hatte. Nur mit dem Unterschied, dass überhaupt nichts normal gewesen war an diesem Abend.

»Du hast dich selbst übertroffen«, stimmte nun auch Alice ein, die am Herd mit zwei Pfannen hantierte. »Ich hoffe, du hast dir ein paar Notizen gemacht? Wäre schade, wenn du die Gerichte nicht mehr nachkochen könntest.«

»Keine Sorge, das habe ich.« Isla lächelte matt und deutete auf ihr Handy. »Ich habe jeden Schritt fotografiert und zwischendurch die Mengenangaben diktiert. Ich werde nachher alles aufschreiben. Aber ein richtiges Saisonmenü kann ich daraus nicht machen. So viele wilde Erdbeeren, Forellen und Rehe gibt es bei uns nicht, dass ich es täglich anbieten könnte.«

»Musst du ja nicht. Aber einmal pro Woche wäre doch auch eine Möglichkeit«, schlug Alice vor. »Dann könnten die Fraser-Männer immer samstags mit dem Bürgermeister angeln gehen.« Sie kicherte und erntete ein Schnauben von Marlin.

»Wie war es denn eigentlich?«, wollte Isla von ihrem Vater wissen.

»Das Fliegenfischen oder der Bürgermeister?«, fragte er brummend.

»Beides. Ich weiß nur, dass ihr im Rekordtempo mit der Beute zurück wart, aber sonst habe ich noch nichts von eurem Angelausflug gehört.«

»Hat Jon nichts erzählt?«

»Jon hat gestern – wie wir alle – ums schiere Überleben gekämpft. Da war keine Zeit für Anglerlatein und Fischer-Anekdoten.«

»Er hat sich jedenfalls erstaunlich geschickt angestellt«, befand Marlin. »Für einen Anfänger.«

»Ich glaube, Jon stellt sich in allen Dingen ziemlich geschickt an«, mischte sich Alice wieder ein und reichte Hailey über die bettelnde Polly hinweg zwei Platten mit Rührei und Speck für die Frühstücksgäste des Bed & Breakfast.

»Nur seine Familie hat er nicht im Griff«, knurrte Marlin. »Wie konnte er zulassen, dass seine Schwester dir derart in die Parade fährt?«

»Carla macht nur ihren Job – und es ist ein blöder Zufall, dass Rodney ihr Kunde ist«, murmelte Isla halbherzig. »Jon hat damit jedenfalls nichts zu tun. Ich mische mich ja auch nicht in die Arbeit meiner Geschwister ein.«

»Deine Geschwister würden aber auch nichts tun, was Jon in Schwierigkeiten bringt«, beharrte Marlin.

Da war viel Wahres dran, musste Isla zugeben, aber bei Jon und seiner Familie lag die Sache ganz anders. »Rodney ist schon lange Kunde von Grant & Grant. Da war noch nicht mal abzusehen, dass ich einmal eine Rolle in Jons Leben spielen würde.« Sie seufzte, denn sie wusste, wie sehr Jon unter der Situation litt. Sie hatten nicht groß darüber gesprochen – schon gar nicht während der irren letzten Tage –, doch es war offensichtlich, wie sehr dieser Konflikt an ihm nagte. Er hatte sich klar und eindeutig positioniert, aber niemand sollte gezwungen sein, sich zwischen seinem Partner und seiner Herkunftsfamilie zu entscheiden. Es schüttelte sie, wenn sie allein daran dachte.

»Na und?«, tat Marlin ihr Argument prompt ab. »Dann hätte diese Carla ihrem Kunden eben den Laufpass geben müssen, als feststand, dass es einen Interessenkonflikt gibt. Familie ist immer wichtiger als der Job.«

Alice gab bei diesen Worten einen unterdrückten Laut von sich, den Isla nicht so recht einordnen konnte. Marlin offenbar schon, denn er warf seiner Schwägerin einen warnenden Blick zu.

Isla schüttelte müde den Kopf. »Wir werden sehen, wie es weitergeht. Dass Nick die Fronten gewechselt hat, kann ich wohl kaum Carla ankreiden, denn das ist schon viel früher losgegangen.«

»Das sehe ich anders«, sagte nun Alex. »Wenn Rodney schon lange Carlas Kunde ist, wird sie doch auch eine langfristige Strategie entwickelt haben. Und wenn Rodneys Ziel ist, dir zu schaden, dann hat seine PR-Frau ihm womöglich auch dabei geholfen und Nick schon vor Monaten als Spitzel angeworben.«

»In Agentenfilmen läuft das auch immer so«, behauptete Aidan mit glänzenden Augen. Er verfolgte die Diskussion mit wachsender Begeisterung.

»Musst du nicht in die Schule?«, grätschte Colleen dazwischen und deutete demonstrativ auf die große Wanduhr. »Dein Bus fährt in zehn Minuten.«

»Immer wenn es spannend wird«, beklagte sich der Junge, zog dann aber ab.

»Kann sein«, griff Isla Alex' Einwand auf. »Vielleicht werden wir es nie erfahren.« Sie zuckte mit den Schultern, doch der Gedanke nagte an ihr. Die Tatsache, dass ihr langjähriger Mitarbeiter sie betrogen hatte, traf sie erst jetzt mit voller Wucht. Während der letzten Tage hatte sie das genauso ausgeblendet wie alle anderen Katastrophen. Sie wusste nicht, was sie schlimmer fände – dass Nick aus eigenem Antrieb gehandelt hatte oder wegen Carla. Aber eigentlich spielte es auch keine Rolle, denn sie war ein für alle Mal fertig mit ihm.

»Und was willst du jetzt machen?«, stellte Colleen die alles entscheidende Frage.

»Keine Ahnung. Zunächst muss ich irgendwie eine Überbrückungslösung schaffen, damit ich die nächsten Wochen ohne Tom überstehe. Ich hoffe wirklich, dass seine Verletzung nicht zu schlimm ist. Was Rodney betrifft, muss ich abwarten. Er hat versucht, mich zu sabotieren – was zwar fast, aber letztlich nicht geklappt hat. Keine Ahnung, was für Asse er noch im Ärmel hat.«

»Kann er dir im Wettbewerb noch gefährlich werden?« Marlin kratzte sich am Kinn und wirkte zu allem entschlossen.

»Würdest du nach Fort Augustus fahren, um deinerseits einen Sabotage-Akt durchzuführen?«, fragte Isla amüsiert.

»Ich würde alles tun, um meine Kinder zu schützen!«

»Ich denke nicht, dass er die Tester beeindrucken kann. Jedenfalls nicht, wenn es normal läuft.«

»Auch wenn Nick in der Küche steht?« Colleen sah sie besorgt an.

»Nick ist wirklich gut, aber ich bin besser«, sagte Isla schlicht und ohne Überheblichkeit. Es war schließlich die Wahrheit. »Außerdem haben Rodney und Nick noch nie zusammen gekocht. Zumindest nicht im Ernstfall. Nick ist zwar ein guter Teamplayer, aber mit Rodney...« Sie schüttelte den Kopf. Es war unsinnig, sich darüber Gedanken zu machen. Außerdem hatte sie eindeutig dringendere Probleme.

»Alice, wie sehen deine Pläne für die nächsten Tage aus?«, fragte sie ihre Tante.

»Ich kann jederzeit einspringen.«

»Das würde mir wirklich sehr helfen«, erwiderte Isla dankbar und wandte sich dann an Colleen. »Aber das kann keine Dauerlösung sein. Colleen, kannst du dich mal umhören, ob es hier in der Gegend noch ungenutzte Kochtalente gibt – so wie Helen? Mir kommt gerade eine Idee, wie ich langfristig mehrere Fliegen mit einer Klappe schlagen kann.« Isla merkte, wie ihre Lebensgeister zurückkehrten. »Aber das muss ich erst mit Jon besprechen.«

»Mach das. Ich hör mich aber auf jeden Fall schon mal um«, versprach Colleen und tippte eine Notiz in ihr Handy. »Wann erfährst du eigentlich, wer die Schottland-Auswahl gewonnen hat?«

»Ende nächster Woche. Heute ist Rodneys Abend, morgen drehen sie im *Oyster Club*, und nächste Woche sind die drei Restaurants in Irland und Nordirland dran. Kurz danach erfahren wir alle, wie die Jury entschieden hat.«

»Egal, wie es ausgeht, du kannst dir jedenfalls nicht vorwerfen, nicht alles gegeben zu haben. Für mich bist du jetzt schon die Siegerin«, sagte Marlin stolz.

»Danke, Dad.« Isla drückte gerührt die Hand ihres Vaters. Dabei hatte er nur ausgesprochen, was sie selbst fühlte, und irgendwie ließ sie dieser Gedanke wieder deutlich entspannter werden.

• • •

»Ich fass es nicht, dass du tatsächlich den Nerv hast, mich heute anzurufen«, brüllte Jon seine Schwester durchs Telefon an. Es kam wirklich selten vor, dass er die Fassung verlor, aber heute war es so weit.

Carla hatte sich gemeldet, um sich ganz unschuldig nach Islas Abend gestern zu erkundigen. Als ob er auch nur mit einer Silbe verraten würde, wie der gelaufen war!

»Steckst du hinter Nicks Betrug?«, fragte er sie stattdessen rundheraus. Dieser Gedanke quälte ihn schon seit Tagen. Es fiel ihm verdammt schwer zu glauben, dass es nur verschmähte Liebe war, die Nick zu diesem kolossalen Verrat inspiriert hatte.

»Sagen wir's so, es war nicht viel Überzeugungsarbeit nötig«, entgegnete Carla fröhlich und offenbar kein bisschen beeindruckt von seiner Wut. »Ihr Männer seid ja lächerlich leicht zu manipulieren.«

Jon hatte das Gefühl, dass ihm gleich eine Ader platzen würde. »Wann genau bist du zur intriganten Hexe geworden?«

Sie lachte glockenhell. »Intrigante Hexe – das gefällt mir. Ich würde es aber eher ›Vollprofi‹ nennen. Ich tu eben alles für meine Kunden. Du solltest das nicht persönlich nehmen. Auch deine kleine Köchin nicht. Das ist einfach mein Job. Und ich werde dafür sorgen, dass Rodney diesen Wettbewerb gewinnt.«

»Und wie willst du das machen? Willst du dich selbst in die Küche stellen?«

»Sei nicht albern, Jon-Boy! Rodney und Nick zusammen werden das schon rocken. Ich hab übrigens gehört, dass deine Isla gestern Schwierigkeiten mit der Fischlieferung hatte«, bemerkte sie mit gekünsteltem Mitgefühl in der Stimme. »So etwas kann einem leicht das Genick brechen.«

»Wenn du das sagst…« Er atmete tief durch und versuchte, sich zu beruhigen. Carla wollte ihn provozieren, um Informationen zum gestrigen Abend zu bekommen, doch diesen Gefallen würde er ihr nicht tun. »Viel Erfolg bei deiner schäbigen Mission. Tu mir einen Gefallen, und belästige mich in Zukunft nicht mehr mit deinem Gift.«

»Du bist ganz schön dünnhäutig, Bruderherz. Das Landleben scheint dir nicht gutzutun.«

»Ganz im Gegenteil, das Landleben hat mir die Augen für die wichtigen Dinge geöffnet. Du gehörst nicht mehr dazu.« Mit diesen harschen Worten beendete er das Gespräch. Er fühlte sich wund, verletzt und verraten. Von der eigenen Schwester verraten! Gleichzeitig sah er so klar wie lange nicht. Wie möglicherweise noch nie zuvor in seinem Leben.

Er zuckte zusammen, als ihn etwas Feuchtkaltes an der Hand anstupste. Erschrocken öffnete er die Augen und entdeckte Polly, die freudig wedelnd vor ihm im Garten stand. An der Tür zur Küche lehnte Isla.

»Alles klar?«, fragte sie.

»Wenn man davon absieht, dass ich gerade mit meiner Schwester und damit mutmaßlich mit meiner ganzen Familie gebrochen habe, ja.«

Isla schüttelte den Kopf und kam dann zu ihm. »Lass nicht zu, dass Rodney die Beziehung zu deiner Familie ruiniert!«, beschwor sie ihn. »Ich habe dir gesagt, was für ein manipulatives Monster er ist. Du weißt nicht, wie er Carla instrumentalisiert.«

»Die Idee, Nick zu nutzen, stammt von Carla. Da frage ich mich, wer wen instrumentalisiert«, knurrte Jon. Wie konnte Isla auch noch Partei für seine Schwester ergreifen?

»Selbst wenn, dann haben sich zwei gesucht und gefunden«, beharrte sie. »Das ist mir aber im Moment so was von gleichgültig.«

Jon glaubte, seinen Ohren nicht zu trauen. Drehten

jetzt wirklich alle durch? »Gleichgültig?«, keuchte er. »Nach allem, was wir gestern mitgemacht haben, ist es dir gleichgültig?«

»Ja. Denn mir ist klar geworden, dass mich Rodney nicht mehr treffen kann. Nicht, solange ich um mich herum Menschen habe, die immer für mich da sind, die mir vertrauen und auf die ich mich verlassen kann. Egal, was bei dem Kochwettbewerb rauskommt – ich weiß, ich hätte es nicht besser machen können. Diese Erkenntnis kann mir niemand nehmen.«

»Du bist verrückt. Du bist genauso verrückt wie meine Schwester.« Jon bebte und wusste nicht, wohin mit seiner aufgestauten Energie, einer Mischung aus Wut und Verständnislosigkeit. Doch Isla hielt ihn mit ihrem ruhigen Blick gefangen.

»Vielleicht bin ich verrückt«, gab sie zu. »Verrückt nach dir. Aber ich bin auch zum ersten Mal total zufrieden. Dieser ätzende Konkurrenzkampf ist vorbei. Das drängende Bedürfnis in mir, immer die Beste zu sein. Ich weiß, dass ich gestern die Beste war. Die beste Version von mir, die mir bis dahin möglich war. Weißt du, wie befreiend das ist?« Sie lächelte, und er entspannte sich minimal. »Was immer jetzt noch mit dem Wettbewerb passiert, juckt mich nicht mehr. Ich habe es ja nicht mehr in der Hand. Was ich dagegen in der Hand habe, ist mein eigenes Leben. *Unser* Leben. Und da habe ich eine Idee, wie wir es zukünftig ein bisschen entspannter und gleichzeitig aufregender gestalten könnten.«

Entspannter war das gemeinsame Leben auch zehn Tage später noch nicht, befand Jon. Egal, wie cool und unbeeindruckt Isla tat, was den Kochwettbewerb betraf, er selbst hielt die Spannung kaum noch aus. Das galt auch für das ganze restliche Dorf. Vorgestern hatte Isla durch einen Anruf von der Produktionsfirma erfahren, dass heute ein Kamerateam vorbeikommen würde, um ihre Reaktion zu filmen, wenn die dreiköpfige Jury ihr das Ergebnis verkündete. Jon sah zum wiederholten Mal an diesem Tag auf die Uhr. Der Trupp müsste jeden Moment auftauchen.

»Jetzt reißt euch doch alle mal zusammen«, rief Isla. »Was auch immer gleich passiert, wir haben heute Abend wieder volles Haus, und unsere Gäste erwarten ein perfektes Menü!«

Die Vorbereitungen für den Abend liefen einigermaßen chaotisch ab, auch weil die kleine Küche massiv überfüllt war. Alice Fraser, die für den immer noch verletzten Tom aushalf, war da, Grace natürlich, der Unglückswurm mit der bandagierten Hand ebenfalls und Jon selbst. Im Restaurant tigerte Michael nervös auf und ab und hielt einige weitere Frasers davon ab, ständig in die Küche zu laufen. Nur Isla schien die Ruhe selbst zu sein.

Plötzlich bellte Polly laut, die bislang unbeeindruckt von allem draußen in der Sonne gelegen hatte. Kurz darauf huschte Olivia, die Produzentin der Show, in den Garten – mit einem breiten Lächeln im Gesicht. Pokerface war offensichtlich nicht so ihr Ding. »Na, seid ihr aufgeregt?«, fragte sie durch die offene Tür.

»Meine Crew mehr als ich«, behauptete Isla grinsend.

»Das ist die richtige Einstellung«, entgegnete Olivia und fing dann an, in knappen Worten den Ablauf zu erklären. Isla und die Mannschaft vom Wettbewerbs-Abend – also Grace und Jon – sollten sich im Gastraum vor die Bar stellen und auf die Ankunft der Jury warten. Die drei Gastrokritiker würden dann jeweils kurz ihre Einschätzung zum Menü und zum Ablauf des Abends abgeben und anschließend das Ergebnis verkünden. Alles ganz natürlich und kaum inszeniert. Olivia schien das sogar selbst zu glauben, dachte Jon irritiert.

Er hatte Mühe, sich ein Augenrollen zu verkneifen, nahm aber brav seine Position neben Isla ein und versuchte, die hibbelige Grace zu beruhigen. Tatsächlich ging dann alles ziemlich fix. Das Kamerateam stellte sich auf, die drei Jurymitglieder kamen herein und beteten nacheinander ihre einstudierten Sprüchlein herunter. An die Details konnte sich Jon Minuten später kaum noch erinnern. Er nahm nur die uneingeschränkte Begeisterung der drei wahr. Und Isla, die derart zu strahlen begann, als sie das vorbehaltlose Lob hörte, dass die grelle Kamerabeleuchtung dagegen fast verblasste.

Sie hatten gewonnen! Nein, Isla hatte gewonnen – und egal, was sie während der letzten anderthalb Wochen gesagt haben mochte, nun freute sie sich genauso wie alle anderen. Michael köpfte die Flasche Champagner, die er voll heimlichem Optimismus bereitgehalten hatte, und sie stießen alle auf den gemeinschaftlichen Triumph an.

»Bist du glücklich?«, fragte Jon Isla, als die Fernseh-Crew abgezogen war, um nach Fort Augustus zu fahren und dort Rodney mit seinem Abschneiden zu konfrontieren.

»Sehr«, gab sie zu.

»Jetzt wirst du auch die ganze Show gewinnen und zur besten Köchin von Großbritannien und Irland gekürt werden!«, rief Tom kämpferisch. »Und nichts für ungut, Jon, aber dann werde ich wieder neben ihr in der Küche stehen.«

»Das hoffe ich sehr«, sagte Isla. »Aber jetzt verschwinden bitte alle, die für den heutigen Abend nicht gebraucht werden, damit der Rest von uns seinen Job machen kann. Wir haben nämlich Gäste, die vom besten Restaurant Schottlands einiges erwarten dürfen.« Damit scheuchte sie Jon, Tom und ihre Familie hinaus.

»Mach heute Feierabend, so schnell es geht«, bat Jon sie beim Abschiedskuss. »Im Pub feiern wir so lange, bist du zu uns kommst und mindestens eine Lokalrunde ausgibst.«

DIE AUSTERN SIND PERFEKT

»Wohin fahren wir?«, wollte Isla zum wiederholten Mal wissen. Jon hatte den ganzen Morgen recht geheimnisvoll getan und lediglich angedeutet, dass es kein Outdoor-Ausflug werden würde und dass angesichts des sommerlichen Juli-Wetters ihr taubenblaues Kleid das perfekte Outfit sei. Nun saßen sie schon seit fast zwei Stunden im Auto und fuhren Richtung Süden. Polly war nicht mit von der Partie, sondern verbrachte den Montag bei Marlin und seinen Schafen.

»Lass dich überraschen«, antwortete Jon – ebenfalls zum wiederholten Mal, doch sein verschmitztes Lächeln wurde immer breiter. Isla war sich sicher, dass er etwas vorhatte.

»Sag bitte, dass wir nicht nach Edinburgh und zu deiner Familie fahren!« Danach stand ihr nämlich so gar nicht der Sinn.

»Weder noch.« Mehr als das und ein geheimnisvolles Lächeln bot Jon an Information nicht, und so beschloss Isla, nicht weiter nachzubohren. Stattdessen sinnierte sie über die letzten Tage. Seit anderthalb Wochen wusste sie, dass sie den Schottland-Wettbewerb souverän gewonnen hatte – und sie musste zugeben, dass es sich besser anfühlte als gedacht. Der alles verzehrende Ehrgeiz war zwar verschwunden, aber trotzdem war sie heiß darauf, sich im September mit den beiden Gewinner-Restaurants aus England und Irland zu messen. Sie kannte und schätzte die Küchenchefs der beiden Läden und freute sich auf einen spannenden Wettbewerb.

Sie musste grinsen, als sie an den Anruf von Jons Mutter vor ein paar Tagen dachte. Anula hatte ihr freundlich gratuliert und sich indirekt für das Verhalten ihrer Tochter entschuldigt. Isla nahm an, dass das nicht ihre Idee gewesen war, sondern dass Jon sie dazu genötigt hatte. Carla dagegen hielt sich zurück, vermutlich war sie damit beschäftigt, ihre Wunden zu lecken. Nach allem, was Olivia angedeutet hatte, war der Abend bei Rodney wohl ein ziemliches Desaster gewesen. Sie hatte etwas von einem Streit zwischen Rodney und Nick vor laufender Kamera geraunt und verraten, dass das Menü zwar optisch der Knaller gewesen sein musste – wenn man auf vergoldete Lammkoteletts stand –, aber geschmacklich mehr als unterdurchschnittlich. Isla war schon wahnsinnig gespannt auf die TV-Show. Sicher würden Olivia und ihr Team alles besonders dramatisch darstellen.

Außerdem hatte Rodney Carla rausgeworfen. Sie hatte ihm einen Sieg versprochen und nicht geliefert – so simpel war seine Welt. Und das war auch viel einfacher, als sich selbst das eigene Versagen einzugestehen. So gesehen hatte er sich tatsächlich kein bisschen weiterentwickelt. Isla hatte fast Mitleid mit Carla. Auch wenn Jon das nicht glauben wollte, wusste sie, zu welchen Dingen Rodney fähig war. Für ihn war Carla ein teuer bezahltes Werkzeug gewesen – nicht mehr und nicht weniger. Das musste am Selbstverständnis der erfolgreichen Werberin nagen. Isla wusste nicht, ob sie und Carla jemals ein gutes oder wenigstens neutrales Verhältnis zueinander haben würden, aber sie hoffte, dass Jon seiner Schwester irgendwann verzeihen konnte.

»Bist du sicher, dass du mir nicht langsam mal verraten magst, wohin die Reise geht?«, versuchte sie erneut ihr Glück, doch Jon schüttelte nur lächelnd den Kopf und tätschelte ihr das nackte Knie.

Na schön, dann eben nicht. Sie sank noch ein wenig tiefer in den butterweichen Ledersitz seines lächerlichen Riesenautos. Über den schwarzen Pick-up lachte ganz Kirkby nach wie vor, aber Jon hatten alle Dorfbewohner ins Herz geschlossen. Es war fast so, als wäre er schon immer einer von ihnen gewesen, und auch Isla konnte sich kaum noch an ein Leben ohne ihn erinnern. Dabei kannten sie sich doch erst seit vier Monaten und waren erst seit dreien ein Paar. *The Wise Pelican* lief grandios und war bei Einheimischen wie Touristen gleichermaßen beliebt, so sehr, dass Jon schon darüber nachdachte, eine alte Scheune so umzubauen, dass er zehn weitere Hotelzimmer anbieten konnte. Collum war Feuer und Flamme, und vermutlich würde das ein Projekt fürs nächste Jahr werden. Immerhin hatte Jon auf ihr Drängen hin vor einer Woche eine komplette Frühschicht etabliert – mit Personal für Küche und Service –, sodass die gemeinsamen Morgen nun deutlich entspannter waren.

Seit ein paar Tagen war glücklicherweise auch Tom wieder einsatzfähig, sodass ihre Küchencrew komplett war. Isla freute sich auch über die zahlreichen Bewerbungen, die sie, dank Colleens Bemühungen, bekam. Eine neue Praktikantin würde bereits übermorgen anfangen und zwei Jungköche demnächst zum Probearbeiten vorbeikommen. Sie hatte sich mit Jon, Helen und ihren Leuten überlegt, dass sie ein gemeinsames Küchenteam für den Pub und das Restaurant bilden würden. Eine Art rotierendes System, von dem alle profitierten. Isla würde für *The Wise Pelican* Gerichte entwickeln, die sie mit ihrem strengen Konzept im Restaurant nicht anbieten konnte. Ihre Mitarbeiter konnten sich im Pub ebenfalls ausprobieren, und gemeinsam würde man auch größere Catering-Aufträge übernehmen können. Eine Win-win-Situation für alle Beteiligten.

Nun setzte Jon plötzlich den Blinker und verließ die Autobahn Richtung Perth – und Isla wusste auf einmal ganz genau, was er vorhatte. »Wir gehen in den *Oyster Club*?«, rief sie.

»Genau«, entgegnete er grinsend. »Dein letzter Besuch dort war ja nicht so erfolgreich. Und keine Sorge, falls es diesmal wieder blöd wird, habe ich reichlich Schokoriegel dabei.«

»Oh Mann, das war ein Tag...« Sie dachte an den verregneten Montag Anfang März zurück, als sie extra den weiten Weg nach Perth auf sich genommen hatte, um Dave Huttons neues Restaurant zu testen, und dann, ohne auch nur die Vorspeise probiert zu haben, unverrichteter

Dinge wieder abgerauscht war, weil sie Rodney Swinton erspäht hatte.

»Das war der Tag, an dem wir uns kennengelernt haben. An der Tankstelle in Inverness.«

»Du wolltest mir den letzten Karamell-Riegel klauen.«

»Ich habe ihn dir überlassen!«

»Ich weiß.« Sie sah ihn lächelnd an. »Das war eine heroische Tat. Die erste von vielen, mein edler Retter-Ritter.« Diesen Spitznamen nutzte sie seit drei Wochen bei jeder passenden Gelegenheit – seit er zugegeben hatte, wie stolz er auf seinen ritterlichen Rettungseinsatz im Restaurant war.

»Spotte nur, ich werde jedenfalls auch in Zukunft jede Gelegenheit nutzen, dir meine Ritterlichkeit zu beweisen.«

»Ich spotte nicht, ich meine das vollkommen ernst und bin froh und dankbar, dich an meiner Seite zu haben. Hast du bei Dave einen Tisch reserviert?«

»Natürlich, meine Königin. Er freut sich schon sehr auf unseren Besuch.«

»Er ist ein toller Kollege und wird mit seinem Laden bestimmt noch für Furore sorgen«, erklärte Isla. Es hatte sie sehr glücklich gemacht, dass Dave einer der ersten Gratulanten gewesen war und sie zum Essen in sein Restaurant eingeladen hatte. »Ich bin wirklich wahnsinnig gespannt auf sein Menü.«

»Ich auch«, entgegnete Jon und steuerte seinen Wagen auf den Parkplatz. Er sprang aus dem Auto und war Sekunden später an der Beifahrerseite, um Isla beim Aussteigen zu helfen. Das war zwar vollkommen unnötig, aber sie liebte diese kleinen Aufmerksamkeiten – wie sie überhaupt alles an Jon liebte. Er trug heute eine Jeans und ein weißes Hemd mit aufgekrempelten Ärmeln und sah in diesem schlichten Outfit wieder aus wie ein Model – oder wie ein ritterlicher Traumprinz. Nun hielt er ihr einen Arm entgegen. »Darf ich bitten, meine Königin?«

Kichernd hakte sie sich ein, und Arm in Arm betraten sie das stylishe Restaurant, das heute noch viel einladender wirkte als vor vier Monaten. Das mochte an der strahlenden Sonne liegen, die den großzügigen Raum erhellte, oder an ihrer Begleitung. Sie schätzte mal, es war Letzteres. Mit Jon an ihrer Seite war einfach alles schöner.

»Welch ein Glanz in meiner bescheidenen Hütte«, rief Dave, der aus seiner Küche gestürzt kam, Isla herzlich umarmte und Jon dann freundschaftlich die Hand schüttelte. »Ich freu mich, dass ihr hier seid. Wir kommen vielleicht nicht an dein Niveau ran, aber wir geben uns Mühe.« Er lächelte und führte die neuen Gäste höchstpersönlich zu einem besonders aufwendig eingedeckten Tisch.

»Stell dein Licht nicht unter den Scheffel, ich weiß genau, was du draufhast«, widersprach Isla, die vor Jahren einige Monate mit Dave zusammengearbeitet hatte. »Man munkelt, dass deine Austern-Orgien im Herbst mit einem Stern geadelt werden.«

»Und man munkelt ebenfalls, dass deine schottische Distel einen zweiten bekommen soll«, versetzte er augenzwinkernd. »Aber abgesehen von irgendwelchen Auszeichnungen geben wir beide immer alles – und deshalb freue ich mich sehr, euch heute mein Menü zu präsentieren. Ihr seid natürlich meine Gäste.« Er gab einer Mitarbeiterin ein Zeichen, die einen Augenblick später mit einer Flasche Champagner am Tisch stand, sie entkorkte und zwei Gläser füllte. »Zum Wohl, und genießt euer Essen«, wünschte er noch und verschwand dann rasch wieder in seiner Küche, ehe Isla noch etwas entgegnen konnte.

»Wow, das zeugt wirklich von Größe«, sagte sie beeindruckt und hob ihr Glas.

»Ja, er scheint ein guter Verlierer zu sein. Im Gegensatz zu anderen«, bemerkte Jon. »Doch lass uns jetzt nicht mehr von Konkurrenten, Wettbewerben und solchen Dingen sprechen. Deswegen sind wir heute nicht hier.«

»Sind wir nicht?« Isla sah ihn aufmerksam an.

»Nein. Wir sind hier, weil heute unser heiliger Montag ist, der einzige Tag, den wir nur für uns haben, und deshalb soll es heute auch nur um uns gehen.«

»Dann trinken wir also auf uns?«

»Auf uns. Auf heute. Auf den Tag vor genau siebzehn Wochen. Und auf all die vielen, die wir hoffentlich noch vor uns haben.« Er stieß mit seinem Glas leicht an ihres, und sie tranken einen Schluck.

Die Kellnerin – es war dieselbe wie damals – brachte nun Brot und Hummerbutter als kleinen Appetizer und schaute Jon erwartungsvoll an. Isla wusste zwar um die Wirkung, die er auf Frauen hatte, trotzdem fand sie dieses Verhalten irritierend. Als Jon leicht nickte, verschwand die junge Frau wieder.

»Muss ich eifersüchtig werden?«, fragte Isla mit milder Ironie.

»Es würde mir zwar schmeicheln, wäre aber absolut unnötig.« Wieder zuckte das unwiderstehliche Lächeln um seine Mundwinkel, und Isla beschloss, nicht weiter darauf einzugehen.

Sie bestrich ein Stückchen Brot mit Butter und kostete. Geradezu berauschend, dass eine derart simple Sache absolute Perfektion ausstrahlen konnte! Genüsslich schloss sie die Augen – und wurde fast umgehend wieder aus ihrer Glückseligkeit gerissen, denn die Kellnerin war bereits zurück und servierte das berühmte Austerntrio. Kein Sinn für Timing – das sollte sie Dave mal kollegial stecken.

»Vielen Dank«, hörte sie Jon freundlich sagen, der offensichtlich kein Problem damit hatte.

»Jetzt bin ich gespannt«, meinte sie und bewunderte das hübsche Arrangement. Als sie ihr Besteck zur Hand nahm, blieb ihr Blick an etwas hängen. Lag da in der Austernschale etwa eine Perle? Sie sah genauer hin. Ja, es war eine wunderschöne, grau schimmernde Perle, und daneben glitzerte noch etwas. Ihr Herz klopfte plötzlich rasend schnell. Was hatte das zu bedeuten? Sie hob den Blick und schaute in Jons dunkle Schokoladenaugen, die sie aufmerksam musterten. »Was ... Was ist das?«, stammelte sie.

»Es ist eine Südseeperle, die du an einer Kette tragen kannst, und das ist ein schlichter Ring, der auch im Küchenalltag nicht von deiner Hand verschwinden muss«, erklärte er und befreite das Schmuckstück mit einer Gabel aus seinem Austernbett. Dann nahm er seine Serviette und tupfte es sauber. »Isla«, begann er mit fester Stimme. »Ich habe dir doch schon vor Wochen prophezeit, dass ich dich heiraten werde – nach der irren Sommersaison. Da sind wir zwar noch mittendrin, aber ich kann mir kaum vorstellen, dass es noch verrückter wird. Und falls doch, will ich es gemeinsam mit dir meistern. Isla, meine Geliebte, meine Löwin, meine Königin – willst du meine Frau werden?«

»Du bist komplett durchgeknallt«, sagte sie fassungslos und tief gerührt.

»Das war eigentlich eine Ja-nein-Frage.«

»Natürlich will ich!«, rief sie lachend und merkte, wie eine Träne ihre Wange hinunterrann. Er nahm ihre Hand und steckte ihr den Ring an, der längst nicht so simpel und schlicht war, wie er behauptete, sondern wunderschön und perfekt. Genau wie Jon.

»Stimmt was nicht mit den Austern?«, unterbrach die Stimme der Kellnerin den magischsten Moment in Islas Leben. Wirklich ganz schlechtes Timing.

»Alles bestens«, erwiderte Jon lächelnd. »Die Austern sind perfekt. Genau wie mein Leben und meine zukünftige Frau.«

– ENDE –

FIGURENREGISTER

Menschen:

Isla Fraser: 31, schmal und sehnig, feuerrote lange Locken, blaugraue Augen. Hat ein klares Ziel: Sie will die beste Köchin Großbritanniens werden. Mit ihrem Restaurant *The Scottish Thistle* hat sie sich bereits einen Stern erkocht, ein zweiter scheint zum Greifen nah. Doch die Konkurrenz schläft nicht.

Jonathan »Jon« Grant: 36, groß, gut gebaut, schwarze Haare und schokoladenbraune Augen. Sucht nach seinem Burn-out neue Perspektiven. Die findet der ehemalige Werber ausgerechnet in Kirkby, wo er den heruntergekommenen alten Pub zu neuem Leben erweckt.

Marlin Fraser: 68, drahtig, grauer Bart, Glatze, wache graublaue Augen. Islas Vater versteht sich selbst als Mentor der Dorfgemeinschaft von Kirkby und hat ein Problem mit Neuerungen. Jon ist ihm (zunächst) ein Dorn im Auge.

Alexander »Alex« Fraser: Islas ältester Bruder ist Hotelier aus Leidenschaft und betreibt das luxuriöse Bed & Breakfast *The Cosy Thistle*. Er lebt mit seiner Verlobten Colleen, seinem Sohn Aidan und seinem Dad in Harriswood House, dem Stammsitz der Frasers.

Colleen Murray: Alex' Verlobte ist die neue Schaltzentrale von Kirkby. Als Event-Koordinatorin weiß sie genau, wann was wo läuft, und in den von ihr organisierten Tauschladen bringen die Menschen nicht nur ausgemusterte Schätze, sondern auch persönliche Geheimnisse.

Aidan Fraser: Alex' Sohn und Islas Neffe.

Shona Fraser: Islas jüngere Schwester, selbst ernannte Whisky-Prinzessin, arbeitet hart an der Eröffnung ihrer eigenen Destillerie.

Alice Fraser: Marlins Schwägerin und gute Seele von Harriswood House. Ihre Kochkünste sind legendär, besonders ihr Frühstücksporridge und ihr Shepherd's Pie.

Rupert Fraser: Marlins jüngerer Bruder und Alice' Ehemann. Schweigsamer Pferdeflüsterer, der in Kirkby Clydesdale Horses züchtet.

Hailey und Kristie Fraser: Töchter von Alice und Rupert. Helfen aus, wo immer Not am Mann ist, außerdem eröffnet Kristie endlich ihre Bäckerei.

Heather Stewart: Marlins jüngere Schwester.

George Stewart: Heathers Ehemann, verwaltet mit seiner Frau das Familienanwesen der Stewarts, Monroe Manor.

Collum McDonald: Der junge, ehrgeizige Bürgermeister von Kirkby ist ein ehemaliger Studienkollege von Jon und hilft seinem Kumpel, im Dorf Fuß zu fassen.

Annabel »Anna« Campbell: Kirkbys brandneue Landärztin, singt im Kirchenchor, hat eine Schwäche für Yoga, Gin Tonic und ihren Riesenkater Elvis. Wird Islas engste Freundin.

Betty Murray: Schriftstellerin und ehemalige Investigativjournalistin, kennt (fast) alle Geheimnisse von Kirkby.

Jack McTavish: Dorfpfarrer und bester Freund von Marlin.

Leslie Turner: patente Gemeindesekretärin, Collums rechte Hand und Mädchen für alles.

Nick, Tom, Grace und Michael: Islas unverzichtbare Crew – Souschef, Jungkoch, Praktikantin und Service-Chef. Sie spielen eine wichtige Rolle, und doch hat ihnen die Autorin keine Nachnamen gegönnt.

Helen Craig: Jons Köchin für den Pub.

Jessy: Service-Mitarbeiterin im Pub.

Dave Hutton: von Isla hochgeschätzter Kollege, der in Perth das Restaurant *Oyster Club* betreibt.

Rodney Swinton: Betreiber von *Rodney's Bistro* in Fort Augustus und Islas größte Nemesis!

Anula und Duncan Grant: Jons Eltern.

Carla und Robert Grant: Jons Geschwister.

Tiere:

Polly: junge Neufundländer-Hündin und Jons »Gefährtin« für sein neues Leben. Verscherzt es sich zunächst heftig mit Isla, um sie dann um ihre flauschige Pfote zu wickeln.

Nessie: dunkelgraue Alpakastute – wird von Polly aus dem Loch Ness gerettet und kurz darauf von Shona adoptiert.

Rowena und Mayflower: zwei Clydesdale-Mutterstuten, die eine Schlüsselszene zwischen Isla und Jon bezeugen können.

Elvis: Annas gigantischer Maine-Coon-Kater, der reihenweise die Herzen der stolzesten Frauen erobert...

SCHOKOSÜNDE

KANN SCHOKOLADE ÜBERHAUPT EINE Sünde sein? Ich finde nicht! Schoki geht immer. Desserts sind im Hause McGregor übrigens auch (fast) immer schokoladenlastig. Besonders liebe ich Mousse au Chocolat – aber die ist, originalgetreu zubereitet, ein bisschen aufwendig und wegen der rohen Eier auch nicht für jeden Gast geeignet. Das folgende Rezept kommt ohne Eier aus, geht ganz fix und ist trotzdem mindestens eine mittlere Sensation!

150 g Mini-Marshmallows
50 g weiche Butter
250 g fein gehackte Bitterschokolade (mit mindestens 70 Prozent Kakaoanteil)*
60 ml kochendes Wasser
300 g Sahne
1 Päckchen Vanillezucker

Zunächst Marshmallows, Butter, Schokolade und Wasser zusammen schmelzen lassen, idealerweise über dem hei-

---

* Hier muss es Bitterschokolade sein, sonst wird es einfach zu süß! Sieht garantiert auch Isla so!

ßen Wasserbad, und miteinander verrühren. (Die Mikrowelle oder ein Topf mit dickem Boden gehen auch, dann aber bitte sehr vorsichtig sein!) Die Masse etwas abkühlen lassen.

Sahne mit Vanillezucker steif schlagen und unter die abgekühlte Schokoladenmischung heben, sodass eine luftige Mousse entsteht.

Die Schokocreme auf Gläser oder Dessertschälchen aufteilen und bis zum Essen kalt stellen. Isla würde ein paar kandierte Veilchen und/oder Blütenblätter darüberstreuen. Es geht aber auch ohne.

Kleiner Extratipp: Die Menge ist für vier Personen gedacht, aber mir persönlich ist eine Portion dann zu viel. Ich verteile die Creme immer auf Espressotassen und dekoriere sie mit Schoko-Kaffeebohnen.

KULINARISCHE ABENTEUER IN SCHOTTLAND

»KANN MAN IN SCHOTTLAND GUT essen?« Ich weiß nicht, wie oft mir diese Frage schon gestellt wurde, doch die Antwort ist immer dieselbe: »Selbstverständlich!«

Man kann überall auf der Welt gut essen – wenn man weiß, wo. In Schottland gibt es zahllose tolle Restaurants, die von leidenschaftlichen Köchinnen und Köchen geführt werden. Manche haben sich den traditionellen Gerichten ihrer Heimat verschrieben, andere sind sehr experimentierfreudig und fusionieren Gaumenfreuden aus der ganzen Welt zu eigenen Kreationen.

Zugegeben, wenn man an Schottland denkt, kommt einem Spitzengastronomie nicht sofort in den Sinn, sondern eher berühmt-berüchtigte Gerichte wie Porridge und Haggis. Das sind traditionelle Arme-Leute-Essen, wie es sie in kargen Gegenden überall auf der Welt gibt. Porridge ist nichts anderes als Haferschleim – also grundsätzlich in Wasser gekochte Haferflocken –, aber man bekommt ihn inzwischen in den raffiniertesten Zubereitungsvarianten. Wie ich ihn am liebsten esse, habe ich ja schon in dem Band »Ein Bed & Breakfast für Kirkby« verraten.

Am Haggis scheiden sich die Geister – und nicht nur die der auswärtigen Besucher! Ein Schafsmagen wird dafür mit einer Mischung aus Herz, Leber, Lunge, Nierenfett, Zwiebeln und Hafermehl gefüllt und traditionell mit »Neeps & Tatties« (Steckrüben- und Kartoffelpüree) serviert. Ich gebe zu, es hört sich gruselig an, aber die diversen Selbstversuche waren dann doch überraschend lecker. Schafsmägen werden übrigens nur noch selten benutzt, stattdessen wird die Füllung häufig in Kunstpellen gegart. Haggis schmeckt auch immer ein bisschen anders, weil jeder Koch ein anderes Geheimrezept verwendet, und so ganz genau will man vielleicht auch gar nicht wissen, was da drin ist.

Mir gefällt an diesem Gericht, dass es sich dabei um eine geniale Resteverwertung handelt. Die Menschen konnten es sich früher einfach nicht leisten, Schlachtabfälle wegzuwerfen, sondern haben alles genutzt – unter heutigen Nachhaltigkeitsaspekten ein ziemlich charmantes Konzept, wie ich finde.

An den Küsten – und davon hat Schottland ja auch reichlich – gibt es viel frischen Fisch und Meeresfrüchte. Fish and Chips, also in Backteig frittiertes weißes Fischfilet (in der Regel »cod« = Kabeljau) plus Pommes gibt es natürlich auch in Schottland in jedem Pub. Wenn man Glück hat, ist dieses simple Gericht die reinste Offenbarung.

Zartbesaitetere Gemüter und Süßmäuler genießen lieber einen reichhaltigen Afternoon Tea, der auch in vielen abgelegenen Highland-Dörfchen in kleinen Cafés oder

Teestuben zelebriert wird. Den besten Schokoladenkuchen meines Lebens habe ich übrigens in Fort Augustus probiert! Das ist ein zauberhafter Ort, der in meinem Roman durch Rodney Swinton ein bisschen in Misskredit geraten ist. Aber keine Sorge, Rodney ist genauso erfunden wie seine miesen Tricks. Man kann unbesorgt hinfahren und nach Schokoladentorte Ausschau halten.

Unbedingt erwähnen muss ich noch Shortbread. Ich bin – leider! – absolut süchtig nach dem zarten, buttrigen Gebäck. Aber das ist eine ganz andere Geschichte, die spätestens in »Eine Bäckerei für Kirkby« ausführlich zur Sprache kommen wird...

Bis dahin: Guten Appetit!

DANKE

LIEBE LESERIN,

ich gestehe, dass es mir selten so schwerfiel, mich von meinen Protagonisten zu trennen, wie bei Isla und Jon. Die Schreibphase zu ihrer Geschichte fiel genau in die Zeit des ersten großen Corona-Lockdowns, und die beiden haben mir wochenlang eine wunderbare Entschuldigung dafür geliefert, der Realität zu entfliehen. Kirkby ist (und bleibt) eine virenfreie Zone! Mein erstes Dankeschön gehört also den Hauptfiguren dieser Geschichte.

Im wahren Leben möchte ich mit meiner (dienst)ältesten Freundin und Herzensschwester Tanja beginnen, die mir (im virenfreien Sommer 2019, als man sich noch mit anderen Menschen treffen durfte) als tollkühne Sparringspartnerin beim Plotten zur Seite stand und fast alle Tiere getauft hat. Nessie stammt eindeutig von ihr – bei Polly bin ich mir nicht ganz sicher … Vielen Dank dafür!

Ein riesengroßes Dankeschön gebührt meiner wundervollen Agentin Eva Semitzidou, die für meine Reihe nicht nur so eine schöne Verlagsheimat gefunden hat, sondern mich unermüdlich in allen Phasen meiner Projekte unterstützt. Das ist ein großartiges Gefühl.

Ein Extra-Dank geht an den Frankfurter Bücherstammtisch. Beim letzten Weihnachts-Schrottwichteln habe ich »Zorn with hot sauce« zugespielt bekommen. Der edle Spender war Pero, und ich danke ihm von Herzen für diesen grandiosen Lacherfolg. Die anderen Stammtischteilnehmer haben mich daraufhin prompt dazu herausgefordert, diese absurde Funko-Pop-Puppe (ich wusste bis dato nicht einmal, dass es so etwas gibt, geschweige denn, was genau das sein sollte ...) in meinem nächsten Roman zu verarbeiten. Mission accomplished! Ihr erinnert euch vielleicht noch an das von Isla wütend in Richtung Polly geschleuderte Wurfgeschoss.

Schreiben ist tatsächlich ein ziemlich einsamer Job. Man verbringt viel Zeit allein mit dem Laptop, läuft Gefahr, wunderlich zu werden und zu verwahrlosen. Dieses Klischee ist wirklich wahr! Umso schöner, dass ich zahlreiche wundervolle Kolleginnen habe, mit denen ich mich regelmäßig austausche. Meistens virtuell übers Internet, zuweilen auch anständig gekleidet (ihr wollt nicht wissen, wie ich manchmal am Computer sitze) im wahren Leben. Ich danke Laura Gambrinus, Sabine Lay, Anja Saskia Beyer und Katharina Burkhardt für ein grandioses gemeinsames Wochenende in Venedig, bei dem wir uns zu einer Art Selbsthilfegruppe zusammengeschlossen haben. Von ihnen habe ich entscheidenden Input für Kirkby bekommen. Außerdem danke ich den Damen in meiner virtuellen WhatsApp-Schreibgruppe, die immer gut sind für aufmunternde Worte und Peitschenknallen. Ohne euch wäre ich vermutlich immer noch beim ersten Kapitel.

Ich danke dem großartigen Team von Heyne – allen voran der Programmleiterin Nora Haller, die mich seit diesem Band auf meinen Reisen nach Kirkby begleitet. Mit Rat, Tat und tollen Anmerkungen. Danke! Ein riesiges Dankeschön geht an Julia Funcke, die als Stil-Redakteurin für das – hoffentlich – geschmeidige und fehlerlose Leseerlebnis gesorgt hat. Ich weiß gar nicht, wie viele Bücher wir schon zusammen auf die Welt gebracht haben, du bist auf jeden Fall meine liebste Hebamme. Danke für deine Geduld und deine unbestechlichen Adleraugen.

An vorletzter Stelle in diesem Text, aber an erster in meinem Herzen, stehen mein Mann Jan und mein Airedale Terrier Toni. Ich danke euch für eure bedingungslose Liebe, eure guten Nerven und dafür, dass ich regelmäßig das Haus verlasse und frische Luft schnappe.

Last but not least danke ich dir, liebe Leserin, dafür, dass du mein Buch gekauft hast. Ich hoffe, es hat dir so viel Freude bereitet, dass du mich bald wieder nach Kirkby begleitest. Da gibt es nämlich noch einiges zu erleben.

Herzliche Grüße,
Charlotte McGregor

PS: Ich bin mir ganz sicher, dass ich auch diesmal wieder jemanden vergessen habe. Sei versichert – nur hier in diesen Zeilen, nicht in meinem Herzen!

PPS: Ich freue mich übrigens wahnsinnig, wenn meine LeserInnen mit mir Kontakt aufnehmen. Besucht mich doch auf meiner Website www.carinmueller.de – da findet ihr Infos zu all meinen anderen Namen, Büchern und Abenteuern und habt außerdem reichlich Gelegenheit zur Kontaktaufnahme. Per Mail oder über die diversen Social-Media-Kanäle. Wer meinen Newsletter abonniert, bleibt immer auf dem Laufenden. Und wer von Kirkby nicht genug bekommen kann, freut sich vielleicht über meine »Letters from Kirkby« – was genau dahintersteckt, erfahrt ihr auf www.charlottemcgregor.de.

CHARLOTTE McGREGOR

EINE DESTILLERIE
FÜR KIRKBY

Band 3

LESEPROBE

GRANDIOSER ERSTER EINDRUCK

»GOTTES SEGEN FÜR BRENNMEISTERIN Shona Fraser, ihr Maskottchen und Kirkbys neue Destillerie. Slàinte!«

»Slàinte!« Shona hob ihr Glas und nickte Pfarrer Jack McTavish zu, der auf der anderen Seite des letzten frisch abgefüllten Fasses von ihrem ersten selbst gebrannten Whisky stand. Dann streichelte sie ihrem dunkelgrauen Alpaka Nessie den wolligen Kopf und wandte sich an die zahlreichen Besucher, die vor der improvisierten kleinen Bühne im Brennraum standen: »Vielen Dank, dass ihr alle gekommen seid. Lasst uns auf den ersten Jahrgang des Kirkby Alpaca Golden trinken – standesgemäß mit meinem bisherigen Lieblingswhisky von der Gordon Gibbs Distillery! Slàinte!« Sie prostete ihren Gästen zu und nahm einen Schluck. Die goldene Flüssigkeit rann ihre Kehle hinab und entfachte eine Wärme in ihr, wie es nur die besten Tropfen vermochten.

Sie hatte es tatsächlich geschafft! Ihre eigene Destillerie war offiziell eröffnet, die erste Charge abgefüllt – die letzten zehn kleinen Quarter Casks vorhin live vor Publikum. Die würden nachher noch in eine Auktion gehen: Die Käufer durften ihr Fass eindeutig markieren und bestimmen, wie lange ihr persönlicher Single Malt reifen sollte. Heute Vormittag war Shona zusammen mit Pfarrer Jack, ihrem Vater Marlin und ihrem Mentor und Ausbilder Kieran Gibbs durch die Lagerhalle gelaufen. Was war das für ein unglaubliches Gefühl gewesen, die ordentlich in ihren Regalen aufgereihten Fässer zu sehen, an deren Fronten ihr wunderbares Logo prangte! Schade nur, dass es mindestens drei Jahre dauern würde, bis sie den ersten Schluck von ihrem eigenen Tropfen probieren und ihn verkaufen konnte, und noch viel länger, bis ihr Whisky so schmecken würde, wie sie es sich vorstellte. Doch das war der normale Lauf der Dinge – Ungeduld vertrug sich nicht mit der Kunst der Whiskyherstellung. Außerdem hatte sie Zeit. Mit siebenundzwanzig hatte sie hoffentlich viele Jahre und Jahrzehnte vor sich, in denen sie am Geschmack des Kirkby Alpaca Golden arbeiten und sich daran erfreuen konnte.

Ein weiterer Schluck von dem zwanzig Jahre alten Gordon Gibbs betäubte ein wenig die Angst, die ihr diese Riesenverantwortung insgeheim machte. Ja, es war ihr Traum gewesen – war es immer noch! –, als eine der jüngsten Brennmeisterinnen des Landes eine eigene Destillerie zu gründen. Ihr war aber auch klar, dass dieser Traum ganz schnell zu einem Albtraum werden konnte. Heutzutage schlossen die Traditionshäuser reihenweise, weil sich der Aufwand nicht mehr lohnte, oder wurden von internationalen Investoren aufgekauft. Etliche Highland-Destillerien produzierten nur noch für den asiatischen Raum. Doch sie hatte sich in den Kopf gesetzt, einen anderen Weg einzuschlagen. Sie hatte ihren gut bezahlten Job als Whisky-Sommelière und Markenbotschafterin der Gordon Gibbs Distillery in London aufgegeben, um in ihrem kleinen, verschnarchten Heimatdorf Kirkby wieder ganz traditionell Whisky zu brennen.

»Alles klar, Schätzchen?«, fragte Pfarrer Jack leise, als der Applaus des Publikums abebbte.

Shona räusperte sich und versuchte, die Panik, die in ihr aufstieg, zu unterdrücken. Jetzt war definitiv nicht der richtige Zeitpunkt dafür! Das hätte sie sich deutlich früher überlegen müssen. Sie schloss kurz die Augen. Das Gefühl des Überwältigt-Seins war vermutlich normal und würde abklingen, sobald der Alltag einkehrte. Aber jetzt musste sie sich dringend zusammenreißen und etwas sagen. Ganz bestimmt sogar. »Ist das nicht ein wundervoller Tropfen?«, fragte sie in die Runde und hielt ihr Glas hoch, das immer noch halb gefüllt war. »Wenn mein Alpaca Golden irgendwann auf diesem Niveau ankommt, habe ich alles richtig gemacht.«

»Wenn du dir gut hundertsiebzig Jahre Zeit nimmst, dann klappt das bestimmt«, rief Kieran Gibbs aus der ersten Reihe, und das Publikum lachte.

»Da ich ja den besten Lehrmeister hatte, den man sich vorstellen kann«, nahm sie den Einwurf auf und deutete auf Kieran, »wird es bei mir hoffentlich nicht ganz so lange dauern. Aber um die Zeit zu überbrücken, habe ich zusammen mit meiner Schwester Isla einen Gin kreiert! Er heißt ›Alpaca Thistle‹, und ihr könnt ihn draußen im Hof probieren. Dazu gibt's ein kleines Barbecue von unserem Dorfpub und ein Fingerfood-Büfett, das Isla mit ihrer Küchencrew gezaubert hat und das die Gin-Aromen auf geniale Weise unterstützt. Guten Appetit!«

Erneut brandete Applaus auf, und der Brennraum, in dem es verdammt warm war, leerte sich zügig. Shona seufzte erleichtert und drückte ihrem Alpaka einen kleinen Kuss auf den Wuschelkopf. »Das hätten wir schon mal geschafft«, murmelte sie.

»Nichts bringt eine Party so schnell zum Brodeln wie die Aussicht auf Freigetränke und Essen«, bemerkte Jack amüsiert, als er sah, wie sich die Besucher durch die Tür ins Freie drängelten.

»Saunatemperaturen in geschlossenen Räumen helfen auch«, entgegnete Shona mit einem leichten Lächeln.

»Du hast dich wacker geschlagen, Kleine«, sagte der alte Mann und klopfte ihr väterlich auf die Schulter. »Stimmt's, Marlin?«

»Ich bin wahnsinnig stolz auf dich, Prinzessin.« Marlin stand mit ausgebreiteten Armen an der Seite der kleinen Bühne und strahlte seine Tochter an. »Du hast das toll gemacht, und jetzt komm her, und lass dich von deinem alten Herrn in die Arme nehmen, ehe du dich wieder der Meute stellst.«

»Danke, Daddy.« Shona lief die wenigen Schritte zu ihrem Vater und genoss es, sich in seinen Armen für einen Augenblick sicher und geborgen zu fühlen. Er war schon immer ihr Anker gewesen, die einzige Konstante in ihrem Leben – und wenn er jetzt an sie glaubte, dann würde es auch gut werden. »Danke für alles«, sagte sie noch mal.

»Immer, meine Kleine. Aber du hast das alles gut im

Griff. Ich weiß zwar nicht, warum du so viele Leute eingeladen hast – noch dazu so viel Presse und diese ... wie heißen sie ... Social-Media-Jünger?«

»Das sind Influencer und Blogger, Daddy. Und die sind wichtig. Ich bin jung und will meine Generation ansprechen. Jugend und Tradition, das ist eine tolle Kombination – das sieht man an meinem Instagram-Account für die Destillerie. Da habe ich schon mehr als zehntausend Follower, obwohl ich den Kanal erst vor sechs Wochen aufgemacht habe. Das sind neue Zeiten, Daddy«, fügte sie noch hinzu, als er verständnislos brummte. Sie kannte ihren Vater. Er war ihr Fels in der Brandung, ihr Unterstützer, ihr Held – aber er war auch wahnsinnig ignorant und hasste es, wenn zu viele fremde Menschen nach Kirkby kamen. Ginge es nach Marlin Fraser, würde man in Kirkby einfach unter sich bleiben. Shona konnte seine Haltung überhaupt nicht nachvollziehen, denn ohne Touristen und Tagesgäste wäre der Ort gar nicht in der Lage, zu existieren. Ihr ältester Bruder Alex hatte aus *The Cosy Thistle*, dem Bed & Breakfast, das die Familie schon seit Jahrzehnten betrieb, ein exklusives Boutique-Hotel gemacht, und ihre Schwester Isla führte das Sternerestaurant *The Scottish Thistle*. Beide waren vom Tourismus abhängig, aber Marlin gefiel sich in der Rolle des Eigenbrötlers. Shona wusste jedoch, dass die vor allem Show war, und ignorierte seine Vorbehalte.

»Wer auch immer diese Leute sind, du solltest dich besser um sie kümmern. Ich werde mir mit Jack ein ruhiges Eckchen suchen.«

Als sie den geschmückten Hof betrat, musste sie unwillkürlich lächeln. Es war einfach nur perfekt! Die Augustsonne strahlte, als sei dem schottischen Wettergott klar, dass er an diesem Sonntag für Shona alles geben musste. Alte Fässer dienten als Stehtische, um die jetzt schon zahllose fröhliche Menschen gruppiert waren, die Islas Köstlichkeiten probierten und gut gelaunt plauderten. Vor der Lagerhalle war eine weitere Bühne aufgebaut, auf der sich gerade die Band bereit machte – kein wie auch immer geartetes Ereignis in Kirkby ohne Party mit Musik und Tanz! Zwischendurch würde die Versteigerung der zehn kleinen Fässer stattfinden. Shona war gespannt, wer alles mitmachen würde. Sie tippte auf ihre Familie, auf Bürgermeister Collum McDonald und natürlich auf Jon Grant, den Wirt des Pubs *The Wise Pelican*. Doch Jon gehörte ja auch fast schon zur Familie, Shona rechnete fest mit einer baldigen Hochzeit von ihm und Isla. Gerade standen die beiden hinter dem Büfett, und Isla winkte sie energisch zu sich.

Es dauerte jedoch ein Weilchen, bis sie sich zwischen den vielen Gratulanten hindurchgekämpft hatte. Schließlich erreichte sie das Büfett, das schon ziemlich geplündert aussah. »Wow, ich schätze, die Leute hatten Hunger«, sagte sie überrascht.

»Keine Sorge, Nachschub ist unterwegs«, entgegnete Isla. »Wir haben genug vorbereitet. Ich muss mich nur gleich verabschieden, denn mein Abendgeschäft beginnt in zwei Stunden.«

»Aber wir müssen doch noch den Gin präsentieren!«,

rief Shona. »Das ist genauso deiner wie meiner, da kannst du dich nicht aus dem Staub machen.« Das stimmte. Ohne Isla hätte sie es niemals geschafft, in der kurzen Zeit zwischen ihrer – im wahrsten Sinne des Wortes – Schnapsidee, zusätzlich zum Whisky auch noch Gin zu brennen, und der heutigen Eröffnung ein fertiges Produkt hinzubekommen. Tatsächlich hatte sie den Alpaca Thistle erst vorgestern in Flaschen abgefüllt. Isla war nicht nur eine Spitzenköchin, sondern auch eine absolute Kräuterhexe, und sie hatte es geschafft, dem Gin ein unverwechselbares Aroma zu verpassen, das an blühende Disteln, Heidekraut und Highland-Nebel erinnerte. So hatte Shona den Geschmack jedenfalls für ihre Follower beschrieben.

»Ich will mich auch nicht aus dem Staub machen, ich wollte nur sagen, dass wir die Gin-Bar jetzt eröffnen sollten.«

»Okay, das kriegen wir hin.« Shona ließ ihren Blick über die Menge schweifen. »Komm mit«, bat sie ihre Schwester und zerrte sie im nächsten Moment schon hinter sich her in Richtung Bühne. Unterwegs schnappte sie sich den Dudelsackbläser, der eigentlich erst später zum Einsatz kommen sollte.

Fünf Minuten später war ihr die volle Aufmerksamkeit der Gästeschar sicher. Der durchdringende Ruf des Dudelsacks hatte jedes Gespräch schlagartig verstummen lassen.

»Beginnt die Versteigerung schon jetzt?«, rief ein Reporter alarmiert und versuchte, seinen vollgepackten

Teller irgendwo abzustellen und seine Fotokamera in Position zu bringen.

»Nein, keine Sorge«, sprach Shona ins Mikrofon. »Auktionsbeginn ist erst in zwei Stunden. Aber ein weiteres Highlight muss ich vorziehen, weil meine Schwester Isla sonst nicht mehr dabei sein kann. Ich habe während meiner Ausbildung alles darüber gelernt, wie man tollen Whisky macht, und ich weiß auch, wie man einen ordentlichen Gin herstellt. Aber ›ordentlich‹ reicht mir nicht. Deshalb habe ich Isla um Hilfe gebeten, die nicht nur eine grandiose Köchin ist, sondern mehr Ahnung von natürlichen Aromen hat als alle anderen Menschen. Und dank ihr ist unser Alpaca Thistle nun kein ordentlicher, sondern ein phänomenaler und außergewöhnlicher Gin geworden.«

»Vielen Dank«, übernahm Isla, als der Applaus und das vereinzelte Gelächter abgeklungen waren. »Es ist gerade sechs oder sieben Wochen her, dass mir meine kleine Schwester ihre Idee von einem Distel-Gin ins Ohr gesetzt hat. Die Distel ist ja nicht nur die Wappenblume Schottlands, sondern kommt auch im Namen meines Restaurants und in dem vom Bed & Breakfast unseres Bruders vor. Shona sagte wörtlich: ›Ich will einen Gin, der eher an die Schönheit von Disteln erinnert als an ihren Geschmack.‹ Und ja, ich habe genauso irritiert geschaut wie ihr, denn wie um alles in der Welt schmecken Disteln? Ich habe übrigens schon etliche probiert, aber das ist nichts, was man zwingend in seinem Drink haben muss. Um es abzukürzen: Ich habe experimentiert und getestet, und irgendwann hatte ich das Rezept. Shona findet, dass unser Gin nun nach Disteln, Heide und Highland-Nebel duftet. Wie er schmeckt...« Sie zögerte und sah Shona an.

»Wie er schmeckt, könnt ihr jetzt selbst ausprobieren. Die Gin-Bar ist eröffnet!«, rief Shona, umarmte ihre ältere Schwester und posierte lächelnd mit ihr vor den Kameras, ehe sich die Meute geschlossen in Richtung Barwagen verzog.

»Ich schätze mal, der Tag ist ein voller Erfolg«, stellte Isla mit einem Grinsen fest und deutete kopfschüttelnd in Richtung des mobilen Tresens, hinter dem drei von Jons hübschen Pub-Jungs standen und Gin Tonics an die Gäste verteilten. »In zwei Stunden sind die hier alle volltrunken.«

»Na, so schlimm wird's nicht werden, aber die Stimmung sollte für die Versteigerung schon gut werden. Ich bin gespannt, wie viel die Leute bieten.«

»Für die Charity-Fässer bestimmt eine Menge«, mutmaßte Isla und sah wieder auf die Uhr. »Süße, ich muss wirklich los. Ich kann Tom und Grace nicht alles allein vorbereiten lassen. Erst recht nicht, nachdem ich sie beim Mittagessen schon vor dem Dessert ihrem Schicksal überlassen habe.«

»Ach, die beiden schaffen das. Aber ich versteh schon, dass du in dein Restaurant musst. Danke, dass du dir überhaupt die Zeit genommen hast.« Shona drückte ihrer Schwester einen Kuss auf die Wange.

»Für meine Lieblingsschwester immer«, entgegnete Isla und sprang von der Bühne. »Viel Spaß noch!«

• • •

Was für ein fantastischer Sommertag, dachte Kendrick McIntosh und bedauerte, dass er mit einem Transporter unterwegs war und nicht mit einem Cabrio. Das würde jetzt noch mehr Spaß machen. Mit einem kleinen alten, offenen MG durch die Highlands zu cruisen ... Er lachte laut bei diesem Gedanken. Wie oft war das Wetter in Schottland schon schön genug, dass sich ein Cabrio, noch dazu ein Oldtimer, lohnen würde? Außerdem würden ihn die Bauern der Region kein bisschen ernst nehmen, wenn er damit auf ihren Höfen aufkreuzte. Nein, so ein Spaßmobil war leider keine Option. Seinen Sprinter hatte er als Jahreswagen kaufen können und ihn zu einer mobilen Tierarztpraxis umbauen lassen. So hatte er alles nötige Material dabei, um auch vor Ort Eingriffe vorzunehmen, sodass die Besitzer nicht gezwungen waren, immer gleich zur Tierklinik zu fahren.

Kendrick freute sich auf die neue Herausforderung – und auf sein eigenes Haus in Kirkby. Er kannte das Highland-Dorf schon lange, schließlich betreute er seit fast fünf Jahren die Region am Westufer des Loch Ness. Bisher hatte er immer von Inverness aus zu seinen Hausbesuchen aufbrechen müssen, was gerade im Frühjahr, in der Lämmer-, Kälber- und Fohlenzeit, oft zu endlosen Touren mitten in der Nacht geführt hatte. Und manchmal war er auch zu spät gekommen. Wie oft hatten er und seine Schwestern schon gehört, dass es doch viel besser wäre, einen Tierarzt in der Nähe zu haben?

In seinem Fall war es einmal zu oft gewesen. Ja, er hatte die Arbeit in der Tierklinik genossen, die er mit seinen drei Schwestern und seinen Eltern in Inverness betrieb. Sie hatten viel investiert und waren fast so gut ausgestattet wie die Uniklinik in Edinburgh. Seine Schwester Finola hatte sich auf Augenheilkunde spezialisiert und galt als die Top-Expertin im Land. Er selbst war eher ein Generalist und behandelte alle Tiere und Krankheiten gleichermaßen gern, hatte seinen Schwerpunkt in den letzten Jahren aber vor allem auf Pferde und Farmtiere gelegt – einfach weil die Mädels weniger Lust verspürten, nachts zu einsamen Highland-Bauernhöfen zu fahren. So hatte sich die Aufteilung ergeben, und er wollte sich nicht beklagen. Er arbeitete gerne allein und genoss die Ruhe auf dem Land. Und als ihm vor ein paar Wochen Collum McDonald, der Bürgermeister von Kirkby, ein schönes Cottage am Ortsrand angeboten hatte, war die Entscheidung für einen Umzug nur noch Formsache gewesen.

Das Cottage hatte einem älteren Ehepaar gehört, das zu Sohn und Enkelkindern nach Südengland ziehen wollte und dankbar gewesen war, einen Käufer zu finden. Das Haus war tadellos in Schuss, hatte einen wunderschönen Garten und einen großen Anbau, in dem der Vorbesitzer seine drei Oldtimer untergebracht hatte. Kendrick wollte da eine Kleintierpraxis einrichten, falls er im Winter dazu kam – und wieder genügend Geld in der Kasse hatte. Sein Budget war nach dem Hauskauf und dem Umbau des Transporters erst einmal ausgeschöpft. Doch das würde sich sicher alles finden.

Nur noch fünf Meilen bis zu seinem neuen Zuhause. Vorfreude und auch eine Spur von Nervosität machten sich in ihm breit. Wie würde es sein, zum ersten Mal allein zu leben? Er verdrehte die Augen. Wie lächerlich klang das bitte schön? Er war zweiunddreißig, da sollte ein Mann doch Erfahrung mit dem Alleinsein haben, oder? Aber tatsächlich hatte er immer mit irgendwelchen Familienmitgliedern zusammengewohnt. Meist mit mehreren. Selbst zu Unizeiten hatte er sich eine Wohnung mit drei Kommilitonen geteilt – eine davon war seine Zwillingsschwester Kyleen gewesen. Die McIntosh-Tierklinik am östlichen Stadtrand von Inverness lag direkt neben seinem Elternhaus, und in den letzten Jahren hatte er in einer Wohnung über den OP-Räumen gewohnt. Zusammen mit seiner Freundin Glenna, die natürlich ebenfalls Tierärztin war und die Chirurgie leitete.

Ex-Freundin, korrigierte er sich in Gedanken. Glenna und er waren seit dem ersten Semester ein Paar gewesen, und er liebte sie immer noch – aber schon lange nicht mehr wie eine Partnerin, sondern wie seine Schwestern. Ihr ging es genauso, und dieser Transformationsprozess hatte wohl schon vor Jahren angefangen. Schmerzhaft war nur der Moment gewesen, als sie sich hatten eingestehen müssen, dass sie zwar immer noch gute Kollegen und Freunde waren, aber längst kein Liebespaar mehr. Und der vor drei Monaten, als Glenna ihm mitgeteilt hatte, dass sie sich in Davina verliebt hatte, die hauseigene Kardiologin – und seine ältere Schwester. Das nagte nach wie vor an ihm. Hätte er in zehn Jahren Beziehung nicht merken müssen, dass seine Freundin in Wahrheit auf Frauen stand? Hätte Glenna selbst das nicht merken müssen?

Nein, so richtig große Lust, darüber nachzudenken, hatte er nicht mehr. Er würde jetzt ein neues Leben beginnen – weit genug entfernt von dem Hühnerhaufen, zu dem die Tierklinik inzwischen mutiert war. Mit einer Frauenquote von fünfundachtzig Prozent konnten sonst nur Kindergärten und Grundschulen aufwarten. Er hatte ganz bestimmt nichts gegen Frauen, aber ein Leben als einsamer Wolf in der Wildnis klang verdammt verlockend. Vielleicht würde er sich einen Hund zulegen, der ihm Gesellschaft leistete. Schweigende Gesellschaft. Ja, das hörte sich nach einem ziemlich guten Plan an.

Er lächelte zufrieden und fuhr in gemächlichem Tempo auf Kirkby zu. Rechts der Straße erstreckten sich die Koppeln von Rupert Frasers Stall, und Kendrick sah einige der prächtigen Clydesdales zufrieden grasen. Kurz danach passierte er die Zufahrtsstraße zum Bed & Breakfast und zu Isla Frasers Restaurant. Einige Schafe standen wie malerisch hingetupft auf den Wiesen herum. Alles Patienten von ihm, aber anscheinend alle in guter Verfassung.

Der Dorfplatz wirkte wie ausgestorben, was ihn an einem Sonntagnachmittag nicht weiter verwunderte, aber selbst beim Pub war nichts los. Durch das geöffnete Autofenster hörte er jedoch Musik, die ihm direkt in die Beine fuhr. Eine seiner größten Leidenschaften neben dem Job, vermutlich sogar seine einzige, war das Tanzen. Was er zweifellos auch seinen Schwestern zu verdanken hatte, die ihn schon als Kind zu ihrem Highland-Dance-Training mitgeschleppt hatten. Ob er anhalten sollte? Dunkel erinnerte er sich daran, dass Collum erwähnt hatte, die

Destillerie würde ihre Neueröffnung feiern, aber das Datum hatte er sich nicht gemerkt. Und er wusste auch nicht genau, wo die Destillerie lag. Irgendwo in der Nähe der alten Schule wahrscheinlich, denn der Dudelsack-Sound wurde immer lauter. Kendrick drehte sich zur Seite, um einen Blick zu erhaschen, als er im Augenwinkel einen dunklen Schatten wahrnahm, der direkt auf ihn zusteuerte. Reflexartig trat er auf die Bremse, konnte jedoch nicht verhindern, dass etwas dumpf gegen seinen linken Kotflügel prallte.

Im nächsten Moment sprang er aus dem Wagen. Daneben lag ein dunkles Alpaka auf der Straße und bewegte sich nicht mehr.

»Fuck!«, fluchte er herzhaft und hastete zu dem reglosen Wesen. Das konnte ja wohl nicht wahr sein, dass er als erste Amtshandlung in seinem neuen Heimatort ein Tier tötete.

Nein, tot war es glücklicherweise nicht, und zu bluten schien es auch nicht – was aber nichts heißen musste, denn es konnte innere Verletzungen haben ... Kendrick tastete nach dem Puls, der stark und gleichmäßig war.

»Was machen Sie da?«, unterbrach eine Stimme schräg hinter ihm seine ersten Untersuchungen.

Was für eine blöde Frage. Wonach sah es denn bitte schön aus? Er antwortete nicht, sondern prüfte vorsichtig alle Gliedmaßen des Tieres auf Brüche.

»Das ist doch Nessie!«, rief die Stimme und klang schockiert. Diesmal drehte er sich um und fand sich einer rothaarigen Frau gegenüber, die ihm bekannt vorkam.

»Ist das Ihr Alpaka?«, fragte er.

»Nein. Es gehört meiner Schwester. Ich fass es nicht, dass Sie Nessie überfahren haben.«

»Ich habe niemanden überfahren. Das Alpaka ist mir vor den Kotflügel gesprungen«, erklärte er so ruhig wie möglich und ahnte, dass es sich wie eine lahme Ausrede anhörte. »Vielleicht hätte Ihre Schwester besser auf ihr Tier aufpassen sollen?«, konterte er genervt. Langsam sickerte eine unangenehme Erkenntnis bei ihm ein. Er kannte dieses Tier, und er wusste, wer die rothaarige Frau war. Vor ein paar Wochen hatte er die junge Alpakastute zum ersten Mal untersucht. Da war sie gerade vor dem Ertrinken im Loch Ness gerettet worden – von just jener Rothaarigen, die, wie ihm nun ebenfalls einfiel, Isla Fraser war. Tochter von Marlin Fraser, um dessen Schafe er sich kümmerte, Nichte von Rupert Fraser, dessen Pferde er behandelte, und Lebensgefährtin des Pub-Besitzers Jon Grant, dessen Hund er auch schon zweimal untersucht und geimpft hatte. Spitzenklasse! »Sorry, das kam jetzt blöder rüber, als ich es gemeint habe«, ruderte er zerknirscht zurück. »Ich bin einfach sehr erschrocken, als mir Nessie vors Auto gelaufen ist. Glücklicherweise war ich sehr langsam. Ich glaube nicht, dass sie schwer verletzt ist.«

»Hm«, brummte Isla nur und zückte ihr Handy. »Egal, was du gerade machst, komm sofort zur Dorfstraße, Höhe alte Schule!«, rief sie ins Telefon. »Nessie ist verletzt!« Und dann fügte sie auch noch hinzu: »Der Tierarzt ist bereits da. Der hat sie nämlich überfahren!«

Okay, offenbar wusste sie auch, wer er war. »Ich hab sie nicht überfahren«, beharrte er. »Und mein Name ist übrigens Kendrick McIntosh«, stellte er sich vor.

»Was du nicht sagst.« Sie funkelte ihn mit einem rätselhaften Blick an. Feindselig? Amüsiert? Genervt? »Wir sind uns schon begegnet. Außerdem kann ich lesen.« Sie deutete auf seinen Transporter, an dessen Seite der Schriftzug »Mobile Vet – Kendrick McIntosh« prangte.

»Kannst du bitte aufpassen, dass sie nicht wegläuft?«, bat er, statt auf ihre Worte zu reagieren. »Dann hole ich meine Notfalltasche. Ich habe auch ein mobiles Röntgengerät und Ultraschall, falls wir das brauchen.«

Sie nickte und kniete sich neben das Tier, während er rasch seine Tasche aus dem Wagen holte. Herz und Lunge hörten sich gut an, auch die Bauchgeräusche klangen unauffällig. Das war schon mal positiv. Er glaubte nicht, dass das Alpaka eine Thorax-Verletzung oder innere Blutungen hatte. Doch warum war es dann immer noch bewusstlos? Alpakas waren Fluchttiere, und die mobilisierten in der Regel auch dann noch letzte Kräfte, um vor ihren Angreifern zu fliehen, wenn sie schon halb tot waren. Vielleicht hatte es eine Gehirnerschütterung?

»Wir müssen sie auf die andere Seite legen«, bestimmte er und bedeutete Isla, die Hinterbeine zu nehmen, während er sich um den vorderen Bereich kümmerte. Es war fast keine Körperspannung in dem Tier, was wirklich verdammt ungewöhnlich war. Vorsichtig betteten sie Nessie um, und er betastete nun ihre linke Seite. An der Schulter konnte er eine leichte Schwellung fühlen. Das war wohl die Stelle, an der sie gegen seinen Kotflügel geknallt war. Er hoffte, dass es nur eine Prellung und kein Bruch war, aber das ließ sich nur durch ein Röntgenbild feststellen, oder wenn er sie laufen sah. Während er noch überlegte, was er als Nächstes tun sollte, kam ein Pulk von Menschen angerannt – angeführt von einer schwarzhaarigen Furie.

»Nessie?!«, schrie die junge Frau. »Ist sie tot?«

Okay, »Pulk« war vielleicht etwas übertrieben. Außer der Schwarzhaarigen – offenbar die Besitzerin des Tiers – waren nur noch Marlin Fraser und Bürgermeister Collum McDonald mit von der Partie.

»Sie ist nicht tot«, beteuerte Kendrick mit ruhiger Stimme. »Aber ich weiß im Moment auch nicht, warum sie immer noch bewusstlos ist.«

Isla stand auf und überließ den Platz neben Nessie ihrer Schwester, die sich mit Tränen in den Augen über das Tier beugte und ihm alberne Liebkosungen ins Ohr säuselte.

»Grandioser Einstieg für unseren neuen Tierarzt«, kommentierte Collum und schien mit sich zu ringen, ob er amüsiert oder empört sein sollte.

»Ich glaube nicht, dass er es absichtlich gemacht hat«, knurrte Marlin in Richtung Collum, und Kendrick wunderte sich, dass ihm der alte Fraser beisprang. Er kam gut mit ihm aus, das schon, aber er hatte nun mal zweifellos das Alpaka seiner Tochter angefahren – ob absichtlich oder nicht. Insofern hatte Collum schon recht mit seiner Aussage.

»Ein Tierarzt, der Tiere umfährt, sollte seine Zulassung verlieren und seinen Führerschein am besten gleich dazu!«, kreischte die Schwarzhaarige, an deren Namen er sich nicht erinnern konnte. Erstaunlicherweise sorgte der Klang ihrer Stimme dafür, dass sich in dem Alpaka die Lebensgeister regten. Nessie hob den Kopf und schlug die großen, dunklen Augen auf. »Du lebst!« Das aufgebrachte Kreischen wich einem Jubeln, das sich in Kendricks Ohren aber kaum weniger unangenehm anhörte. Überhaupt kamen ihm die Reaktionen der Leute etwas seltsam vor, so als wären sie …

Er betastete Nessies Kopf, schaute ihr in die Augen und schnupperte an ihrem Maul. Das konnte ja wohl nicht wahr sein. »Das Tier ist betrunken!«, rief er.

»Was? Das kann nicht sein«, behauptete die Besitzerin.

»Ich schätze schon, Shona«, mischte sich der Bürgermeister ein und fing haltlos zu kichern an. Ganz nüchtern war er wohl auch nicht mehr. »Ich hab gesehen, wie sie die Reste aus einigen Gläsern geleckt hat.«

»Aus den Gin- oder den Whiskygläsern?«, erkundigte sich Isla – als ob das einen Unterschied machte.

»Beides. Aber ich glaube, die Gin-Gläser fand sie interessanter. Da war ja noch Grünzeug drin.« Der Bürgermeister fand das offenbar wahnsinnig komisch. Kendrick nicht.

»Ich müsste euch alle wegen Tierquälerei anzeigen!«, brauste er auf. »Ein Tier betrunken zu machen ist wirklich das Letzte!«

»Ich glaube nicht, dass jemand das Alpaka absichtlich

betrunken gemacht hat«, versuchte Marlin die Wogen zu glätten, doch auch in seinen Mundwinkeln zuckte es verdächtig. »Genauso wenig, wie ich glaube, dass du es absichtlich angefahren hast. Nessie scheint einfach einen guten Geschmack zu haben und hat sich von der Partystimmung anstecken lassen.«

Kendrick schüttelte den Kopf. Inzwischen waren noch mehr Leute gekommen, die das Geschehen interessiert beobachteten, kommentierten und mit ihren Handys Fotos knipsten. Das konnte er ja prima gebrauchen ... »Es ist und bleibt verantwortungslos. Als Halter hat man eine Aufsichtspflicht und muss sich so um sein Tier kümmern, dass ihm kein Schaden zugefügt werden kann«, sagte er ernst zu Shona.

»Hört euch diesen Klugscheißer an«, blaffte sie. »Das war ein Versehen. Ich konnte doch nicht ahnen, dass Nessie eine kleine Schnapsdrossel ist! Wenn du sie nicht umgemäht hättest, wäre ihr nichts passiert.«

»Dann hätte sie vielleicht jemand anders erwischt, der nicht im Schneckentempo durch den Ort gefahren wäre. Und dann wäre sie jetzt tot.«

Für Nessies Ohren war das offensichtlich eine Todesankündigung zu viel. Sie sprang auf und stand, leicht taumelnd zwar, aber eindeutig auf allen vier Beinen.

»Vielleicht sollten wir uns jetzt alle mal wieder beruhigen«, schlug Isla vor. »Lassen wir den Doktor Nessie fertig untersuchen, und dann geht jeder seiner Wege. Ja?« Sie schaute auf die Uhr. »So gern ich weiter Schiedsrichter spielen würde, ich muss mich verabschieden.« Sie hob die

Hand zum Gruß und lief rasch die Straße hinunter. Kendrick beneidete sie. Er hatte leider keine Fluchtoption.

»Ihr habt unsere Küchenfee gehört«, rief Collum in Richtung der neugierigen Meute. »Ab zurück zur Party, und feiert weiter. Hier gibt's nichts mehr zu sehen.«

»Das gilt auch für dich«, sagte Marlin zum Bürgermeister, als sich der Trupp langsam verzog. »Und du kannst dich auch wieder um deine Gäste kümmern«, wandte er sich an seine Tochter. »Ich nehme Nessie mit nach Hause und sorge dafür, dass sie ausnüchtert.«

»Aber…«, protestierte Shona, doch Marlin ging wieder dazwischen.

»Glaub mir, Schatz, das wird am besten sein. Und du hast ja noch einiges vor heute. Das ist wichtig.«

Shona warf ihrem Vater einen skeptischen und Kendrick einen feindseligen Blick zu, dann klopfte sie den Staub aus ihrem hübschen weißen Sommerkleid und der Tartanschärpe, die sie darüber trug, und drückte dem Alpaka einen Kuss auf den Kopf. »Gute Besserung, mein armer Schatz«, raunte sie ihm ins Ohr, leider nicht leise genug, sodass Kendrick auch die nächsten Sätze verstehen konnte. »Mama hat dich lieb und holt dich morgen früh wieder ab. Lass dir von dem bösen Mann bloß nicht mehr wehtun.« Dann riss sie sich los und hakte sich bei Collum unter, der ritterlich auf sie gewartet hatte.

»Mama hat dich lieb«, äffte Kendrick sie nach, als sie außer Hörweite war, und verdrehte die Augen. »Ehrlich, Marlin, ich will dir wirklich nicht zu nahe treten, aber das ...« Er beendete den Satz nicht, sondern schüttelte den Kopf.

»Tu nicht so, als wäre sie die erste Tierbesitzerin, die so redet«, entgegnete Marlin mit einem gutmütigen Lächeln. »Shona ist vernarrt in das Biest und kümmert sich wirklich gut um Nessie. Aber heute ist die Eröffnung ihrer Destillerie, da hat sie sie einfach nicht die ganze Zeit im Auge behalten können.«

»Warum nimmt sie ein Alpaka überhaupt zu so einer Geschichte mit?«

»Weil es ihr Haustier ist. Nessie folgt ihr überallhin wie ein Hund.«

Kendrick atmete einmal tief durch. Ihm würden zahllose Kommentare dazu einfallen, doch er sparte sie sich. Stattdessen tastete er noch einmal Nessies Gliedmaßen ab und führte das Alpaka ein paar Schritte auf und ab, um zu sehen, ob es auch den linken Vorderlauf belastete. »Okay, es ist definitiv nichts gebrochen«, befand er. »Auch die Schulter nicht. Da hat sie wohl eine dicke Prellung. Aber sie ist sternhagelvoll und sollte wirklich unter Beobachtung bleiben. Ich habe keine Ahnung, wie der Organismus von Kleinkamelen auf Alkohol reagiert. Wenn sie seltsam reagiert, ruf mich bitte sofort an«, bat er Marlin.

»Mach ich«, versprach der. »Willkommen in Kirkby.«

»Danke.« Kendrick musste lachen, er konnte nicht anders. »So habe ich mir meinen ersten Tag nicht vorgestellt.«

»Immerhin hast du für einen bemerkenswerten Auftritt gesorgt.« Marlin klopfte ihm auf die Schulter. »Das wird in den Kanon der Dorflegenden aufgenommen.«

»Juhu«, entgegnete er schwach, dann straffte er die Schultern. Ändern konnte er an der Sache nun auch nichts mehr. »Soll ich euch nach Hause fahren?«

»Nein danke. Die paar Schritte schaffen wir schon. Dann können wir beide unsere benebelten Köpfe auslüften.« Marlin grinste und verstrubbelte Nessies wolligen Schopf. »Kann man dir was helfen?«

Kendrick schüttelte den Kopf. »Alles gut. Meine Sachen kommen morgen mit der Spedition, und die paar neuen Möbel, die ich gekauft habe, wurden schon letzte Woche geliefert. Ich bin also versorgt. Und ab übermorgen offiziell im Dienst. Aber wenn vorher was ist, nicht nur mit dem Alpaka, dann kannst du mich jederzeit anrufen.«

Christoffer Holst

Willkommen auf Bullholmen, wo Journalistin Cilla Storm zwischen Ferienhäuschen, Familiengeheimnissen und romantischen Verwicklungen ermittelt

978-3-453-42516-3

978-3-453-42517-0

Teil 3 erscheint November 2021
978-3-453-42553-8

Teil 4 erscheint Januar 2022
978-3-453-42554-5

Leseproben unter **www.heyne.de**